기억의 과학

기억의 과학

Pieces of Light

뇌과학이 말하는 기억의 비밀

찰스 퍼니휴 지음 | 장호연 옮김

에이도스

CONTENTS

1.

기억에 대해
이야기하기 전에
알아야 할 것들

- 우리가 오해하는 것
- '이야기하기'의 복원
- 책이 다루는 내용

Pieces of Light

"기억나요?"

일곱 살 된 아들의 질문으로 시작된다. 우리는 알가르브 해안으로 보트 여행을 떠나기 전에 바이슈 알렌테주(포르투갈 남부 지방_옮긴이)에 작은 집을 하나 빌려 머물고 있었다. 아이작은 용돈을 털어 자그마한 고무 로켓들을 제법 멀리까지 날려 보내는 장난감을 구입했는데, 로켓 하나를 수영장 뒤쪽 자갈길에서 잃어버렸다. 우리는 함께 찾으면서 이런저런 이야기를 나누었다. 아이는 포르투갈에서 집으로 돌아가면 낚시를 가고 싶다고 말했다. 그래서 나는 아이에게 너만 했을 때 에식스에 있는 할아버지 집 근처 호수로 삼촌과 함께 낚시를 간 적이 있다고 털어놓았다. 그때 갑자기 아이가 질문했다.

"맨 처음 잡았던 물고기 기억나요?"

나는 똑바로 서서 경관이 잘 보이는 비탈에서 경사진 농지를 바라

보았다. 지난 35년 동안 낚시를 해본 적이 없었지만 삼촌과 놀러갔던 일은 종종 생각났다. 그럴 때면 특정한 이미지들이 과거에서 일어났다. 중간에 작은 섬이 있는 푸른빛의 호수가 떠올랐고, 수양버들 사이로 노출된 섬의 암석이 상상 속에서 신비하면서도 위압적으로 보였다. 유쾌한 작은 삼촌이 옆에서 조용히 지켜보다가 가끔씩 장난을 거는 것을 느낄 수 있었다. 우리가 미끼로 쓰려고 부드러운 빵 조각을 물에 적셔 갈고리에 걸었을 때의 감촉이 기억났다. 어느 오후에 담비가 끝이 검은 꼬리를 까딱거리며 골풀 사이를 지나갔을 때 (열성적이고 어린 아마추어 동물학자로서) 내가 느꼈던 흥분이 기억났다. 황어의 주둥이에서 갈고리를 빼내 퍼덕거리는 몸뚱이를 호수로 다시 던지며 구멍 뚫린 채 삶을 계속 이어가도록 한 기괴하고 살짝 소름끼치는 행동도 기억났다. 그러나 낚싯줄을 잡아당겼을 때의 감촉, 물고기를 낚았다는 흥분에 대해서는 한 번도 생각해보지 않았다. 그러고 보니 나는 사건이 일어난 첫 순간으로 기억의 범위를 좁혀 질문을 해본 적이 없었다.

"모르겠구나." 내가 대답했다. "기억나는 것도 **같고**."

나의 불확실함을 어떻게 설명할까? 수면에서 물고기를 낚아 올리는 이미지는 이미 만들어져 있는 낚시의 기억의 집합 속에 들어 있지 않았다. 나는 (내가 기억하기로는) 한 번도 그런 질문을 받아본 적이 없어서 상응하는 기억을 떠올려야 했던 적이 없었다. 그러나 시도해보기로 했다. 스스로에게 물었다. '처음 잡은 순간이 어떠했더라?' 잘 기억된 호수의 풍경 속으로 내 어린 시절 자아의 시각에서 보는 기다란 낚싯줄의 세세한 사항과 그 끝에 매달린 은빛 물체를 집어넣었다. 알아보겠다는 느낌이 들었고 이어 소년 같은 흥분이 몰아쳤다. 나는 스스로에게 물었다. 그것은 일어났던 일일까? 나는 그렇게 **느꼈다**. 사건이 정말로 일어났었던 것처럼 여겨졌다. 비록 과거에 속하는 일이지만 상응하는 적절한 감정이 따라왔다. 그리고 다른 사람이 아닌 바로 **나에게** 일어났던 일처럼 느껴졌다. 포르투갈에서 돌아와 한두 달 지난 지금, 그 기억을 떠올리면 독자적인 실재를 갖는다. 나는 어린아이의 호기심을 충족시켜야 한다는 요구에 따라 상상력이 만들어낸 산물인지 아닌지 더 이상 고민하지 않는다.

기억을 갖는다는 것은 어떤 것일까? 기억이란 무엇일까? 내가 물고기를 처음 잡은 기억처럼 '새로운' 기억을 갖는 것은 어떻게 가능할까? 항상 기억을 '갖고' 있다가 이제 막 찾아낸 것일까, 아니면 다른 무엇으로 기억을 만들어냈을까? 내 인생에서 그 시절에 있었던 다른 잠재적 기억들, 그러니까 바로 지금 내 의식에는 없지만 적절한 단서가 주어지면 의식에 떠오를 수 있는 기억들은 어떨까? 그 경우 내가 그 기억을 '갖고' 있다고 할 수 있을까? 내 마음속에 들어오기 전과 들어온 후에 그것들은 지위가 다를까?

질문의 목록은 계속된다. 나는 왜 이 사건은 기억하는데 저 사건은 기억하지 못할까? 아마도 내 기억에 명확한 단서가 주어졌기 때문일 것이다. 내가 맨 처음 잡았던 물고기를 기억하는 것은 명확하게 거기에 대해 묻는 질문을 받았기 때문이다. 그렇다면 명백한 이유 없이 어떤 기억이 머릿속에 갑자기 드는 것은 왜 그럴까? 나는 어제 내가 어렸을 때 흔히 보았던 파란색·흰색 줄무늬 비닐 쇼핑백이 짜증날 만큼 갑자기 불쑥 생각났다. 우리는 우리가 기억하는 것이 무작위적이라는 사실에 자주 놀라며, 정말 중요한 것을 잘 잊어먹어 낭패를 볼 때가 많다. 미국의 작가 오스틴 오맬리는 기억이 "헝겊 조각은 모으고 음식은 내다버리는 정신 나간 노파" 같다고 했다. 이런 무작위성이 우리가 경험에 대해 어떤 정보를 부호화할지 결정하고, 실제로 저장된 것을 어떻게 인출할지 결정하고, 그와 같은 기억을 끌어낼 수 있는 계기를 결정한다. 통상적인 단서가 불러오기 어려운 기억은 오히려 사소하고 무관해 보이는 단서로 생각나기도 한다. 아무 이유 없이 머릿속에 불쑥 떠오르는 자발적인 기억조차도 미묘한 내적, 외적 연관관계가 끌어낸 것일 수 있다.

이런 이유에서 아이작이 묻기 전에 내가 맨 처음 잡았던 물고기의 기억을 '갖고' 있었는지 대답하기란 불가능하다. 이 책에서 나는 이런 질문에 답을 할 수 없는 이유가 기억에 대한 잘못된 견해에 바탕을 두고 있는 질문이기 때문임을 보여주려고 한다.

우리가
오해하는 것

기억이라는 주제에 각별한 관심을 보인 한 유명 작가의 기억을 소개하자.

이스트 하드윅 초등학교 운동장 담장 너머로 보는 작은 아이의 관점을 취한다. 돌멩이가 뜨겁다. 황금빛 조각들로 떨어져 나갈 것만 같다. 햇빛이 아주 밝다. 나무 한 그루가 머리 위로 보이는데 나뭇잎이 햇빛을 받아 황금빛을 띠고 그림자는 청록색이다. 담장 너머 길 건너편에 데이지, 미나리아재비, 꼬리풀, 냉이가 들판 가득 피었다. 지평선 쪽으로는 몸통이 굵고 가지가 튼튼한 나무들이 보인다. 하늘이 너무도 푸르고 태양이 거대하다. 아이는 생각한다. 이 모습을 언제까지고 기억할 거야. 그러다가 생각한다. 왜 하필 이 광경이지? 문득 이런 생각이 든다. 기억한다는 것은 무엇일까? 바로 이 지점에서 당시의 나와 지금의 내가 헷갈리게 된다. 내가 여기에 대해 생각할 때마다, 혹은 끄집어내서 들여다볼 때마다, 내가 이 기억에 뭔가를 더한다는 것을 안다. … 기억은 더 멀어지는 동시에 더 밝아지고, 더 '현실적'이면서 덜 현실적으로 된다.

위의 작가는 소설가 A.S. 바이어트다. 그녀가 '기억'이라고 제목 붙인 글은 심리학자들이 **자전적 기억**이라고 부르는 것의 예다. 자신의 삶에 있었던 사건과 세부사항에 대해 기억하는 것이다. 아무나 붙잡고 어린 시절의 기억 하나를 들려달라고 하면 틀림없이 위와 같은 이야기를 할 것이다. 어떻게 보면 바이어트의 설명은 기억에 대한 가장 지배적인 생각을 보여준다. 기억이 무엇이냐는 질문에 사람들은 과거에 일어난 사건을 오락가락하지 않고 설명하는 것이라고 대답한다. 기억은 우리가 원할 때마다 언제나 흔쾌히 소환되는 것은 아니지만, 본질적으로 우리가 항상 갖고 다니고 자신의 것이라고 주장하고 빈틈없이 감시하는 지속적인 표상이다. 누군가는 처음 등교한 날, 첫 키스, 결혼식을 기억하지만, 누군가는 기억하지 못한다. 하지만 특정한 기억을 '소유'하고 있는지 묻는 것이 타당한 질문이라는 데 의문을 제기하는 사람은 아무도 없다.

이것은 다르게 생각할 수 없을 만큼 확실해 보인다. 기억이 없다면 우리는 가차 없이 연속되는 현재 속에서 자신이 누군지 모르고 헤매게 된다. 자전적 기억이 저장되어 있지 않다면 개인의 정체성을 어떻게 유지할 수 있을지 상상이 안 된다. 우리에게 의식이 있는 것은 아마도 과거, 현재, 미래의 자아를 서로 연결할 수 있는 능력 덕분인 것 같다.

기억은 우리의 마음이 행하는 모든 것을 형성한다. 우리의 지각은 우리가 과거에 처리했던 정보를 통해 이루어진다. 우리의 사고는 단기적으로 장기적으로 저장된 정보에 의지한다. 많은 예술가들이 강조하듯이 기억은 상상력의 밑바탕이 된다. 새로운 예술적, 지적 작업을 창조하는 것은 앞서 있었던 것을 새롭게 만드는 일이라고 할 수 있다. 우리는 기억이 필요하고 기억을 붙들기 위한 방법들을 찾는다. 기억을 '소유'로 보는 관습적인 견해에 따르면 우리는 마음속의 도서관에 기억을 차곡차곡 분류해 두고 필요할 때 곧바로 인출할 수 있도록 한다.

이런 견해는 대중문화 곳곳에 널리 퍼져 있다. 세계적으로 유명한 J.K. 롤링의 『해리 포터』 시리즈 제2권 『해리 포터와 비밀의 방』에서 해리는 자신의 기억이 마치 정신적 자산이라도 되듯 '빼앗기게' 될 위험에 처한다. (만약에 그런 일이 일어나면 우리는 해리가 더 이상 해리가 아니라는 것을 안다.) 여섯 번째 책 『해리 포터와 혼혈 왕자』에서 볼드모트의 기억은 덤블도어 교수가 접근하고 추출하고 빼돌릴 수 있는 것으로 나온다. 2009년 화제의 영화 〈아바타〉에서 주인공 설리와 나비족은 그레이스가 죽기 전에 그녀의 기억을 마치 일기장 훔쳐보듯 들여다본다. 과학자들이 개별적인 기억을 표적으로 할 날이 머지않았다는 보도가 인터넷에 심심치 않게 오르면서 각각의 경험의 순간들이 도서관에 정렬된 책들처럼 뇌 주위에 분포하고 있다는 생각이 강화된다. 기억의 은유는 물리적인 것이 압도적으로 많다. 우리는 기억과 관련하여 서류함, 미로, 사진 건판을 이야기하고, 기억이 형성되는 과정을 묘사하기 위해 '박히다', '각인되다', '타오르다' 같은 동사를 사용한다.

이렇게 기억을 물리적 존재로 보는 견해는 오해를 낳기 마련이다. 진실을 말하자면 자전적 기억은 우리가 소유하거나 소유하지 않는 것이 아니다. 현재 순간에 현재의 요구에 따라 만들어지는 정신적 구성물이다. 과학자들은 이런 과정을 인지적 수준(사고, 감정, 믿음, 지각의 수준)과 신경적 수준(뇌의 활성화)에서 이해하고자 한다. 인지적, 신경적으로 볼 때 바이어트는 "자신의 기억을 끄집어내서 들여다보지" 않는다. 그럴 필요가 있을 때마다 매번 새롭게 기억을 구성한다. 이것은 기억이 고정적이고 나눌 수 없는 실체라는, 과거로부터 전해지는 가보라는 인식과는 상당히 다르다. 이 책에서 내가 살펴보고자 하는 견해는 기억이 **습관** 같은 것이라는 점이다. 요구가 있을 때마다 매번 비슷하지만 미묘하게 살짝 다른 방식으로 부분들로부터 뭔가를 구성하는 과정에 가깝다.

이런 구성적 성격 때문에 기억은 믿을 수 없는 것이 되기도 한다. 자전적 기억의 밑바탕이 되는 정보는 정확하게 저장되었을 수도 있겠지만, 이것은 현재 순간의 요구에 맞게 통합되어야 하며, 매 단계마다 실수와 왜곡이 끼어들 수 있다. 최종 결과물이 아무리 생생하고 그럴듯해 보인다 해도 생생함이 정확성을 보증하지는 않는다. 과거에 대한 일관된 이야기는 때로는 사실과의 일치를 포기하고서만 얻어질 때도 있다. 특히 어린 시절의 기억은 못 믿을 것이 되기 쉽다. 기억에 대해 다르게 생각하려면 우리의 자아의 핵심에 아주 가까이 있는 어떤 '진실'에 대해 다르게 생각할 수 있어야 한다.

소설가들은 심리학자 대니얼 샥터가 기억의 "허술한 힘$^{fragile power}$"이라 부른 것을 세련되게 드러낸다. 바이어트는 '기억'을 설명하면서 그것이 믿을 수 없고 시시각각 변할 수 있고 기만적임을, 그리고 계속적으로 말하고 다시 말하는 과정을 통해 왜곡될 수 있음을 신중하게 인정한다. 그녀는 어린아이였음에도 기억이 희미해지지 않도록 구성하기 위해 자신이 의식적으로 노력했음을 설명한다. "아이는 생각한다. 이 모습을 언제까지고 기억할 거야." 픽션을 쓰는 작가들은 기억에 대해 할 말이 많으며, 나는 이 책에서 그들의 통찰력을 적극적으로 활용할 생각이다. 하지만 그들이 기억을 '소유'로 보는 견해에 지나치게 가깝게 간다 싶으면 이를 바로잡기 위해 기억의 과학을 살펴볼 것이다.

이렇게 기억을 재구성으로 설명하는 견해가 이 책에서 내가 강조하려는 사항이다. 기억 과학자들은 대부분 이런 견해를 받아들이고 있지만(물론 의견이 엇갈리는 지점이 많다), 일반 대중에게는 아직 생소한 것 같다. 나는 기억을 마음의 도서관에 보관해두는 정신적 DVD로 보는 견해에 맞설 것이다. 사실 이렇게 기억을 '소유'로 보는 오해는 우리의 뇌가 계속해서 분주하게 작업하는 스토리텔링(그리고 심리적 인과관계를 찾는 지칠 줄 모르는 성향)의 산물이라고 주장하고 싶다. 여러분이 기억을 할 때는 이미 완전한 형태로 존재하는 무언가를 불러내는 것이 아니다. 새로운 무언가를 만드는 것이다. 그렇기에 기억은 과거만큼이나 현재에 관한 것이기도 하다. 기억은 순간에 만들어지며 더 이상 필요가 없어지면 곧바로 구성 요소들로 다시 떨어져 나간다. 기억하기는 현재시제로 벌어진다. 그러려면 뇌의 여러 부위에 분포하면서 다른 많은 정신적 기능도 맡고 있는 인지 과정들이 서로 정확하게 맞물려 돌아가야 한다. 이런 연구의 선구자인 샥터는 다음과 같이 정리했다.

> 우리가 카메라와 같은 식으로 경험을 저장하지 않는다는 것을 우리는 이제 안다. 우리의 기억은 다르게 작동한다. 경험에서 핵심적인 요소들을 추출해서 그것들을 저장한다. 그런 다음 경험을 재구성한다. 경험을 그대로 저장했다가 인출하는 것이 아니다. 가끔 재구성 과정에서 우리는 감정과 믿음을 더하고, 심지어는 경험하고 나서 얻은 지식을 더하기도 한다. 사건을 경험하고 나서 얻은 감정이나 지식을 사건에 속하는 것으로 귀속시키므로 과거의 기억은 편향될 수밖에 없다.

이것은 전문가가 아닌 대다수 대중들이 생각하는 기억의 견해와 상당히 다르다. 기억이 어떻게 일어나는지 이해하는 것은 우리가 과거와 어떻게 얽매인 존재인지 살펴보는 매혹적인 여행이 된다.

'이야기하기'의
복원

한참 동안 자전적 기억은 내게 그다지 매력적인 주제가 아니었다. 1980년대 말에 심리학과 학부생이었을 때 나는 공식적 분석의 대상이 될 만한 마음과 행동의 면면들에 관심이 있었다. 기억은 도무지 측정할 수 없고 믿을 수 없고 주관적이고 앞뒤가 맞지 않는 혼란스러운 것이었다. 모두가 과거를 다르게 기억한다. 저마다 과거를 다르게 살기 때문이다. 이런 기억을 어떻게 과학적으로 연구할 수 있을지 막막했다. 나는 대답을 보다 정량화할 수 있는 질문들에 끌렸다. 구체적 숫자(당시 내가 생각하기에는 그것이 과학적이 되는 유일한 방법이었다)에 대해 과학적으로 파고들고 싶었고, 그런 내게 기억은 온통 개인의 이야기로만 보였다.

심리학을 연구하는 과학자이자 픽션과 논픽션을 쓰는 작가로도 살아가는 지금은 자전적 기억의 이런 특징들이야말로 내게 가장 매력적으로 보인다. 내가 여기에 끌리는 이유는 소설가가 끌리는 이유와 똑같다. 기억은 인간이 스스로의 존재에 의미를 부여하는 복잡한 방법을 더없이 풍성하게 보여주기 때문이다. 수 세대의 기억 과학자들의 노력으로 가장 일상적인 활동이라 할 만한 기억하기에도 여러 인지 체계 간의 교류가 수반된다는 것이 밝혀졌다. 자전적 기억으로 불러내기 위해서는 사건의 세부사항들이 부호화되고 저장되고 분류되고 마침내 인출되는 과정을 거쳐야 한다. 그러려면 감각 지각, 탐색, 감정, 의식을 관장하는 뇌 부위들이 연결되어야 한다. 무엇보다 상상력을 동반하는 만만치 않은 재구성의 과정을 통해 하나로 엮여야 한다.

이것은 기억하는 사람이 시간을 통해 전개되는 자아의 감각을 갖고 있지 않으면 불가능한 일이다. 나는 지난번에 쓴 책(한국어판은 『아기 심리 보고서』라는 제목으로 출간되었다_옮긴이)에서 내 딸 아테나의 사례를 통해 이런 자아에 대한 이해가 어떻게 발현되는지 살펴보았다. 그 책을 쓰면서 내가 알게 된 (그리고 다소 놀라기도 했던) 사실은 어린아이가 자신의 경험을 내러티브의 관점에서 이해하기 위해 상당한 노력을 기울인다는 점이었다. 이 책에서 나는 그 주제를 계속 이어갈 참이다. 나는 마음속으로 시간을 돌아다니는 능력이 자전적 기억을 돌아보는 일과 미래 지향적 사고를 할 때 미지의 것으로 투사하는 일을 어떻게 뒷받침하는지 살펴보고 싶다. 이를 위해 인간의 이야기에 초점을 맞출 생각이다. 기억이 내러티브를 통해 말을 하게 만들면 기억이 어떻게 작동하는지에 대한 일반적인 통념이 드러나리라 믿는다.

기억에 다시 관심을 갖게 된 사람은 나뿐만이 아니다. 누군가의 과거를 이해하고 그 사람이 어떻게 해서 지금의 그가 되었는지 그럴듯한 내러티브를 만들어내는 것은 인간이라면 기본적으로 하는 일이다. 그러므로 우리가 소중하게 여기는 기억의 상당수가 지어낸 것일 수 있다는 연구 결과는 정체성의 감각을 뿌리째 뒤흔들 수 있는 것으로 보인다. 최근에 나온 가장 인상적인 몇몇 예술작품들이 자전적 기억의 기만을 다루고 있다. 장르를 넘나드는 W.G. 제발트의 소설 『아우스터리츠^{Austerlitz}』가 그랬고, 크리스토퍼 놀런의 2000년 영화 〈메멘토〉가 그랬다. 회고록은 갈수록 인기가 높아지는 문학 장르이지만, 작가가 자신의 기억을 믿어야 할지 질문하며 장르의 작동 방식을 검토하는 경우는 좀처럼 없다.

기억력 감퇴로 고민하는 사람들이 많으며 수많은 자기계발 서적들이 기억력 향상을 도울 수 있다고 약속한다. 기억력을 잃는 것은 치매의 징조일 수 있으므로 기억력 향상에 대한 관심은 알츠하이머병에 대한 불안과 연결된다. 이와 달리 지나치게 많이 기억해서 문제인 사람들도 있다. 트라우마로 고통 받는 사람들은 기억 때문에 심각한 정신의학적 문제를 일으킬 수 있다. 기억의 허점은 법정에서 사건을 기억해야 하는 목격자와 피해자에게 절박하게 중요한 문제가 되기도 한다. 미국의 심리학자 엘리자베스 로프터스의 연구는 기억이 사건 이후에 만들어진 정보로 인해 왜곡되기가 대단히 쉬우며, 어떤 경우에는 사람들에게 적절한 연상을 일으키는 정보를 제공하는 것만으로 기억을 '심는' 것이 가능하다는 것을 보여주었다. 결코 일어나지 않은 사건을 생생하게 기억할 수 있다는 증거를 보면 법정에서 목격자의 증언을 중시하는 것을 재고해야 한다.

그런데도 기억의 오류 가능성이 제대로 인정되지 않을 때가 너무도 많다. 심리 전문가라고 하는 사람들조차 기억이 작동하는 방식에 대해 일반 대중보다 그렇게 많이 알고 있지 못하다는 것이 노르웨이 심리학자들의 최근 연구로 밝혀졌다. 그들은 850명의 심리학자들에게 기억과 관련한 열두 개 진술을 보여주고 동의하는지 여부를 물었다. 예를 들면 이런 것이었다. "재판에서 목격자의 확신은 피고가 가해자임을 확인할 때 그의 증언의 정확성을 보증하는 좋은 지표다." 그러고는 응답자의 답변을 현재의 과학적 지식에 의거하여 '옳은' 대답이라고 여겨지는 것과 비교했다. 그 결과 심리학자들의 '옳은' 대답은 평균적으로 63퍼센트였다(일반 대중은 56퍼센트였다). 테스트 항목과 올바른 반응은 책 뒤쪽에 있는 미주를 참고하라.

여러분이 직접 해보고 결과가 좋지 않게 나왔다고 해도 실망할 것 없다. 얼마 전 일반 미국인들을 대상으로 대규모 전화 설문조사를 실시한 적이 있었다. 전문가들의 합의와 어긋나는 여섯 개 진술을 들려주고 동의하는지 묻는 조사였다. 주제로는 기억상실과 정체성, 증언의 확신, 기억과 비디오카메라 비교, 최면이 기억에 미치는 영향, 예상치 못한 대상에 주목하기, 기억의 영속성이 포함되었다. 상당한 비율로(두 경우에는 대다수가) 잘못된 진술에 동의했다. 가령 83퍼센트의 사람들은 기억상실이 자신의 정체를 기억하지 못하는 것으로 이어진다고 생각했고, 63퍼센트는 기억이 비디오카메라처럼 작동한다고 생각했다.

이렇게 볼 때 우리는 기억을 대단히 오해하고 있는 것 같다. 그럼에도 기억이라는 주제가 언론 매체에 실리면 사람들은 열렬한 관심을 보인다. 미국 언론인 조슈아 포어는 기억 경연대회에 출전하는 '지력 선수들mental athletes'에 대한 책을 쓰면서 출판업자로부터 일곱 자리의 선인세를 받았다고 한다. 2012년 1월에 《사이언티픽 아메리칸 마인드》 잡지에서는 기억과 망각에 대한 일반적인 통념들을 뒤집는 기사를 냈고, 〈가디언〉 증보판은 기억력을 최대한 활용하는 법을 소개하고 있다. 〈가디언〉 증보판에 딸린 온라인 기억 실험에 전 세계에서 8만 명이 넘는 사람들이 참여했다. BBC가 그보다 앞서 웹사이트에서 조사한 내용은 특히 말하기 전 아이의 기억의 진위와 관련하여 많은 논란을 일으켰다.

기억에 대한 이런 관심은 현대 심리학과 신경과학이 내놓고 있는 자주 직관에 위배되는 연구 결과에 사람들이 점차 매료되는 것과 이어진다. 이제 우리는 마음이 작동하는 방식에 대해 확고하게 갖고 있었던 가정들을 뒤흔드는 연구를 자주 접한다. 우리는 뇌에 단일한 경험 중추 같은 것은 없다는 것을 안다. 과학자들은 우리의 마음이 제각각 특화된 일을 처리하기 위해 진화한 어느 정도 독립적인 체계들이 그냥 모여 있는 것이라고 말한다. 시각적 광경을 볼 때 우리는 실제로 광경 전체를 보는 것이 아니라 단편들을 보고 이것들을 나중에 하나로 엮어서 통합된 광경의 착시를 만드는 것이다. 기억도 이런 점에서 다르지 않아서 우리의 뇌가 계속 분주하게 작업하는 다른 단편적 종류의 인지들과 나란히 놓을 수 있다.

그렇긴 해도 기억의 연구는 대단히 특정한 도전을 제기한다. 학부생 시절에 내가 개인의 이야기를 과학적으로 연구하는 것에 회의적이었던 이유는 실제로 불확실한 면이 있기 때문이었다. 사람들에게 그들의 기억에 대해 묻는 데는 난점이 따른다. 기억은 기억을 재구성하는 과정 자체로 인해 달라지기 때문이다. 실험 참가자들이 보고하는 모든 기억은 앞서 기억한 행위에 의해 오염되었을 가능성이 높다.

그러나 과학자들은 자전적 기억을 연구하는 방법들을 찾아냈고, 백년 넘게 체계적으로 연구를 해오고 있다. 영국의 프랜시스 골턴과 독일의 헤르만 에빙하우스가 1870년대와 1880년대에 실시한 선구적인 (그리고 대단히 다른) 자기 기억 검토를 필두로 하여 기억 과학자들은 참가자들에게 무의미한 음절을 기억해내도록 테스트를 시키고, 첫 기억에 대해 묻고, 음악과 냄새 같은 감각 자극이 회상을 어떻게 촉발하는지 실험했다.

기억을 재구성으로 보는 견해는 케임브리지 대학 최초의 실험심리학 교수였던 프레드릭 바틀렛의 연구에서 시작되었다. 1932년에 출간된 『기억하기Remembering』라는 책에 그의 가장 유명한 연구가 실려 있다. 바틀렛은 실험 참가자들에게 북아메리카 인디언 설화 『유령들의 전쟁 The War of the Ghosts』을 읽게 한 다음 다양한 상황에서 그 이야기를 다시 말해보도록 했다. 그는 사람들의 기억이 세상이 작동하는 방식에 대한 신념에 따라 좌우된다는 것을 알아냈다. 사람들은 자신의 지식 구조에 맞춰 이야기를 왜곡하고, 중요하지 않다 싶은 부분은 생략하고, 자신이 이해한 바에 따라 이야기의 강조점과 구조를 바꾸었다. 바틀렛은 우리의 사건 기억이 당시 우리가 부호화한 정보를 반영하되 온갖 종류의 다른 지식과 기대, 믿음에 바탕을 둔 추론과 뒤섞여 있다고 보았다.

바틀렛의 견해를 현대에 계승하는 학자들로 대니얼 샥터, 엘리자베스 로프터스, 엔델 털빙, 도나 로즈 애디스, 안토니오 다마지오, 마틴 콘웨이가 있다. 콘웨이는 철학자 버트런드 러셀이 구분한 것에 착안하여 인간의 기억에 두 가지 힘이 작용한다고 보았다. 하나는 일어났던 사실에 충실하게 기억을 끌고 가려는 일치^{correspondence}의 힘이고, 또 하나는 기억을 현재의 목표, 자기 자신에 대한 이미지와 믿음에 모순되지 않도록 만들려는 일관성^{coherence}의 힘이다. 기억은 과학자인 만큼 예술가이기도 하다. 기억을 과학적으로 연구하는 사람들 사이에서는 전통적인 견해가 물러나고 기억이 구성물이라는 시각이 우세하다. 이에 따르면 기억의 과정에는 저장된 감각적 정보와 감정적 정보를 그 사람이 살아온 과거의 삶에 대한 보다 형식적이고 도식적인 지식과 결합하는 일이 이루어지고, 이를 위해 여러 다른 인지 체계가 동시에 가동된다.

'기억'은 심리학자들에게 여러 것을 의미한다. 자전적 기억은 과학자들이 가장 기본적으로 구분하는 **의미적 기억**(사실에 대한 기억)과 **일화적 기억**(사건에 대한 기억) 양쪽에 걸쳐 있어서 흥미롭다. 자신의 생에 있었던 사건의 기억은 일어난 일의 세부사항(일화적 기억)과 자신의 삶과 관련한 사실들에 대한 장기적 지식(자전적 성격의 의미적 기억)이 통합되면서 이루어진다. 또 하나의 중요한 구분은 (기억의 내용이 의식에 접수되는) **명시적·서술적 기억**과 (무의식에 머무는) **암묵적·비서술적 기억**의 구분이다. 앞으로 보겠지만 이 구분은 기억이 트라우마와 극단적 감정에 어떻게 영향을 받는가 하는 질문과 관련하여 특히 중요하다.

자전적 기억은 장기 기억의 한 형식이기도 한데, 여기서는 단기 기억(일반적으로 **작업 기억**이라고 한다)에 대해서는 많은 말을 하지 않을 것이다. 이런 여러 기억 가운데 어느 것도 단독으로 작용하지 않고 여러 인지 체계와 신경 경로에 의지한다. 예를 들어 암묵적 기억에는 자전적 기억과는 다른 신경 회로가 가동된다. 여러분이 새로운 운동 기능을 학습하면 소뇌(목 뒤쪽 두개골 안쪽에 위치한다)가 활동에 들어간다. 습관적으로 잘못된 길로 접어들면 기저핵(뇌간 위쪽 뇌 중앙 깊은 곳에 위치한다)에 저장된 정보 패턴의 증거를 보고 있는 것이다.

자전적 기억과 관련하여 기억의 흔적이 뇌의 한 부위에 저장되어 있다고 생각하는 것은 잘못이다. 실제로 초창기 기억 과학자들이 '엔그램engram' — 하나의 기억이 뇌에 남기는 단일한 생화학적 흔적 — 이라고 하는 것을 찾으려고 노력했지만 항상 실패로 끝났다. 이 책에서 내가 관심을 갖는 부분은 아니지만 **장기적 강화**long-term potentiation 과정의 이해에 많은 진전이 있었다. 장기적 강화란 뇌가 정보를 저장하는 토대가 되는 뉴런의 구조적 변화를 말한다. 여러분은 뇌의 신경세포의 시냅스에 어떤 화학적 변화가 일어날 때 '기억'이 형성된다는 뉴스 보도를 본 적이 있을 것이다. 매혹적이고 중요한 연구임에 틀림없지만 내가 관심을 갖는 것은 아니다. 그것은 인간이 아니라 개별 세포에 관한 것으로 다른 수준의 설명이 필요한 일이다.

재응고화reconsolidation 과정에 대해서도 비슷한 말을 할 수 있다. 재응고화란 기억이 활성화될 때마다 분자 수준에서 다시 정비되는 것을 말한다. 뉴욕 대학의 연구자들이 전기충격을 피하는 법을 터득한 쥐들에게서 기억의 흔적 형성을 차단하는 것으로 입증된 화학물질을 찾아내면서 재응고화는 기억의 과학에서 뜨거운 화제가 되었다. 놀라운 발견은 바로 그 화학물질(단백질 억제제)이 기억이 맨 처음 부호화될 때와 기억을 생각해낼 때(즉 쥐들이 전기충격을 기억해낼 때)에도 관여한다는 점이었다. 기억의 흔적이 영구적이라면 이런 일은 일어날 수가 없다. 자료를 보면 오히려 기억의 흔적은 사건이 일어나고 나서 원래의 자극이 없는 상태에서도 바뀔 수 있다. 재응고화는 기억이 차후의 사건에 의해 바뀔 때 작동하는 분자적 기제를 가리키는 것 같다. 하지만 기억이 **어떻게** 바뀌는지는 보여주지 않는다. 그래서 인지적 수준에서(즉 개인의 생각과 믿음, 편향의 수준에서) 기억을 탐구하는 연구도 필요한 것이다.

다른 신경과학적 발견에 대해서도 마찬가지로 신중을 기해야 한다. 신경영상이라는 새로운 과학이 등장하면서 뇌의 어디에 우리의 기억(어떤 의미에서는 우리의 자아)이 있는가 하는 오래된 질문을 완전히 새로운 관점에서 보게 되었다. 기억 과학자들은 뇌 손상 환자들을 대상으로 뇌 영상 스캔, 뇌전도(EEG) 실험, 조심스러운 인터뷰를 하면서 기억하는 뇌를 연구하고 있다. 뇌 영상은 기억된 경험을 재구성하는 일이 맨 처음 시작되는 전두엽의 활동, 편도체의 감정 회로와 신피질의 연상 중추, 그리고 자전적 기억의 시각적 특징들이 단편들로 저장되어 있는 뇌의 뒤쪽 후두엽의 활동까지 보여준다.

이런 신경해부적 패턴들을 이해하는 것은 무척 중요하다. 인간의 경험을 과학적으로 연구하기 위해서는 다양한 수준에서 살펴볼 필요가 있고, 여기에는 분자적, 신경적, 인지적, 사회적 수준이 확실히 포함되어야 한다. 그리고 뇌에서 학습과 기억이 이루어지는 과정의 연구 덕분에 기억이 어떻게 작동하는지 더 많이 이해하게 되었다. 그래서 나는 인지 신경과학—실험심리학, 신경영상, 신경심리학(뇌 손상 연구)의 결과들을 통합해서 연구하는 학문—의 새로운 연구들을 언급할 것이다. 기억의 신경 촉수는 멀리 넓게 뻗어 있고 뇌의 여러 체계가 가동된다. 집중적으로 하나하나 살펴보기에 앞서 뇌의 주요 부위들을 간략하게 소개하겠다.

손가락을 귀 위에 대고 안쪽으로 5센티미터 들어간다고 상상하면 자전적 기억에 가장 중요한 단일 구조물이 나온다. 오랜 세월 연구를 통해 해마는 기억, 공간 탐색, 불안 같은 다양한 심리적 과정들이 이루어지는 곳으로 확인되었다. 바다에 사는 해마처럼 곡선 모양으로 휘어진 해마는 내측 측두엽에 있는 기억 회로 네트워크의 중앙에 자리하고 있다(좌반구와 우반구에 해마가 하나씩 있다). 해마는 옆에 있는 피질 부위와 밀접한 관계를 주고받는다. 피질 앞과 뒤 아래쪽에 있는 후각주위피질과 해마주위피질이 바로 그것이다. 이런 부위는 기억과 관련되는 부위들의 더 큰 네트워크로 확장된다. 예를 들어 자극의 감정적 의미를 파악하는 일에 관여하는 편도체가 해마 앞쪽과 연결된다. 뇌의 앞쪽으로 계속 나아가면 내측 측두엽의 기억 회로는 전전두피질의 통제 체계와 연결된다. 뇌의 뒤쪽에는 후두피질이 자전적 기억에 아주 중요한 시각적 지각의 세부사항들을 저장한다.

물론 신경 체계로 기억하기를 전부 다 설명할 수는 없다. 나는 우리가 정말로 기억의 신비를 풀고 싶다면 이야기를 과학에 다시 가져와야 한다고 생각한다. 이 책에서 나의 목표 가운데 하나는 기억의 일인칭 시점 성격을 포착하는 것이다. 기억을 통해 당사자는 불러낸 순간을 다시 살고 마음속으로 다시 경험한다. 위대한 기억 과학자 엔델 털

자전적 기억에 관여하는 뇌 부위

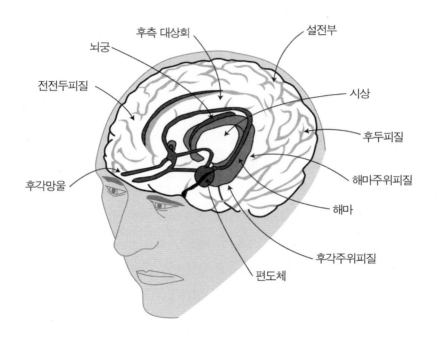

후측 대상회

뇌궁

설전부

전전두피질

시상

후두피질

해마주위피질

후각망울

해마

후각주위피질

편도체

빙은 기억의 이런 특징을 가리켜 '자각적 의식autonoetic consciousness'이라고 불렀는데, 그것을 설명하는 것이 기억 연구자들의 최대 도전 가운데 하나다.

과학은 재연 가능한 실험 결과를 내야 하므로 기억의 개인적, 주관적 특징은 자주 무시되곤 했다. 다행히도 최근 들어 정성적qualitative 자료와 내러티브를 탐구하는 흐름이 생기면서 이런 경향이 바로잡히고 있지만 말이다. 이제 기억 과학자들은 실험 참가자들 개인의 이야기를 알아가는 데 더 많은 시간을 쏟는다. 기억 체계가 말을 듣지 않는 사람이 지어낸 매력적인 이야기에 관심이 있을 수도 있고, 아주 어린 시절에 대해 인터뷰할 때 나오는 감각적으로 풍요로운 '첫 기억'을 좋아할 수도 있다. 아무튼 나도 똑같은 일을 하고 싶다. 이야기가 알아서 말을 하게 내버려두면 기억의 허약하고 복잡한 진실이 드러날 수 있다.

**책이
다루는 내용**

먼저 길 잃기로 시작한다. 나는 예전에 내가 대단히 잘 알았던 도시로 돌아가 한때 익숙했던 거리에서 길을 찾으려고 애쓰면서 기억이 앞서 기억한 행위들에 의해 어떻게 매개되는지 알아볼 참이다. 지형에서 길을 찾으려면 전에 어디 있었는지 정확하게 기억해야 할 뿐만 아니라 공간과 시간에 대한 지식을 부호화하는 능력도 있어야 한다. 나는 이런 식의 정보가 해마에서 어떻게 처리되는지 알아볼 것이다. 해마는 궁극적으로 지형 속에서 내가 어디 있는지 위치를 기록한 내적 지도를 만들어낸다. 한때 익숙했던 도시로 돌아갈 때 나처럼 길을 잃으면 이런 지도가 말을 듣지 않는 것이다. 나는 이런 식의 지리적 기억상실이 상상의 지형과 현실의 지형에서 기억이 어떻게 작동하는지에 대해 우리에게 무엇을 말해주는지 알아볼 것이다. 내가 떠나온 고향에서 길을 잃고 헤매는 것을 보면 우리는 익숙하지 않은 지형에서 길을 잃는 것과 똑같은 방식으로 자신의 과거에서 길을 잃을 수 있다.

이어 자전적 기억에서 감각이 행하는 역할을 살펴보겠다. 마르셀 프루스트에서 앤디 워홀에 이르는 여러 작가들이 과거의 문을 여는 감각 자극의 힘에 대해 유려한 글을 남겼다. 냄새와 음악은 비자발적 기억을 끌어내는 강력한 계기로 알려져 있는데, 나는 이런 감각 양상을 기억 환기의 효과적인 유인책으로 만드는 특별한 무엇이 있는지 알아볼 것이다. 이런 예들은 자전적 기억을 만들 때 세상에 대한 감각적, 감정적 경험이 밀접하게 관여한다는 것을 보여주며, 아울러 기억이 여러 다른 인지 체계와 신경 체계 간의 매끈한 협업에 의지한다는 예가 된다.

기억이 인지적 수준과 신경적 수준에서 복잡한 시너지 효과를 내며 발달하기까지는 시간이 걸린다. 유아와 어린아이들은 사물들은 기억하지만 진짜 자전적 기억을 할 수 있으려면 중대한 단계를 거쳐야 한다. 다시 말해 자신이 묘사하는 사건의 중심에 스스로를 둘 수 있어야 한다. 기억이 언제부터 시작되는지 물음으로써 과거로 거슬러가서 자아를 돌아보게 해주는 여러 정신적 능력에 대해 많은 것을 알 수 있다. 4장에서 나는 대부분의 사람들이 왜 어린 시절을 기억하지 못하는지, 우리의 첫 기억은 왜 풍성한 감각의 세부사항들로 가득한지 살펴보겠다.

5장에서는 어린 시절의 공간으로 돌아간다. 누군가에 대한 기억은 그와 함께 공유했던 장소로 돌아갈 때 쉽게 생각난다는 것을 알아보기 위함이다. 우리는 어떤 사건과 정보의 기억이 만들어질 때와 똑같은 맥락에서 그것을 기억하라는 요청을 받을 때 더 잘 기억해낸다. 나는 기억이 표층적인 세부사항보다 정보의 의미에 맞춰지는 것을 알아보고, 사건의 기억에 맥락이 어떤 식으로 틀을 마련해주는지 살펴볼 참이다. 기억한다는 것은 기억을 불러낼 때의 단서와 기억할 당시 부호화된 정보를 맞추는 과정이기 때문이다.

어린 시절 기억의 두드러지는 특징 하나는 부모와 돌봐주는 사람들과 함께 회상하는 협업적 행위를 통해 기억이 쌓여간다는 점이다. 6장에서 설명하겠지만 과거에 대해 함께 이야기하는 것은 아이가 시간을 통해 확장되는 자아를 만들어내는 데 결정적으로 중요해 보인다. 성인일 때는 기억이 사회적으로 협의해야 하는 대상일 수 있다. 과거는 우리가 스스로에게 말하는 이야기로 아무리 생생해도 진정성을 보증하지 못한다는 점은 기억하기라는 사회적 행위가 언어에 의지한다는 사실을 부각시킨다. 자전적 기억의 체계가 자신의 과거에 대해 일관된 내러티브를 만들어내는 일을 한다면, 우리로 하여금 사실이 아닌 이야기를 믿도록 자주 장난을 칠 수도 있다. 많은 사람들이 실제로 일어났다고 더 이상 믿지 않는 사건들을 여전히 '기억'한다는 사실이 이에 대한 증거다.

7장에서는 기억이 무엇 때문에 존재하는지 묻는다. 바람직한 심리학 연구는 항상 진화의 관점을 취하며 기억의 연구도 예외가 아니다. 실제로, 기억이 일어난 일을 기록하기 위해서가 아니라 앞으로 일어날 일을 예측하기 위해 진화한 것이라고 생각할 만한 타당한 이유가 있다. 기억이 취약해서 재구성 오류에 빠지기 쉽다면, 그것은 과거를 향하는 만큼 미래로도 향하고 있기 때문일 수 있다. 이 분야에서 최근에 있었던 가장 흥미진진한 연구는 자전적 기억과 미래의 사고에 동일한 신경 체계가 가동되고 둘 다 일종의 상상력에 의지한다는 것을 보여주었다.

기억이 상상의 과정의 구성물이라면, 그래도 우리가 그저 상상하는 사건 말고 과거에 우리에게 실제로 벌어졌던 정신적 경험을 파악할 방법이 어떻게든 있어야 한다. 8장에서 나는 우리에게 지금이 기억할 때라고 알려주는 감정에 대해 살펴보겠다. 기억의 최대 도전 가운데 하나는 경험의 출처를 파악하는 것이며, 가장 두드러지는 기억의 실수는 우리가 기억한 것과 그저 상상한 것을 구별하지 못했을 때 일어난다.

뭐니 뭐니 해도 기억은 뛰어난 이야기꾼이다. 우리는 자전적 기억을 구성할 때 내러티브 능력을 최대로 발휘할 뿐만 아니라 기억의 곳곳에 구멍이 생기면 열심히 이야기를 지어낸다. 9장에서 나는 뇌 손상 환자들의 연구를 통해 자전적 기억에 대해 무엇을 알아냈는지 살펴보고자 한다. 나는 새로운 기억을 만들지 못하는 여성을 만났고, 계속적인 기시감의 상태로 살아가는 사람의 이야기를 들었다. 양쪽 사례에서 기억의 경험이 이상하게 틀어지면 정교한 이야기를 만들거나 없는 이야기를 지어낼 수 있다.

10장의 주제는 트라우마 기억이다. 나는 비극적 사고로 삶이 갈가리 찢긴 사람을 만났고, 트라우마 기억이 다른 기억들과 같은 방식으로 작동하는지 알아보았다. 콜린을 만나 외상 후 스트레스 장애를 어떻게 치료하는지에 대해 이야기하면서, 기억된 경험의 단편들이 자전적 기억을 하나로 엮는 뇌 부위들에 의해 일관된 전체로 통합되는 방식에 결정적인 문제가 있다는 것을 깨달았다. 이 경우에 치료의 목표는 잊는 것이 아니라 보다 정확하고 포괄적이고 치우침 없이 기억하는 것이다.

11장에서는 노년의 기억을 들여다본다. 누구도 십대 후반과 이십대 초반의 사건들이 가장 확고하게 기억에 남는 현상인 '회상 효과 reminiscence effect'를 피해갈 수 없다. 아흔세 살인 내 할머니의 경우 자신의 삶에서 벌어진 가장 기억에 남는 사건들은 런던 이스트엔드 유대인 지구에서 십대 시절을 보낸 1930년대에 겪은 사건들이다. 이후로도 한참을 더 오래 사는 마음에서 이렇게 젊은 시절이 계속 두드러지게 부각되는 현상이 어떤 의미인지 궁금하다. 나는 사건이 부호화될 때 사용된 언어와 인출될 때 사용되는 언어를 일치시키면 기억이 어떻게 달라지는지 알아보겠다. 왜 나이가 들수록 세월이 빨리 흐르고 (역설적으로) 시간은 느리게 가는지 알아보겠다. 이 장의 주제는 회상이다. 요청을 받고 회상하는 것, 의식적으로 과거로 거슬러가려는 노력이다. 그러나 이것은 노년의 기억의 두드러지는 특징이기도 하다.

마지막으로 기억의 미래에 대해 생각해본다. 기억의 남은 수수께끼들 중 일부는 분자과학과 신경영상 분야에서 최근에 이루어진 진전으로 인해 해결될 전망이다. 일부는 앞으로도 오랫동안 우리를 계속 곤혹스럽게 만들 것이다. 우리가 기억에 대해 더 많이 알아낼수록 기억을 조작하고 바꾸고 심지어 지울 수 있는 기회도 늘어난다. 기억의 이해에 동반되는 윤리 문제는 현재 우리가 상상하는 것보다 훨씬 파급력이 클지도 모른다. 나는 사람들 집단, 나아가 문화 전체가 어떻게 '기억'할 수 있는지 알아보고, 기억이 정치화되면 어떤 일이 벌어지는지 살펴보겠다. 다른 맥락이지만 법정과 목격자 증언의 경우에는 과학적으로 입증된 기억의 허술함이 판결에 참작되기 시작했다. 나는 기억을 진실에 봉사하는 만큼 자아에도 봉사하는, 다분히 논란이 있는 지식의 형식이라고 본다.

2.

기억의
규칙

- 회상 절정
- 길을 잃는다는 것
- 기억 실험
- 익숙함, 속임수
- 상상의 산물은 자체적인 삶을 산다

Pieces of Light

위대한 도시들은 기억의 규칙을 거스른다. 한 번도 가보지 못한 장소가 기억된 경험으로 풍요롭게 보일 수 있다. 너무도 많은 사람들이 여러분보다 먼저 그곳에 가서 그곳의 광경을 부호화했다는 이유가 한몫한다. 케임브리지 같은 도시의 거리에 발을 들여놓기도 전에 여러분은 허구의 내러티브에 엮여든다. 스카프를 두른 대학생, 자갈길을 달리는 자전거 모습이 그려진다. 다른 사람들 기억에서 가져온 광경들이며 영화와 소설과 믿기지 않게 완벽한 대학안내 책자를 통해 복제되고 다듬어진 이미지들이다. 도시는 여러분이 방문하기도 전에 벌써 기억되었다.

이것은 1980년대 중반에 내가 여기서 대학 생활을 시작했을 때 느꼈던 감정이다. 그곳은 마치 오래전에 멸종되었다고 보고된 생활양식을 다룬 소설이나 영화의 한 장면처럼 느껴졌다. 나는 내가 실제로 경험해보지도 않은 것에 이미 질려 있었다. 도시의 비현실에, 사람들이 자신들에게 미리 정해진 것을 생각 없이 행하는 모습에 분개했다. 나는 학과방에 앉아 창문 아래로 상류층 가족들이 강에서 소란스럽게 보트를 타는 모습을 바라보며 씩씩댔다. 자신들이 상투적인 존재가 되었다는 것을 알아차리지 못하는 것이 도무지 이해가 되지 않았다. 지금에 와서 돌아보면 그것은 그들의 문제라기보다 내 문제였다. 나는 항상 빤한 것을 하는 모습을 남들에게 보이는 것을 호들갑 떨며 싫어했다. 서점에서 최신 베스트셀러를 들고 줄을 서느니 차라리 중세 시대 양봉에 관한 입문서를 고르는 편을 택했다. 케임브리지에 도착해서 곧장 보트를 타러 가는 것은 나의 유난스러운 청소년기 감성으로 보자면 아무 생각 없는 삶이었다.

물론 시간이 흐르면서 허구의 케임브리지가 걷히고 현실의 모습이 보였다. 그곳은 결국 7년 동안 나의 보금자리였으니까 말이다. 그곳에서 학부생으로 3년을 지냈고 1년간 여행을 다니고 돌아와서 박사과정을 4년 밟았다. 1986년에 내 눈에 사극 영화 세트로 보였던 도시는 내가 잘 아는 장소가 되었다. 그곳에서 나는 술에 취했고 사랑에 빠졌고 학위를 취득했다. 꽤 오래 머물렀다. 내가 처음 가졌던 선입관이 무엇이었든 간에 '실제' 기억이 재빠르게 그것을 덮었다. 그곳은 곧 나에게 정말로 익숙한 도시가 되었다.

그러고 나서 그곳을 떠났다. 떠나 있던 17년 동안 서너 번 정도 방문했을 뿐이다. 이제 케임브리지를 생각하면 기억의 실험을 하듯 내 과거에서 뭉근하게 끓어오른다. 내가 청춘을 보냈던 이 도시에 대해 얼마나 잘 기억해낼지 궁금하다. 나는 사람들이 장소에 대해 어떻게 애착을 갖게 되는지, 그리고 그 애착이 얼마나 오래 지속되는지 알고 싶다. 아울러 장소에 대한 기억을 살펴보면 기억이 전반적으로 어떻게 작동하는지에 대해 뭔가 알아내게 되지 않을까 생각한다.

회상
절정

한 가지 기본적인 개념을 보자. 우리는 접해본 적이 있는 자극을 기억한다. 케임브리지는 내가 청춘을 보낸 도시일 뿐만 아니라 인간 기억을 처음으로 연구했던 곳이기도 하다. 나는 운 좋게도 기억 연구를 개척한 영국의 심리학자 앨런 배들리에게서 배웠다. 한 강의에서 배들리는 우리에게 1페니 동전을 상상해보라고 했다. 다들 무리 없이 동전의 이미지를 떠올릴 수 있었지만 다음 과제는 만만치 않았다. 바로 동전 뒷면에 새겨진 디자인을 생각해내라는 것이었다. 어느 누구도 떠올리지 못했다. 다들 이 화폐 단위를 주고받는 일을 수천 번 이상 했겠지만 그런 특징까지는 아무도 기억하지 못했다. 그저 자극을 접한다고 해서 그것을 기억하리라 보장하지는 못한다. 어떤 식으로 자극에 뭔가를 행해야 한다. 자극을 처리해야 한다. 기억은 많은 요인들에 의지하며 가장 기초적인 것은 주목하는 것이다.

나는 다우닝 스트리트와 테니스코트 로드 인근 거리에 확실히 주목했다. 학부에서 자연과학을 전공했으므로 대학 시절 거의 매일(토요일에도 9시에 강의가 있었다) 이 길을 걸었다. 내가 생생하게 기억하는 이미지는 젊은이들(대부분 남자들) 무리가 자전거를 타고 테니스코트 로드의 직선 도로에서 빠르게 페달을 밟는 모습이다. 우스꽝스럽고 살짝 무섭기도 했다. 우리 같은 이족보행 게으름뱅이들은 빠르게 휙 지나가는 괴짜 자연과학자들을 향해 노골적인 욕설에 가까운 빈정거림을 쏟아냈다. 짓궂게도 매년 프랑스에서 열리는 유명한 사이클 대회에 빗대어 우리끼리 투르 드 낫시^{Tour de NatSci}라고 불렀다. 내가 이것을 언급하는 것은 이것이 진짜 기억임을 알기 때문이다. 학부생 시절 이후로는 아침 그 시간에 케임브리지의 그곳에 있지 않았으므로 보다 최근에 있었던 일은 떠오르지 않는다. 토요일 밤 브리지 스트리트에 출동한 시위진압 차량과 마찬가지로 우리가 케임브리지 하면 어쩔 수 없이 생각하도록 관광용 책자에 실린 이미지가 아니다. 내가 직접 보았으므로 내 기억 속에 있다. 여기에 속임수는 없다.

자전거로 빠르게 지나가는 과학자들의 이미지가 내 기억 속에 마련되자마자 그것과 연관되는 사항들이 일제히 떠오르기 시작한다. 나는 이미지를 믿는다. 이미지에 딸려오는 것들은 항상 믿지는 않는다. 내가 테니스코트 로드로 걸어가고 있다면 틀림없이 렌스필드 로드에 있는 화학과 건물로 향하는 것이다. 1학년 화학 수업이 그토록 지긋지긋했던 이유에는 토요일 아침에 강의가 있었다는 사실이 크게 작용했다. 나는 이것을 사실로 기억한다. 수업을 같이 들었던 친구들이 확인해 줄 수 있다.

이제 내가 실제로 기억하는 것에서 잠시 물러나 내 생에 일어난 사건에 대한 사실적 지식들을 불러오기 시작한다. 이미지에는 '토요일 아침, 테니스코트 로드'라는 식으로 꼬리표가 붙어 있지 않다. 그냥 이미지일 뿐이다. 그러나 내가 그곳에서 무엇을 했는지에 대한 관련 정보들을 불러옴으로써 어디인지 언제인지 정확하게 집어낼 수 있다.

몇몇 다른 인상들이 이미지에 들러붙어 있다. 숙취로 괴로웠던 기억이 난다. 당시 내게 이례적인 느낌은 아니었다. 전날 술집에서 거하게 마시고 난 토요일 아침 9시 무렵이면 특히 심했다. 중세풍의 대학 사암 건물들은 내 기억 속에서 어쩔어쩔하고 사랑에 애태우는 조바심과 연결된다. 나를 원하지 않은 사람을 짝사랑했다. 스미스(1980년대 활동했던 영국의 록 밴드_옮긴이)가 이에 대한 노래를 만든 적도 있었다. 놀라운 점은 그런 감정이 그저 '저기 밖에' 떠도는 것이 아니라 펨브룩 칼리지와 낡은 애든브룩스 병원 뒤쪽 건물들에 배어 있다는 것이다. 도시가 내 고통을 기억한다. 아니면 내가 그렇게 기억하는 것이거나.

그러나 실은 놀랄 일이 전혀 아니다. 우리는 어렸을 때 살던 집으로 돌아가면 기억들을 불러낼 수 있다는 것을 안다. 부모와 함께 지냈던 집의 문을 열고 들어가면 기억들이 짠! 하고 밀려온다. 그러나 한층 강력한 위력을 발휘하는 것은 성년 초기에 살았던 장소일 것이다. 기억 연구자들은 십대 후반과 이십대 초반의 사건들이 기억에서 특별한 위치를 차지한다고 말한다. 성인을 붙잡고 과거에 있었던 일들을 말해달라고 한 다음 사건들을 일어난 순서대로 나열하면 스무 살 근처에 집중될 가능성이 높다. 연구자들은 이런 집중 현상을 '회상 절정

reminiscence bump'이라고 부르며 다양한 설명을 제시한다. 그중 하나는 성년기 초기가 인생에서 가장 중요한 일들이 벌어지는 시기이므로 가장 잘 기억된다는 설명이다. 집을 떠나고 사랑에 빠지고 파트너와 헤어지는 일들이 벌어지는데 하나같이 강렬한 감정을 동반하는 경험들이어서 마음속에 깊게 남고 우선적으로 기억되는 경향이 있다.

그렇기에 기억 속에서 대학 도시는 특별한 장소일 수밖에 없다. 여러분은 예민한 나이에 그곳에 도착한다. 모든 것이 낯설고 새롭게 보인다. 그곳에서 몇 년을 아마도 다른 어느 곳에서보다 열심히 살 것이다. 그런 다음 떠난다. 친구들도 대개는 그곳을 떠나게 되고 가족이나 직장으로 인해 그 장소에 묶이지 않으므로 여러분은 딱히 그곳에 다시 돌아갈 이유가 없다. 따라서 그곳에 대한 여러분의 기억은 손대지 않은 채 봉인된다. 그곳을 회상할 때마다 나중에 다시 방문했던 경험들로 오염되지 않은 순수한 기억으로 기억될 수 있다. 내 삶의 내러티브에서 케임브리지가 어떻게 자리 잡고 있는지 생각해보면 내가 살았던 어떤 장소보다 기억들로 풍요로운 곳이다.

그래서 이곳을 다시 찾았을 때 무엇보다 혼란을 느꼈던 것은 곤혹스럽다. 따뜻한 7월 세인트앤드루스 스트리트를 따라 중심가로 걸어가면서 익숙한 동시에 낯선 풍경들에 마주쳤다. 내가 학생 시절에 7년을 살았던 도시는 분명 낯익었지만, 그곳의 모습들은 공모하여 나를 완전히 헷갈리게 만들었다. 나는 내가 떠나고 나서 케임브리지에 경제 호황이 있었고 물리적 외관이 많이 바뀌었음을 알아챘다. 그러나 세심하게 보존된 대학 건물들조차 뭐라 말하기 어렵게 낯설어 보였다. 한쪽 방향으로 거리를 쳐다보면 희미하게 아른거리고 엽서에 나올 것 같은 비현실의 모습이다. 조금 있다가 다시 쳐다보면 이미 낯이 익다. 문제는 뇌가 이 정보를 이렇게 처리하는 것을 내가 멈추지 못한다는 것이다. 예를 들어 "옛날 기억들과 어떻게 연결되는지 알아보게 잠깐 그대로 있어" 하고 말할 수 없다. 나는 광경을 보고 부호화한다. 기억하려고 할 때는 다시 학습하고 있다.

숙소로 가서 짐을 풀었다. 시드니 서섹스에 있는 기숙사 방이다. 다음 목표는 마을을 지나 시지윅 애비뉴에 있는 영문학과를 찾아가는 것이다. 내가 한때 누구보다 잘 알았다고 자부하는 도시이므로 트리니티 레인으로 질러가기로 했다. 강을 따라 칼리지에서 칼리지로 넘어가는 보행로로 현대식 다리를 지나려면 어디선가 방향을 틀어야 한다는 것이 어렴풋이 생각났지만 정확히 어디인지는 몰랐다. 희미하게 낯익은 느낌이 드는 곳이 있었다. 대학 건물 뒤쪽으로 연결된 좁다란 골목인데 무거운 나무문이 저 끝에 가로막고 서서 '막다른 골목'임을 알렸다. 그래서 길을 따라 계속 걸어갔다. 킹스 퍼레이드로 접어들었을 때 잘못 왔다는 것을 깨달았다. 왔던 길로 다시 돌아가 앞서 내가 머뭇거렸던 곳에 이르렀다. 좁은 골목길이 이제 그야말로 익숙하게 보였다. 나는 이 골목을 **알았다**. 진심으로 알았다. 깊은 곳에 묻혀 있던 기억을 인출하는 데 마침내 성공한 것 같았다. 익숙함이 표면 아래에 잠복하고 있다가 내가 살짝 유인해서 밖으로 드러난 것처럼 말이다. 하지만 골목이 낯익게 느껴지는 것은 **당연했다**. 방금 전에 그것을 보았기 때문이다. 나는 그저 방금 전에 새로 경험한 것을 알아보는 것인지도 모른다. 그러니까 기억의 출처를 오해해서 실은 새로운 기억인데 오래된 기억으로 경험하는 것인지도 모른다. 불편한 느낌이 들었다. 나는 내가 아는 것과 알지 못하는 것을 어떻게 구분할까? 무엇이 대학생 시절로 거슬러가는 (그리고 약간의 노력으로 이제 막 밖으로 끄집어낸) '진짜' 기억이고 무엇이 내가 여기 돌아온 짧은 시간에 익숙하게 된 것임을 어떻게 판단할 수 있을까?

길을
잃는다는 것

나는 '기억의 지도'라는 주제를 내건 학제간 학술대회에 참가하려고 케임브리지에 와 있다. 어린아이들이 기억의 지형에서 어떻게 탐색을 시작하는지 강의할 예정이다. 샌프란시스코에서 활동하는 작가 리베카 솔닛도 연사로 초청되었다. 길 잃기를 문화사의 관점에서 서술한 최근작 『길 잃기 안내서A Field Guide to Getting Lost』에서 솔닛은 정해진 길에서 벗어나기 좋아하는 인간의 성향을 찬양한다. 길 잃기는 우리가 자발적 통제를 행사할 수 있는 사건이 되기도 한다. 예를 들어 우리는 낯선 환경의 생소함에 스스로를 맡기고 우리 앞에 펼쳐진 새로운 길(지형적 길과 심리적 길)을 즐길 수 있다. 혹은 우발적으로 불행하게, 심지어는 위험하게 길을 잃기도 한다.

　길 잃기의 경계를 탈 수도 있다. 처음 가보는 유명 도시에서 딱히 정해둔 계획 없이 이곳저곳 어슬렁거리는 것이다. 하지만 가다 보면 유명한 명소가 나온다는 것을 알고, 필요하면 지도를 꺼내 도움을 받을 수도 있으니 완전한 길 잃기는 아니다. 솔닛에게 '잃는다는 것'은 두 가지다른 의미가 있다. "사물을 잃는 것은 익숙한 것이 물러나는 것이고, 길을 잃는 것은 낯선 것이 나타나는 것이다."

적극적으로 추구한 것이든 아니든 길 잃기는 어떻게 보면 기억의 성패에 관한 것이다. 길을 찾으려면 자신이 어디로 가려고 하는지, 자신이 최근에 (혹은 그렇게 최근은 아니더라도) 어디에 있었는지를 주목하고, 이런 정보를 부호화하고 인출해야 한다. 주위 환경에 대한 정신적 지도를 작성하고 그 안에서 자신의 위치가 어떻게 되는지 주시해야 한다. 그리고 자신이 제대로 하고 있는지 계속 파악하는 것이 필요하다. 솔닛은 길을 잃는 사람들은 제대로 주목하지 않는 경우가 많고, 그래서 곤경을 알아차렸을 때 무엇을 해야 할지 모르고 자신이 모른다는 것을 인정하려 들지 않는다고 말한다. "날씨를, 걸어온 길을, 도중에 만나는 지형지물을 살피는 기술이 있다. 뒤를 돌아보면 나중에 돌아갈 때의 길이 지금 가는 길과 달라 보인다는 것을 알아차리는 기술이 있다. … 길을 잃는 사람들은 대부분 이런 언어, 즉 지구 자체의 언어를 읽지 못하는 문맹이거나 멈춰 서서 읽어보지 않는 사람이다."

모든 사람이 자신이 길을 잃었을 때를 아는 것은 아니다. 그리고 그것을 안다고 해서 자신이 길을 잃었음을 항상 인정하는 것은 아니다. 나는 사람들이 길을 찾지 못할 때 이런 사실이 그들의 행동에 어떻게 작용하는지에 관심이 많다. 솔닛은 심각한 병에 걸린 아이가 야외 활동 중에 술래잡기 놀이를 하다가 길을 잃어버린 이야기를 했다. 아이가 발견되지 않자 수색팀이 혹독하게 추운 밤에 아이를 찾아 나섰다. 새벽에 구조대원은 아이가 힘없이 호루라기를 부는 소리를 들었다. 아이는 모르는 구역을 헤매기보다 나무 사이의 좁은 공간에 들어가 몸을 웅크리고는 해가 뜨기를 기다리고 있었다. 아이는 자신이 길을 잃었음을 알았고 다른 사람에게 희망을 걸었다. 아이는 결국 병 때문에 얼마 살지 못했지만, 이 이야기에서 그나마 다행인 점은 아이들은 자신이 어디에 있는지 모른다는 것을 기꺼이 인정하는 경우가 특히 많다는 사실이다. 이런 인식은 그들의 안전을 돕는다. 아이들은 자신이 위험에 처했음을 인식하고 가만히 앉아 다른 사람이 구하러 오기를 기다린다.

솔닛의 이야기는 아찔하게 멋진 미국 로키산맥 지역에서 삼림경비원으로 일하는 샐리가 들려준 것이다. 직업 특성상 길 잃은 사람들을 자주 접하는 국립공원 경비원, 해안경비원, 산악구조원 들은 사람들이 자신이 어디에 있는지 모를 때 특정한 방식으로 행동한다는 것을 안다. 그들은 길 잃은 등산객을 어디서 찾아야 할지 본능적으로 안다. 샐리와 같이 일하는 친구는 솔닛에게 자신의 남편이 설상차를 타고 실종된 의사가 꽁꽁 언 채로 누워 있는 곳으로 곧장 갔다고 말했다. 탐방로에서 길을 벗어나기 쉬운 지점이 어디인지 직감적으로 알았던 것이다. 매일같이 야생을 접하는 사람들은 길 잃은 사람들이 어떻게 행동하는지, 그들을 찾으려면 어디로 가야 하는지에 대해 전문적 식견이 있는 것 같다.

길 잃기는 일종의 기억상실이다. 이를 보면 우리가 세상에서 길을 찾기 위해, 공간을 물리적으로 돌아다니기 위해 언제나 기억에 의지한다는 것을 새삼 깨닫게 된다. 우리는 몸과 분리된 존재로 순수한 정보의 공간에서 연산 과정을 통해 판단하고 행동하는 것이 아니라 물리적 세계와 항상 연루되어 있다. 우리는 공간에 관한 정보를 부호화하는 하나의 방법으로 자신의 몸을 기준으로 삼는다. 예를 들어 **오른쪽**, **왼쪽** 방향은 몸의 위치가 결정하며 몸이 어디를 향하고 있느냐가 절대적으로 중요하다. 집을 나설 때 왼쪽에 있는 것은 집으로 돌아올 때는 오른쪽에 놓인다. 탐색의 기준이 될 만한 지형지물이 없는 상황에서 우리는 자신의 몸을 기준으로 지형을 이해할 수밖에 없는데, 당연히 몸은 계속적으로 움직이고 방향을 이리저리 바꾼다. **북쪽**, **남쪽**을 확실하게 가리키는 것에 의지하고 싶지만 **오른쪽**, **왼쪽**, **앞쪽**에 매달리게 된다. 공간 탐색을 연구하는 과학자들은 이런 식의 공간 지각을 가리켜 (자신을 기준으로 결정한다는 뜻에서) **자기중심적**egocentric이라고 부른다. 자신의 위치와 무관하게 공간을 취급하는 것은 **환경중심적**allocentric 지각이다.

자기중심적 지각은 길을 잃을 때 독특하게 나타나는 현상을 설명해줄 수 있다. 사막처럼 아무런 특징이 없는 지역에서 길을 잃으면 원을 그리며 헤맨다는 이야기가 있다. 마크 트웨인의 반자전적 여행 이야기 모음집 『서부 유랑기Roughing It』에 보면 화자와 동료는 눈 속에서 자신들의 발자국을 두 시간 넘게 따라간 다음에야 실수를 알아차렸다. 숲 속에서 우즐의 발자국인 줄 알고 따라갔던 푸와 피글렛은 한참 뒤에야 실은 자신들의 발자국을 따라 빙빙 돌고 있었음을 깨달았다. 최근에 사람들이 길을 잃을 때 실제로 원을 그리며 헤맨다는 것을 경험적으로 입증해 보인 연구가 있었다. 자원자들에게 휴대용 GPS 기기를 쥐어주고 독일의 숲이나 튀니지의 사하라 사막에서 특정한 방향으로만 걸어가도록 했다. 참가자들은 태양이 보일 때에는 비교적 똑바른 방향으로 갈 수 있었다. 하지만 외적으로 참고할 만한 것이 없으면 빙빙 돌거나 이상한 방향으로 헤맸다. 한 명은 사막에서 밤에 걸었는데 달이 구름에 가리게 되자 경로를 이탈했다. 기준이 되는 천체^{天體}가 없는 상황에서 이들은 눈가리개를 하고 탁 트인 들판을 걸어가는 사람들과 비슷한 행동을 보였다. 연구자들은 서로 다른 다리 길이와 뇌의 불균형과 무관하게 사람들은 균형 감각과 몸의 감각에 의지하여 짧은 거리를 똑바로 갈 수 있다고 정리했다. 하지만 거리가 멀어지면 무작위 오류가 감각 체계에 쌓이면서 경로를 벗어나게 된다.

대개의 경우 우리는 특징 없는 지역이나 어둠 속에서 길을 잃는 것이 아니다. 사람들은 기준으로 삼을 만한 지형지물이 많은 환경에서 길을 찾아야 하는 도전에 놓인다. 그런 곳에서 길을 찾으려면 자신이 언제 어디에 있었는지 정확하게 기억하는 것은 물론, 자기중심적 지각과 환경중심적 지각의 솜씨도 필요하다. 기억의 세계의 많은 것이 그렇듯 공간 관련 정보를 우리가 어떻게 기억하는지 알아보려면 다시 해마를 살펴봐야 한다. 쥐가 특정한 장소에 있으면 해마에 있는 특정한 세포들이 발화한다는 것이 1970년대 초에 알려졌다. 쥐를 전에 있었던 장소에 두면 똑같은 '위치 세포^{place cell}'가 발화한다. 이것으로 보아

위치 세포가 특정한 패턴으로 활성화되면서 쥐가 겪었던 공간적 맥락을 '기억'하는 것으로 짐작된다. 쥐가 특정한 방향으로 향할 때 일종의 내적 나침반처럼 발화하는 해마주위피질에 있는 '머리 방향 세포head direction cell'가 공간 탐색에 역시 관여한다는 것이 그 뒤에 확인되었다. 이 둘은 환경중심적 공간 정보와 자기중심적 공간 정보를 기억하는 신경적 기초를 이룬다.

세 번째 부류의 세포가 2005년 노르웨이의 연구자들에 의해 발견되어 공간 탐색을 연구하는 신경과학자들을 흥분시켰다. 연구자들은 해마와 붙어 있고 해마로 신호가 들어가는 가장 중요한 부위인 내후각피질에 있는 세포들의 활동을 기록했다. 그리고 쥐가 어떤 공간에서 육각형 격자의 꼭짓점에 해당하는 지점들에 있을 때마다 발화하는 세포를 확인하고 여기에 '격자 세포grid cell'라는 이름을 붙였다. 이것은 격자 세포가 탐색 공간을 동등한 크기의 단위들로 나눠서 인식한다는 뜻이다.

이것이 어떤 식으로 작동하는지 알기 위해 여러분 주위의 공간이 육각형 벌집 모양으로 되어 있다고 상상해보자. 여러분이 육각형 셋이 만나는 지점에 설 때마다 격자 세포가 발화한다. 어떤 지점인지는 상관없고 육각형이 만나는 지점이기만 하면 된다. 따라서 격자 세포가 부호화하는 정보는 절대적인 공간에 관한 정보도, 여러분이 바라보는 방향에 관한 정보도 아니다. 다른 격자 체계들이 위에 포개지면 쥐의 위치에 대한 대단히 상세한 정보를 나타낼 수 있다. 격자 세포가 나타내는 육각형 격자는 쥐가 얼마나 멀리 왔는지에 대한 정보도 담을 수 있다.

선원들이 경도와 위도를 사용하여 바다를 항해하는 것과 비슷하다.

격자 세포가 흥미로운 것은 서로 이질적인 공간 정보—장소, 거리, 방향—가 세상의 내적 지도에 어떻게 통합되는지 보여준다는 것이다. 쥐처럼 인간을 대상으로 단일 뉴런의 전기 활성을 기록하여 격자 세포를 발견할 수는 없으므로 기능적 자기공명영상(fMRI)을 사용하여 비슷한 육각형 격자 패턴이 인간의 내후각피질에서 표상된다는 것을 보여준 연구는 흥미로운 진전이었다. 참가자들에게 관련 연구에서 쥐들이 수행했던 것과 최대한 비슷하게 설계된 가상공간 영역을 탐색하도록 했다. 그 결과 쥐의 자료를 토대로 예측되는 것과 똑같은 격자 세포의 활성화 패턴이 인간의 뇌에서 일어난 것이 확인되었다. 아직 세포의 특정한 위치를 정확하게 찾아내지는 못했지만, 이런 발견은 격자 세포가 인간에게도 있으며 쥐의 뇌에 있는 격자 세포와 비슷한 방식으로 작동한다는 것을 시사한다.

해마와 관련 피질 구조물의 연합은 여기서 끝나지 않는다. 최근의 fMRI 연구는 인간의 해마에 있는 어떤 세포들이 목표물과의 거리—직선거리뿐만 아니라 실제로 가야 하는 거리도(길을 따르고 장애물을 우회해서)—에 비례하는 비율로 발화한다는 것을 보여주었다. 또한 해마 세포의 리듬적 발화를 연구하여 세타 진동theta oscillation이라고 하는 저주파 진동이 해마 체계에 존재하는 것을 확인했다. 해마의 세타 진동은 시간을 재는 신호 역할을 하여 이를 토대로 우리가 공간에서 자신의 위치에 대한 정보와 자신이 이동한 거리에 대한 정보를 통합하는 것으로 짐작된다. 16세기 항해사라면 알고 있었겠지만 세상에서 길을 찾으려면 나침반만 있어서는 안 되며 시간을 재는 방법도 알아야 한다. 세타 리듬이 시간을 재는 신호가 되어 머리 방향 세포, 격자 세포, 위치 세포에서 이루어지는 연산과 결합하면, 우리가 돌아다니는 것을 계속하기 위해 필요한 정보를 제공하는 것이 가능해 보인다. 이런 일이 정확히 어떻게 이루어지는 파악하려면 아직 더 많은 연구가 있어야겠지만, 이런 특화된 체계가 자전적 기억에서 '무슨 일이 언제 벌어졌는지'를 저장하도록 하는 토대가 된다는 주장도 있다.

모든 것이 순조롭게 작동하면 해마 부위의 탐색 체계는 여러분이 어디에 있는지에 대한 표상 체계를 구성한다. 여러분의 과거 위치, 현재 위치, 가고자 하는 위치를 기록한 정신적 지도가 만들어지는 것이다. 길을 잃는다는 것은 이런 내적 지도와 여러분이 주위의 세상에 대해 지각하는 바를 연결시키지 못한다는 뜻이다. 그래서 길을 잘못 가게 되며 한번 길에서 벗어나면 계속해서 잘못 가게 된다. 길을 잃을 때 여러분은 섬세한 신경적 지도를 헝클어뜨리는 것이다. 그리고 자전적 기억의 변덕이, 공간 표상과 아주 살짝만 관계가 있어 보이는 경험의 시간 조각들이 얽혀 이런 문제를 한층 심각하게 만든다.

기억
실험

시드니도 내가 아주 잘 아는 도시인데 이런 곳도 잘못된 모습들로 각인되어 나를 속일 수 있다. 이곳에 살 때 나는 세상 어느 도시보다 아름다운 이 도시의 골목골목을 속속들이 잘 안다고 말하곤 했다. 그러나 어설픈 지식은 위험할 수 있으며 기억하기처럼 종잡을 수 없는 것에는 더없이 그러하다.

맑은 겨울날 시드니 하버를 지나면서 마음속으로 또 하나의 기억 실험을 생각하고 있다. 계획은 노스 쇼어에서 항구 쪽으로 튀어나온 손가락 모양으로 생긴 크레몬 포인트에서 하선해 방파제를 따라 버스 종점인 콘크리트 광장까지 걸어가는 것이다. 예전에 같이 여행했던 친구들과 함께 페리 티켓을 구입했던 작은 가게는 페인트칠이 벗겨지고 맹꽁이자물쇠로 채워져 있다. 계단을 걸어 리저브로 올라간다. 바다 쪽으로 불쑥 솟은 바위 지대에 초록이 무성하다. 그곳에 오르면 기가 막힌 도시 경관을 볼 수 있다. 자그마한 이 공원은 정성껏 관리되고 있다. 산책로를 재정비했고 리저브의 역사와 경관에 대해 자세하게 소개한 새 안내판을 설치했다. 텅 빈 아이들 놀이터가 시야에 들어왔다. 설령 지난번 왔을 때 있었더라도 내가 보지 못했을 것이다. 우리는 자신에게 중요한 정보를 처리하는데, 지난번 이곳을 걸었을 때 아이들과 놀 수 있는 시설은 나의 관심 밖이었다. 지금은 6월 주중의 늦은 아침으로 내 주위에는 산책 중인 퇴직자 부부와 선글라스를 끼고 혼자 조깅하는 중년의 남자가 전부다. 내 뒤로 보수공사 중인 집에서 건축업자가 전동공구 돌아가는 소음 너머로 소리를 지른다. 요트들이 즐비한 모스만 베이 너머로 잔디 깎는 기계 소리가 들린다.

나는 노스 쇼어의 아름다운 이곳으로 부富가 유입되는 현장을 보며 잊고 있던 세부사항들을 생각해내는 것이 아니다. 놀이터, 안내판, 새 화장실은 10년도 훨씬 전에 내가 처음 이곳에 왔을 때는 없었다. 외관에 일어난 변화다. 그러니까 애초에 이곳에 있지도 않아서 내가 잊을 것도 없었다. 그러나 기억은 여러 다른 방식으로 나를 희롱한다. 포인트 끝에 있는 등대로 올라가는 길이 내가 기억하는 것보다 훨씬 가파르다. 하지만 나는 이제 아장아장 걷는 아이를 데리고 세상을 돌아다니는 일에 더 익숙해졌고, 부모의 조심성은 잠재적인 모든 위험을 더 크게 확대해서 인식하는 법이다. 내가 오기 전인 1988년에 이곳에서 떨어져 죽은 열여섯 살 소녀를 기리는 표지판이 보인다. 나는 표지판을 본 기억이 없는데 내가 떠나고 나서 설치한 것일 수 있다. 만약 있었다면 틀림없이 기억이 날 것이다. 예전에 우리는 등대 위로 올라가 부서지는 파도를 보며 술을 마시고 담배를 피웠다. 이제 그곳은 철저하게 차단되었다. 사고 위험을 공식적으로 인식한 것이다. 누군가가 이곳에서 죽었지만 우리는 그것을 몰랐고 여전히 그리로 올라가서 놀 수 있었다. 그 뒤에야 끔찍했던 사건의 기억이 장소의 외관에 부호화되었다.

오래 걷다가 지쳐 어둠 속에서 곯아떨어졌는데 새벽에 일어나 보니 궁전 앞이더라는 말이 있다. 크레몬 포인트의 자연적인 축복과 인공적인 축복을 누리는 이곳에서 내가 실제로 살았었다는 생각을 하자 문득 그런 기분이 든다. 웅장한 저택과 항구가 내다보이는 콘도에 돈이 넘쳐난다. 이곳은 교통과 경관이 뛰어나 시드니 최고 부촌으로 꼽힌다. 백만 불짜리 조망을 가진 발코니들이 비어 있는 것을 보자 과연 저런 곳에 살 형편이 되는 사람들이 제대로 앉아서 이런 아름다움을 즐길 시간이 있을까 궁금하다. 이곳에서 걸어서 5분 거리에 배낭 여행객들이 묵는 호스텔이 예전에 있었다는 사실이 별스럽게 느껴진다. 여행 온 영국 아이들은 대부분 바퀴벌레가 들끓는 킹스 크로스의 싸구려 여관으로 갔지만, 그보다 살짝 더 여유가 있었던 우리는 모스만 베이를 등지고 있는 파란색 페인트가 칠해진 빅토리아식 건물 하버사이드 호텔에 묵었다. 스물한 살 때 나는 세상이 어떻게 돌아가는지 잘 몰라서 오스트레일리아에서는 모두 나무가 울창하고 연못이 나 있는 교외 숲 지대에 사는 줄 알았다. 그래서 나도 당연히 여섯 달 동안 그렇게 살겠구나 생각했다.

지금 내가 찾으려는 곳이 그 호텔이다. 포인트 동쪽을 따라 이어진 오솔길을 걷는다. 중년 여성들 몇 명이 오르막을 헐떡이며 내 옆을 지나간다. 예전에 리저브로 갈 때, 경치를 즐기며 페리 터미널로 내려가는 길에 이 길로 갔다. 길 왼쪽으로 잘 가꿔진 집들의 정원이 보이고 오른편으로는 원시적인 숲지대가 만까지 뚝 떨어진다. 유칼립투스 나무 사이로 항구가 반짝거린다. 그러고 보니 이곳 경사진 풀밭에서 내가 비치볼을 스웨터 안에 집어넣고 마치 출산하는 모습으로 잔디에 누워 사진을 찍었던 것이 생각났다. 하지만 호텔의 위치는 찾을 수 없다. 집들이 다 비슷하게 보인다. 식민지 시대의 쇠로 된 발코니 난간을 하고 있는데 내가 살았던 집이 어디인지 모르겠다. 지난번에 충분히 주목하지 않은 것이다. 전체적인 인상은 알아보겠지만 특정한 것이 하나도 생각나지 않는다. 그래서 오래된 저택들 중에 한 곳을 집어서 여기가 바로 내가 살았던 곳이야 하고 말할 수 없다.

지금까지는 기억의 실험이 순조롭지 못하다. 길이 점차 어두워지고 풀들이 무성해지면서 집들에서 멀어져 간다. 이제 도로가 저 위로 보이는데 그쪽으로 가려면 가파르게 치고 올라가야 한다. 다른 방향으로 이 길이 이어진다는 것이 기억나면서 새로운 종류의 낯익음이 밀려왔다. 호텔에서 포인트와 페리 터미널로 가는 길 말고 호텔에서 밀리터리 로드에 있는 가게들로 가는 길이 생각났다. 낯익음의 느낌이 완전히 시들해지자 나는 포기하고 방향을 돌려 다시 리저브로 향했다. 다른 방향으로 접근하자 집들의 뒷모습이 전보다 훨씬 낯설어 보인다. 리저브로 다시 돌아와 포인트의 등줄기로 이어지는 길에 접어들었다. 겨울임에도 햇빛이 강해서 플리스 재킷을 벗고 걷기로 했다. 나는 둘러보고 찾고 그곳이 아님을 확인하면서 긴장감과 슬픔과 안도감이 묘하게 뒤섞인 느낌을 받았다. 내가 그곳을 찾았다면 어쩌면 실망했을 수도 있다. 내 과거에 대해, 그 이후로 내가 이루지 못했던 것에 대해 마주쳐야 했을 수도 있다. 그러나 그곳을 찾지 못하는 것은 더 나쁘다. 내가 틀렸고 내 기억은 도저히 믿을 만하지 못하다는 뜻이기 때문이다. 내가 이 대목에서 틀렸다면 다른 것도 실수했을 가능성이 얼마든지 있다.

**익숙함,
속임수**

쉬우리라고는 기대하지 않았다. 시드니에 온 지 다섯 달째인데 내가 예전에 살았던 곳을 찾으려고 크레몬 포인트로 돌아온 것은 이번이 처음이다. 나는 과거로 거슬러가는 이번 여행에 주의를 다 기울이고 싶었다. 기억하기는 기술이다. 잘해낼 수도 있고 형편없이 할 수도 있다. 나는 기억이 일어날 때 거기에 완전히 몰입하고 싶었다. 그리고 차후에 과거를 재구성하는 데 영향을 미칠 수도 있는 눈에 띄는 사항을 살짝이라도 쳐다보지 않으려고 애썼다. 크레몬 포인트가 의식에 충격이 되기를 원했기 때문이다.

내가 준비가 되어 있지 않을 때 기억들이 몰려들기 시작하면 기억을 잃을 것이고, 결국 잠깐 동안 기억하는 둥 마는 둥 했다는 기억만 남을 것이다. 나는 묻혀 있던 것을 파헤치는 첫 번째 사람이 되고 싶었다. 나보다 앞서 간 수많은 사람들이 자기 식대로 바꿔놓고 그의 기억의 흔적이 묻는 것은 싫었다. 나는 기억을 소중히 여긴다. 기억의 속임수를 잘 안다.

실은 오늘 밀슨스 포인트의 페리 터미널에서 서큘러 키로 가면서 크레몬 포인트를 이미 지나간 적이 있다. 숲으로 우거진 곳의 낯익은 곡선이 시선에 들어오자 눈을 돌려 피했다. 이번에 오스트레일리아로 오기 전에도 나는 세계 여행을 하며 찍은 사진들을 일부러 보지 않았다. 언젠가 이곳에 다시 오리라는 것을 알았고, 그때를 대비하여 기억을 순수하게 두고 싶었기 때문이다.

문제는 내가 케임브리지 뒷골목을 걸으며 마주쳤던 것과 똑같다. 내가 이 경관에서 낯익은 느낌을 경험한다면 오래전 이곳에서 있었던 경험으로 거슬러가는 진짜 익숙함인지 확인해야 한다. 중간에 끼어든 아주 최근의 경험이 작용한 것일 수도 있기 때문이다. 나는 오솔길을 따라 리저브로 가면서 벌써 이런 위험을 감수하고 있다. **당연히** 익숙하게 보인다. 방금 전에 내가 여기 있었으니까. 나는 공간뿐 아니라 시간에서도 길을 잃어 무엇이 새로운 익숙함이고 무엇이 오래된 익숙함인지 분간하지 못한다. 지금으로서는 내게 너무도 강력하게 특정하게 각인되어 문제없이 시기를 확정지을 수 있는 것이 곧 나타나기를 희망하는 수밖에 없다. 파란색 건물이 보이는 순간 그렇게 될 터였다. 이제 남은 선택은 이쪽 반대편으로 가서 호텔을 찾아보는 것이다.

호텔 주소는 오래전에 기억에서 희미해졌다. 크레몬 로드라는 이름은 익숙하게 들리지만 번지수가 생각나지 않는다. 그런데 해안가 오솔길에서 도로로 올라오자마자 생각났다. 나는 41번지에 살았다. 마치 사진첩에서 활짝 웃고 있는 오래된 지인의 얼굴을 보는 순간 그의 이름이 떠오르듯 그 사실이 찰칵 떠올랐다. 오른쪽에 있는 집들의 번지수를 따라갔다. 20번 대의 홀수가 점차 올라가는 것으로 봐서 41번지는 믿을 만한 기억임이 확실했다. 차가 다니는 도로에서 갈라진 보도가 옆으로 나 있었다. 그리로 내려가자 자카란다 나무들 너머로 붉은색 기와를 새로 올린 집들이 보인다. 39번지에 다다랐을 때 내 위에 있는 도로에서 난간 달린 진입로가 확 꺾여 내려오는 것이 보인다. 보도와 연결되는 작은 계단이 있다. 우리가 쇼핑한 물품과 투이스 뉴 맥주를 손에 들고 왔던 곳이, 돈을 아껴가며 명소들을 둘러보고 늦은 밤 택시를 타고 비틀거리며 내렸던 곳이 바로 여기다.

그러나 호텔은 사라졌다. 파란색 건물이 한때 있었던 곳에는 이제 고전주의 양식으로 지어진 크림색 공동 주택들이 들어서 있었다. 아시아계 젊은 여성 한 명이 쓰레기봉투를 들고 나오는 것을 보고 내가 불러 세웠다. 그녀는 긴장하는 기색이었다. 그녀에게 뒤로 보이는 어색한 교외식 저택에 사는지 물었다. 그녀는 청소부이고 주인은 외출 중이라고 했다. 길에 서서 비디오카메라로 건물을 찍고 있는 내가 틀림없이 수상쩍게 보였을 것이다. 차고의 문이 전자식으로 작동하고 건축가가 설계한 주택들이 들어선 이곳에 내가 한때 살았다고 말해봐야 괜히 의심만 더 살 것 같았다. 배낭 여행객들은 그녀가 이곳에서 일하기 오래전에 쫓겨났을 것이다. 그런 사실을 그녀에게 설명하느니 조용히 물러나는 것이 나아 보였다.

나는 다시 뒤쪽으로 돌아 오솔길로 갔다. 한쪽에서 보니 호텔이 있었던 곳이 곳에서 얼마나 먼 거리인지 대충 짐작되었다. 그러나 숲 쪽에서 본 모습과는 도무지 어울리지 않았다. 다른 거리에 있는 다른 집처럼 보였다. 사물의 반대편이 완전히 다른 물리적 구조로 되어 있는 착시 현상을 보듯 말이다. 내가 시공간의 고리에 들어선 걸까? 도로는 21세기인데 여기는 아직도 1989년? 두 경관의 유일한 공통점은 파란색 호텔이 없다는 것이다. 그 순간 벤치가 눈에 들어왔다. 곳곳에 자국이 패여 빗물이 고여 있는 거대하고 평평한 바위 위에 벤치가 있었다. 언젠가 내 친구 크리스와 여기 앉아서 진지한 철학적 대화를 나누며 발목을 물어뜯는 모기떼에 시달렸던 것이 기억났다. 평평한 바위에 고인 물을 터전으로 살아간 모기들이었다. 그런 단편적인 사실적 지식이 나의 회상이 사실임을 확인해준다. 지금은 왱왱거리는 존재가 없지만 모기들은 내 기억 속에서 왱왱거렸다. 아니나 다를까, 길 바로 저쪽이 최근에 땅을 개간하여 호텔을 밀어내고 흉물스러운 건물이 시무룩하게 들어앉은 곳이다.

내가 중간에 크레몬 포인트로 돌아오지 않았다는 말은 완전한 참은 아니다. 당연히 기억한 적이 있고 나와 그곳을 같이 경험했던 친구들과 대화를 나누기도 했다. 게다가 상상 속에서도 그곳에 있었다. 상상하기는 기억하기와 같을까? 그렇지 않을 것이다. 나는 기억을 일종의 이야기하기에 비유하는데 내 경우에는 말 그대로 그러했다. 이 장소에 대한 내 기억을 바탕으로 픽션을 만들었기 때문이다. 이십대 말에 소설을 썼는데, 내가 머물던 파란색 호텔에서 그리 멀지 않은 수영장에서 알몸으로 수영하는 장면으로 시작한다. 시드니에는 곳곳에 시립 야외 수영장이 많고 대부분이 아름다운 항구 주변에 있다. 내가 살았던 호텔은 사라졌지만 내가 소설로 썼던 수영장은 틀림없이 남아 있을 것이다.

이제 도시 쪽으로 면한 포인트로 돌아서서 유명한 시드니 스카이라인을 볼 때, 나는 허구의 경관을 바라본다. 땅거미가 지는 여름날 내가 앉아서 친구에게 편지를 썼던 바위를 보지 않는다. 내 소설 속 두 주인공이 서로에게 사랑의 추파를 던졌던 바위를 본다. 이것은 조이스의 더블린이나 도스토옙스키의 상트페테르부르크처럼 내가 소설 속 묘사로만 알고 있는 도시를 방문하는 것과 비슷하다. 익숙함이지만 매개된 익숙함이다. 고급스러운 대학안내 책자로 접하는 케임브리지처럼 표상으로 접하는 익숙함이지 직접 가보고 느끼는 익숙함이 아니다.

상상의 산물은
자체적인 삶을 산다

첫 소설을 쓰기란 결코 만만하지 않다. 막대한 상상력이 요구되는데 특히 첫 장면에 신경을 써야 한다. 신인 작가는 자신을 알리고 싶다. 상황을 제대로 전달하고 싶다. 생생하게 묘사하고 싶다. 눈에 띄고 싶다. 그래서 자연히 힘이 들어가게 된다. 나는 어떻게 하면 사람들이 손에 든 책을 놓지 않도록 할까 고민했다. 그것은 첫 몇 페이지에서 판가름 난다. 첫 페이지는 단순한 시작이 아니라 책의 모티브가 되는 장면—내 연인들이 처음으로 서로를 알아차린 순간—이기도 했다. 이야기가 전개되면서 계속해서 돌아가는 장면이므로 중요했다. 나는 그 장면을 세부사항 하나까지 다 상상하려고 애썼다. 수영장과 주위 환경을 순전히 기억으로 재구성했다는 뜻이다. 소설을 쓸 때 나는 영국 중부 지방에 살고 있어서 세부사항을 확인하고자 시드니로 돌아갈 수 없었다. 지금이야 구글 어스나 스트리트 뷰로 장소를 확인할 수 있지만 말이다. 그러므로 이제 내가 머릿속으로 재구성한 것이 정확한지 확인해볼 수 있는 기회가 왔다. 기억과 상상의 산물과 결합해서 나의 경험을 드러내는 것이 있다면, 그것은 관목들이 뒤쪽으로 경사져 있는 매캘럼 수영장일 터이다.

하지만 나는 찾지 못했다. 크레몬 로드에서 교차로를 따라가서 수영장이 있다고 생각했던 곳으로 갔는데, 그곳에는 더 비싼 아파트들과 깔끔하게 손질된 잔디밭밖에 없었다. 내가 수영장을 전적으로 만들어냈을 리는 없다. 기억에 의지한 것이 확실하다. 내 소설 주인공 핀 코즐리가 별이 총총한 12월에 물속으로 첨벙 뛰어들고, 그가 푹 빠져 있던 애나가 한쪽 옆 벤치에 앉아 무심하게 그를 지켜본 것이 기억난다. 그러나 그것은 핀의 이야기이지 내 이야기가 아니다. 내가 만들어낸 것이고 당시 나는 우중충한 영국 중부 지방에 살았다. 초조하고 패배한 감정을 안고 도로를 따라 페리 터미널 방향으로 걷는다. 수영장은 어디에도 보이지 않는다. 내가 수영장에 대해 어떻게 썼는지 기억난다. 진달래에 의해 가려져 있고 콘크리트 계단을 통해 길에서 올라가도록 되어 있다고 썼다. 그러나 여기는 진달래도 계단도, 확인할 만한 아무것도 없다. 내가 그곳에 있었던 것이 옳다면 수영장은 내가 기억하는 곳에 있지 않는 것이다.

페리 터미널에서 이제 곳의 서쪽으로 난 해안가 오솔길을 따라 걷는다. 얼마 뒤에 정문과 초록색 철책이 보이고 그 너머로 초록빛이 감도는 물이 보인다. 하버사이드 호텔에 묵었던 배낭 여행객들이 자주 갔던 수영장이다. 나는 정문 옆 보도의 벤치에 앉아 어떻게 이런 실수가 가능한지 생각했다. 수영장은 도로에서 계단으로 올라가는 것이 아니라 항구 바로 옆에 있다. 하긴 시립 수영장이 항구의 물로 채워진다는 것을 생각하면 당연한 일이다. 어쩌면 나는 실제로 오솔길을 따라 이렇게 걸어서 여기 온 적이 없었는지도 모른다. 실제로 온 적이 없으므로 수영장을 만들어낼 수밖에 없었다. 내가 이 길을 따라 여기에 왔었다면 수영장의 진짜 위치를 알았을 테고 힘들게 생각해낼 필요가 없었을 것이다.

그러므로 내가 기억하는 것은 다른 누군가의 경험이다. 여기 왔던 다른 사람들이 나에게 수영장에 대해 말해준 것이다. 내 친구 팸은 여기서 술에 취해 장난을 치다가 친구들이 물속에 빠뜨리는 바람에 다리가 부러졌다. 그러나 내가 여기에 온 적은 없다. 혹은 왔었다 해도 그 경험을 까맣게 잊고 있었다. 다시 생각해내려는 행위조차 진정한 기억을 끌어내지 못할 정도로 완전히 잊고 있었다. 한편으로 보자면 내가 크레몬 포인트에 그렇게 오래 살면서 매캘럼 수영장에 한 번도 가지 않았다는 것이 믿기지 않는다. 혼란스럽다. 내가 어디에 있었는지 한참을 생각해보지만 내 과거에서 길을 잃었다. 솔직하게 말하면 이렇다. 나는 전에 이곳에 온 적이 있는지 없는지 정말로 모르겠다.

어쩌면 이런 혼란은 놀라운 일이 아닐 수도 있다. 나는 수영장에서 벌어진 장면을 상상하는 데 너무도 많은 기력을 쏟은 나머지 그 일이 실제 있었던 것처럼 각인되고 말았다. 그러고는 내가 실제로 여기 온 적이 없다는 사실은, 혹은 애초에 내가 여기를 잘 모른다는 사실은 잊어버렸다. 상상의 산물은 자체적인 삶을 산다. 다시 끌어내서 맞춰볼 현실이 없으면 자기 식대로 마음껏 활개를 친다. 내가 돌아가서 확인해볼 수 없었으므로 내가 만들어낸 것은 확산되고 자리를 잡고 결국에는 진짜 기억처럼 진정하게 느껴졌다. 뭔가를 상상하는 것은 그것을 시간과 공간 밖에다가 두는 것이다. 수영장에 대한 내 기억이 잘못되었음을 깨달았다고 해서 그 세부사항이 덜 현실적으로 느껴지는 것은 아니다. 오히려 토대가 되는 현실에 대해 내가 얼마나 실수했는지 알고 나자 한층 더 생생하게 느껴진다. 이렇듯 상상하기는 기억하기처럼 속임수를 부린다. 이토록 생생하게 느껴진다고 해서 과연 그것을 참이라고 확신할 수 있을까?

크레몬 포인트로 돌아가서 호텔과 수영장을 찾으려 한 지도 8년이 지났다. 이 글을 쓰는 지금 나는 확인해보고 싶은 충동을 이기지 못했다. 공책에 적힌 글을 보고 그날 비디오로 촬영했다는 사실이 생각난 것이다. 테이프를 컴퓨터로 옮기는 과정에서 테이프 일부가 씹혀서 영상이 부분적으로 소실되는 문제가 있었음이 생각났다. 방문 날짜가 공책에 적혀 있으므로 영상 소프트웨어에 찍힌 날짜를 통해 내가 있었던 곳을 찾아낼 수 있다. 믿기지 않게도 시드니에 머문 6개월 가운데 일주일치 영상이 날아갔는데, 내가 크레몬 포인트를 찾았던 그날은 소실된 기간의 딱 중앙에 해당했다. 그래서 완전히 길을 잃은 그날 호텔과 수영장이 내게 어떻게 보였는지 영상으로 확인할 길이 없다. 나는 상상에 의해 여기까지 왔고, 이제 꼼짝없이 기억에 붙들리고 말았다.

3.

향기의
박물관

- 프루스트 현상
- 사실일까?
- 앤디 워홀의 향수
- 기억과 감정

Pieces of Light

헤이그의 집 다락방은 경사진 지붕 아래에 있어서 일어서기도 어려울 만큼 공간이 비좁았다. 하지만 실비아는 가파른 나선형 계단으로 다락방에 올라가는 데 익숙했다. 동생이 그곳을 침실로 써서 자주 들락거렸기 때문이다. 그녀는 레이던 대학에서 기초의학 과정을 밟고 있는데 주말을 맞아 집으로 와 있던 참이었다. 실비아는 정확히 무엇이 있는지 모른 채 다락방에 쌓아둔 상자 안에 뭐가 있는지 찾아보려고 올라갔다. 바닥에 앉아 한 상자를 뒤지다가 백랍이 반짝거리는 것이 눈에 들어왔다. 둥글게 생겼고 가운데 금속 버튼이 있는 스테인리스 재떨이였다. 5년 전에 돌아가신 할머니 샬린이 쓰던 재떨이였다. 그리스 신전의 프리즈frieze에 대해 책을 두 권 쓰기도 했던 샬린은 집필을 하면서 소형 시가를 피우고 재를 여기에 털었다. 메카릴로스라고 하는 스위스 브랜드로 네덜란드에서는 구하기 어려워 가족이 스위스로 휴가를 갔을 때 구해왔다. 재떨이 가운데 있는 버튼이 빙그르 돌면서 재를 바닥으로 흘려보내는 방식이었다. 어렸을 때 루넌에 있는 할머니의 저택에 놀러가서 정원의 작업실에 들어가면, 실비아와 동생은 버튼을 눌러 기계가 돌아가는 것을 지켜보며 즐거워했다. 샬린은 실비아가 열 살 때 첫 번째 심장발작을 일으켜 담배를 끊었다. 그러면서 헤이그로 이사를 갔다. 실비아는 이 무렵 할머니가 담배를 피운 것은 기억에 없었다. 할머니의 새 아파트에서 재떨이를 본 기억은 났지만, 이제 자신은 재떨이를 가지고 놀기에 너무 커버렸다고 느꼈다.

실비아는 재떨이를 손에 들었을 때 할머니의 마지막 삶이 생각났다. 집안에 담배를 피우는 사람이 아무도 없었으므로 어머니가 그것을 여태 보관해둔 것이 놀랍다는 생각을 했다. 샬린은 메카릴로스를 끊고는 보호 시스템이 갖춰진 근처의 시설로 들어가서 살았고, 실비아는 자주 할머니를 방문해 커피를 마시거나 거주자들을 위한 식당에서 식사를 했다. 그녀는 재떨이를 손에 들고는 어렸을 때 할머니와 보낸 시간과 함께 나눈 잡담을 생각했다. 훈훈한 기억이 몰려왔다. 할머니의 아파트의 세부적인 모습, 아이들은 만지면 안 되는 원고와 타자기, 넓은 작업대 여기저기 어질러져 있던 그리스 프리즈 사진들이 생각났다. 할머니의 목소리도 기억났는데 함께 나눈 대화의 세세한 내용은 기억나지 않았다.

그러다가 무심코 버튼을 눌렀다. 갑자기 담뱃재의 강한 냄새가 재떨이 바닥에서 올라왔다. 그 냄새가 실비아에게 미친 효과는 신속했다. 급작스럽게 들이닥쳤는데 불쾌한 것도 유쾌한 것도 아니었다. 냄새는 그녀가 하고 있던 기억하기와 배치되었다. 무엇에 관한 기억인지 곧바로 확실하게 드러나지 않았기 때문이다. 이미지만큼이나 느낌 같기도 했다. 동시에 그녀는 자신이 뭔가를 기억하는 **중임을** 대단히 강력하게 느꼈다. 앞서 할머니의 아파트에 대해 했던 회상은 질서정연하고 일관되고 할머니 삶의 시간의 척도에 말끔하게 놓였다. 그러나 재떨이 냄새는 내러티브에 딱 들어맞지 않는 새로운 요소였다. 실비아는 삶의 앞선 시기에 해당하는 이미지들이 마음속에 있었다. 루넌에 있는 할머니 저택에 놀러갔던 일, 다이아몬드 문양의 안쪽 창문, 풀로 엮어서 만든 정원의 작은 다리가 생각났다. 그러나 자신의 기억의 일부는 다른 사람들과 나눈 대화나 사진과 영화 같은 매체의 개입으로 심어진 것일 수도 있음을 알았다. 일례로 남동생이 태어났을 때 실비아와 여동생은 거대한 저택에 홀로 남겨졌다. 샬린은 작업실에서 일하고 있었다. 할머니는 그들에게 시계를 그린 종이를 쥐어주고는 진짜 시계가 종이에 그린 시계와 똑같아질 때까지 방해하지 말도록 지시했다. 당시 실비아는 네 살이었다. 그러니까 직접적인 기억이 아니라 나중에 그 사건에 대해 듣고 실제처럼 각인된 것이라는 이야기다.

담뱃재 냄새가 불러낸 느낌은 달랐다. 실비아는 자신이 열 살 때 할머니가 담배를 끊었다는 것을 알았으므로 담배 냄새에 노출된 것은 열 살 이전의 경험임이 틀림없었다. 그 느낌은 깊고 감정적이었지만 오래가지 않았다. 불과 몇 초에 지나지 않았다. 그녀는 그것이 특정한 기억과 연관되지 않고 자신이 기억했음을 까맣게 잊고 있던 뭔가를 생각나게 하는 묘한 느낌이라고 말했다. 누군가 이 사건 전에 그녀에게 할머니의 담배 냄새를 기억하느냐고 물었다면 아니라고 말했을 것이다. 너무도 오래전의 일이고 담배 냄새는 다 똑같기 때문이다. 그러나 그녀는 냄새를 맡자마자 할머니 담배임을 대단히 명확하게 알아보았다.

이런 감정의 공습 속에는 강력한 놀람의 요소가 있었다. 실비아는 친절하고 특이했던 할머니의 물건을 찾으리라는 기대를 안고 다락방으로 올라갔지만, 물건의 냄새를 맡는 것은 다른 문제였다. 기억 자체는 불쾌하지 않았지만 자신이 그런 기억에 그토록 감쪽같이 매복 공격을 당했다는 사실이 당혹스러웠다. 실비아는 아래층으로 내려가 어머니에게 자신의 묘한 경험을 털어놓으며 잊어버린 줄 알았던 재떨이에 어떻게 할머니의 냄새가 아직도 남아 있는지 모르겠다고 했다. 이제 사십대 초반인 그녀는 그 이후로 재떨이를 열어보지 않았고 소형 시가의 독특한 냄새를 다시 맡지 못했다.

프루스트
현상

실비아와 비슷한 사연이 현대 문학에서 손꼽히는 유명한 구절에 고이 모셔져 있다. 마르셀 프루스트의 걸작 『잃어버린 시간을 찾아서』에서 우리는 아동기와 청소년기의 이야기를 재구성하려는 화자(마르셀 본인)의 노력을 따라간다. 책 서두에서 마르셀의 기억은 성공하지 못했다. 프랑스 콩브레 마을에서 보낸 어린 시절이 단편적 기억으로만 떠오를 뿐이다. 어느 추운 겨울 날 어머니가 차를 마련해주자 그는 프티트 마들렌 과자를 라임차에 적셔 맛본다. 효과는 즉각적이고 신비로웠다.

> 따뜻한 차와 파삭거리는 빵가루가 입천장에 닿는 순간, 갑자기 온몸에 소스라치는 전율이 일었고, 나는 그 자리에 얼어붙어 몸 안에서 일어나고 있는 이상한 현상을 찬찬히 살펴보았다. 감미로운 쾌감이 내 감각을 휩쓸고 지나갔는데 도무지 어디에서 연유한 건지 알 수 없었다. 그와 동시에 삶의 우여곡절은 내게 무덤덤하게, 삶의 재앙은 무해하게, 인생의 짧음은 착각으로 여겨졌다. 이 새로운 감각은 사랑이 그러하듯 나를 소중한 본질로 채우는 효과를 발휘했다. 아니 그 본질은 내 안에 있는 것이 아니라 바로 나였다.

이어지는 대목은 문학에서 가장 유명한 기억하기의 예로 꼽힌다. 마들렌을 맛보고 난 마르셀의 불가항력적인 감정적 반응은 당연히 그의 과거 탐구의 종착점이 아니다. 그는 이로 인해 촉발된 재구성 과정을 이후 몇 페이지에 걸쳐 서술하는데, 그의 과거의 단편들은 서서히 어렵사리 하나로 맞춰지기 시작한다. 궁극적으로 마르셀은 이런 기억하기 프로젝트를 수행하느라 3000페이지가 넘는 소설 쓰기에 매달린 것이다. 실비아의 경우 담뱃재 냄새가 돌아가신 할머니와 금세 연결될 수 있었다. 바로 전에 할머니에 대해 생각하고 있었기 때문이다. 마르셀의 반응은 그렇게 쉽게 해석되지 않는다. 그는 "이상한 현상"이 차와 과자의 맛과 연관된다고 짐작하지만 "그 맛을 한없이 초월하므로 그것과 똑같은 성질일 수가 없다"고 말한다. 마르셀은 마들렌을 맛본 순간 자신이 느낀 바를 이해하기 위해 상당한 노력을 기울여야 했다. 그는 몇 모금을 더 맛보지만 적어도 처음에는 효과가 없다. 그가 말한다. "내가 찾는 진실은 컵 속에 있는 것이 아니라 내 자신에게 있는 것이 분명하다." 유일하게 나아갈 길은 깊고 반복적인 자기성찰을 시도하는 것이며 그렇게 하자 마침내 뭔가가 꿈틀거리기 시작한다. "서서히 올라오는 것이 느껴진다. 저항을 느낄 수 있다. 그것이 가로지르는 거대한 공간의 울림이 들린다."

이런 노력으로도 충분치 않아 마르셀은 자신의 경험을 살펴보는 일을 열 차례 더 반복해야 했다. 마치 기억된 맛의 기록이 경험의 다른 조각들과 연결되어야 할 필요가 있는데 서로 똑같은 언어로 말하지 않아 애를 먹는 듯했다. 네덜란드 심리학자 다우어 드라이스마는 기억의 심리학에서 '프루스트 현상'으로 알려지게 된 것이 실은 프루스트의 걸작에서 화자에게 일어난 일을 잘못 해석한 것이라고 강조한다. 마르셀은 곧바로 과거로 소환되어 기억된 순간을 현재의 순간처럼 생생하게 세부적으로 다시 경험한 것이 아니다. 차와 과자의 맛을 자신이 찾는 기억과 연결시키기 위해서는 제법 시간이 걸렸다. 그런 점에서 프루스트의 순간은 '프루스트적 순간'이 아니다. 유일하게 즉각적인 것은 "강렬한 기쁨," 다른 모든 것들은 아득히 멀리 있다는 느낌이다.

이렇듯 자전적 기억이 감각 경험에 의해 유발될 때는 의미를 만드는 과정을 거쳐야 할 때가 자주 있다. 기억을 불러오는 감각적 인상은 마르셀의 경우처럼 적극적인 재구성의 과정을 통해 의미를 부여받을 수 있다. 자극이 한 차례 이상 기억과 결부되면 나중에는 감각적 인상을 마주치자마자 곧바로 의미가 소환될 수 있다. 나는 프루스트적 기억의 사례들을 알아보러 다니면서 냄새가 곧바로 해석되는 기억을 유발한 이야기를 들었다. 한 친구는 신선한 바질 냄새를 맡으면 남편과 함께 살기 시작했던 첫 주의 기억이 떠오른다고 말했다. 새로 마련한 부엌 창턱에 바질을 한 아름 사다 놓았고 그 냄새가 지금까지 자신에게 낯설지 않다고 했다. 향료알에 든 정향 냄새를 맡으면 곧바로 할머니 집이 생각난다는 친구도 있었다. 똑딱거리는 시계, 목탄 난로, 비좁은 부엌, 할머니가 담배를 끊었기 때문에 작은 탁자 유리 사발에 항상 있었던 토피 과자가 떠오른다고 했다.

프루스트의 화자의 경우에 감각적 인상은 그 자체로 뭔가를 곧바로 생생하게 드러내지 않는다. 과거의 시간에서 온 해독하기 어려운 메시지이며, 마르셀은 그와 연상되는 기억을 의식 속에 불러오기 위해 자신이 해야 하는 노력을 뼈저리게 인식한다. "마음은 스스로를 넘어서는 문제에 처할 때마다 불확실함의 수렁으로 빠져든다. 그러면 탐색하는 자, 마음은 캄캄한 곳에서 탐색을 계속 해야 한다. … 아직 존재하지 않는 것, 오로지 마음만이 실현할 수 있는 것, 오로지 마음만이 밝은 빛 속으로 끌어낼 수 있는 것과 마주한다." 워낙 자주 인용된 (하지만 제대로 검토되는 경우는 별로 없는) 이 구절에서 프루스트는 자신이 기억의 재구성적 성격을 완전히 인지하고 있음을 보여준다. 자전적 기억은 가용한 재료들을 바탕으로 구축되는 것이 틀림없고, 강력한 감각적 인상은 그런 건축물의 한 요소에 불과하다.

이런 과정이 수고스럽기는 하지만 마르셀에게 마침내 진실이 드러나는 것은 갑작스럽게 일어난다. 그가 희망을 접으려고 할 때 자신을 그토록 몰아붙였던 맛이 레오니 아주머니가 콩브레에서 일요일 아침이면 차에 적셔 주던 마들렌 과자의 맛임이 생각났다. 그런 연결고리가 만들어지자마자 나머지 맥락이 즉각적으로 떠올랐다. 그가 노력해야 했던 부분은 마들렌의 맛을 레오니 아주머니의 기억과 연관시키는 처음의 작업이었다. 이미지가 인출되자 다른 이미지들과 의미들이 곧바로 자리를 잡았다. 프루스트는 냄새와 맛에는 묻혀 있던 기억을 들추어내는 특별한 힘이 있지만, 다른 기억들의 언어로 소통하지 못하는 어려움도 있다고 나름대로 해석했다. 그와 같은 기억의 집요함을 프루스트가 정리한 대목은 그 자체로 무척 인상적이다. "그러나 오래된 과거로부터 아무것도 남아 있지 않을 때에도, 사람들이 죽고 사물들이 부서지고 흩어지고 난 뒤에도, 보다 연약하지만 보다 지속적인 맛과 냄새만은… 나머지 모든 것이 폐허로 남은 가운데… 오래도록 침착하게 남아, 작고 거의 만질 수도 없는 정수가 담긴 방울로 회상이라는 거대한 건축물을 굳건하게 떠받친다."

사실일까?

냄새와 맛에 이런 특별한 힘이 있다는 프루스트의 말은 사실일까? 이런 감각들에 특이한 신경학적 속성들이 있는 것은 확실하다. 다섯 감각의 대부분은 감각 기관이 받은 정보가 시상(뇌간 바로 위쪽에 있고 해마로 둘러싸인 뇌 부위)이라고 하는 중간 기착지를 거쳐 뇌의 기억 체계로 전달된다. 냄새의 경우에는 코 안쪽 위에 있는 후각 수용체가 신호를 짧은 경로를 통해 후각피질로, 이어 곧장 해마로 보내고 시상은 우회하도록 되어 있다. 이것이 기억에서 냄새의 특별한 힘을 설명할 때 자주 언급되는 점이다. 후각이 이런 식으로 작동하면 미각은 그 뒤를 따라간다. 우리는 사실 기본적인 맛의 아주 좁은 범위만 감지할 뿐이며, 우리가 경험하는 맛의 복잡성은 대개 후각 체계의 작용으로 인한 것이다. 프루스트가 마들렌 과자의 기억을 특별하게 소환하는 맛을 경험했을 때, 그는 맛을 보는 것만큼이나 냄새도 맡고 있었다.

그러나 신경해부학은 전체 그림의 일부일 뿐이다. 뇌로 이어지는 경로가 다른 감각들에 비해 더 짧고 직접적이라는 이유만으로 기억에서 특별한 힘을 갖는 것이라고 단정하면 오해로 이어지기 쉽다. 시각 체계의 경우 망막에 있는 광수용 세포에서 시각피질로 이어지는 경로가 길고 구불구불하지만, 자전적 기억에서 시각이 얼마나 중요한지 부인하는 사람은 없다. 사실 프루스트도 후각보다는 시각에 한층 의지하여 서술한 작가다. 와인 감정에 처음 참가해보면 알겠지만 향을 표현할 말을 찾는 것은 어려운 일이다. 따라서 프루스트 같은 작가가 기억의 문제를 다루는 책을 시각적 인상들로 채우는 것은 전혀 이상할 게 없다.

냄새가 기억에서 특별한 역할을 한다고 결론 내리려면 후각적 기억이 다른 기억보다 더 굳건하게 뿌리 내리고 있음을 증명해야 한다. 냄새가 유발하는 기억이 먼 과거까지 이어진다는 것을 보여주는 증거가 있다. 영국에서 있었던 한 연구는 자전적 기억이 언어적 단서로 유도되었을 때 열한 살에서 스물다섯 살 사이에 집중적으로 분포함을 보여주었다. 회상 절정이라고 알려진 현상에 잘 들어맞는 결과다. 이와 대조적으로 냄새를 단서로 제시하자 회상이 집중되는 시기가 여섯 살에서 열 살 사이(실비아의 담뱃재 냄새 기억과 같은 시기)로 앞당겨졌다. 냄새가 유발하는 기억은 회상이 몰리는 시기를 앞당기는 것으로 보인다.

왜 냄새 기억은 더 오래된 것일까? 하나의 단서는 냄새 감각이 말로 표현하기 너무도 어렵다는 사실에 있다. 앞으로 보겠지만 과거에 대해 말하기는 아이들이 자전적 기억을 발달시키는 데 중요하다. 냄새 기억이 유난히 과거로 소급되는 것은 기억이 언어로 부호화되기 이전의 기억이기 때문이다. 이것은 프루스트 현상이 처음에 말로 표현하기 힘든 감정이 몰려드는 것으로 시작하는 것에 부합한다. 작가 리처드 홈스는 프루스트 책이 출판되기 몇 년 전에 냄새를 잘 맡는 포유류가 그에 앞서 이런 현상을 미리 알아차렸다고 지적한다.

> 어둠 속에 있는 모울에게 문득 다가간 것은 텅 빈 곳에서 나온 신비스러운 요정의 부름 같은 것이었다. 아직은 그게 무엇인지 확실히 기억나지 않지만 아무튼 대단히 친숙한 매력으로 그를 주체할 수 없이 자극했다. 모울은 길을 가다 말고 멈추어 서서 여기저기 코를 킁킁대며 자신을 그토록 강하게 흔들어놓은 필라멘트, 전류를 찾아내려고 했다.

케네스 그레이엄의 고전 동화 『버드나무에 부는 바람$^{The\ Wind\ in\ the}$ ^{Willows}』에서 집의 독특한 냄새를 알아내려는 모울의 노력은 냄새 기억이 다른 종류의 기억과 구별되는 또 하나의 측면을 가리킨다. 심리학자 레이첼 허츠는 냄새가 유발하는 기억의 감정적 힘에 대해 집중적으로 연구했다. 최근의 한 연구에서 허츠는 실험 참가자들에게 기억을 유발할 수 있는 세 가지 물품을 제시했다. 팝콘, 갓 베어낸 풀, 모닥불이었다. 서로 다른 감각 양상을 신중하게 비교하기 위해 허츠는 각각의 물품을 세 가지 방식으로, 즉 짧은 영상으로, 5초간 이어지는 소리로, 냄새로 제시했다. 참가자들에게 이런 단서를 주고 자전적 기억을 떠올려보고, 이어 자신의 기억을 감정, 생생함, 특정성을 기준으로 평가하도록 했다. 그 결과 후각적 단서로 일어난 기억이 시각적, 청각적 단서로 인한 기억보다 감정이 더 풍부했다. 하지만 더 생생하거나 더 특정하지는 않았다. 다른 연구에서 허츠와 동료들은 냄새로 유도된 개인적으로 의미 있는 기억의 경우 편도체와 해마 부위가 더 크게 활성화된다는 것을 보여주었다. 후각 체계가 변연계의 기억·감정 네트워크와 직접적으로 연결되어 있다는 신경해부적 증거와 일치하는 결과다.

냄새가 유도하는 기억의 특별함을 보여주는 이런 발견들 모두가 다른 연구들에 의해 믿을 만하게 재연되지는 않았고, 냄새 기억이 어느 정도까지 독특하다고 여겨질 수 있는지에 대해 아직 논란이 있다. 냄새가 유도하는 기억은 다른 종류의 기억에 비해 더 감정적일 수는 있지만 더 정확하거나 생생하거나 특정하지는 않다. 대체로 삶의 더 어린 시기까지 거슬러 올라가 회상 절정의 위치를 성년기 초기에서 아동기로 앞당긴다. 냄새가 단서로서 갖는 효율성은 과거의 사건에만 한정되지 않을 수도 있다. 최근의 한 연구는 대학생들에게 민트와 위스키 같은 냄새들을 제시하면서 과거에 일어났던 사건들을 떠올리고 앞으로 일어날 것 같은 사건들을 상상해보도록 했다. 대부분의 기억이 첫 십 년에 집중되면서 냄새 기억이 회상 절정을 앞으로 당긴다는 것을 재연했다. 또한 냄새가 미래의 사건을 상상하는 데도 효과적인 단서로 작용할 수 있음을 보여주었는데, 다만 내년에 벌어질 사건들을 상상하는 데에만 그러했다. 뒤에 가서 살펴보겠지만 과거를 푸는 단서가 미래도 풀 수 있다는 사실은 기억 연구의 가장 흥미진진한 새로운 분야와 연결된다.

한 가지 확실한 것은 프루스트가 냄새와 기억의 특별한 관계를 누구보다 먼저 주장한 사람은 아니라는 사실이다. 작가 에이버리 길버트는 코와 뇌의 신경해부적 연관성을 1858년에 의사이자 작가였던 올리버 웬들 홈스가 정확하게 내다보았다고 지적한다. 프랑스와 미국의 헤아릴 수 없이 많은 작가들이 프루스트가 소설을 쓰기 오래전에 냄새가 갖는 특별한 연상의 힘을 언급한 바 있다. 파울 솔리에 의사는 프루스트가 『잃어버린 시간을 찾아서』 집필에 들어가기 직전에 그의 신경쇠약을 치료했던 의사인데, 비자발적 기억의 힘에 기초한 치료 프로그램을 독자적으로 개발하여 그를 치료했다. 그 외에 프루스트 작품이 빚을 지고 있는 제대로 언급되지 않는 이들로 '순수' 기억 ─ 의식적이고 일화적이고 대체로 비자발적인 ─ 에 대한 이론을 1896년에 책으로 출간한 철학자 앙리 베르그송, 진화 생물학자 리하르트 제몬, 심리학자이자 철학자 윌리엄 제임스가 있다. 작가들 중에서 냄새의 힘을 가장 열렬히 옹호한 사람은 러디어드 키플링이었다. 그의 시 〈리히텐베르크Lichtenberg〉에서 고향에서 멀리 떠나 보어 전쟁에 참전한 오스트레일리아 군인은 아카시아 꽃향기를 맡자 뉴사우스웨일스의 자신의 농가에 있는 비슷한 꽃을 곧바로 떠올린다.

> 냄새는 소리나 풍경보다
> 더 확실하게 마음을 뒤흔들어
> 밤마다 끔찍한 목소리로 내게 속삭이네.
> "이보게, 그만 돌아오게!" 하고.

앤디 워홀의
향수

기억을 환기하는 냄새의 힘은 대부분의 사람들이 알지만 이를 긍정적으로 활용하려고 하는 사람은 드물다. 그중 한 명이 예술가 앤디 워홀이었다. 자칭 향수 중독자였던 그는 똑같은 향수를 석 달 동안 뿌리고 다녀 그 냄새가 그 시기에 대한 자신의 기억과 연관되도록 했다. 그러고 나서는 아직 싫증나지 않은 그 향수를 은퇴시키고 다시는 뿌리지 않았다. 이런 모진 습관으로 그에게는 쓰다 남은 향수병들이 엄청나게 많았다. "다섯 가지 감각 중에서 냄새는 과거의 전면적인 힘에 가장 가까이 있다." 워홀은 자신의 삶의 특정한 시기로 돌아가고 싶으면 향기의 박물관에 들러 해당되는 향수병의 마개를 열고 냄새를 맡았다. 특정한 기억을 다시 경험하고 싶은 기분이 들면 이렇게 냄새의 힘을 활용하여 시간여행을 떠났다. 물론 이는 일시적인 조치에 불과했다. 실비아의 경우와 마찬가지로 감각적 경험이 지속되는 동안에만 일어났다. 냄새가 사라지면 연상되는 기억도 사라졌다.

워홀은 이런 회상의 도구가 깔끔하고 후유증이 없어서 좋다며 특유의 아이러니로 말했다. 워홀의 이야기는 여러모로 흥미로운데, 그가 기억을 불러오는 냄새의 힘을 대단히 의도적으로 활용하고자 한 방식도 그 가운데 하나다. 이와 달리 마르셀이 마들렌 과자를 맛본 순간은 **비자발적** 기억 — 과거가 갑작스럽고 예기치 못하게 의식으로 치고 들어오는 것 — 의 힘의 예로 주로 거론된다. 워홀은 프루스트 현상이 꼭 무작위적이고 비자발적인 경험일 필요가 없으며(냄새 기억의 모험으로 확인했듯이) 적극적으로 활용할 수 있다는 것을 깨달았다. 워홀은 이렇게 냄새 기억을 모아두는 것이 개인적으로 어떤 의미가 있는지 설명하지 않았다. 그의 설명을 보면 개인적인 기억을 담은 보물 창고보다는 사라지고 없는 냄새들을 수집해놓은 문화적 보관소로서의 가치에 더 관심이 있는 듯하다. 워홀이 쓰고 남은 향수병들을 대거 모아 실제로 자신의 과거의 박물관으로 활용했을지라도 그는 어떤 기억들이 연관되어 있는지에 대해서는 입을 닫았다. 대신에 뉴욕 시 곳곳의 냄새들을 항목별로 분류하는 것을 좋아했다. 핫도그와 자우어크라우트를 파는 노점, 길가의 선반에 쌓아놓은 모로코가죽, 중국제 수입품 가게의

흰곰팡이 냄새, 이런 식으로 말이다.

대부분의 사람들은 자신의 코로 과거와 접속하는 일에 전설적인 팝 아티스트만큼 노력을 기울이지 않는다. '부츠 컨트리 본' 헤어젤 통을 보관해두고 있는 한 친구가 있는데, 친구는 그 냄새를 맡으면 1980년대 초 랭커셔 지역에 살 때 나이트클럽에 놀러가려고 준비하던 십대 시절이 생각난다고 했다. 다른 친구는 젊은 시절을 떠올리고 싶어서 지금도 샤넬 코코 향수를 만지작거린다고 했고, 민트 잎을 손가락 사이에 넣고 문지르면 할머니 댁의 정원에서 놀았던 여름이 생각난다는 친구도 있다. 한편 1930년대에 행해진 고전적인 냄새 기억 연구에서 한 응답자는 샐비어 한 묶음이 자신이 자랐던 네바다 사막을 생각나게 한다면서 "살짝만 향을 맡아도 평온한 향수가 몇 곱으로 증대된다"고 했다. 냄새를 잘 활용하면 시험공부에 도움을 받을 수 있다고 추천하는 심리학자들도 있다. 레이첼 허츠는 예컨대 장뇌향 립밤을 바르고 시험공부를 하면 냄새와 공부 사이에 연관관계가 생긴다고 한다. 시험장에서 (규칙에 위배되지 않게) 립밤을 바르면 강력한 향이 공부했던 것을 효과적으로 다시 불러온다는 것이다.

이런 기법들은 모두 어떻게 보면 일반적으로 자동적이라고 이해되는 것에 통제를 행하는 것이다. 마르셀의 경우에도 마들렌으로 인해 촉발된 찰나의 느낌을 해석하고자 치열한 지적 노력을 기울인 것에서 보듯 결국에는 자발적인 것이 비자발적인 것을 이어받는다. 그러나 프루스트는 기억하려고 지나치게 노력하면 오히려 역효과를 낼 수 있고, 가끔은 스스로에게 망각하도록 내버려두는 것이 최고의 기억법임을 알아차렸다. 기억을 떠올리기 위한 첫 노력이 실패로 끝나자 그가 마음을 비우고 다른 것을 생각하려고 애썼던 것이 바로 그런 전략이다. 문학평론가 로저 샤틱은 마르셀이 자신의 망각을 이용하여 대부분의 화자들보다 기억을 더 밀고 나간 사례가 더 있음을 지적했다. 이 경우 회상하려는 자발적인 노력은 제한적인 힘만 있으며 기억의 유발은 예기치 못한 놀라운 순간에 벌어진다. 프루스트가 비자발적 기억이라고 부른 것은 스스로의 법칙을 따르며, 인간의 의지가 통제하는 대로 순순히 응하지 않는다.

그래서 비자발적 기억이 자체적인 규칙과 신경 체계를 갖춘 특별한 범주의 기억일지도 모른다고 생각하는 사람들이 있다. 비자발적 기억은 고전적인 프루스트 현상에서 보듯 유독 감각적 단서로 인해 일어난다는 견해가 있다. 이를 알아보기 위해 참가자들에게 여러 단서들을 주고 떠오르는 비자발적 기억을 기록하도록 한 실험이 있었다. 연구자들은 비자발적 기억이 감각적 단서(냄새와 맛)보다는 추상적 단서(생각)로 인해 더 많이 유도되는 것을 보았고, 비자발적 기억의 인출이 자발적 기억과 그렇게 다르지 않다는 결론에 이르렀다. 다른 연구들을 보면 비자발적 기억이 자발적 기억에 비해 일화적 성격이 더 풍성한 것으로 나타났다. 예를 들어 덴마크 연구자들은 실험 참가자들에게 자발적 기억(단어를 통해 유도된)과 비자발적 기억의 상세한 점들을 공책에 기록하도록 했다. 그 결과 비자발적 기억이 특정한 일화에 더 집중되고 감정을 더 많이 동반한다는, 프루스트의 견해와 일치하는 결과가 나왔다.

앤디 워홀의 이야기는 또한 냄새 기억이 간섭에 좌우된다는 것을 여실히 보여준다. 프루스트 현상을 연구하던 초기에는 냄새 기억이 망각에 굳건하게 버틴다는 주장이 있었다. 그러나 이후의 연구들을 통해 냄새 기억도 다른 양상이 단서로 작용하는 기억과 똑같은 간섭 효과가 일어난다는 것이 드러났다. 워홀은 냄새를 활발하게 어느 정도 사용하고 나서는 은퇴시킨 것에서 보듯 이를 알고 있었다. 똑같은 향수를 다시 사용하지 않음으로써 다른 기억이 거기에 얽히는 것을 방지할 수 있었다. 그는 자신의 실험을 무한히 계속 이어갈 수 있을 만큼 세상에 충분히 많은 냄새가 존재하지 않을지도 모른다고 우려했지만, 유럽의 향수 제조사들에 들러 그곳에 엄청나게 다양한 향들이 진열되어 있었음을 떠올리며 안심했다. 사실 그는 걱정할 필요가 없었다. 노벨상 수상자 리처드 액설과 린다 벅의 연구를 통해 우리는 인간의 후각 체계가 400가지 다른 후각 유전자(저마다 특화된 단일한 단백질 수용체를 만들어낸다)의 집중적인 작업으로 만 개가량 되는 냄새 패턴들을 부호화할 수 있다는 것을 알고 있다.

하지만 대부분의 사람들은 그렇게 다양한 향수를 구입할 여력이 없으므로 냄새 기억이 이후에 생성된 사건에 덮여지기 쉽다. 1930년대에 진행한 냄새 연구에서 한 응답자는 초기에 형성된 연관관계가 결국에는 나중에 생성된 연관관계들을 누르고 살아남았다고 했다. 그의 경우 모직 코트 냄새는 삼촌의 기억과 연관되었는데, 나중에 새로운 연관관계에 다시 맞춰지게 되었다. 그러다가 결국에는 원래의 연관관계가 우선권을 되찾았다. 어쩌면 응답자의 말대로 수많은 새로운 기억이 문제의 냄새와 연관되면(자주 마주치게 되는 냄새라면 특히 더) 서로를 상쇄하여 원래의 기억만 남게 되는지도 모른다.

초기에 형성된 냄새-기억 연관관계의 집요함에 대해서는 이스라엘에서 행해진 최근의 연구에서 답이 내려졌다. 냄새와 대상 간에 초기에 형성된 연관관계의 특별한 힘을 인식한 연구자들은 실험 참가자들에게 대상들과 여러 유쾌한 냄새(복숭아)와 불쾌한 냄새(곰팡이)를 골고루 짝지어 제시했다. 그러고는 한 시간 반 뒤에 다른 짝들을 제시했다. 냄새 기억에 특별한 점이 없는지 알아보려고 대상과 소리(기타와 전동드릴) 간의 연관관계 기억도 시험해보았다. 일주일 뒤에 연상 기억을 테스트했다. 참가자들에게 앞서 보았던 대상을 보여주고 어떤 냄새나 소리가 연상되는지 물었다. 그 결과 대상은 먼저 제시되었던 냄새나 소리와 더 강하게 연관된 것으로 나타났지만, 그것은 냄새나 소리가 불쾌한 것일 때만 유효했다.

지금까지 자료를 보면 먼저 형성된 기억 연상(적어도 불쾌한 자극일 경우)이 우선적이라는 의견이 힘을 받는 것 같고, 냄새와 소리 사이에는 차이가 없는 듯하다. 그러나 연구자들은 기억 테스트 중에 참가자들의 뇌를 스캔했다. 뇌 영상은 좌반구 해마의 활동에서 감각 양상 간에 차이를 보여주었다. 냄새의 경우 유쾌한 것이든 불쾌한 것이든 상관없이 앞선 연상이 나중의 연상보다 이 부위에서 더 많은 활동을 야기했다. 뇌 활동 패턴이 워낙 두드러지게 나타나서 연구자들은 첫 세션 때 촬영한 fMRI 스캔을 보기만 해도 일주일 뒤에 어떤 냄새가 대상과 연관될지 짐작할 수 있을 정도였다. 이스라엘 연구자들은 뇌가 냄새를 특정한 맥락에서 처음 마주쳤을 때 처리하는 방식이 결정적인 단서라고 보는 것 같다. 이후에 일어나는 간섭으로 인해 우리가 특정한 연관관계를 잊을 수도 있겠지만, 초기 냄새 기억의 독보적인 힘은 여전히 남는다.

기억과
감정

냄새 관련 기억이 그토록 깊이 각인될 수 있는 이유에는 어린 시절의 냄새는 새로운 연관관계가 생성될 만큼 그렇게 자주 떠오르지 않는다는 사실도 포함되는 것 같다. 한 친구는 피시 앤 칩스 냄새와 페인트 냄새가 독특하게 뒤섞인 것이 자신이 여섯 살 무렵에 아버지를 도와 크리켓 클럽 건물을 칠했던 기억과 영원히 결부되어 있다고 말했다. 냄새는 환경에서 우리가 항상 주목하지는 않는 (무엇보다 공간에서 어디에 위치하는지 알아내기가 너무도 어려우므로) 한 부분을 이룬다. 어쩌면 그것이 냄새의 힘의 비결일지도 모른다. 에이버리 길버트가 강조하듯이 냄새 기억이 우리를 놀라게 하는 이유는, 사건이 일어날 때 우리가 특별히 냄새에 주목하지는 않지만 그럼에도 냄새와 사건 사이에 연관관계가 만들어지기 때문이다. 그는 이렇게 말한다. "냄새 기억은 의식 바깥에서 자동적으로 축적되므로 자신의 자취를 감춘다. 그래서 우리는 그것을 기억했음을 기억하지 못한다."

그러나 이런 식으로 우리를 몰래 덮칠 수 있는 감각이 냄새만을 아니다. 음악도 우리가 항상 완전히 주목하지는 않는 보이지 않는 감각 자극이다. 음반이나 CD 수집품은 소리의 일기장이라는 점에서 워홀의 향기의 박물관과 비슷하다. 노래는 기억될 때 관계되는 맥락의 세부사항들과 함께 부호화되므로 이후에 노래를 접할 때마다 이런 세부사항들의 일부가 의식에 불려올 수 있다. 한 친구는 최근에 인터넷 라디오 방송에서 1980년대의 히트곡들을 듣고는 아찔한 향수에 시달렸다고 한다. 자신이 좋아했던 노래가 아니어서 그 후로 한참 동안 들은 적이 없었으므로 훗날의 간섭에 오염되지 않아 유난히 강력하게 기억의 단서로 작용한 것이다.

최근에 열여섯 명의 청소년들을 대상으로 이런 효과를 이용해 자전적 기억을 끌어낸 뇌 영상 연구가 있었다. 그들이 십대 이전이던 시기에서 가져온 팝송들에서 30초 분량을 잘라내서 실험에 활용했다. 참가자들에게는 스캐너에 누워 음악 단편을 듣는 동안 떠오르는 기억을 가만히 생각하고는 이어 각각의 기억에 대해 얼마나 특정한지 평가해 달라고 부탁했다(기억이 삶의 일반 시기에 해당하면 하나의 버튼을, 일반 사건에 해당하면 다른 버튼을, 특정 사건의 기억을 나타내면 또 다른 버튼을 누르도록 했다). 또한 기억이 동반하는 감정, 생생함, 기타 몇 가지 요인들도 평가해달라고 부탁했다. 그 결과 음악적 단서들은 전에 그다지 많이 인출되지 않았던 대단히 감정적인 기억을 촉발했다. 예상대로 내측 측두엽의 자전적 기억 체계가 전면적으로 활성화되었고, 복내측 전전두피질(뇌 앞쪽 깊은 곳)과 후측 대상회(뇌 뒤쪽 중앙) 부위도 활성화되었다. 보다 특정한 사건의 경우에는 배내측 전전두피질이 유난히 분주하게 돌아가 뇌의 이 부위가 특정 사건을 검색하는 데 특히 중요하다는 견해와 일치했다. 특정 사건의 기억은 또한 일반 사건과 시기에 관련되는 기억에 비해 확연히 빨리 인출되어 일종의 프루스트적인 '직접 인출'의 기제가 작동하고 있음을 나타냈다.

음악이 유발하는 자전적 기억은 처음 맺어진 연관관계의 힘을 입증할 수도 있다. 수백 번 이상 들었던 음악도 청자를 맨 처음 그 곡을 들었던 때로 데려갈 수 있다. 이스라엘에서 있었던 냄새와 대상을 짝지은 연구에서는 청각적 자극에 해당하는 특정한 신경 패턴을 발견하지 못했는데, 이 경우 연구자들은 음악이 아니라 단일한 소리를 연구했을 뿐이다. 하지만 그들의 행동 자료는 '처음이 가장 강력하다'는 원칙이 청각적 자극에도 적용됨을 보여주었다. 그리고 같은 원칙은 다른 양상의 자극에도 적용될 수 있다.

내가 글을 쓰고 있는 서재에서 난로에 불을 붙일 때면 일 년 전쯤인가 굴뚝에 새 한 마리가 갇혔던 기억이 난다. 그 사건 이후로 수십 차례 난로에 불을 붙일 때마다 그 기억이 떠올랐다. 어떤 기억은 처음으로 그 감각 자극에 접했던 상황과 맞지 않아도, 이후에 여러 차례 자극에 접해서 간섭이 일어날 수 있는 상황이어도, 강화되는 것으로 보인다. 내가 난로와 연결 지어 생각하는 기억의 독특한 점은 감정적으로 강력했다는 것이다. 새가 굴뚝에 갇혀 우는데도 아무것도 할 수 없어서 대단히 불쾌하고 고통스러웠다. 앞으로 살펴보겠지만 어떤 기억이 강화되고 어떤 기억이 시들게 되는지 결정할 때 감정은 특히 중요한 요인으로 작용할 수 있다.

서로 다른 감각들은 제각기 독특한 방식으로 기억과 상호작용할 가능성이 크다. 나에게 가장 흥미로운 질문은 냄새 기억이나 음악 기억에 특별한 점이 있느냐가 아니라 모든 감각 자극이 어떻게 자전적 기억의 인출로 이어지느냐는 것이다. 후각적 기억은 독특한 신경 경로가 있어서(그래서 애초의 반응이 훨씬 감정적이다), 그리고 언어로 다루기가 어려워서 통합하기가 유독 어려울 수 있다. 그러나 아무튼 뇌가 다른 채널로 들어오는 감각적 정보들을 잘 통합해서 생생하고 다차원적인 자전적 기억을 만들어내는 것이 사실이다. 예컨대 냄새가 그림과 함께 짝지어지면 이후에 그림을 볼 때 냄새를 담당하는 피질 부위가 활발하게 작동한다는 것이 연구를 통해 밝혀졌다. 뇌는 내측 측두엽 체계와 다섯 가지 감각에서 받는 정보를 처리하는 각각의 피질 부위 사이의 매끈한 협업을 통해 감각적 연상을 기억한다. 향기와 노래로 인한 기억의 이런 예들은 기억의 다매체적 특징을 강조하면서, 자전적 기억의 형성이 우리가 감각적으로 감정적으로 세상을 경험하는 것과 밀접하게 연결되어 있음을 보여준다.

4.

우리가 처음
기억하는 것

- 최초의 기억
- 유아기 기억상실
- 과거로의 시간여행
- 빛의 조각들

Pieces of Light

나는 봉투를 안전한 곳에 두고 주위가 조용해지기를 기다린다. 여동생이 파란색 볼펜으로 베이지색 마닐라 봉투 위에 경쾌한 필체로 내 이름을 써놓았다. 우리는 이모가 돌아가신 지 1년이 넘어 집을 정리하면서 이모가 모아둔 보물 상자들을 하나씩 살펴보는 중이다. 내동생 클레어는 글로스터셔 이모 집에서 가까워서 나보다 먼저 와서 짐을 정리하고 있고, 나를 위해 유물이 든 이 봉투를 남겨놓았다. 어렸을 때 우리는 매년 감사의 편지와 함께 학교 성적표를 복사해서 이모에게 보냈고, 셰일라 이모는 그것을 모두 보관했다. 두께로 봐서 안에 든 내용물이 많지는 않다는 것을 알지만, 그래도 나는 혼자가 될 때까지 기다렸다가 내용물을 열어보고 싶다. 크레몬 포인트의 페리 터미널로 가면서 딴청을 피웠듯이 애써 눈길을 돌리며 내 기억이 행여 오염이라도 될까 신경이 쓰였다. 기억하기는 진지한 일이다. 주의를 기울여야 한다. 과거로 여행을 떠나려면 순간을 잘 잡아야 한다.

봉투를 연다. 아이다운 필체와 그림으로 빼곡한 갖가지 크기와 색깔의 종이들이 안에 들어 있다. 어렸을 때 내 자아가 만든 캐릭터는 사각형과 원으로 이루어진 단순한 모양이며 갈겨 쓴 글자와 전혀 맞지 않는다. 나는 세심하게 보존된 기록물을 읽으며 그것이 묘사하고 있는 삶을 엿듣는다. 이 편지들을 쓰고 나서는 한 번도 다시 본 적이 없으므로 당시의 나를 알고 싶어서 애가 탄다.

다섯 살 때 나는 처음으로 비행기를 타고 카리브 해에 있는 사촌들을 방문할 생각에 흥분했다. 여섯 살 때는 이모와 외삼촌에게 크리스마스 선물로 공룡 책을 사줘서 고맙다는 편지를 썼다. 여덟 살 때 나는 새 관찰에 한창 빠져 있었고, 열렬한 박물학자였던 셰일라 이모에게 새에 관한 모든 것을 알려주고 싶어 했다. 삶을 묘사하려고 어린애답게 애써서 가동한 단어들 자체는 딱히 강력한 기억의 단서가 아니다. 상투적인 호의의 말과 감사의 표현이 지나치게 많다. 그러나 세세하게 묘사된 일부 사항은 따뜻하고 불편한 익숙함의 느낌을 유발한다.

오래전에 잃어버렸지만 다섯 살 생일 때 그리스와 뱀의 이빨에 대한 책을 선물로 받은 것이 **기억난다**. 노란색 개구리가 수련 잎 위에 앉아 있는 표지의 엽서지도 있다. 하지만 내가 기억해야 마땅한, 그렇게 유쾌하지는 않은 일들도 있다. 일례로 부모님이 학교에 와서 다섯 살 된 나에게 일등을 했다고 축하한 것은 기억나지 않는다. 부모님이 함께 있는 모습은 흐릿한 한두 이미지를 제외하면 기억나지 않는다. 집중해서 실제 있었던 일들을 떠올리려고 하면 기억은 엉뚱하고 무작위적인 특징을 보인다. 엄마와 아빠가 헤어지고 난 뒤로 우리가 이사를 간 집의 리놀륨 바닥 색깔, 우리가 새로 이사 간 주택 단지의 모델하우스를 알리는 간판이 생각난다. 이혼 자체나 거기에 동반되었음이 확실한 감정의 격변을 언급하는 구절은 나와 있지 않다. 나는 이모에게 실내 장식과 조류 관찰과 이렇게 산산조각 난 삶의 기본적인 사실들을 바로잡아주려고 너무도 열심이다. 이것은 다른 존재에서 온 편지다. 그가 사는 곳은 내게는 생소한 세상이다. 내가 과거에 그 사람이었더라도 그로 산다는 것이 어떤 것인지 나는 잊어버렸다. 그의 편지를 읽어봐도 모르겠다.

내가 왜 신경을 쓸까? 이 순간을 왜 그렇게 열심히 지키려고 할까? 왜냐하면 모든 인간이 그렇듯이 나도 내가 누구인지 알고 싶고, 내가 어디에서 왔는지 아는 것이 거기에 포함되기 때문이다. 나는 특정한 어떤 것, 나를 지금의 나로 만든 감추어진 트라우마나 돌연한 깨달음을 찾는 것이 아니다. 그저 과거와 현재를 연결하고 싶다. 연속성을 보려는 것이다. 이런 관점에서 볼 때 내 어린 시절 전체를 규정하는 것처럼 보이는 결정적인 사건들, 순간들이 있었는데, 내 편지는 거기에 대해 아무 말이 없다. 전이나 후나 나 자신을 똑같이 설명한다. 그리고 나는 이 단서를 의심하지 않는다. 내 앞에 놓인 편지는 그동안 한 번도 거기에 대해 이야기한 적이 없었다. 미로처럼 복잡하게 정리된 채로 이모의 서랍 속에 놓여 있었다. 이모가 돌아가시고 나서야 세상 밖으로 나올 수 있었다. 중간에 기억하는 행위가 끼어들지 않았다. 우리가 눈을 크게 뜨고 걸어 나와 자신의 과거와 그토록 순수하게 만나는 것은 자주 있는 일이 아니다. 내가 어떻게 지금의 나로 되었는지 알아낼 기회가 있다면 오늘이 바로 그날이었다.

일부 세부사항은 생소하게 여겨지지만, 내가 이런 감사의 편지를 쓴 남자아이와 같은 사람이라는 사실에는 반박의 여지가 없다. 그의 몸속 세포들은 그 이후로 여러 차례 대체되었겠지만 나는 그와 같은 이름을 쓰고 같은 역사를 공유한다. 그가 세상을 바라보았을 때는 지금 내가 관심을 갖는 것과는 다른 부분들이 눈에 들어왔고 그의 필체는 다소 엉망이었지만, 그럼에도 우리는 성격의 많은 특징들을 공유할 터이다. 내가 그와 같은 연속성에 의심을 품으려면 얼마나 더 멀리 거슬러가야 할까? 편지의 증거가 내보이는 것보다는 더 멀리 가야 하는 것이 확실하다. 나의 첫 기억에서는 나를 도와줄 선물이나 기록물이 남아 있지 않으므로 순전히 나에게 달려 있다.

최초의
기억

내가 아무런 도움 없이 과거를 돌아보며 내가 기억하는 최초의 것이 무엇인지 스스로에게 묻는다면 무엇이 떠오를까? 이미지들이 떠오른다. 걸음마 유아가 지게차 장난감을 희미한 카펫 위에서 굴리고 있는 것이 보인다. 방안은 늦여름의 햇빛으로 가득하다. 소리는 없다. 이미지 속 인물이 나라면 아직 세 살 넉 달이 되지 않았다. 왜냐하면 내가 그 나이에 우리 집이 이사를 갔다는 것을 확실히 알기 때문이다. 이사 간 집은 내가 가장 편안하게 느낀 집이었고 이 기억의 이미지는 그 집의 구조와 맞지 않는다. 내가 태어났던 해로 웨이에 있는 집 거실의 베이지색 카펫이 틀림없다. 이것은 그 집에 대해 내가 가진 유일한 기억이다. 그 집을 찍은 사진들을 보았지만 내 기억이 오염되어 실제로 기억하는 것보다 더 많이 기억한다고 착각하는 일은 벌어지지 않았다.

그보다 나중의 기억도 있다. 나는 새 집의 계단 맨 위에 서 있다. 방금 바지에 똥을 쌌고, 아마도 차를 마시러 아래층으로 내려오라는 말을 들었는데 당연히 가고 싶지 않다. 세 살 때의 일이다. 계단이 1971년 여름에 우리가 이사를 간 댄버리의 새 집 계단임을 알기 때문이다. (어머니가 이사 간 날짜를 확인해주었다. 기억은 과학이기도 하다.) 그러나 나는 속으로도 이 사실을 알고 있다. 이런 생각을 했었던 것이 기억난다.

너는 세 살이야, 기저귀를 찰 나이는 이미 지났어, 이런 일을 해서는 안 돼.

물론 내가 이렇게 명시적이고 논리적으로 상세하고 어른스러운 생각을 했던 것은 아니다. 그저 부끄럽고 잘못된 행동임을 느꼈을 뿐이다. 내가 입고 있던 파란색 팬티가 생각난다. 계단 맨 아래 난간 너머에 걸린 램프의 불빛과 복도의 답답하고 퀴퀴한 공기도 확실히 생각난다. 나는 그 순간을 다시 체험한다. 마지막으로 그것을 기억했을 때 다시 체험했던 것과 똑같다고 생각한다. 누군가가 그것을 부인하려 하면, 내가 만들어낸 허구라며 그 진실성을 침해하려 하면, 나는 어떻게든 저항할 것이다. 그 기억은 엄연히 나의 일부이기 때문이다.

이것은 셰일라 이모가 모아둔 내 편지를 읽는 것과는 다르다. 내 과거를 새로이 마주치는 것이 아니다. 나는 전에도 기억의 시작점에 대해 스스로에게 물은 적이 있고 다른 사람들도 내게 그런 질문을 했다. 최초의 기억을 떠올리는 것은 가족들이 모였을 때 익숙하게 하는 놀이다. 우리가 하나의 종으로서 엄청난 가치를 부여하는 뭔가를 소중히 간직하기 위해 벌이는 흔한 의식이다. 우리는 입자가 거칠고 햇빛에 바랜 이 스냅사진이 자신이라고 서로에게 말한다. 게다가 나는 이런 자기 입증을 전에 여러 차례 한 적이 있으므로 거짓으로 기억하지 않도록 훨씬 더 조심해야 한다. 카펫 기억은 유독 믿을 수 없다. 기억으로 보기도 어렵다. 내가 스스로에게 질문할 때 머릿속에 떠오르는 이미지일 뿐이다. 나는 그것이 대체 어디서 오는지 모른다. 그리고 내가 그런 기억을 소유하고 객관적으로 안을 들여다볼 수 있다는 것이 논리적으로 타당한지도 의심스럽다. 이미지 속에서 나는 걸음마 유아다. 문제의 그날에 나는 카펫에 주저앉아 내 눈을 통해 방을 둘러보고 있었을 것이다. 그런데 왜 나는 드라마에서 배우일까? 왜 나 자신의 시점으로 상황을 보고 있지 않을까?

실제로 이것은 초창기 기억의 일반적인 특징으로 밝혀졌다. 기억하는 사람이 객관적인 제삼자로 등장하는 기억은 **관찰자 기억**observer memory이라고 하며, 기억하는 사람의 시점이 그대로 보존되는 **장 기억**field memory과는 구별된다. 관찰자 기억이 논리적으로 말이 안 된다는 사실은 지그문트 프로이트의 관심을 끌었다. 그는 이것을 초창기 기억이 관련 일화를 재구성한 것이라는 증거로 보았다. 시점이 일인칭에서 삼인칭으로 바뀐 것은 없는 사실을 꾸며내는 일이 작동했음을 나타내며, 경험의 순간을 충실하게 재현한 기억일 수 없음을 뜻한다. 시점이 슬그머니 바뀌었다면 다른 무엇은 또 조작되지 않았겠는가? 초창기 기억이 따분한 내용이 많다는 것도 의구심을 사는 이유였다. 프로이트는 이렇게 시시하고 삼인칭 시점인 기억은 발달 중인 우리의 자아가 억압한 다른 더 중요한 사건을 은폐하는 칸막이^{screen} 역할을 한다고 주장했다.

계단 위에서 내가 실수한 기억은 다르다. 여기서 나는 기억의 중심에 있다. 나는 사건을 다시 체험한다. 똑같은 것을 보고 똑같은 감정을 느낀다. 이것은 관찰자 기억이 아니라 장 기억이다. 나는 카펫 이미지와 달리 그것이 어디서 오는지 안다. 믿을 만한 기억이라는 상당한 확신도 있다. 내가 저지른 실수는 타당한 이유로 집에서 한 번도 언급되지 않았다. 어머니는 어쩌면 나중에 그 사실을 알았겠지만 거기에 대해 이야기하지 않았다. 아니면 결코 몰랐을 수도 있다. 내가 기억하기로는 작고 딱딱한 똥이어서 흔적을 남기지 않고 처리하기가 쉬웠다. 나 혼자서 처리할 수 있었다는 사실은 그 사건이 영원히 혼자만 아는 것으로 남을 수 있었음을 뜻한다. 그러므로 다른 사람에게 일어난 일을 내가 기억하는 것일 리가 없다.

나는 왜 이런 사건들은 기억하고 다른 사건들은 기억하지 못할까? 나의 기억은 어째서 중요한 사건들로 채워져 있지 않을까? 수업 시간에 부모님이 나에게 일등을 했다고 축하한 일이나 부모님이 별거하기 전에 불가피하게 있었던 긴장은 왜 기억나지 않을까? 기억은 무작위적인 특징으로 우리를 계속 놀라게 하고 때로는 우리를 화나게 만든다.

네덜란드 작가 세스 노터봄의 말대로 기억은 "자기가 좋아하는 자리에 드러눕는 개"와 같다. 나는 계단에서 있었던 일이 기억나는 이유는 굴욕적인 일이었기 때문이라고 생각한다. 우리는 어렸을 때 자아에 모욕을 준 일을 특히 잘 기억한다. 그러나 카펫 기억은 완전히 무작위로 보인다. 기억은 자기가 좋아하는 곳을 선택해서 그곳에 드러눕는다. 어떤 이유로 뭔가가 그날 내 마음에 들러붙었다. 왜 그런 일이 일어났는지 정확한 이유는 내가 결코 알지 못할 것이다. 이런 묘하게 흥미로운 무작위성 때문에라도 나는 회상을 결코 전적으로 믿을 수 없다.

유아기
기억상실

시시한 기억이든 중대한 기억이든 중요한 것은 남아 있는 그 시절 기억이 거의 없다는 것이다. 서로 다른 이런 두 가지 기억이 내가 어느 정도 확신을 갖고 떠올릴 수 있는 네 살 이전의 기억의 전부다. 그리고 나는 프로이트가 "유아기 기억상실"이라고 부른 것에 내가 이례적으로 희생되었다고 생각하지 않는다. 사람들에게 가장 이른 시기에 대해 회상해보라고 하면 다들 이 시기 이전에 있었던 사건들은 좀처럼 기억하지 못한다. 용케 남아 있는 기억들은 단편적이다. 생생한 감각적 인상은 동반하되 어린 시절 나중의 기억이 갖는 세부사항과 조직은 없다. 과거에 대한 이야기들은 앞뒤가 들어맞아야 하는데 이런 기억은 그렇지 않다. 프로이트는 이렇게 말했다. "처음 시작부터 현재까지 연속적으로 이어지는 기억을 뽐내는 사람들을 종종 만나지만, 기억에 공백이 있는 경우가 훨씬 더 흔하다."

프로이트가 관찰한 것은 심리학 연구를 통해 대단히 철저하게 입증되었다. 일례로 최근에 노바스코샤의 연구자들이 대학생들에게 첫 기억에 대해 물었다. 사건의 세부사항을 기록하도록 한 다음 그 사건이 몇 살 때 일어났다고 생각하는지 표시하도록 했다. 그 결과 첫 기억의 평균적인 시기는 네 살 3개월로 나타났다. 아주 드물게 두 살 6개월 이전의 기억이 있었다. 다른 연구들을 통해 두 살 6개월이 첫 기억의 시작점임이 확인되었다. 성인들에게 어린 시절에 대해 물을 때 이 시기 이전의 사건을 기억하는 경우는 드물다.

이런 유아기 기억상실은 어떻게 설명할 수 있을까? 단순한 대답은 기억하기 위한 능력 자체가 발달하기까지 시간이 걸린다는 것이다. 그러나 조금만 생각해보면 이런 설명은 설득력을 잃는다. 유아들도 사물을 기억한다. 기억을 가동하지 못하면 세상에 대한 꼭 필요한 가르침들을 배울 수 없다. 심리학자 캐롤린 로비-콜리어는 **조작적 조건화**operant conditioning의 방법을 사용하여 6개월 미만의 유아들에게서 기억하기의 위업을 입증해냈다. 조작적 조건화는 인간을 포함한 동물들이 자신의 행동과 특정한 결과의 연관관계를 기억하는 일종의 학습이다. 지레를 누르면 보상이 온다는 것을 배우는 것이 그런 예이다. 로비-콜리어의 실험에서 유아들은 침대에 누워 발목에 부드러운 리본을 달았다. 발을 차면 리본에 연결된 모빌이 위에서 움직였다. 아기들은 모빌의 움직임을 좋아하므로 이런 보상을 받으려고 애쓸 터였다. 발을 세게 찰수록 모빌은 더 요란하게 출렁거렸다. 이 실험의 목표는 아기들이 발을 차는 행동과 특정 모빌의 움직임 간의 연관관계를 학습하는지 알아보는 것이다. 아기들에게 리본과 연결되지 않은 다른 모빌을 줄 때와 비교해서 발을 더 많이 차면, 둘 사이의 연관관계를 기억한다고 추정할 수 있다. 연구들을 통해 두 달이 안 된 아기들이 이런 연관관계를 사흘까지 기억하는 것으로 나타났다. 여섯 달 된 아기들은 두 주 동안 기억을 유지했다.

나는 아이들을 키우면서 어릴 때도 기억한다는 많은 증거를 보았다. 예를 들어 아테나는 10주가 되었을 때 과거를 제법 파악하고 있음을 보여주었다. 우리 집 욕실의 세면대 아래쪽에는 파란색 꽃무늬 커튼이 걸려 있었다. 우리는 목욕을 마치면 타월로 아기를 감싸 세면대와 문 사이의 좁은 공간에 있는 매트에 올려놓았다. 당시 아테나는 어디에 두면 몸을 제대로 가누지 못해 뒤집힌 개구리처럼 배를 위로 하고 살짝 발버둥치는 모습으로 있었다. 아이가 곧바로 커튼 쪽으로 고개를 돌려 쳐다보았다. 커튼의 요란한 색깔과 모양에 끌린 것이다. 곧 우리는 아테나가 매트에 눕기도 전에 커튼 쪽을 보며 이런 시각적 자극을 기대한다는 것을 알아차렸다. 손을 뻗어 만져보려고도 했다. 손과 눈 사이의 연관관계를 시험해본 것이다. 이것은 목욕할 때면 반복적으로 행하는 게임이 되었다. 아테나는 커튼을 기억했고, 갈수록 질서가 잡혀가는 자신의 세상의 한 부분으로 커튼의 존재를 기대했다.

그러므로 우리가 초창기 시절을 잊는 이유는 아기 때 뇌가 아직 발달하지 못해서 기억을 못하는 것일 리는 없다. 비록 기억 체계는 초보적이고 앞으로 중요한 방식으로 더 발달하겠지만, 기억의 구조는 초창기부터 자리를 잡고 있다. 자궁에 있는 태아도 학습하며 태어나고 그 이후까지 정보를 간직할 수 있다는 증거가 많다. 유아 때 기억을 담당하는 독자적인 체계가 있다가 나중에 다른 체계가 이를 넘겨받는다고 말하는 것도 정확하지 않다. 과학자들이 망각률 같은 특징들과 기억력을 간섭하는 여러 요인들을 연구했지만 유아기에 기억하고 망각하는 일은 성년기 때의 기억과 너무도 흡사하다는 것을 발견했다. 따라서 이것도 유아기 기억상실의 설득력 있는 설명으로 보기 어렵다. 다른 종류의 설명이 필요하다. 정보 저장의 기초적인 사실을 넘어 언어, 정체성, 의식에 대한 거대한 질문들에 초점을 맞추는 설명 말이다.

현재 기억 연구자들 사이에서는 우리가 기억을 아동기와 성년기까지 이어가려면 우선 정보 저장과 직접적으로 관련이 없는 다른 능력, 다른 솜씨가 자리를 잡아야 한다는 의견이 힘을 얻고 있다. 그 가운데 하나가 언어다. 단어를 사용하여 자신의 경험을 묘사할 줄 알면 과거에 대한 정보를 부호화하고 조직화하고 인출하는 완전히 새로운 방식을 갖게 된다.

리즈 대학에서 진행한 최근의 연구에서 심리학자 카트리오나 모리슨과 마틴 콘웨이는 성인들에게 일상적인 물건, 장소, 활동, 감정을 가리키는 단어를 단서로 주고 어린 시절의 기억을 떠올려보도록 했다. 그들은 아이가 이런 단어들을 습득하는 평균 나이에 대한 자료를 살펴보고는 사람들이 각각의 단어를 듣고 떠올린 첫 기억이 항상 그 단어를 습득하는 시기에 비해 몇 달 늦다는 것을 알아냈다. 모리슨은 이렇게 정리했다. "여러분이 개념에 해당하는 기억을 담아둘 수 있으려면 먼저 여러분의 어휘에 그 단어가 포함되어야 한다." 여러 차례 주목된 바이지만 유아기 기억상실이 끝나는 시기가 어린아이가 철저한 언어적 존재가 되는 시기와 일치하는 것은 우연이 아닐 것이다.

결정적으로 생각되는 또 하나의 능력은 자전적 기억의 개인적, 주관적 특징과 연관된다. 우리가 관심을 갖는 기억은 그저 정보나 연관관계를 생각해내는 것이 아니라 자신이 그 일부인 세상의 이미지를 만들어내는 것이다. 기억의 이런 특징을 가리켜 기억 연구자들은 **자각적 의식**이라고 부른다. 자각적 의식은 여러분을 기억의 중심에 둬서 여러분이 기억의 순간을 속으로 다시 체험하게 한다. 덕분에 여러분의 기억은 여러분의 것으로 느껴지고, 여러분의 삶이 다른 누군가가 아닌 바로 여러분에게 일어났다고 느끼게 된다. 작가 블라디미르 나보코프는 우리는 항상 자신의 과거에서 집처럼 편안함을 느낀다고 말했다. 우리는 스스로를 결코 낯선 사람처럼 느끼지 않는다. 그랬다면 우리는 과거를 기억하고 있는 것처럼 느끼지 못할 것이다. 과거를 방문할 때 우리는 자신의 눈으로 사건들을 바라본다. 기억이 우리의 기억으로 느껴지는 것은 우리가 기억의 중심에 있기 때문이다.

기억의 이런 특징이 중요함을 나의 어린 시절 두 기억이 잘 보여준다. 나는 하나에서는 자각적 의식이 있고 다른 하나에서는 없다. 계단 기억은 일인칭 화자의 시점이다. 이와 달리 카펫 기억에서 나는 내가 보고 있는 드라마의 등장인물로 나온다. 내가 계단 기억을 더 확신하고 더 나중에 벌어진 일이라고 단정하는 데는 내가 계단에서 수치심을 느꼈던 순간을 다시 체험할 수 있다는 것이 결정적으로 작용한다.

여기서 의문이 든다. 나는 실제로 두 사건을 다르게 의식했을까? 어쩌면 카펫 기억은 진짜이지만 내가 스스로에 대한 인식이 없어서 기억에 자각적 특징이 빠져 있는 것일 수도 있다. 유아기 기억상실을 설명하는 이론이 바로 이것이다. 전설적인 영국의 음악가 로버트 프립은 생후 석 달에서 여섯 달 사이의 언젠가 유모차에서 아기의 몸으로 잠을 깬 순간이 자신의 첫 기억이라고 했다. 프립의 첫 기억은 이례적으로 빠른 편이지만, 다른 많은 초창기 기억들은 자아를 불현듯 깨달으면서 일어난다. 나보코프, 이디스 워튼, 앤서니 파웰, A.S. 바이어트 같은 작가들은 자신의 첫 기억을 자신의 정체성에 대한 통찰과 연결시켰다. 자전적 기억을 하기 위해서는 사건이 일어나고 있는 당사자인 자아에 대한 이해가 결단코 필요하다.

어쩌면 유아기 기억상실을 이해하는 열쇠는 성인들에게 무엇을 잊었는지 물을 게 아니라 아이들에게 여전히 무엇을 기억하는지, 어떻게 기억하는지 물음으로써 얻어질 수 있다. 아이들은 나중에 성인이 된 자아는 기억하지 못하는 것들을 기억하고 있을 수 있다. 그리고 우리가 기억에서 질의 변화―스스로를 자각하게 되는 시점―를 유심히 살펴본다면 우리의 어린 시절을 나중의 자아가 접근하지 못하게 차단시키는 과정을 이해하게 될지도 모른다.

과거로의
시간여행

어린아이들은 언제부터 자신의 기억에서 이런 식으로 주인공 역을 맡기 시작할까? 걸음마 유아와 무엇을 기억하는지 이야기하다 보면 과거가 다른 사람에게 일어난 것이라는 묘한 느낌을 틀림없이 받게 된다. 어린아이들은 자신에게 일어난 일을 생각해내는 데는 꽤 정확한 경우가 많지만, 자신을 항상 기억의 당사자로 알아보는 것 같지는 않다. 연구에 따르면 어린아이들이 만들어내는 기억의 상당수는 실은 부모가 말한 것을 앵무새처럼 따라하는 것이라고 한다. 아이들은 자신의 기억을 주장하는 것이 아니라 어른들의 설명을 기억해내는 것으로 보인다. 앞으로 보겠지만 이런 연구 결과는 자전적 기억이 사회적 교류를 통해 구성된다는 이론의 바탕이 되었다. 그러나 자각적 의식이 어떻게 언제 시작되는지 알아보아야 하는 문제가 남아 있다. 아이들이 실제로 다시 체험하는 기억을 그냥 일어났다고 알고 있는 기억과 구분하려면 다른 방식으로 질문해야 할지도 모른다.

한 가지 문제는 아이들이 자신이 알고 있는 정보가 어디에서 온 것인지 파악하기가 쉽지 않다는 것이다. 어린아이들은 자신이 아는 것을 어떻게 아는지 판단하는 문제에 유독 서툰 편이다. 어른도 마찬가지지만 어린 시절에 기억은 과거와 직접 연결되는 지점을 찾는 문제이면서 기존의 기억을 다시 끄집어내는 문제이기도 하다. 이런 기존의 기억은 가족끼리 자주 하는 말이나 다른 곳에서 들은 말 같은 다른 정보들에 의해 오염되어 있다. 작가 버지니아 울프의 남편 레너드 울프는 여기에 대해 이렇게 말했다. "아주 예전, 유아기로 거슬러가는 예전의 기억처럼 보이는 것 중에는 실은 기억이 아닌 것도 있다. 가족끼리 워낙 자주 했던 이야기여서 자신이 기억하는 일이라고 착각하는 것이다."

이렇듯 정보의 출처를 확인하는 일에 상대적으로 서툴기 때문에 아이들은 이런 종류의 간섭에 무방비로 노출되어 있다. 실은 자신의 것이 아닌 기억이 발달하고 있는 자전적 기억 속으로 통합된다. 걸음마 유아조차도 다른 사람이 기억하는 말과 사건들을 설명하는 이야기에, 그리고 사진과 비디오 같은 디지털 매체에 노출되어 간섭을 받을 수 있다. 이런 이유로 아이들은 진짜로 있었던 사건을 기억하는 것과 사건의 묘사를 접했던 경험을 기억하는 것의 차이를 분간하기가 유독 어렵다.

우리가 아이들에게 과거에 대해 물을 때 우리는 그저 그들의 삶과 관련한 사실들을 기억하도록 요구하는 것이 아니다. 그들에게 과거로 시간여행을 떠나 그 순간을 다시 살도록, 다시 말해 자각적 기억을 하도록 요구하는 것이다. 내가 여러분에게 학교에 간 첫날에 대해 묻는다면, 1974년 9월 5일에 일어났던 일의 의미적 기억을 세세하게 말해달라는 것이 아니다. 그때로 거슬러가서 안에서 그 순간을 바라보고 그것이 어떤 것인지 말해달라는 것이다. 기억하라는 말은 그 순간의 의식을 다시 체험하라는 말이다.

시간여행은 현실적으로는 터무니없는 발상처럼 들린다. 아직 누구도 우리를 미래로 데려다주는 기계를 만들지 못했다. 하지만 심리학자들은 '정신적 시간여행'이 기억하는 과정에 동반되는 현재와 과거의 오고감을 나타내는 유용한 개념임을 알아보았다. 아이가 자전적 기억을 할 수 있으려면 시간여행자가 되어야 한다. 비록 은하계의 역사가 아니라 자신의 생애에 국한되는 수준이지만 특정한 시점으로 떠나는 시간이동 장치를 발명하는 법을 배워야 한다. 현재의 자신을 접어두고 과거의 자신이 되어야 한다.

이것은 엄청난 인지적 도전이다. 심리학자 토머스 서든도프와 마이클 코벌리스는 정신적 시간여행이라는 발상을 살펴본 최근의 논문에서 극장의 비유를 들었다. 정신적 시간여행을 하려면 여러 가지가 필요하다. 먼저 기억의 사건을 묘사하기 위해 재현의 장소로서 무대가 필요하다. 과거와 미래의 무제한적인 시나리오를 만들어낼 줄 아는 인지 체계나 규칙의 집합인 극작가가 필요하다. 등장인물들의 사고, 감정, 의도, 믿음, 욕망 등을 이해하고 그들 사이에 벌어지는 교류를 이해하는 배우가 필요하다. 시간과 공간이 작동하는 물리학에 대한 기초 이해에 거스르지 않는 무대 장치가 필요하다. 다른 가능성들을 평가하고 가능한 여러 재현들 사이에서 선택할 수 있는 연출가가 필요하다. 재현이 전개되는 방식에 자발적 통제를 행사하게 해주는 제작 책임자가 필요하다. 그리고 여러분의 기억을 언어로 부호화해서 세상에 전하는 방송 진행자가 필요하다.

이런 능력 하나하나가 발달심리학자들의 관심 분야이고, 모두가 정교한 인지적, 신경적 과정들의 조율이 필요한 일이다. 전전두피질 같은 뇌의 핵심적인 부위가 다섯 살이 될 때까지는 제대로 기능하지 않는다는 것을 (그리고 이후로도 한참을 계속 발달한다는 것을) 생각할 때 유아기 기억상실이 일어나는 것은 당연해 보인다. 그러나 신경적, 인지적 발달의 지체가 우리가 기댈 수 있는 유일한 설명일까? 기억과 망각을 가르는 경계 지점을 이해하기 위해서는 최대한 경계 지점에 가까이 가 보는 것이 좋다. 과거의 영토는 어른이 되면 생각나지 않지만 아이에게 도 과연 그럴까?

대답은 물론 여러분이 어떤 연령 집단을 살펴보느냐에 달렸다. 성인 말고 아이들에게 첫 기억에 대해 질문하면 유아기 기억상실의 경계 지점이 달라지는 것으로 보인다는 몇몇 연구들이 있다. 최근에 뉴질랜드 의 연구자들이 다섯 살 아이, 그보다 큰 아이(여덟 살/아홉 살), 청소년 (열두 살/열세 살), 젊은 성인, 이렇게 네 집단을 조사한 적이 있다. 각각 의 참가자를 위해 연구자들은 '연대표'라고 하는 것을 만들었다. 각자 의 삶의 여러 시기를 수평선으로 나누고 참가자의 사진들을 해당하는 시기에 붙여 놓은 표였다.

참가자들이 연대표를 이해했음을 확인하고 나서 연구자들은 최근 의 사건의 기억과 먼 과거 사건의 기억에 대해 물어보았다. 특히 세 살 때의 사건, 세 살 이전의 사건, 생각나는 가장 오래된 사건을 물어보았 다. 사건의 날짜는 연대표에서 해당하는 시기를 지목하는 것으로 확 인했다. 그리고 가능한 경우 부모의 확인을 거쳤다. 아울러 부모가 특 히 중요한 시기였다고 지목하는 시기의 사건들에 대해서도 물었다.

그 결과 유아기 기억상실의 경계 지점이 달라진다는 생각을 뒷받침 하는 결과가 나왔다. 어린아이들과 좀 더 큰 아이들은 성인들보다 세 살 이전의 기억이 더 큰 비중을 차지했다. 아이들의 기억의 20퍼센트 이상이 첫 번째 생일 이전의 것이었고 대부분의 기억이 세 살 이전이었다. 청소년과 젊은 성인의 기억은 대부분 세 살 이후였다. 연구자들은 첫 기억으로 보고된 것들을 살펴보고 첫 기억의 평균 시기는 아이들이 더 빠르다는 것을 확인했다. 아이들은 한 살과 두 살 사이였고 성인들은 세 살 반이었다. 아이, 청소년, 젊은 성인의 기억이 동등하게 풍성한 일화로 이루어졌음을 볼 때 아이들도 그저 자신의 삶에 대해 들은 내용을 앵무새처럼 따라하는 것이 아니라 사건을 진짜로 기억하는 것 같다. 결론은 분명하다. 아이들은 성인들만큼 자신의 초창기 삶에 대해 까맣게 잊은 것이 아니다.

뉴질랜드 연구에서 가장 어린 아이들은 자전적 기억이 제대로 작동하는 시기에 접어든 다섯 살이었다. 그보다 더 어린, 유아기 기억상실을 상쇄하는 나이에 가까운 아이에게 물으면 어떻게 될까? 기억을 언어로 표현하는 능력에 기대지 않고 아이의 기억을 검토하는 방법이 있으면 더없이 좋겠지만, 아직 누구도 그런 방법을 생각해내지 못했다. 그 대신 우리가 할 수 있는 것은 이제 막 과거에 대해 말할 수 있을 정도의 언어 단계에 이른 아이에게 질문하는 것이다. 어린 참가자들을 고르는 것은 매개의 문제를 피할 수 있는 방법이기도 하다. 기억은 우리와 주위의 다른 사람들이 이전에 기억했던 것을 다시 기억하는 것이기도 하기 때문이다. 어린 아이를 고를수록 그들의 기억은 사건에 대한 '순수한' 회상일 가능성이 높다.

최근에 흥미로운 한 사례 연구에서 이런 방법을 취했다. 발달심리학자이자 치료사인 알레사 솔터는 마이클이라고 하는 캘리포니아에 사는 어린아이의 가족을 연구했다. 마이클은 생후 다섯 달일 때 (두개골 기형을 바로잡기 위한) 수술을 받으면서 병원에 잠깐 입원한 적이 있었다. 그때 솔터로부터 상담 치료를 받았는데, 수면 장애와 야간 공포를 포함하여 트라우마 충격에 따른 행동 증상들을 경감하기 위한 치료였다. 마이클은 그 이후로 병원에 간 적이 없었다. 솔터는 이 사실을 이용하여 마이클이 병원에 있었던 시기를 기억하는지를 연구하고자 했다. 마이클의 가족에게는 병원에 있었다는 사실을 아이에게 말하지 말도록 동의를 구했다. 이렇게 하여 아이의 기억이 이전에 다른 사람의 회상으로 인해 오염되는 일이 없도록 했다.

그런 다음 솔터는 마이클을 두 차례 인터뷰하여 사건에 대해 기억하는지 물었다. 마이클이 두 살 반일 때 이루어진 첫 인터뷰에서 아이는 2년 전 병원에 입원했을 때를 놀랄 만큼 자세히 기억했다. 아이는 자신이 (수술을 했기 때문에) 한동안 눈을 뜨지 못했다는 것을, 간호사가 빨간색 블라우스와 스카프를 하고 있었다는 것을, 할아버지가 〈고요한 밤〉 캐럴을 불러주었다는 것을 기억해냈다.

그로부터 11개월 뒤, 그러니까 마이클이 세 살 반일 때 이루어진 두 번째 인터뷰의 상황은 사뭇 달랐다. 이번에는 입원 환자로 있었을 때를 전혀 기억하지 못하는 것으로 보였다. 솔터가 아이에게 1년 전 기억했던 사항들을 상기시키며 유도했지만 그는 완전히 잊었다. 두 살 반일 때 마이클은 제한적이었지만 상세하고 정확하게 어렸을 때의 사건을 기억하고 있었다. 그러나 세 살 반일 때는 그 기억이 사라지고 없었다.

이런 결과는 여러 이유에서 흥미로운데, 무엇보다 주목할 점은 두 살 반이던 마이클이 적절한 언어를 갖고 있지 못했던 시기의 사건을 언어를 사용하여 묘사할 수 있었다는 점이다. 그가 아무리 언어적으로 조숙한 아이라 해도 다섯 달일 때 말을 했을 리는 없다. 솔터의 연구는 아이들이 말하기 이전 시기에 했던 경험에 나중에 언어적 표식을 붙일 수 있음을 보여준 첫 번째 연구는 아니다. 한 연구에서 연구자들은 두 살 된 아이들에게 색깔과 밀접한 관계가 있는 사건을 보여주었다(비눗방울 생성 기계로 특정한 색깔의 비눗방울만 만들었다). 사건 당시 색깔을 나타내는 단어를 알지 못했던 아이들은 두 달에 걸쳐 색깔 단어를 사용하는 법을 배웠다. 그런 다음 원래 있었던 사건을 기억하는 테스트를 하자 사건 당시 색깔 단어를 알지 못했던 아이들의 상당수가 과거의 일을 기억하면서 새로 배운 색깔 단어를 사용했다. 이 아이들은 초창기에 기억된 경험을 이해하기 위해 당시에는 갖고 있지 않았던 어휘를 구사할 줄 알았다.

하지만 다수의 증거는 말하기 전의 경험에 언어로 접근하는 것이 극히 제한적임을 가리킨다. 유아기 기억상실의 주된 이유는 아이들이 언어를 갖기 전에 일어났던 사건을 말로 설명하려 하기 때문임이 틀림없다. 마이클은 비록 이후에 기억을 다 잊었지만 그의 사례를 보면 그와 같은 기억에 접근할 수 있는 민감한 시기가 있는 것 같다. 두 살과 세 살 사이의 그 시기에 언어 능력이 충분히 좋다면, 아기 시절로 돌아가 새로 얻은 단어를 사용하여 언어 이전 시기의 사건을 떠올릴 수 있을 것이다. 이것은 앞으로 어른이 될 때까지 기억을 연습하고 강화하고 말로 표현하는 기회가 된다. 마이클만큼 언어 능력이 좋지 못하면 (대부분의 사람들이 그렇다) 과거를 잡아당길 그런 끈이 없다. 이런 아이들에게는 유아기의 기쁨(과 공포)은 영영 잃어버린 것이 된다.

**빛의
조각들**

내가 아테나에게 유아기의 기억에 대해 처음으로 물었을 때 당연하게도 아이는 내가 무엇을 묻는지 몰라 어리둥절했다. 우리는 시드니에 있었고 6개월간의 안식년 휴가가 끝나갈 때였다. 아테나는 유아기 기억상실이 사라지기 시작한다고 하는 세 살이었다. 그러나 나는 아이가 자신의 삶의 많은 것을 그때까지 기억하고 있을 가능성을 회의적으로 보았다. 아이가 유아기에 대해 아무것도 기억나지 않는다고 제법 단호하게 말했을 때, 나는 기억 체계가 숨 가쁜 변화를 겪고 있는 증거라고 여겼다. 많은 요인들이 이 무렵에 망각이 일어나도록 작용할 수 있다. 아이가 정보를 부호화하는 능력은 꾸준히 향상되고 있었을 것이다. 그 말은 최근의 사건들이 각인될 가능성은 커지고, 보다 먼 사건들이 지속적인 흔적을 남길 가능성은 줄어든다는 뜻이다. 보다 먼 과거의 기억을 되살리기에는 너무 늦었을지 모르지만, 최근의 기억을 강화하고 저장하는 효율성은 극적으로 증대되고 있었다. 아이가 자라면서 내측 측두엽과 전두엽의 핵심적인 기억 구조물이 성숙하기 시작하면 기억하기에서 약점이 되는 부분은 부호화와 저장에서 인출로 바뀌게 된다. 그러므로 지금 아이의 기억을 제한하는 것은 애초에 기억의 흔적을 만드는 능력보다는 그것을 인출하는 능력과 관련이 깊다.

하지만 적절한 단서를 주자 아이는 자신의 과거를 편안하게 느꼈다. 영국으로 돌아왔을 때 세 살 된 아테나는 오래전에 익숙했던 것들을 접했다. 무늬가 제각각인 냅킨 고리 셋을 아이에게 주었는데 자신의 것을 골라냈다. 오스트레일리아로 가기 전에 주말마다 재미 삼아 아침을 침대에서 준비하는 것을 도왔던 것을 기억해냈다. 이런 것들에 대해서는 중간에 한 번도 이야기한 적이 없었다. 유아기 기억상실의 경계 지점은 딱 나눠지는 것이 아니었고, 적절한 상황에 익숙한 단서가 주어지면 얼마든지 떠올릴 수 있었다.

어쩌면 아이의 문제는 기억하기 자체가 아니라 혼자 힘으로 기억하는 것에 있었다. (시드니에서 내가 그랬듯이) 느닷없이 아이에게 지나간 일에 대해 물으면 곧바로 지식을 찾고 그 안에 자신을 위치시켜야 하는 도전에 맞닥뜨렸다. 그러나 다른 사람들이 단서를 주거나 기억을 유발할 수 있는 자극이 주위에 있으면 문제없이 기억했다. 아이는 내가 묻는 질문을 이해했지만 혼자서 기억을 어떻게 구성해야 하는지 몰랐다. 세 살은 자전적 기억이 막 시작되는 시기여서 자신의 삶을 이야기하는 일에 아직 상당히 서툴렀다.

사실 아이는 그날 뭔가를 기억해내기는 했다. 유아기가 자신에게 빈칸이라고 반복해서 말하고 나서 마지막에 뭐라고 했는데, 과거에 일어난 사실에 대한 것이 아니라 자신의 경험에 대한 주장이라는 것이 중요했다. "날이 무척 화창했어요." 그렇게 말했다. 과거에 대한 단서로서는 별로 쓸모가 없는 말이었다. 그러나 나는 그 말을 토대로 과거가 아이에게 어떤 의미였는지 짐작할 수 있었다. 어떤 이미지가 아이에게 떠올랐든 간에 아이는 감각적 특징을 기억하고 있었다.

이렇게 눈부신 기억의 조각은 기억이 어떻게 작동하는지, 특히 우리가 감각 지각적 단편들을 바탕으로 어떻게 기억을 재구성하는지에 대해 많은 것을 알려준다. 실제로 생생한 시각적 세부사항은 기억 형성의 재료가 되는 감각 지각적 경험에서 가장 두드러지는 것이다. 신경생리학 연구에 따르면 이런 정보는 이를 조합하여 실제 기억을 만들어내는 일을 하는 전두엽과 내측 측두엽에서 멀리 떨어진 뇌 부위에 저장된다. 대부분의 기억 연구자들은 기억의 감각 지각적 요소들이 이런 요소들을 맨 처음 처리하는 바로 그 뇌 부위에 저장된다고 믿는다. 예를 들어 시각적 기억의 부분들은 시각피질에 저장되었다가 필요할 때 해마와 관련 구조물에서 완전한 기억으로 조합된다. (전두엽과 내측 측두엽 체계의 성숙에 부분적으로 힘입어) 자전적 기억이 제대로 돌아가기 전에는 이런 감각 지각적 요소들은 그저 허술한 단편들로만 존재한다.

초창기 많은 기억들이 이런 특징을 보인다. 블라디미르 나보코프는 자서전 『말하라, 기억이여Speak, Memory』에서 "의식이 일정한 간격을 두고 번쩍거리는 일련의 섬광들로 깨어나고 차츰 그 간격이 줄어들어 마침내 명확한 지각의 덩어리가 형성되면서 기억을 간신히 붙들 수 있게 되는" 것을 본다. 그는 늦여름 러시아 시골에 있는 집에서 지낸 어머니 생일에 자신의 자각이 불현듯 싹트기 시작한 것을 떠올리면서 "서로 겹쳐진 나뭇잎 패턴 사이로 강한 햇빛이 얼룩덜룩한 잎 모양을 남기며" 자신의 기억 속으로 뚫고 들어왔다고 했다. A.S. 바이어트가 자신을 초등학교 운동장 담장 너머로 내다보는 작은 아이로 기억하는 초창기 기억도 있다. 그녀는 담장의 돌이 황금빛 조각들로 떨어져 나가고, 태양이 무척이나 밝고, 나뭇잎이 햇빛을 받아 황금빛을 띠고, 푸른 하늘이 거대한 태양을 담고 있었다고 기억한다.

이렇게 빛으로 채워진 이미지들은 사람들이 자신의 최초의 기억이라고 판단하는 것일 때가 많다. 뉴멕시코 사막의 선명한 이미지들을 화폭에 담아낸 것으로 유명한 화가 조지아 오키프는 "사방이 온통 빛으로 둘러싸인 밝음"이 자신의 첫 기억이라고 주장했다. 실제로 과학 연구들을 보면 그와 같은 이미지들이 워튼이나 바이어트가 회상하는 자각에 막 눈을 뜬 순간보다 최초의 기억으로 더 어울려 보인다. 참가자들에게 최초의 사건 기억에 대해 질문했던 노바스코샤의 연구자들은 아울러 그들에게 '단편적 기억', 그러니까 자전적 맥락이 없고 하나의 이미지, 행동, 감정의 형식을 자주 취하는 고립된 기억 조각을 떠올려보도록 했다. 이런 인상들이 일어났다고 판단되는 시기를 살펴보니 사건 기억보다 확연히 빨랐다. 그래서 연구자들은 유아기 기억상실이 물러날 즈음 완전한 사건의 재현이 아니라 단편적인 경험으로 기억이 시작된다고 보았다.

가끔은 지각적인 것과 자각적인 것이 초창기 기억에서 일치하기도 한다. 첫 기억을 설명한 가장 유명한 두 예가 버지니아 울프의 자전적 에세이 『과거의 스케치A Sketch of the Past』에 나온다. 먼저 울프는 "검은색 바탕에 빨간색, 자주색 꽃"의 이미지를 묘사한다. 기차를 타고 세인트 아이브스로 가는 길에 가까이서 본 어머니의 드레스의 아네모네 꽃무늬였다. 두 번째 기억은 세인트 아이브스에 방문했을 때와 연관되는데 자신의 최초의 기억이 틀림없다고 확신한다. 울프는 이렇게 기억한다.

> 세인트 아이브스의 아기 방 침대에 자는 둥 마는 둥 누워 … 노란색 블라인드 너머로 파도가 하나, 둘, 하나, 둘, 부서지며 해변에 물거품을 날리고, 다시 하나, 둘, 하나, 둘, 부서지는 소리를 들은 것 … 바람에 블라인드가 흔들리면서 아래쪽 끝부분이 바닥에 쓸리는 소리를 들은 것 … 침대에 누워 이런 파도소리를 듣고 이런 불빛을 보며 내가 이곳에 있어도 될까 싶게 더없이 순수한 황홀경을 느낀 것을 기억한다.

어떤 작가들은 자신의 초창기 기억에 대해 절대적으로 확실하다고 주장하기도 하지만, 울프는 참신하게도 몇몇 세부사항에서 자신의 모호함을 인정한다. 여행을 기차로 했는지 버스로 했는지, 세인트 아이브스로 가는 중이었는지 나오는 중이었는지 확실치 않다고 했다. 그녀는 또한 둘 중 어느 것이 먼저 있었던 기억인지 확실치 않다면서 기차 객실에 불빛이 켜져 있었음을 탐문을 통해 알아내 아침에 세인트 아이브스로 가는 길이 아니라 런던으로 돌아오는 길이었다고 추론한다. 기억의 단편들은 다른 종류의 자전적 정보와 통합되지 않고 날짜 도장이 찍히지도 않아서 정확한 시점을 밝히기가 어렵다. 내가 카펫에서

지게차 장난감을 굴리는 걸음마 유아로 나오는 이미지도 생생하긴 하지만 사건의 날짜를 추정할 수 있는 정보 인식표가 없다. 내가 이 기억을 시간 속에 위치시키고 싶다면 놀이 장면에 나오는 인테리어를 확인한다든지 하는 식으로 울프처럼 추론과 탐문을 가동해야 한다.

우리의 첫 기억이 빛으로 가득하다는 것은 어쩌면 우연이 아니다. 감각 지각적 정보는 일화적 기억을 이루는 재료이고 시각적 정보는 그 가운데 가장 두드러지는 것이다. 작가이자 박물학자인 W.H. 허드슨에게 그런 단편들은 "장막으로 덮인 넓은 정신적 경관 한가운데서 밝게 비춰지고 생생하게 조망되는 고립된 점들이나 얼룩들"이었다. 기억의 과정이 보다 체계를 갖추게 되면서 이런 환한 단편들은 자각적이고 내러티브 구조를 갖춘 과거 사건의 재서술 속으로 점차 통합된다. 그러나 우리의 기억은 가끔씩 우리를 최초의 나날로 데려가는 이런 밝은 원 재료들에 계속 의지한다.

5.

생각과 맥락
그리고 기억

- 기억은 주인에게 봉사한다
- 기억하는 것, 알아보는 것
- 기억은 홍수처럼 밀려들지 않는다
- 아버지에 대한 기억

Pieces of Light

어린 시절의 기억은 공포의 기억이 많다. 내 경우를 말하자면 블랙워터 강 하구의 갯벌은 동화에 나오는 괴물만큼이나 위협적인 존재였다. 갯벌에 잠겨 움직이지 않는 보트와 보트 사이에 밧줄을 매고 나무판자로 다리를 놓아 흔들거리는 소형 조선소 부두에서 보면 갯벌은 가장자리에 잡초들이 자라 녹색 빛을 띤 짙은 회색으로 보였다. 끈끈하고 볼록볼록한 진흙에 벌레들이 드나드는 구멍과 바닷물이 오가는 거친 물길이 마구잡이로 파여 있었다. 바다 냄새, 소금물과 해양생물의 냄새가 났지만 끈적거리는 사향 냄새도 나서 내가 태어나기도 한참 전에 죽고 썩고 파묻힌 생물들이 떠올랐다. 간조 때 갯벌에 나가면 그곳은 저 너머의 물처럼 밝게 빛났다. 아버지는 갯벌에 빠진 아이는 다시는 볼 수 없었다고 말했다. 아버지 말에 나는 무서우면서도 왠지 의심이 들었다. 갯벌이 단단하게 잘 다져진 것처럼 보였기 때문이다. 아버지처럼 털 많고 육중한 몸이라면 몰라도 나처럼 가벼운 몸은 충분히 버틸 수 있을 것 같았다. 아버지 말을 시험해보고 싶은 유혹이 들었지만 기회를 잡지 못했다. 사방이 온통 갯벌이었지만 치명적이게도 손닿지 않는 곳에 있었다. 공기주입식 보트를 물에 띄워 계류장까지 끌고 갈 때 우리는 축축한 부두에서 보트의 고무바닥으로 곧장 내려섰다. 그때 거뭇게 녹이 슨 부두 말뚝을 부여잡고 발가락을 갯벌에 담그거나, 그보다 더 있음직하지 않지만 그냥 과감하게 몸을 던졌어야 했다. 손닿지 않는다는 사실이 나의 매혹을 더 아찔하게 만들었다. 갯벌은 나를 감당하겠지만 나는 갯벌을 감당할 수 없었다.

아버지는 이혼하고 나서 허전한 마음을 항해로 달랬다. 구레나룻을 기른 몬티 스탠리라고 하는 아버지의 교사 친구에게 **도라린드**라고 하는 20피트짜리 돛단배가 있었다. 그는 겨울이면 몰든에서 배를 몰았고 여름에는 블랙워터 하구에서 조금 떨어진 웨스트 머시에 배를 묶어두었다. 아버지는 도라린드 호에 돈을 보탠 것이 없었지만 원할 때면 배에서 일하는 조건으로 친구와 항해에 동행했고, 주말에 우리와 같이 지낼 때는 우리도 데리고 갔다. 그래서 나는 어려서부터 갯벌을 접했다. 겨울 주말에 몰든의 조선소에서 갯벌을 바라보며 선체에 페인트를 칠하거나 드라이버로 광택제 깡통을 비틀어 열었다. 물때는 나의 강박증과 모의라도 하듯 항상 썰물이었다. 나는 내 체중 정도 되는 아이는 얼마나 깊이 빠질지 궁금했다. 발목까지 빠질까? 무릎까지? 아니면 정말로 몸이 완전히 잠길까? 몰든의 오랜 역사를 생각할 때 얼마나 많은 아이들이 이런 식으로 진흙 속에서 생을 다했을까?

아버지가 내게 갯벌에 대해 말한 것은 자연스럽게 나올 수 있는 말이다. 그로 인해 내가 복잡한 매혹을 느낀 것도 자연스럽다. 이것은 내가 어린 시절을 떠올릴 때면 빠지지 않고 생각나는 대목이다. 중요한 의미가 실려 있고, 이제는 내 삶에 대한 확고한 진실이 담긴 생생한 기억처럼 보인다. 그러나 나는 기억이란 무턱대고 믿기에는 오류에 빠지기 쉽다는 것을 너무도 잘 안다. 강바닥의 퀴퀴한 냄새, 거기에 하늘이 비쳐 반짝거린 모습 같은 감각적 인상들은 틀림없다고 확신한다. 붉은 부리갈매기의 울음소리, 로프가 돛대에 부딪혀 틱틱거리던 소리를 들었던 것도 의심하지 않는다. 나는 내 삶의 사실들에 관련된 부분, 내가 언제 무엇을 했는지에 대한 자전적 세부사항들을 자신한다.

부모님이 이혼하고 나서 내가 기숙학교에 들어가기 전, 그러니까 여섯 살에서 열 살 사이에 있었던 일이다. 그러나 "아버지는 … 라고 말했다" 하는 이야기의 시작 대목은 어디까지가 내가 만들어낸 것일까? 아버지가 실제로 이런 말을 했다는 기억은 없다. 내 마음속에서 돌아가는 어떤 시나리오에서도 그는 이렇게 말하지 않는다. 내가 기억하는 것은 **너는 영영 사라지고 말거야**, 하는 생각이다. 어쩌면 아버지가 그렇게 말한 것으로 내가 **알고 있다**고 말하고 싶은 건지도 모른다. 아버지가 뉴캐슬언더라임에서 태어났다고, 아버지의 마지막 차가 닛산 프리메라였다고 내가 아는 것처럼 말이다. 하지만 나는 그와 같은 경고를 그저 그의 입을 빌려 말하려 했는지도 모른다. 결국 그런 기억으로 내몬 것은 나의 공포, 나의 두려움이었다. 아버지는 기억 속에 있지만 그의 감정이 그렇게 몰아가는 것이 아니다. 기억은 오로지 자신의 주인에게만 봉사한다. 오로지 기억하는 사람의 목적을 위해서만 작동한다. 그러므로 나는 다른 누구도 아닌 나의 요구에 따라 이 순간으로 되돌아가는 것이다.

여기서 허구에 빠지기가 얼마나 쉬운지를 볼 수 있다. 기억이 작동하는 방식에 대해 정직하게 대면하고자 한다면 기억의 매력을 경계할 필요가 있다. 나는 배를 타고 항해하던 시절의 기억에서 진흙에 대한 오싹한 공포를 떠올리면서 더불어 아버지와 함께 있었던 경험의 감정적 특징도 생각했던 것 같다. 기억의 실험실에서 그런 연결성은 아버지가 그런 말을 하는 이미지로 변환되었다. 아버지는 내가 그에게 돌린 바로 그 말을 하지 않았겠지만, 나는 그가 그렇게 말한 허구를 만들어냈고, 그렇게 해서 그럴듯한 이야기가, 생생한 심상이 생겨났다. 하지만 그렇다고 해서 그것이 객관적인 의미에서, 세월과 무관한 의미에서 반드시 '참'인 것은 아니다.

기억은 주인에게
봉사한다

내가 아버지가 한 말을 생각하면서 맞닥뜨린 문제는 기억 연구자들에게는 흔한 문제다. 기억은 화자가 정확히 어떤 단어를 사용했는가와 같은 사소한 세부사항에서는 놀랄 만큼 정확성이 떨어질 수 있다. 기억은 우리에게 무슨 일이 벌어졌는지 의미를 파악하는 일에 집중하고 표층적인 세부사항은 대충 넘어가는 경향이 있기 때문이다. 뭔가를 기억하려면 관련 정보를 기억 체계에 인식될 수 있는 부호^{code}로 바꾸는 부호화^{encoding} 과정이 필요하다. 저장과 인출 같은 다른 과정도 꼭 필요하지만 애초에 부호화가 안 되면 기억은 시작도 못 한다. 학교에 간 첫날, 마지막 연인의 이름 등 여러분이 기억하는 모든 것은 여러분의 뇌가 이용할 수 있는 형식으로 부호화되어 있다.

부호화 과정은 사람들이 말한 특정 단어를 기억해내는 일이 왜 그토록 어려운지 이해하도록 도움을 주며, 아울러 기억 연구자들이 연구를 어떤 식으로 하는가 하는 핵심으로 곧장 우리를 데려간다. 일반적으로 말해서 정보가 부호화 단계에서 더 깊이 처리될수록 더 잘 기억된다. 무수히 많은 심리학 실험을 통해 확인된 이런 발견은 '처리 수준 효과$^{levels\ of\ processing\ effect}$'라는 이름으로 알려져 있다.

고전적인 한 연구에서 참가자들에게 나중에 단어들을 기억하도록 요구하겠다는 말을 하지 않고 다양한 상황에서 단어 목록을 살펴보도록 했다. 한 집단에게는 제시된 단어의 물리적 속성(예컨대 대문자로 적혀 있는가)에 주목하도록 했다. 다른 집단에게는 단어가 소리 나는 방식('도그'라는 단어와 운이 맞는가)에 주목하도록 했다. 세 번째 집단에게는 단어의 의미(특정한 문장에 들어가기에 적합한가)에 주목하도록 했다. 마지막 상황으로 갈수록 참가자들이 처리해야 하는 양(의미 추출)이 늘어났다. 이어 예기치 않게 단어 목록을 주고 기억을 떠올리도록 테스트하자 정보를 더 깊은 수준에서 처리해야 했던 참가자들이 훨씬 더 많은 단어를 기억해냈다. 여러 다른 요인들도 정보가 기억되는 바에 영향을 주지만, 처리 수준 효과는 기억이 의미를 기반으로 함을 확실히 보여주는 단서다.

이것은 보다 복잡한 언어 구조에도 마찬가지로 적용된다. 누군가가 했던 말을 떠올릴 때는 단어 그대로의 정보가 아니라 그가 말한 바의 의미, 핵심을 떠올린다. 왜냐하면 우리는 언어적으로 제시되는 정보를 들을 때 특정 단어 선택과 구문적 세밀함이 아니라 이야기에 주의를 기울이기(그래서 부호화하기) 때문이다. 현명한 전략으로 보인다. 문장이 형식적으로 완벽할 수도 있겠지만 대부분의 사람들은 상대방의 유려한 문장 스타일을 칭송하기보다는 그가 말하는 메시지를 이해하는 데 관심이 더 많다.

현재로서는 뇌가 이런 본질적인 사안에 어떻게 접근하는지에 대해 우리가 거의 알고 있지 못하다. 웨스턴 온타리오 대학의 연구자들이 최근에 이를 이해하기 위한 첫발을 내디뎠다. 그들은 실험 참가자들에게 세 단계에 걸쳐 문장들을 읽어주었다. 첫 단계에서 참가자들은 독특하고 생생한 장면을 묘사하는 문장(예컨대 코미디언이 공연을 마치고 기립박수를 받았다는)을 그저 듣기만 했다. 두 번째 단계에서는 다른 문장들을 들으며 문장이 얼마나 좋은지 평가하도록 했다. 일부 문장은 앞서 들었던 것과 똑같았고 구문이나 문법이 살짝 바뀐(전체적인 의미에는 변함이 없지만 절이 문장 내에서 위치를 바꾸는 식으로) 문장도 있었다. 한편 의미가 바뀐(예컨대 '코미디언'이 '배우'로) 문장도 있었다. 마지막 테스트 단계에서 참가자들은 바로 앞 단계에서 나왔던 새로운 문장들을 보고 자신이 본 것인지 아닌지 판단하도록 했다. 연구자들이 예측한 대로 참가자들은 의미적 변화가 있는 문장을 구문적 변화가 있는 문장보다 훨씬 더 정확하게 알아보았다. 문장의 핵심이 어떤 식으로 바뀌는지는 잘 파악했지만, 실제로 말해진 형식에는 기억이 거의 까막눈이었다.

이런 '축어적 효과verbatim effect'에 대한 설명은 뇌가 새로운 정보를 처리하고 간직하는 방식과 관계가 있는 듯하다. 다들 알겠지만 우리는 이전에 접했던 정보보다는 새로운 정보를 더 기억에 담아두는 경향이 있다. 학교에 간 일곱 번째 날은 기억하지 못한다. 우리는 첫 번째 것을 기억한다. 그러나 기억은 모든 새로움에 똑같이 반응하지 않는다. 표층적 형식을 바꾸는 새로움보다는 정보의 의미를 바꾸는 새로움이 기억될 가능성이 가장 높다. 만약 그렇다면 새로운 의미적 정보는 일화적 기억에 수반되는 바로 그 뇌 부위를 활성화할 것이라고 짐작할 수 있다.

앞서 언급했던 캐나다 연구자들은 참가자들의 뇌를 스캔함으로써 이 문제를 알아보았다. 그들은 일화적 기억에 깊이 관여한다고 알려진 내측 측두엽의 활동을 들여다보았다. 우리는 해마와 이웃하는 피질 구조물이 우리의 물리적 환경에 대한 정신적 지도를 만드는 일에 얼마나 중요한지 이미 살펴본 바 있다. 그러나 이것은 뿔처럼 생긴 이 신비로운 구조물의 활약상의 일부일 뿐이다. 해마는 정보 조각들 사이의 연관관계를 기억하고 이를 한데 묶어 일화적 기억으로 만드는 일의 주역이기도 하다. 기억을 인출할 때 이런 요소들 가운데 하나가 의식에 포착되기만 해도 해마는 연관관계 패턴을 복원하여 기억의 다른 특징들을 생각나게 할 수 있다. 해마는 기억 자체를 저장하지는 않는 것 같고(일화적 기억을 이루는 기본 재료들은 피질 곳곳의 여러 장소에 분포되어 있

다) 이런 요소들 사이의 연관관계를 저장하는 것으로 보인다. 그리고 **새로운** 연관관계에 특별히 관심을 나타내는 것으로 보인다. 새로운 자료를 접할 때마다 해마가 유독 활발하게 돌아간다는 것이 뇌 영상 스캔으로 확인되었다.

캐나다 과학자들의 뇌 영상 연구 결과는 좌반구 해마의 한 부분이 의미적으로 새로운 문장에 반응했음을 보여주었다(구문적으로 새로운 문장에는 반응하지 않았다). 관념들 사이의 관계를 바꾼, 즉 문장의 의미를 바꾼 정보는 특별히 뇌의 이 부위를 활성화한 것으로 보인다. 그뿐만 아니라 이런 정보는 참가자들이 더 정확하게 기억한 것이기도 했는데, 해마가 기억 형성에서 맡는 중요성을 생각하면 충분히 짐작되는 일이다. 새로운 정보가 기억되려면 기억을 만드는 일에 관여하는 내측 측두엽에서 폭포처럼 풍성한 활동들을 일으킬 수 있어야 한다. 뇌의 이 부위를 작동하게 하는 것은 오로지 새로운 의미적 정보밖에 없다는 사실은 기억이 표층적 형식이 아니라 의미에 기댄다는 뜻이다.

자신이 기억하고 있는 연설을 즐겨 인용하는 회고록 저자들에 대해 불신할 만한 과학적 이유가 있는 셈이다. 아마도 아버지는 "진흙은 모래 늪처럼 대단히 위험해" 같은 식으로 말했고 내 상상력이 나머지 부분을 채운 것으로 보인다. 이제 생각해보면 아버지가 항해와는 상당히 다른 맥락에서 모래 늪에 대한 끔찍한 이야기를 해준 것을 내가 들었음이 틀림없다. 어렸을 때 나는 문자 그대로 모래 늪을 해변이나 사막에서 볼 수 있는 일반적인 모래로 받아들였다. 나는 사람들과 낙타들이 두 모래언덕 사이의 고랑에 서서히 파묻히는 광경을, 탐욕스러운 흙이 그들의 발 주위로 조금씩 쌓여가는 동안 그들이 투덜대는 목소리가 어슴푸레한 공기를 가득 메우는 광경을 떠올렸다. 아버지도 사막을 여행한 경험이 많지는 않으므로 다른 사람에게서 들은 이야기를 토대로 그런 말을 했겠지만, 그렇다고 내 상상력이 활개를 치는 것을 막지는 못했다. 어느 시점에선가 나는 모래 늪의 악몽과 갯벌 진흙에 대한 경고를 연관시켰고, 두 가지 허구가 뒤섞여 막강하게 기억되는 새로운 허구로 만들어졌다.

물론 확신할 수는 없다. 설령 아버지에게 물어본다 해도 자신이 말했던 그 단어를 나보다 정확하게 생각해낸다는 보장이 없다. 아버지는 여기 계시지 않으며, 그래서 기억의 세부사항이 더 소중하고 그 부재가 더 애통하다. 기억은 주인에게 봉사한다. 그래서 아버지의 말을 듣고 싶다. 그의 말은 그에게 유리하도록 기억되었을 터이므로. 많은 기억이 그렇듯 죽은 자의 말을 기억하는 것도 잘해야 사실이 더해진 이야기다. 아버지와 함께했던 돌아갈 수 없는 순간들을 다시 불러내면서 내가 가장 확신할 수 있는 기억은 아무 말도 하지 않았던 순간이다.

기억하는 것
알아보는 것

8월이다. 리지와 아이들과 나는 포르투갈의 무더위에서 여름휴가를 보내고 막 돌아왔다. 여기가 어딘지 언제인지 모를 멍한 기분인데 지나치게 오래 하는 일 없이 빈둥거리고 나면 이렇게 된다. 에식스 해안, 적당히 우중충한 날씨에 강한 남서풍이 불어와 요트장에 정박된 배들의 로프가 달가닥거린다. 푸른 하늘과 타는 듯한 기온에 있다가 이런 모호한 날씨를 맞으니 내가 없는 동안 미묘하게 달라진 세상에 다시 들어선 기분이 든다. 이곳에서는 내가 더 이상 유용한 기능이 없으므로 계속해서 나태한 꿈을 좇아도 될 것 같다.

콘크리트 방파제 옆으로 쇄석을 깐 길을 따라 헤이브리지 베이슨에서 나온다. 조선소는 혼란스럽기 그지없다. 갈색 기둥으로 떠받친 방파제 옆으로 밝은 색깔의 헛간들이 어지럽게 들어서 있다. 길이 조선소 중앙을 지나므로 살짝 침입하는 느낌을 줘서 호기심을 부추긴다. 썰물 때여서 보트들이 기우뚱한 각도로 진창에 박혀 있다. 조선소 너머로 내륙 쪽을 보면 간이주택들이 쭉 늘어서서 도시를 이루며, 캠핑장 세 곳이 하나로 합쳐져서 이리저리 뻗은 흰색 지붕의 광역 도시권을 이룬다. 홍수 방벽은 콘크리트블록으로 만들어졌는데 '물러서시오'라는 빨간색 글자가 스텐실 기법으로 찍혀 있다. 그 너머로 갯벌이 빠르게 움직이는 구름 사이로 떨어지는 태양빛을 받아 번들거리는 강 쪽으로 뻗어 있다.

어렸을 때는 한 번도 이쪽으로 온 적이 없었다. 아버지는 이곳이 지나치게 번잡스럽고 사람이 살고 있다는 표시가 지나치게 많다고 여겼던 모양이다. 저렴한 휴가를 약속하는 간이주택 주차장을 본다면 아마도 기겁할 것이다. 하지만 일부 주민들의 독창성은 찬양했을 것이다. 갈고리가 달린 장대를 빨랫줄로 활용하거나 맥주 상자로 새 모이통을 만들어 재활용과 수선에 열의를 드러내는 사람들 말이다. 하지만 대체로 그와 같은 시설들은 인간을 위한 것이었다. 아버지에게 좋은 산책이란 혼자서 하는 산책이었다. 아버지는 이곳에서 보낸 크리스마스를 자신이 보낸 최고의 크리스마스로 여겼을 것이다. 우리가 어머니와 같이 크리스마스를 보내면서 가족 등쌀에 못 이겨 크리스마스 분위기에 시달릴 필요가 없어지게 되자 아버지는 자주 이곳에 왔다. 고독은 이곳의 한 부분이었다. 몇 시간 동안 걷고, 샌드위치와 커피로 칠면조 요리를 대신하고, 한 사람도 보지 않는다.

경관을 보니 왜 낯선지 이해가 된다. 내가 기억하는 아버지의 독특한 성향으로 볼 때 우리가 이곳에서부터 걸어가지 않았다는 것을 알겠다. 그러나 이 경관이 기억에서 배제된 더 강력한 이유가 있다. 바로 내가 이곳을 알아보지 못한다는 것이다. 우리가 이쪽으로 온 적이 없다는 것을 내가 알기(사실을 안다는 것과 같은 의미의 인지적 지식) 때문만이 아니다. 이쪽으로 온 기억이 나에게 없기 때문이다. 그냥 딱 알아보지 못하는 풍경이다. 내가 경관의 새로움에 정말로 긍정적인 방식으로 반응하고 있는 것인지, 아니면 그저 예상된 낯익음을 느끼지 못하는 것인지 모르겠다. 아무튼 나는 반응하고 있다. 내가 전에 이곳에 온 적이 없음을 아는 것은 전에 이곳에 온 적이 없다고 **느끼기** 때문이다. 느끼는 것이 아는 것을 보장하는 것 같다. 그리고 이런 느낌은 논박할 수 있는 성질의 것이 아니다.

내가 어렸을 때 이쪽으로 오지 않았다고 생각하는 다른 이유도 있다. 우리가 골드행거 마을에 차를 대고 들판을 가로질러 방파제로 왔다는 것이 기억난다. 그야말로 명료하고 생생한 기억이다. 헤이브리지 베이슨에서 나오는 것은 결코 그 여정에 없었다. 이것은 낯익음이 느껴지지 않아서, 심지어 낯섦을 적극적으로 느껴서 판단하는 것이 아니다. 의식적 회상이자 내가 그 순간에 진짜 있었던 일화적 기억이다. 아버지와 내가 차를 대고 내려서 출발한 모습이 내 마음속에 있다. 들판을 걸었을 때의 세부적인 면면들은 기억나지 않지만 차를 주차시킨 것은 기억난다. 왜냐하면 아버지가 마을 거리에 흰색 복스홀 칼튼 에스테이트 자동차를 주차시키고 내릴 때 항상 불안함을 내비쳤기 때문이다. 제멋대로 자란 풀들, 그리고 연못과 벤치가 옆에 있었던 것도 기억나는 것 같다. 주차금지선 같은 것은 보이지 않았는데 그럼에도 아버지는 자신의 집 진입로 말고 다른 곳에 차를 대는 것이 신경 쓰였던 모양이다. 내 기억 속에 끈덕지게 남아 있는 것은 이런 불안이 아닐까 싶다. 우리는 예기치 못한 것을 기억한다. 어른이 감정을 살짝이라도 드러내는 모습을 보면 영원토록 기억에 남는다. 그 순간 나는 아버지의 약한 모습을 보았다. 딱히 이례적이지는 않았다. 부모님은 이혼을 했고 그래서 내게 두 분은 이미 고통 받는 인간이었으니까. 어른들도 항상 용감하거나 당당하지는 않은 일들을 겪는다는 것을 나는 이 무렵이면 알고 있었다. 그럼에도 나는 아버지가 모든 문을 한꺼번에 잠그는 최신식 잠금 시스템을 가동하고 걸어가다가 다시 돌아서서 마지막으로 잠겼는지 확인하는 모습에서 나약함을 보고 흥미를 느꼈던 것이 틀림없다.

그러므로 두 가지 종류의 기억이 있는 셈이다. 기억하는 것이 있고

알아보는 것이 있다. 낯익은 것을 찾기 위해 꼭 자발적으로 떠올려야 하는 것은 아니다. 자신이 보고 있을 때 그것을 알기만 하면 된다. 인간의 뇌에서 낯익음 판별 체계는 내측 측두엽과 인근 구조물들을 포함한 신경 중추의 연결망을 가동한다. 동물계를 통틀어 이런 체계는 막강한 위력을 가진 신경 회로로 밝혀졌다. 한 실험에서 비둘기에게 제멋대로 구불구불하게 그린 선이나 자연 풍광을 찍은 사진 둘씩을 짝지어 보여주고 구별하는 법을 배우도록 했다. 그러고는 꼬박 2년이 지난 뒤에 테스트를 했는데 비둘기들은 연관관계를 재빠르게 다시 터득했다. 마치 2년 전에 본 이미지와 새롭고 낯선 이미지를 여전히 구별할 수 있는 것처럼 보였다. 똑같은 막강한 (그리고 아마도 진화적으로 이로운) 힘이 나의 뇌에서도 돌아간다면, 내가 명백하게 떠올릴 수 있는 것보다 훨씬 더 많은 것을 내가 알아볼 수 있어야 한다.

기억은 홍수처럼
밀려들지 않는다

나는 오늘 지도를 갖고 오지 않았다. 내가 얼마나 많이 기억하는지 알아보고 싶기도 하고, 내가 비록 방향감각은 미약하지만 이런 곳에서 길을 잃을 정도는 아니라고 생각하기 때문이다. 강을 오른쪽에 두고 방파제를 따라 길을 계속 걸어가다 보면 나의 해마의 정신적 지도가 적절하게 기능하여 결국에는 예전에 내가 걷던 길에 들어설 것이라고 확신한다. 떠나기 전에 구글 지도로 확인했으므로 골드행거가 앞쪽 어디에 있다는 것을 안다. 저쪽 잿빛 해안선 어딘가에 우리가 배를 탔던 웨스트 머시가 있을 것이다. 내가 할 일은 낯익은 풍경이 보이는 순간을, 즉 원시적인 낯익음 판별 체계가 찰칵 켜지면서 내가 전에 와본 곳에 있음을 말해주는 순간을 놓치지 않는 것이다. 낯선 경관이 끝나고 낯익은 경관이 시작되는 지점은 내가 어렸을 때 걸었던 경로의 경계 지점이 될 것이다. 낯익은 느낌을 알아보는 테스트로 이보다 좋은 것은 없을 것이다. 그 순간이 오면 곧바로 내가 그곳에 있다는 것을 알게 될 테니까.

일단 내 계획은 그랬다. 골드행거에서 주차했던 곳만 어떻게든 찾아서 우리가 걸었던 경로를 따라가면 내가 보았던 모든 것이 낯익게 보이리라 기대했다. 이런 식으로 느낌에 의지하기로 했다. 그러나 간이주택들이 뜸해지고 갈수록 자연적인 풍경이 등장하면서 그런 느낌에 기댈 수 있는 가망성은 점점 줄어드는 것 같았다. 콘크리트블록이 사라지고 방파제는 절벽이 되어 그 위로 자갈길과 노란색·파란색 야생화 무리가 피어 있다. 검은딸기나무에서 블랙베리 열매가 익어가고 있다. 내륙 쪽으로 연결되는 길이 있고 갈색 오두막 몇 채가 그 길을 따라 보이는데, 우리가 골드행거에서 나오던 길로 알아보지는 못하겠다. 주중이어서 산책하는 사람이 나 말고는 아무도 없다. 수면 너머로 고개를 돌리면 나무들로 우거진 오시 섬이 어둑하고 길쭉하게 보인다. 해안 어디서든지 보이므로 지형지물의 기능은 하지 못한다. 갈수록 내가 위치를 파악할 만한 기준이 되는 것이 보이지 않는다. 내륙 쪽으로 성의 해자처럼 수로가 나 있고 골풀이 무성하게 자라 있다. 그 너머로 목초지에서 풀을 뜯고 있는 소들이 보인다.

확실히 내가 기대했던 것과 비슷하게 보이기는 한다. 그러나 낯익은 느낌이 나를 사로잡지는 않는다. 측두엽 간질 환자는 발작하기 전에 기시감^{déjà vu}을 느끼는 경우가 많다. 딱히 이유는 모른 채 어디서 본 듯 익숙한 순간이라는 인상을 받는데, 이런 감정은 측두엽에서 이어지는 전기적 소용돌이를 몰고 오는 순풍으로 볼 수 있다. 신경과학의 증거에 따르면 이런 낯익음의 느낌은 후각주위피질과 해마주위피질(해마와 인접해 있는 피질)에 집중되어 있는 신경망의 활동 때문으로 보인다. 자극에 익숙함을 느끼려면 전에 본 적이 있다는 것을 **알기만** 하면 된다. 전에 그것을 마주친 적이 있는 일화적 기억을 굳이 떠올리지 않아도 된다. 이것과 구별되는 회상(우리가 일반적으로 **기억하기**라고 부르는)의 과정에는 별도의 신경 체계가 가동된다. 해마가 주도하고 뇌궁을 포함한 내측 측두엽 체계의 여러 부위가 아울러 관여한다. 신경적으로 구별되는 이런 두 과정은 전에 마주친 적이 있는 환경인지 아닌지 판단하는 두 가지 경로가 된다. 여러분이 어떤 장소를 알아본다면, 그것은 (후각주위피질과 해마주위피질의 활동으로 인해) 낯이 익거나 (해마와 관련 구조물들의 활동으로 인해) 전에 자신이 그곳에 있었던 사건이 적극적으로 떠오르기 때문이다.

나는 사진을 학습했다던 비둘기들이 바로 이런 풍성한 낯익음의 감각을 느꼈는지 알지 못한다. 내가 아는 것은 오늘 나에게 그런 느낌이 부족하다는 것이다. 이곳은 스산하면서 아름다운 광경이지만 도무지 내 기억처럼 느껴지지 않는다. 어떤 기억이든 간에 우리는 누구의 기억인지는 확실히 항상 안다. 바람이 거세지면서 내 얼굴을 할퀴고 풍경을 내 앞에 강압적으로 들이댄다. 내가 절망적으로 요란하게 잘못 생각하고 있었는지도 모르겠다는 생각이 든다. 어린 시절 아버지와 함께 보낸 과거의 소중한 자락이 거의 흔적도 남아 있지 않다. 나는 늘 기억할 만한 인상적인 순간으로 기억하고 있었는데 그렇지 않다. 기억은 온갖 다양한 방법으로 우리를 속이고 실망시킬 수 있지만, 단순한 망각이야말로 최고로 실망스러운 것이다.

어쩌면 그저 세월이 너무 흘러버린 것일 수도 있다. 11년 전에 아버지가 돌아가시고 나서 나는 한 번도 여기에 오지 않았다. 영국의 다른 쪽 끝에 살고 있고 에식스 여행은 항상 가족을 보러 왔다. 젊은 시절에는 내가 자란 주에서 어떻게든 벗어나려고 했고, 이곳에 어떤 식으로든 관심을 갖게 된 것은 처음 있는 일이다. 1980년대 중반부터 아버지는 한 해의 절반을 인도에서 살았다. 그 전인 1980년에 아버지는 새 파트너 앤을 만나면서 삶이 달라졌다. 우리가 주말을 함께 보낼 때는 대체로 앤과 앤의 가족이 곁에 있었다. 내가 기억하는 산책은 내가 기숙학교에 다니던 열 살에서 열두 살 사이에 있었다. 아버지는 일요일에 교회에서 나를 데려갔고 초저녁에 나를 기숙학교로 돌려보냈다. 배를 타거나 배에서 작업할 시간이 없어서 우리는 대신 산책을 했다. 이것은 내 기억력과 내 삶에 대한 정보에 바탕을 둔 것이므로 내가 지난 28년 동안 이 방파제를 걷지 않았다는 것은 거의 확신할 수 있다.

망각이 일어나기에 충분히 긴 시간이다. 물론 내가 아버지와 함께 이곳에 오지 **않았을** 때의 모든 날들을 다 기억한다고 말하는 것은 아니다. 뭔가를 하지 않았던 것에 대해서는 기억을 할 수 없다. 뭔가를 한 것에 대해 기억을 **못할** 수 있을 뿐이다. 나는 과거를 향해 낚싯줄을 던져보지만 빈손이다. 회상이 어떤 식으로 작동하든 어떤 일이 일어났는지 아닌지 판단하는 밑바탕은 회상이다. 우리가 찾는 일화가 불려나오지 않으면 우리는 그 일이 일어나지 않은 것으로 판단한다. 과학에서는 증거의 부재가 부재의 증거가 아니라고 말한다. 기억은 다르게 작동한다. 어떤 일이 일어난 기억을 떠올릴 수 없으면 그런 일이 일어나지 않았다고 보는 것이 옳다.

어떤 일이 일어났는지 아닌지 파악하기 위해 꼭 낚싯줄로 기억을 훑는 긴 과정, 심리학자들이 **계열적 탐색**serial search이라고 부르는 과정을 거쳐야 하는 것은 아니다. 팝 스타와 식사를 함께 한 적이 있는가? 사람들은 이런 질문을 받으면 생각하지 않고 곧바로 대답할 수 있다. 식사를 함께 했던 사람들을 일일이 다 소환해서 그 가운데 팝 스타 이름이 있는지 찾아보지 않아도 된다. 여러분이 팝 스타와 식사를 했다면 그 사건은 일화적 기억에서 여러분에 대한 사실로 바뀔 만큼 충분히 중요했을 것이다("이래 봬도 내가 릴리 앨런과 스시를 같이 먹었던 사람이야" 하고 말이다). 일화적 기억은 의미적 기억으로 바뀌게 되고, 그러면 여러분은 이런 질문에 여러분의 키나 신발 사이즈 질문만큼이나 신속하게 확실히 대답할 수 있다.

과거에 대한 질문에 답하는 과정에는 이렇듯 일화적, 의미적 탐문 작업이 활발하게 일어난다. 나는 골드행거를 걸었던 기억을 되짚으며

나 자신의 일화적 기억뿐만 아니라 관련된 다른 사람들에 대한 전기적 사실들도 참고한다. 다시 말해 자전적 **의미적** 기억(내 과거의 사실들에 대해 말해주는)과 자전적 **일화적** 기억(특정한 경험의 순간을 다시 체험하게 해주는)을 결합한다. 나는 논리를 사용하고 추론을 한다. 과거의 내가 어떤 사람이었는지에 대한 질문에 답하기 위해 현재의 나에 대한 몇몇 사실들을 사용한다. 스톡홀름이나 아디스아바바처럼 내가 한 번도 가보지 못한 도시들이 있는데, 나는 내가 방문했던 모든 도시들의 목록을 훑지 않고도 이 사실을 안다. 골드행거에 마지막으로 갔던 시점은 그렇게 확실하지 않지만, 그것을 생각해내는 과정에서 나는 특정한 기억에 의지할 뿐만 아니라 나 자신에 대한 지식도 이용한다.

사실 오늘은 그와 같은 자전적 탐문 작업이 낯익은 경관이 시작되는 지점을 찾으려고 애쓰는 것보다 더 생산적인 것으로 드러났다. 오두막을 뒤로 하고 길을 나오면서 마을에서 이쪽으로 이어지는 다른 길은 없다는 것을 확인하는 순간, 내가 착각을 한 것이 분명하다고 깨달았다. 이것이 우리가 걸어왔던 길이 **아니라고** 장담할 수는 없지만, 지금 돌아서서 보니 과연 그렇게 조금도 낯익어 보이지 않았는지 잘 모르겠다. 할아버지가 제1차 세계대전 때 쓰던 쌍안경을 잡고 나도 새를 보겠다고 애쓰던 바로 그 웅덩이가 파이고 나무들이 늘어선 길이 아니었던가? 나는 기억된 현실과 새로 경험하는 이 현실을 연결하려 애쓰면서 뭐라도 움켜쥐려고 했다. 일관된 이야기를 만들어내려는 욕구는 강력한 욕구이며, 꼭 함께 이어지지 않는 사실들을 하나로 엮는다.

사실 기억은 홍수처럼 밀려들지 않는다. 나는 거의 30년 전에 아버지와 함께 걸었던 길에 서 있다는 것을 알지만, 내가 그것을 아는 것은 노력해서 알아냈기 때문이다. 과거는 혼자 힘으로 가기에는 너무도 먼 나라다. 그러나 논리가 잡히면 낯익음의 느낌이 드는 것은 금방이다. 의미적 기억은 일화적 기억을 가능하게 만든다. 이곳이 내가 걸었던 길이라는 **생각**은 어떤 낯익은 세부사항도 불러오는 효과적인 단서가 될 수 있다. 혹은 알쏭달쏭한 것을 보다 낯익은 것으로 만든다고, 주변의 단서들을 강화시켜서 실제 일화적 기억을 촉발하도록 만든다고 말하는 것이 옳겠다. 생각은 낯익음의 명도를 끌어올리고 기억하기를 더 원활하게 만든다. 토대가 되는 뇌 회로의 관점에서 보자면 낯익음과 회상은 서로 다른 체계에 의지할지 모르지만, 실제로는 서로가 서로에게 힘을 보탠다.

아버지에 대한 기억

바람이 거세다. 내 얼굴을 강타하면서 콘택트렌즈가 흔들거린다. 바다 안개가 밀려들어 내 몸을 휘감는다. 티셔츠가 뒤로 날리면서 퍼덕거리는 모습이 상어지느러미 같다. 나는 방파제에서 옅은 노란색 콘크리트 블록으로 된 경사진 부분을 보고 그리로 가서 몸을 숙였다. 몸의 흔들거림이 금세 멎었다. 마치 이 안쪽에 완전히 다른 기후의 또 다른 세상이 들어앉아 있는 듯했다. 배낭을 벗어던지고 콘크리트 경사면에 앉왔다. 바다를 내다보니 갈색 돛을 단 바지선이 헤이브리지 베이슨으로 들어가는 것이 보인다. 갑작스러운 평온함, 손에 만져지는 거친 콘크리트 질감이 희미하고 말로 형언할 수 없는 따뜻함으로 나를 채웠다. 갑자기 내 지각이 더 날카로워진 것 같다. 기억 속에 숨어 있던 또 하나의 기억이 얼굴을 내미는데 내게 익숙한 것이다. 이제 나는 이곳이 우리가 도시락을 먹으러 왔던 곳임을 알아차렸다. 바람이 불면 여기 앉아 외투를 벗어 앞에 두고 통밀빵 샌드위치를 먹고 플라스틱 머그잔으로 인스턴트커피를 마셨다. 이것은 여전히 의미적 기억, 자전적 지식에 속하는 세부사항이다. 나는 도시락 메뉴를 기억이 아니라 사실로서 아는 것이다. 하지만 이런 평화로운 순간이 나를 어디론가 데려갈 수 있는 지식을 마음속에 불러오고 있다. 연관관계가 만들어지고 있다.

결국은 내가 바라던 것이기도 했다. 나는 아는 것이 낯익은 것을 촉발하고 낯익은 것이 회상을 촉발하기를 기대했다. 낯익음과 회상은 우리가 어디 있었는지 알기 위한 두 가지 주춧돌이다. 기억하기가 어떻게 작동하는지에 대해 내가 아는 것이 있다면, 바람 부는 이 광경의 세세한 사항들이 나에게 기억의 문을 열어주었다는 것이다. 나는 특정한 장소에 집중했다. 그곳에서 무엇을 볼 수 있는지 확인하고 싶었다. 해답은 저기 저 밖의 물에, 희미한 얼룩 같은 오시 섬에 있다. 내 머릿속에 있는 것이 아니다. 결정적으로, 나는 내가 지금 보고 있는 세부사항이 마지막으로 여기 왔을 때와 같으리라는 것을 안다. 기억에서는 맥락이 전부다.

이 사실이 그토록 중요한 이유는 간단하다. 부호화의 원리와 관련된다. 어떤 정보가 부호화될 때는 기억의 대상과 당시 그 주위에 있는 단서 사이에 연관관계가 만들어진다. 맥락이 기억을 촉발하는 강력한 단서인 이유다. 우리는 기억이 일어날 때와 같은 맥락에 있을 때 사건과 정보를 떠올려보라는 요청에 그것들을 더 잘 기억해낸다. 한 실험에서 심해 잠수부들에게 물 아래에서 본 단어 목록들을 떠올려보라고 했다. 그들은 뭍에서보다 그것들을 본 7미터 해저와 똑같은 환경에 있을 때 단어들을 더 잘 기억해냈다. 범죄 수사에서는 목격자의 기억을 돕기 위해 범죄 현장에 다시 데려가는 것이 관례로 되어 있다. 기억하기는 넓게 보면 부호화의 환경과 인출의 환경이 우연하게 맞아떨어지는 것이다. 심리학자들은 부호화의 순간에 주위에 있는 단서들이 기억되는 재료와 함께 저장되기 때문이라고 주장한다. 따라서 이런 단서들을 접하면 기억이 다시 활짝 펴서 의식에 불려갈 수 있다.

그래서 내가 아버지를 기억하기 위해 바로 이 장소로 온 것이다. 내가 아버지와 (그리고 오로지 아버지하고만) 나눈 단서들을 다시 접한다면 그가 내 기억 속에서 모습을 드러내기 시작할 것이다. 그런 일이 벌어진다면 바로 지금, 바람을 맞아 부어오른 내 눈앞에 나타날 것이다. 수면에 불빛이 비친다. 저 멀리 신비로운 무인도 오시 섬이 보인다. 물새들이 대형을 갖추고 은빛 만 너머로 날아오른다. 녹색 빛을 띤 진흙에서 기름 냄새가 난다. 모든 것이 제자리에 있다….

나는 일반적인 방식으로 기억을 알기 전에 먼저 기억을 느낀다. 헤이브리지 베이슨을 출발할 때 들었던 시간감각을 잃은 듯 멍한 기분은 이제 일종의 나약함으로, 인간의 왜소함에 대한 인정으로 바뀌었다. 통제되고 조직적인 세계에서 낚여서 황량하고 거대한 이 세계에 잠깐 던져진 아이가 된 기분이었다. 이제까지 나는 이런 두 현실을 어떻게 맞출까 열심히 고민했는데, 실은 내 마음의 소리에 귀를 기울였어야 했다. 어떤 상황에서는 감정적 상태가 경관만큼이나 강력하게 일화적 기억을 유발할 수 있다. 인출의 순간에 나의 느낌이 기억을 부호화할 때 내가 느꼈던 바와 맞아 떨어지면 기억의 문이 열릴 수 있다. 순전히 감정적인 단서일지라도 단서가 맞춰지면 회상의 문이 열린다. 특정한 방식의 느낌이 나를 과거로 데려가는 호위대가 된다.

솔직히 무엇이 기억을 유발했는지 잘 모르겠다. 느낌이라고 생각하지만 느낌도 감각적 맥락—수면의 불빛, 물새들, 진흙 냄새—이 일으킨 것이다. 내가 아는 것은 내가 다시 열한 살, 열두 살 때로 돌아갔다는 것이다. 똑같은 갈색 돛의 바지선이 내 시야를 가로질러 나아간다. 보트를 빌려 노를 저어 오시 섬으로 향하던 기분이 어땠는지 상상한다. 나는 『제비호와 아마존호Swallows and Amazons』(영국 작가 아서 랜섬이 1930년에 출간한 동화_옮긴이)를 읽었고, 블랙워터의 만과 수로를 상상 속에서 지도로 정리했다. 색이 나오는 펠트펜을 손에 쥐고는 서랍 아래쪽에서 뒷면에 아버지의 사업 서신이 복사된 메모지를 꺼내 도표를 그렸다. 그런 다음 모험에 대비하여 방수처리를 했고, 문구점에서 슬쩍 훔쳐온 플라스틱 서류철에 넣었다. 오늘 아침 우리는 부엌에 서서 샌드위치를 만들었다. 버터를 바르고 마마이트(맥주를 발효하고 남은 이스트 추출물로 만드는 스프레드_옮긴이)를 바르고 체다 슬라이스치즈를 끼우고 얇게 썬 양파를 올렸다. 몇 십 년 뒤에 아버지가 죽어가고 있을 때 나는 똑같은 샌드위치를 가장자리 껍질을 잘라내고 만들어주었다. 기억 속에는 또 다른 기억이 있고, 기억은 미래로 뻗어 다른 기억과 합류하고, 그런 다음 원래 있던 곳으로 돌아간다. 아버지는 내 옆에서 도시락을 풀고 있다. 그의 존재를 느낀다. 물리적으로 느끼지는 못하지만 그와 함께 있다는 생각에 기분이 좋아진다. 아버지는 말이 없다. 산책하는 내내 우리는 말없이 바람 소리를 듣고 새 소리를 듣고 자신의 호흡 소리를 듣는다. 아버지는 마치 내게 대화 자체가 아니라 대화와 대화 사이의 공백에 대해 가르쳐주고 싶은 듯하다. 침묵이 마음의 문제에 불가해하게 다가가는 방법임을 몸소 보여주고 있다.

그렇다고 다른 기억에서도 아버지의 목소리를 듣지 않는 것은 아니다. 그가 말한 것이 기억난다. 단어 그대로 기억하는 것은 아니지만 핵심은 기억한다. 감정적으로 격해 있었던 말들, 자신의 혹은 나의 약한 모습을 드러내며 당혹스러워하던 말들이 생각난다. 댄버리 공원 호수에 둘이 있을 때 아버지는 다음 날 매듭지어야 하는 큰 사업 거래에 대해 확연히 걱정스럽게 말했다. 일요일 저녁에 나를 기숙학교에 내려주기 전에 주차장에서 혹시 괴롭히는 애들이 없는지 넌지시 물었다. 어느 날 수로를 걷다가 내가 섹스에 대해 질문하자 아버지는 어색하면서도 솔직하게 대답해주었다. 하지만 골드행거에서는 침묵만이 기억난다. 학교로 돌아가기까지 다섯 시간이 있었다. 할 말이 있으면 이때 다 해야 했다. 금지된 화제를 꺼내거나 모든 것을 설명해주는 진실을 털어놓으려면 이때밖에 없었다. 하지만 하지 않았다. 우리는 침묵에 편안함을 느꼈다. 실제의 말이든 기대된 말이든 말의 압박을 느끼지 않고 보다 편안하게 본연의 모습을 드러냈다.

　오래된 가죽 끈이 달린 쌍안경은 내 목에는 무겁게 느껴졌다. 아버지의 가벼운 신식 쌍안경은 새로 산 카메라의 플라스틱 냄새가 났다. 거대한 렌즈가 빛을 받으면 자줏빛 원반 모양으로 타올랐다. 가죽으로 된 렌즈 커버가 있었는데 돼지가죽 케이스에 보관해야 안전하다. 입에서 커피 맛이 난다. 내가 언제부터 커피를 마셨는지 모르겠다. 물에 비친 빛이 아름답게 아른거린다. 알 수 없는 뭔가가 내 마음을 잡아끈다. 수면에서 새들이 날아오르는 것을 보고 이름을 생각해내려고 애쓴다. 청다리도요, 붉은발도요, 무슨 할미새, 무슨무슨 논병아리다. 예전에는 이름을 알고 있었다. 새 관찰일지에 적고 체크 표시까지 해두었다. 하지만 이제 새 관찰일지는 없다. 쌍안경은 없다. 나는 모든 것을, 심지어 사실들조차 잊었다. 커피 맛은 느낄 수 있지만 평생 동안 마셔서 희미하고 밍밍하다.

6.

과거를 둘러싼
다툼

- 기억을 이야기하기
- 기억의 씨앗 심기
- 재구성과 왜곡
- 기억 전쟁 그리고 배신
- 오정보 효과
- 신뢰를 접은 기억

Pieces of Light

아테나가 일곱 살일 때 우리는 시드니로 다시 가서, 아이가 세 살 때 우리가 그곳에서 안식년 휴가를 보내면서 아이가 익숙하게 느꼈던 몇몇 곳들을 다시 둘러보았다. 하버브리지와 오페라하우스 같은 건물을 본 것이 아이에게 가장 기억에 남아 있으리라 생각했지만 대개의 경우 이런 단서들은 아이를 과거와 연결해주지 못했다. 그 대신 아이는 이상하고 사소한 세부사항들을 기억했다. 블루마운틴으로 여행을 갔을 때 호텔방의 사잇문을 난방기가 가로막고 있어서 문이 열리지 않았던 일, 해변에서 오후를 보낼 때 아이가 초콜릿 아이스크림으로 난장판을 벌였던 일이 그것이다. 아이의 망각의 수면에 떠오른 그와 같은 기이한 표류물들은 무엇을 말해주는 것일까 궁금했던 기억이 난다. 그것은 매력적이고 엉뚱한 것으로 우리 둘 사이의 거리를 나타냈다. 아울러 아이는 자신의 경험을 다르게 이해하고 있으며 내게 중요한 것이 아이에게는 중요하지 않다는 것을 보여주었다.

콜리지는 이를 가리켜 "쓸모없는 지푸라기"라면서 그와 같은 단편들만 "떠오르고, 골콘다 광산과 멕시코 광산도 그 옆에서는 하찮은 지푸라기일 뿐인 귀중한 보물은 미지의 심연에 집어삼켜지는 것"을 애석하게 여겼다. 단편적 기억은 물론 쓸모없지 않다. 그것이 무엇을 의미하는지 알아내기 어려울 뿐 대부분의 사람들이 소중하게 여기는 것이다. 프로이트주의자라면 이런 무해한 이미지들이 초창기 삶에 대한 고통스러운 진실을 가리는 '은폐 기억screen memory'이라고 말할 것이다. 예를 들어 나의 지게차 기억은 나의 초창기 성심리 드라마에서 억눌린 어떤 플롯 지점을 은폐하고 있는지도 모른다. 오늘날 대부분의 기억 연구자들은 이런 해석에 의미를 두지 않는다. 그들은 초창기 기억이 단편적인 것은 그저 아직 구조가 잡힌 기억 체계를 마련하지 못해서라고 주장한다. 앞서 보았듯이 여기에는 여러 이유가 있다. 자전적 기억이 돌아가려면 먼저 많은 체계들이 자리를 잡아야 한다. 그러나 콜리지가 말한 "쓸모없는 지푸라기"조차 이런 과정에서 어떤 요소들이 중요한 역할을 하는지 알아보는 단서가 될 수 있다.

일곱 살 된 아테나의 시드니 기억에 대해 우리가 말할 수 있는 하나는 그것이 이야기된 적이 있다는 것이다. 사건 당시 있었던 사람들과 이야기를 나누는 과정에서 화제에 올랐기 때문에 이런 순간들은 조직화가 될 수 있었다. 난방기 사건은 아테나의 조부모가 오스트레일리아에 방문해서 아이를 데리고 블루마운틴에 갔을 때 일어났다. 당시 나는 잠깐 다른 곳으로 여행했다. 아이스크림 사건은 가족이 시드니 북쪽 해변 디와이로 소풍을 갔을 때 있었다. 이런 즐거운 사건에 대해 여러 차례 이야기를 나눴을 테고(이렇게 즐겁지만은 않은 다른 사건들도 그랬겠지만) 그러므로 처음부터 기억에 통합될 기회가 많았다.

**기억을
이야기하기**

아이들은 상당히 어릴 때부터 과거에 대해 말하기 좋아하는 것으로 밝혀졌다. 아테나는 걸음마 유아일 때 제법 오래 전에 일어났던 사건들에 대해 말할 수 있었다. 18개월일 때 엄마와 전화로 통화하면서 몇 주 전에 자신의 대부인 레트가 집에 왔던 일을 정확하게 이야기했다. 아이는 대부가 기차를 타고 떠날 때 자신이 작별인사를 어떻게 했는지("레트-트레인-바이-바이!") 구체적으로 기억하는 듯 보였다. 그로부터 두 달 뒤에도 대부가 사준 솜털 오리 배낭에 대해 이야기했다. 언젠가 아이를 침대에 재울 때 무슨 책을 읽고 싶은지 물었더니 "피포!"라고 대답해서 자신이 좋아하는 책을 언급했다. 그러고는 "책에 뺨이 아파"라고 말했다. 두 달 전에 바로 이 책에 걸려 넘어져서 얼굴을 다쳤던 사건을 가리키는 것이었다.

그와 같은 일화적 관찰을 뒷받침하는 보다 체계적인 연구들이 있다. 연구자들은 대부분의 아이들이 과거 사건을 처음으로 언급하는 시기가 대략 18개월임을 보여주었다. 두 살이면 부모가 과거에 있었던 사건을 질문할 때 간단한 반응을 보일 수 있다. 적절한 도움을 받는다면 여섯 달 이전의 사건까지도 자신의 역사로 끌어올 수 있다. 이로써 우리는 아이들이 제대로 기억할 수 있기 전부터 과거에 대해 흔쾌히 이야기한다는 역설에 맞닥뜨린다. 아이들은 기억상실을 겪는 듯 보이지만 지나간 날들에 대해 말하기를 회피하지 않는다.

그런데 자전적 기억이 어떻게 작동하는지 보다 면밀히 살펴보면 이것은 그렇게 역설이 아닐 수도 있다. 걸음마 유아들은 기억을 상실한 것이 아니다. 그들의 문제는, 이런 식으로 표현할 수 있다면, 자신의 자전적 지식을 조직적으로 구성하는 능력이 충분하지 않다는 것이다. 이제 이런 조직화의 발달이 어느 정도는 사회적 과정이라는 강력한 증거가 있다. 부모와 아이가 과거에 대해 대화하는 것을 연구한 결과가 이를 잘 말해준다. 이런 대화에 임하는 부모의 태도에 차이가 있다.

한편에는 대화의 주제를 자세히 설명하는 부모들이 있다. 장소와 인물의 세부사항 같은 틀이 되는 정보와 평가가 들어가는 정보를 제공하고, 사건의 감정적 의의를 강조하는 식으로 말이다. 다른 한편에는 보다 사실적인 수준에서만 정보를 주는 부모들이 있다. 그 결과 자세한 설명을 들은 아이들이 그렇지 않은 아이들보다 아동기 나중에 시험했을 때 한층 풍성한 기억의 내러티브를 만들어내는 것으로 나타났다. 최근의 한 연구는 부모가 상세하게 이야기하는 효과가 오래 이어질 수 있다고 한다. 취학 이전에 부모로부터 자세히 살을 붙인 이야기를 들은 아이들은 부모가 사실적 사항만을 되풀이하는 아이보다 청소년기에 이르러 더 예전의 기억을 떠올렸다. 부모의 설명은 아이들 마음속에 과거가 더 끈끈하게 들러붙도록 만드는 것으로 보인다.

리지와 나는 잠들기 전에 침대에서 우리 아이들에게 이렇게 해주곤 했다. 다섯 살이 되기 전에 자전적 내러티브를 스스로 만들어내기 시작할 때 서양의 아이들이 자주 부모의 도움을 받아 과거에 대해 이야기하는 것은 이례적인 일이 아니다. 우리는 '오늘 뭐 했지?' 놀이를 했다. 우리는 그날 있었던 일들을 이야기하며 아이들이 자세한 세부사항을 거기에 덧붙이도록 격려했다. 아이들이 우리가 세워준 뼈대의 도움을 받아 기억하기 능력을 키우는 사회적 과정이었다. 어떻게 보면 그냥 이야기하는 시간이었지만 이 경우에 우리는 자신을 위한, 자신에 대한 이야기를 구성하고 있었다. 가족의 신화를 만들어가는 과정으로 이를 통해 우리 옆으로 휙휙 지나가는 나날들을 확실히 기억하고자 했다. 지금도 아이들은 가끔 있는 이런 의식에서 편안함을 느낀다.

우리는 과거를 기억하기 위해 이야기를 한다. 그리고 과거를 떠올리면서 또다시 이야기를 한다. 이야기하는 사람이 항상 똑같은 것을 원하지는 않으므로 항상 똑같은 이야기는 아니다. 기억은 과거에 일어났던 사실들에 충실하려고 하는 만큼 현재의 요구도 반영한다. 그래서 원래 있었던 사건과 무관한 정보 조각들을 포함하여 새로운 생각이 들어갈 수 있다. 아이들은 좋은 이야기꾼이 됨에 따라 기억의 명수가 된다. 그러나 그만큼 그들의 기억 체계는 왜곡에 취약해진다. 다른 정보를 빨아들이면서 그것이 기억의 일부라고 확신하기 때문이다. 버지니아 울프가 주목했듯이 초창기 단편적 기억들에는 유난히 순수한 구석이 있다. 결국에는 힘을 잃는 정보의 본체로부터 떨어져 있다. 그러다가 "나중에 우리는 감정을 더 복잡하게 만드는 많은 것들을 더한다. 그래서 감정은 더 약해진다. 설령 더 약해지지 않더라도 덜 고립되고 덜 완전해진다."

기억은 점차 조직화되면서 더욱 믿을 만하게 된다. 기억의 흔적이 확고하게 각인될수록 다른 기억과 더 구별되게 되고, 자아와 관계되는 정보와 통합될 가능성도 커진다. 기억을 독보적이고 지속적으로 **자신의** 경험의 일부로 만드는 특징들이 더욱 더 두드러진다. 다른 정보 출처와 잘 통합된 이런 양질의 기억은 그만큼 불러오기도 쉽다. 그러나 역설적이게도 실제로 일어난 일과 분리될 가능성도 그만큼 커진다. 기억은 단편들과 통합되지 못한 감정의 세계에서 벗어날수록 그만큼 왜곡에 취약해진다. 기억은 조직화되면 될수록 그만큼 미끈거리게 된다.

기억의
씨앗 심기

"할아버지가 뭐라고 하셨다고요?"

아이작은 온라인 쇼핑을 하고 있다. 휴가 때 쓰고 남은 용돈을 보태 새로 나온 닌텐도 게임을 사려고 생각 중인데, 나는 2주치 용돈을 미리 주면 충분한 돈이 될지 아이가 계산하는 것을 도와주려고 한다.

"내가 **원하는가**?" 옆에 있던 아이의 누나가 손가락으로 꼽아가며 쇼핑의 기준을 하나하나 열거하기 시작한다. "내게 **필요한가**? 내가 살 **형**

편이 되는가?"

내 아버지가 쇼핑할 때마다 항상 이런 세 가지 조건을 충족시켰는지 모르겠지만, 아무튼 그가 돈을 지불하는 법칙은 아이들이 의사결정을 하는 과정의 일부로 자리 잡았다. 아이들은 이런 주문呪文을 통해서 내 아버지를 안다. 아버지는 십 년도 더 전에 돌아가셨으므로 손자손녀인 아이작과 아테나, 그리고 그들 사촌인 루시와 애너벨에 대해 잘 모른다. 시간이 흐르면서 아이들이 할아버지를 어떻게 아는 것이 좋을지, 할아버지에 대해 내가 어떻게 말해야 할지 궁금해진다. 더 이상 여기 없는 사람의 기억을 협의하는 것의 옳고 그름에 대해 생각이 많아진다.

아버지에 대한 우리의 기억은 딱히 시각적이지 않다. 아이들과 나는 가족 사진첩을 즐겨 들여다보지 않으며, 아버지는 디지털 사진과 비디오가 일반화되기 전에 돌아가셨다. 아이들에게 필립 할아버지의 이상한 발음에 대해 말한다는 것은 할아버지가 아이들에게 사진 이미지보다 더 현실적인 존재가 된다는 뜻이다. 이야기를 통해 아이들은 할아버지의 일부를 소유하고 자신이 세상을 보는 방식에 통합한다. 할아버지가 식당이나 호텔에서 화난 행동을 한 이야기, 술 마시고 싶을 때 미묘한 술책을 펼쳐서 술을 얻어낸 이야기도 아이들에게 현실이 되었다. 세상에 머문 시기가 서로 겹치지는 않지만, 나는 아이들이 다정하고 여리고 고집스러운 이 사람을 기억한다고 말하고 싶다.

확실히 나쁘지 않은 발상이다. 지나간 것에 대한 슬픔과 후회, 그 자리를 차지하고 들어앉은 것에 대한 긍지와 기쁨. 이런 모든 감정들은 세대 간의 끊긴 고리를 잇기 위한 내 노력에 힘이 된다. 내가 아이에게 모르는 할아버지에 대한, 혹은 좀 더 비극적이게도, 죽은 부모나 형제에 대한 기억을 심어주려고 애쓰는 유일한 부모는 아닐 것이다. 그러나 뭔가 불편한 구석이 있다. 나는 그들의 과거를 적극적으로 조작하고 있다. 그냥 놔둬야 하는 것을 쓸데없이 만지작거리는 것이다. 부모가 해야 하는 난감한 선택 가운데 이것은 거의 연구된 바가 없다. 설령 이런 식으로 기억의 씨앗을 심어줄 수 있다 해도 그것은 어떤 기억이겠는가? 죽은 사람의 나쁜 점까지 모두 껴안는 솔직한 설명이라고 할 수 있을까? 세상에 없는 가족에 대한 다른 상념들 중에는 너무 좋아서 진실일 수 없는 것들도 있다. 예컨대 할머니에 대한 흐릿한 기억은 아이들을 포근하게 껴안고 멋진 케이크를 구워주는 기억인 경우가 너무도 많다. 애착 연구에서 이런 식으로 과거의 관계를 낭만적으로 포장하는 것은 그 관계에서 중요한 실패가 있었음을 숨기려 드는 징조로 받아들여진다. 죽은 자를 기억할 때는 정직함이 가장 건강한 방책으로 보인다.

나는 또한 내가 아이들에게 기억하라고 요구하는 것이 어떤 종류의 실체인지도 물을 필요가 있다. 아이들은 종종 내가 이렇게 말하는 것을 듣는다. "할아버지를 눈으로 볼 수 없다고 해서 그분이 너희들을 사랑하지 않는 것은 아니란다." 나는 할아버지가 죽었다는 세부사항이 할아버지를 이해하는 데 걸림돌이 되지 않는 것처럼 말한다. 나는 아이들에게 보거나 들을 수 없는 사람, 휴일 때 돌봐주거나 전화해서 크리켓 경기가 어떻게 되고 있는지 물은 적이 없는 사람과 관계를 맺도록 요구하고 있다. 적어도 산타클로스는 일 년에 한 번은 그들에게 선물을 준다. 차이라면 할아버지의 경우에는 존재했음을 가리키는 문서상의 증거가 있다는 것이다. 아이들은 할아버지의 젊었을 적 사진을 볼 수 있다. 그래서 어린 시절 다른 상상의 친구들과 달리 할아버지가 여기서 살고 숨 쉬었다는 것을 안다. 할아버지는 공룡처럼 기록의 흔적을 남겼다. 아이들이 자고 있는 사이에 이를 가져간다는 동화 속 존재와 달리 입증할 수 있는 역사의 인물이라는 증서가 있다.

아이들은 한때 살았던 사람이 이런 식으로 더 이상 존재하지 않을 수 있다는 사실을 어떻게 이해할까? 발달심리학자 폴 블룸은 어린아이들은 마음과 몸을 별도의 실체로 여기도록 타고난 '이원론자'라고 주장한다. 아이들은 비교적 어릴 때 (죽은 집파리나 애완용 쥐를 보고) 죽음의 생물학적 면에 맞닥뜨린다. 하지만 사람은 신체뿐만 아니라 영혼도 있으므로 몸이 죽으면 비물질적인 부분은 어떻게 될까 하는 의문이 든다. 사실 생물학적 죽음을 완벽하게 이해하는 아이들은 죽음 이후에도 정신적 기능이 계속 이어진다고 믿는다.

한 연구에 따르면 취학 이전 아이들의 대다수는 죽은 쥐가 자신이 죽은 사건에 대한 생각과 느낌을 계속해서 갖고 있는 것으로 보았다. 스페인의 아동들을 연구한 것을 보면 열한 살이 된 아이들도 조부모의 죽음의 이야기를 듣고 정신적 기능을 사후에도 계속 이어가는 것으로 이해했다. 특히 내러티브가 종교적 맥락 속에서 이야기될 때 그러했다. 사후에 대한 아이들의 믿음이 어떤 형식을 갖느냐 하는 것은 그들의 문화에 좌우되지만, 사후의 삶을 믿으려는 경향은 처음부터 타고나는 것으로 보인다.

　아이들이 실제로 죽음을 접할 때 죽음은 아이들의 사고 과정에 묘한 일을 하기도 한다. 아테나는 세 살 때 동생을 갖게 된다는 말을 들었다. 임신이 유산으로 끝나자 아이의 생각은 돌아가신 할아버지의 운명으로 향했다. 아이는 내가 할아버지에 대해 이야기하는 것을 듣고 내가 그의 기일을 기리는 것을 본 적이 있었다. 아이는 가엾은 노인에게 일어난 일을 생각함으로써 세상에 나오지 못한 동생에게 일어난 일을 이해하기 시작했다. 유산 끝에 우리가 갖게 된 복덩이인 아이작은 형이상학적 사실에 대해 항상 누나보다 관심이 많았다. 그는 하늘에는 용들이 가득하다면서 하늘에 있으면 "죽는 일 따위는 없어요" 하고 우리에게 말한다. 발달심리학자의 말이 옳다면 아이가 초자연적인 실체와 우주에 매료되는 것은 모든 아이들이 그렇듯 사람들을 신체뿐만 아니라 영혼의 관점에서도 생각하도록 프로그래밍되어 있기 때문이다. 확고하게 비종교적인 집안에서 자란 아이작은 아이에게 부여된 생각을 받아들이기보다 스스로 신을 만들어냈다.

　그러므로 아이들에게 필립 할아버지가 그들을 지켜보고 있다고 말하는 것은 그들의 이해에 그렇게 이질적이지 않을 수 있다. 그러나 아이들이 그저 할아버지에 대한 사실만 알고 그를 추상적인 실체로서 사랑하는 것은 못마땅하다. 나는 아이들이 할아버지를 **기억하기**를 원한다. 그저 사진 속 얼굴이 아니라 살아 있고 숨 쉬고 말하는 사람으로 기억하기를 원한다. 할아버지는 아이들의 전기의 일부이므로 아이들이 자신의 삶에 대해 말하는 이야기에 할아버지가 있기를 원한다.

나는 지금 내가 하려는 일의 심리적 기제에 흥미를 느낀다. 결코 알지 못하는 사람에 대한 기억의 씨앗을 심는 것이 실제로 가능할까? 그렇게 해도 생생한 경험의 순간이, 개인적인 기억으로 소중하게 간직하고 끝없이 다시 체험하는 그런 순간이 될 수 있을까? 엄밀히 말하자면 자신이 실제로 겪지 않은 사건에 대해 이런 일인칭 시점의 기억을 갖는다는 것은 말이 되지 않는다. 그러나 자전적 기억은 항상 이런 식으로 속아 넘어가는 것으로 밝혀졌다.

왜 그런지는 쉽게 파악된다. 우리는 기억할 때 그저 사건을 정신적 DVD로 기록했다가 회상하는 순간에 그대로 돌려보는 것이 아니다. 기억은 현재 순간에 만들어지는 구성물이다. 사건 자체와 직접적으로 연결되어 있지 않다. 앞서 보았듯이 자전적 기억에는 내측 측두엽 회로(해마와 인접해 있는 피질 부위를 포함하여)와 전전두피질의 통제 체계 간의 면밀한 협업이 동반된다. 감각적 기억의 단편들이 뇌의 감각피질에서 들추어지고 사건에 대한 보다 추상적인 지식의 표상과 뒤섞인다. 그런 다음 현재의 요구에 따라 재결합된다. 이런 적극적인 재구성 과정을 거치므로 기억이 왜곡에 그토록 취약한 것이다.

재구성과 왜곡

기억을 담당하는 체계들이 아직 성숙하고 있는 아동기에는 자전적 기억이 한층 더 허술하다. 초기 아동기의 첫 내러티브 구성물은 믿기지 않게 생생할 수 있지만, 그럼에도 명백히 믿을 수 없는 것이다. 특히 다른 사람의 이야기나 사진, 동영상 같은 자신이 경험하지 않은 사건들의 표상에 의해 오염되기 쉽다. 집에서 촬영한 비디오를 아이들과 함께 보면서 "동물원에 갔던 날 기억해?" 하고 물으면 아이는 그렇게 제시된 이미지를 그 순간 만들어지는 기억 속으로 흡수한다. 아이들은 정보의 출처를 확인하는 일에 서툴기 때문에 어떤 부분이 원래의 '진짜' 기억이고 어떤 부분이 사건이 있고 나서 접한 것인지 구별하는 데 어려움을 겪는다. 사진이나 동영상을 통해 이런 식으로 강화된 회상이 아이의 '차후' 기억에 영향을 주지 않으리라 보기는 어렵다.

그러므로 기억의 편집실에서 내 아이들이 할아버지가 말했다고 알고 있는 지식과 자신들이 접한 할아버지의 시각적 이미지를 결합하여 그가 그렇게 말하는 실제 같은 '기억'을 만들어낸다는 것은 내게 충분히 있을 법한 일로 여겨진다. 짐작컨대 그런 구성물은 내가 갖고 있는 내 할아버지의 듬성듬성한 기억보다, 혹은 아이들이 네다섯 살 때까지 할아버지가 사셨더라면 아이들이 갖게 되었을 기억보다 더 '진짜'이지도 덜 진짜이지도 않을 것이다. 아버지가 돌아가신 지 이제 12년이 되다보니 사실 나 자신의 기억도 믿을 수 있는 것인지 확신이 들지 않는다. 아마도 내 기억의 실험실은 의심스러운 결과물을 내게 들이밀고 있을 것이다. 사실에 대한 객관적 '진실'보다는 특별한 종류의 개인의 이야기로 간주하는 것이 타당한 구성된 경험을 내밀어 내 비위를 맞추고 있을 것이다.

의식적이든 무의식적이든 우발적이든 의도적이든, 우리는 항상 서로의 기억에 영향을 미친다. 현대 부모들의 최대 근심 가운데는 아이들이 화를 내고 말다툼하고 소리 지르고 야단을 쳤던 것을 기억할까 하는 것이 있다. 나도 내가 심심치 않게 화를 터뜨리거나 언성을 높일 때면 아이들의 기억의 과정을 중지시키고 싶은 생각이 든다. 기억의 집요한 힘이 계속해서 이 순간을 지우지 않고 놔둘까 봐 두렵다. 아테나는 나중에 커서 내가 그저 트렌트 브리지 경기장에서 벌어졌던 흥미진진한 크리켓 경기 방송을 들으려고 아이가 높은 의자에서 울고 있는데도 그냥 두었다는 것을 충격적일 만큼 정확하게 기억해낼까? 그렇다면 좋았던 시간은 어떨까? 내가 잠에 들려는 아이를 꼭 안고 천천히 감기는 아이의 눈동자를 보다가 집이 긁히는 소리에 아이의 눈꺼풀이 떠지는 것을 보았던 것은 기억할까? 나는 이렇게 말하고 싶었다. **이 순간을 기억해. 내가 너를 얼마나 사랑했는지 기억해.** 내가 차분하고 화를 내지도 않고 소리를 지르지도 않았다고 기억해. 이것이 네가 평생 갖고 갈 아버지의 기억이야. 다른 건 몰라도 이것만은 꼭 기억해.

이렇게 기억을 조작하려는 부모의 노력은 우리가 생각하는 것 이상으로 성공을 거둘 때가 많다고 본다. 우리는 이것은 말하고 저것은 말하지 않음으로써, 어느 날은 캠코더를 챙기고 어느 날은 챙기지 않음으로써 아이의 삶의 이야기를 편집하는 과정에 관여한다. 아이들은 기록되지 않은 단편들을 물론 여전히 기억하겠지만, 이 경우 기억을 만들 때 일관성을 확보하기 위한 계속적인 투쟁에서 믿고 의지할 버팀목은 부족하기 마련이다. 나는 아테나의 발달에 관한 책을 쓸 때 무엇을 넣어야 할지 결정하는 과정에서 이와 비슷한 딜레마에 처했다. 언젠가는 아이도 이 책을 읽으며 누군가가 자신의 삶을 부분적으로 재현한 것을 보게 될 터였기 때문이다. 당연히 내가 쓰고 싶지 않았던 장면들이 있었다. 아이가 다치거나 화를 낼 때는 본능적으로 촬영을 접기도 했다. 나는 좋은 의도에서 이 책을 썼지만, 그럼에도 아이가 어떤 기억을 갖고 어떤 기억을 갖지 않을지 결정하도록 여전히 영향력을 행사하고 있었다. 막강한 힘을 손에 쥔 듯했는데 그것이 전적으로 마음 편하지는 않았다.

미래에 일어날 다툼이 머릿속에 그려지기도 했다. 어느 날 아이가 내게 와서 내가 설명한 것에 반박한다면 어떻게 될까? 우리가 상황을 서로 다르게 기억한다는 사실을, 그리고 안타깝게도 내가 기억하는 버전을 대중들이 소비하도록 세상에 발표했다는 사실을 어떻게 수습해야 할까? 지금 사십대인 내 친구는 지금도 자기가 일곱 살 때 침대에서 오줌을 쌌는지 여부에 대해 어머니와 언쟁을 벌인다(그는 그 일을 기억하는데 어머니는 그런 일이 없었다고 주장한다). 아이와 부모는 다른 많은 일들도 의견이 엇갈릴 텐데, 이렇게 기억이 다른 것이 무슨 문제가 될까?

관계를 이어가는 과정의 상당 부분은 기억을 협의하는 것과 관련이 있다. 사람들이 가족을 이루고 살 때는 서로의 기억이 친하게 어울리도록 만들어야 한다. 커플이 함께 지내기 위한 조건 가운데 하나로 과거에 일어났던 사건에 대해 (아마도 많은 다툼을 벌인 끝에) 일치된 표상을 끌어내는 것이라고 말할 수 있다. 서로의 관계에서 핵심적인 순간들—첫 만남, 첫 키스, 동거—은 서로 이야기되고 마침내 대체로 합의된다. 그렇지 않으면 관계가 이어질 수 없다. 리베카 솔닛은 말한다. "행복한 사랑은 하나의 이야기, 무너지는 사랑은 둘 이상의 경합하고 상충하는 이야기이고, 무너진 사랑은 발치에 놓인 깨진 거울 같은 것이다. 각각의 조각이 저마다 다른 이야기를 비춘다. 좋았다는 이야기, 끔찍했다는 이야기, 이랬으면 좋았을 텐데 하는 이야기, 저러지 않았으면 좋았을 텐데 하는 이야기도 있다." 적어도 관계가 지속되는 동안에는 합의가 유지되어야 한다. 한 친구는 남편과 이혼하고 나서 기억과 관련되는 온갖 종류의 불일치가 갑자기 수면으로 떠올랐다고 했다. 함께 지내는 동안에는 세부사항에 대한 이런 이견이 공공의 이익을 위해 희생되고 있었던 것이다.

기억 전쟁 그리고 배신

하지만 성인들 간의 다른 관계에서는 문제가 다를 수 있다.

심리학자 도로시 로우의 관찰에 따르면 형제자매들은 어릴 때 부모의 관심을 받으려고 서로 싸운다. 그러다가 나이가 들면 "형제자매들은 공통된 과거를 누가 가장 충실하게 정확하게 기억하는지를 놓고 싸운다." 성인이 된 형제자매들은 일반적으로 결혼한 커플처럼 과거에 대한 이야기를 합의해야 한다는 압박은 없다. 서로에 반대되도록 자신을 규정하려고 애써온 사람들은 기억의 차이를 수습해야 할 필요성이 그렇게 많지 않은 법이다. 게다가 성인이 된 형제자매들은 일반적으로 커플만큼 기억의 불일치를 협의하기 위한 기회를 많이 갖지도 않는다.

비록 너무도 슬픈 상황에서였지만 바로 그런 기회가 피오나와 그녀의 형제자매들에게 주어졌다. 아버지의 죽음으로 그녀와 다섯 형제자매 가운데 네 명이 어릴 때 살던 집에 모여 장례식을 준비하게 되었다. 계약 때문에 중동에 가 있는 여섯째 동생의 안부를 물으면서 그들은 비로소 마음을 터놓고 이야기를 나누기 시작했다. 사흘 동안 집에 있으면서 유례없이 긴 대화를 나눌 수 있었다. 다들 사이는 좋았지만 성인이 되고 나서 이렇게 오래 함께 있는 시간은 오랜만이었다. 당연하게도 그들의 대화 주제는 과거로 향했다. 피오나에게 이것은 형제자매의 기억이 어떻게 갈라질 수 있는지 보여주는 완벽한 예였다. 위로 다섯 형제자매는 터울이 크지 않아 6년을 크게 넘지 않았다. 막내 지니가 그로부터 5년 뒤에 태어났다. 그래서 위의 다섯 명은 막내의 출생과 어린 시절을 기억할 수 있었다. 저마다 다른 방식이기는 했지만 모두가 기억나는 사건은 지니의 세 번째 생일이었다.

가족의 집은 스코틀랜드 갤러웨이에 있는 메릭 산에서 가까웠다. 어린 지니는 생일을 맞아 이제 자신도 산에 갈 수 있는지 궁금했다. "지니는 메릭에 오를 수 있어." 아버지가 말했다. "한 가지 조건이 있어. 어르기는 하겠지만 안고 가지는 않을 거야."

막내는 가족과 함께 산에 오를 수 있다는 허락을 받았지만 혼자 힘으로 가야 했다. 아이들은 자라면서 이 사건에 대해 이야기했고, 대화의 기억이 이제 그렇게 선명하지는 않지만 아버지가 허락할 때 썼던 독특한 표현에 대해서도 말했다. 그러나 아버지가 돌아가시고 며칠을 함께 지내면서 다들 사건을 다르게 기억한다는 것을 알게 되었다. 기본적인 사실에 대해서는 의견이 일치했지만 세부사항이 달랐다. 예컨대 한 명은 지니가 신었던 웰링턴 부츠가 단연코 빨간색이었다고 했고, 나머지 사람들은 파란색으로 기억했다. 이야기를 나눌수록 입장 차이는 더욱 뚜렷해졌다. 그들은 서로의 다른 관점을 그냥 받아들이지 않고 하나로 모으고 싶어 했다. 결국 누구도 완전히 이해하기 어려운 이유로 빨간색의 손을 들어주었다. 역사는 승자가 쓰는 것이며, 기억의 전쟁에서는 누가 승자인지가 자의적으로 정해지기도 한다.

형제자매끼리 기억에 합의하기가 항상 가능한 것은 아니었다. 그들 모두가 기억하는 또 하나의 사건은 지니의 세례식이었는데 세례식 중에 아기양말이 벗겨지는 기억에 남는 일이 있었다. 다들 아기양말을 기억했지만 문제는 그 이후에 있었던 일이었다. 누구는 집에서 파티를 했고 불꽃놀이가 있었다고 말했다. 누구는 그날 비가 억수로 퍼부었다고 했다. 그 말인즉슨 불꽃놀이는 불가능했다는 뜻이다. 여기에는 타협의 여지가 전혀 없었다. 누구의 기억이 틀릴 수 있으므로 양보하라는 말이 통하지 않았다. 다들 자신이 원래 믿었던 바를 고집했고, 지금도 그렇게 각자 다르게 믿고 있다.

왜 어떤 기억은 다른 기억보다 협의하기가 더 쉬울까? 분명한 대답은 사람마다 더 마음을 쓰는 기억이 있어서 이를 쉽게 양보하려 하지 않는다는 것이다. 그러나 피오나와 그녀의 형제자매 이야기는 기억에서 두 가지 힘이 어떻게 맞서는지 확실히 보여주기도 한다.

우선 정확성에 대한 욕구가 있다. 이 말은 우리가 실제로 일어났던 바에 대해 느끼는 생생함이 자주 동반되는 인상에 충실하고자 한다는 뜻이다. 그리고 일관성에 대한 욕구가 있다. 이것은 요소들이 맞아떨어지는 내러티브를 만들어내고자 한다는 뜻이다. 이 경우에 일관성은 사람들끼리 서로 합의하는 문제다. 우리의 이야기는 우리에게 개인적으로 말이 되어야 하지만, 우리에게 중요한 사람들에게도 말이 되어야 하기 때문이다.

피오나는 기억에 감정이 많이 실릴수록 협의의 여지가 줄어드는 것이라고 여겼다. 행복한 일이든 고통스러운 일이든 우리에게 더 중요한 일에 대해서는 마음을 고쳐먹을 가능성이 더 적다. 형제자매들의 이어지는 회상은 또한 각자의 기억이 관련되는 사람들에 대한 입장에 좌우된다는 것을 여실히 보여주었다. 한번은 아이들이 하지 말라는 말을 무시하고 평평한 지붕에서 놀다가 한 명이 채광창에서 떨어져서 유리가 산산조각 나며 바닥에 떨어지는 일이 있었다. 이번에도 형제자매들은 사건을 기억했지만 이후에 일어난 일에 대해서는 의견이 엇갈렸다. 부모에게 숨길 수 있는 일이 아니었으므로 어떻게 둘러댈지 말을 맞춰야 했다. 데이비드가 부모의 사랑을 가장 많이 받는 아이여서 데이비드가 했다고 하기로 했다. 피오나에게 그것은 아버지에게 먼저 말했다는 의미였다. 왜냐하면 아버지가 가장 사랑하는 이 아이를 어떻게 처리할지 고민해야 했을 테니까. 다른 이들은 당연히 어머니에게 먼저 말한 것으로 기억했다. 데이비드는 어머니 앞에서 나쁜 짓을 하지 않는 아이이므로 그것이 일의 파장을 최소한으로 줄일 수 있는 방책이었던 것이다.

피오나와 형제자매의 기억은 각자 관련되는 사람들에 대해 어떤 감정과 믿음을 갖고 있느냐에 좌우된다. 불일치하는 그들의 기억 중에 특별히 중요한 것은 없다. 다들 큰 문제, 그러니까 부모가 아이들을 어떻게 대했는지, 그들이 서로서로 어떻게 대했는지에 대해서는 의견이 같았다. 그러나 모든 형제자매들의 관계가 좋을 수만은 없다. 『자매의 응어리』The Sister Knot라는 책에서 심리학자 테리 앱터는 어린 시절 기억에 대해 엇갈리는 것이 어떻게 성인이 되어서까지 불화의 근원으로 이어질 수 있는지 설명한다. 앱터는 76명의 자매들을 만나 인터뷰했는데 과거에 대해 서로 다른 기억이 정확성뿐만 아니라 공정함에도 바탕을 두고 반박될 수 있음을 보여준다. 여기에는 믿음과 배신이 작용한다. 한 자매의 어린 시절 기억에 대해 다른 자매가 말한다. "그 애의 기억은 너무도 왜곡되어 있어요. 누가 언제 무엇을 말했나 하는 사소한 것들까지도요. 터무니없이 부당해요."

기억에 감정이 더 많이 실릴수록 싸움은 더 격렬해질 수 있다. "기억은 우리의 정체성의 일부가 됩니다." 내가 형제자매 연구에 대해 묻자 앱터가 말했다. "기억에 도전한다는 것은 우리가 누구인지, 다른 사람들과 어떤 관계에 놓이는지에 대한 전체적인 인식에 도전하는 겁니다. 내 가족 이야기에 이의를 제기하는 사람은 내가 내가 생각하는 내가 아니라고 말하는 겁니다. 그것은 대단히 당혹스러운 일일 수 있습니다."

소설가 팀 로트는 기억의 불일치의 장기적 여파에 관심이 많다. 그가 최근에 발표한 소설 『같은 별들 아래서Under the Same Stars』는 과거에 대해 합의하지 못해 파국적 결말에 이른 형제 이야기다. 로트는 자신과 형제의 관계가 지금도 과거 사건들에 대한 불일치 때문에 곤란을 겪고 있다고 내게 말했다. "여전히 당면한 문제입니다. 자신의 기억을 믿지 못한다면 무엇을 믿을 수 있겠어요?" 나는 그에게 어떤 형제자매들은 과거에 대해 합의에 이를 수 있는데 어떤 형제자매들은 그렇지 못한 이유가 무엇인지 물었다. "자신의 정체성이 기억과 얼마나 많이 연결되어 있는지에 달려 있다고 봅니다." 로트의 말이다. "하지만 자신이 스스로를 얼마나 확신하는지도 관련이 있어요. 자존감이 살짝 흔들리면 자신의 이야기에 더 완강하게 매달릴 테니까요."

함께한 과거에 대해 형제자매와 의견이 엇갈리면 상대방이 자신의 삶의 소중한 사실을 멋대로 다룬다는 기분이 들 수도 있다. 부모의 애정을 두고 경쟁한 사람이 무슨 권리로 상대방의 삶의 이야기를 자신의 입맛대로 새로 쓴단 말인가? 영국의 희극배우 몇 명의 인가되지 않은 전기를 쓴 작가 조너선 마골리스는 다른 사람의 삶의 이야기를 가져와 자신의 입맛에 맞는 내러티브로 고쳤다는 비판을 자주 들었다. 그런 그에게 최근에 형세가 완전히 역전되는 일이 벌어졌다. 자신의 아내 수의 여동생으로 서먹서먹한 사이인 팝 스타 루이스 웨너의 자서전에 그가 나온 것이다. 〈가디언〉 기사에서 마골리스는 그 책에 실린 여러 사건들이 자신과 자신의 아내의 기억과는 전혀 무관하다고 주장했다. 유명인 전기작가가 사생활 침해에 대해 불평하는 아이러니도 이채

롭지만, 마골리스의 사례는 형제자매가 과거에 대한 다른 견해를 공개적으로 발표할 때 벌어질 수 있는 마음의 상처를 드러내면서 기억을 누가 '소유'하는가 하는 중요한 질문을 제기한다.

자신에게 일어난 사건을 형제자매가 자기 것이라고 주장할 때 독특한 기억 배신이 일어날 수 있다. 뉴질랜드에서 행해진 연구는 그런 상황이 전혀 이례적이지 않음을 보여주었다. 연구자들은 성인 쌍둥이를 대상으로 골랐다. 일반적인 형제자매보다 쌍둥이가 외모도 비슷하고 성격 특징도 비슷하고 같은 나이에 삶의 경험이 겹치는 부분이 많아서 기억의 소유권을 놓고 다툼이 벌어질 가능성이 높다고 보았기 때문이다.

첫 실험에서 연구자들은 참가자들(스무 쌍의 동성 쌍둥이들)에게 단서가 되는 단어를 한 명씩 주고 자전적 기억을 떠올려보도록 했다. 열네 쌍이 엇갈리는 기억을 제시했다. 서로 자신에게만 일어난 일이었다고 주장하는 기억이었다. 예를 들어 한 일란성쌍둥이의 경우, 둘 다 어머니와 외식을 하러 나갔다가 음식에 벌레가 들어 있는 것을 보았다고 기억했다. 유독 이런 실수에 취약해 보이는 일란성쌍둥이가 있었다. 그들은 총 서른여섯 개 문항 가운데 열네 개의 엇갈리는 기억을 보고했다.

두 번째 실험은 다른 쌍둥이들을 대상으로 진행되었는데, 엇갈리는 기억과 일치하는 기억을 떠올리게 한 다음 기억의 생생함, 상상과 감정의 개입 같은 기준으로 각각을 평가해보도록 했다. 흥미롭게도 엇갈리는 기억이 일치하는 기억에 비해 더 생생하고 감정적으로 풍부하다는 평가를 받았다. 자신의 것이 아닌 기억을 구성하느라 더 많은 노력이 들어갔기 때문으로 짐작된다. 세 번째 실험에서 연구자들은 쌍둥이가 아닌 형제자매들도 쌍둥이만큼 흔하지는 않지만 엇갈리는 기억을 보고하는 것을 보았다. 또한 일란성쌍둥이가 이란성쌍둥이보다 이런 왜곡에 특별히 취약한 것은 아님을 보았다.

나중에 같은 자료를 분석한 결과, 기억을 주장하고 양보하는 데 패턴이 있음이 드러났다. 연구자들은 엇갈리는 기억을 개인을 긍정적으로 조망하는 기억(가령 성취나 용감함의 사례)과 부정적으로 반영하는 기억(가령 잘못된 행동의 기억)으로 분류했다. '자신에게 이로운' 기억은 자기 것으로 더 많이 돌리고 나쁜 모습을 반영하는 기억은 상대방의 것으로 더 자주 탓했다. 기억의 중심에 있는 인물이 존경할 만한 행동을 하거나 안 좋은 일을 겪었다면(그래서 다른 사람들의 동정을 살 만한 상황이었다면) 그 기억은 자신의 것이라고 주장하는 경향이 있었다. 반면 기억의 주인공이 나쁜 식으로 비춰졌다면 다른 사람에게 돌리는 경향이 있었다. 54세의 일란성쌍둥이 한 명은 상대방이 여덟이나 아홉 살 때 롤러스케이트를 타다가 부상을 입은 기억의 주인공이라고 하는 말을 듣고는 화를 냈다. "미안하지만 그것은 사실 내게 일어난 일이었어. … 잘 생각해보면 나였다는 것을 알거야." 상대방은 결국 양보하며 말했다. "아 그래, 헷갈린 모양이군. 워낙 오래 전 일이라서."

오정보
효과

엇갈리는 기억은 우리가 기억하는 내용이 다른 사람이 말하는 이야기로부터 어떻게 영향을 받는지 보여주는 예가 된다. 부모가 아이에게 가짜 기억을 주입할 수 있듯이 가족은 서로의 기억에 개입할 수 있다. 형제자매만이 우리가 자신의 것으로 착각할 만큼 혹할 기억을 이야기할 수 있는 사람은 아니다. A.S. 바이어트는 어렸을 때 담장 너머로 학교를 바라보던 기억을 떠올리면서 할머니의 기억과 연관시킨다.

> 항상 화가 나 있는 사람, 절대로 웃지 않는 사람이었다. 돌아가시던 해에 할머니는 차츰 기억을 잊기 시작했고 화가 났음도 잊었다. 크리스마스 날에 난로 옆에 앉아 내게 이렇게 말씀하셨다. "들판에 있던 그 아름다운 청년들 기억하니?" 그러고는 나를 보며 관능적인 젊은 여인처럼 미소를 지었다. 어쩌면 전쟁 때 잠시 자신의 집에 묵었던 항공병을 말하는 모양이었다. 아니면 어머니가 태어나기 한참 전에 있었던 뭔가를 생각하는 것일 수도 있었다. 나로서는 결코 알 수 없는 일이다. 그러나 들판에 있는 청년들이 내 눈에 보인다.

기억이 기억 속으로 합쳐진다. 바이어트의 할머니의 생생한 기억은 손녀의 생생한 상상이 되었다. 누가 그 차이를 알겠는가? 살다 보면 우리는 다른 사람이 본인의 기억을 설명한 것에 설득당해서 그것이 자신의 기억이라고 주장하기도 한다. 실험의 조건이 정확하게 설정되기만 하면 사람들에게 실제로 경험하지 않은 사건에 대한 기억을 주입하는 일은 의외로 쉽다. 그리고 이런 회상은 대단히 생생한 경우가 많음을 워릭 대학 킴벌리 웨이드의 연구가 보여주었다. 웨이드는 실험에 참가하는 학생들의 부모로부터 협조를 얻어 어린 시절 사진을 손에 넣었고, 열기구 탑승과 같은 사건이 학생에게 일어난 적이 없음을 확인했다. 그런 다음 참가자의 어린 시절 얼굴을 비행 중인 열기구 상자와 같은 결코 경험해보지 않은 맥락 속에 집어넣는 조작을 가했다. 학생들에게 이런 이미지를 보여주고 2주가 지나자 절반가량이 어린 시절에 열기구를 탔던 것을 때로는 상당히 상세하게 '기억'했으며 사진이 진짜가 아니라는 말을 듣고는 놀랐다. 기억의 영역에서는 생생함이 실제로 일어났음을 보증하지 않는다.

웨이드의 연구는 이른바 오정보 효과misinformation effect 연구의 전통으로 이어진다. 엘리자베스 로프터스와 동료들은 잘 알려진 일련의 실험을 통해 참가자들이 어떤 사건을 경험하고 난 **뒤에** 그들에게 잘못된 정보를 제시하면 사건의 기억이 달라질 수 있음을 보여주었다. 2005년에 발표된 뇌 영상 연구를 예로 들자면, 한 남자가 젊은 여성의 지갑을 훔치고 그 과정에서 여성이 목을 다치는 영상을 참가자들에게 보여주고 나서 사건에 대한 잘못된 정보(여성이 목이 아니라 팔을 다쳤다는 식으로)를 주었다. 그러자 거의 절반의 경우 오정보가 사건의 기억 속으로 통합되었다. 해마와 후각주위피질, 기타 뇌 부위에서 일어나는 활동 패턴을 들여다봄으로써 거짓 세부사항이 참가자들의 이후 기억에 통합되는지 여부를 예측할 수 있었다.

로프터스는 당시 오정보 효과 연구를 요약하면서 비슷한 효과를 입증해보인 연구가 수백 건이 된다고 했다.

사람들은 깨진 유리잔 같은 실제로 있지 않았던 대상을 기억해냈다. 잘못된 정보에 휘둘려 양보 표지를 멈춤 표지로, 해머를 드라이버로 기억했으며, 심지어 자동차로 지나간 목가적 풍경에서 헛간(실제로 있지 않은) 같은 거대한 것을 보았다는 사람도 있었다. 세부사항은 모의실험으로 재현한 사건(예컨대 사고 장면 영상)을 목격한 기억뿐만 아니라 실제 세계에서 일어난 사건에 대한 기억에도 주입되었다. 예컨대 몇 년 전 러시아에서 실제로 일어났던 비극적인 폭탄 테러 장면의 기억에 다친 동물(보지 못했던)을 집어넣을 수도 있다.

이런 연구의 한 갈래는 '실감 나는 가짜 기억'을 주입하는 일에 집중하여 오정보 효과가 세부사항만이 아니라 허구의 사건 전체에도 적용될 수 있음을 보여주었다. 사람들은 거짓 정보에 휘둘려 어렸을 때 쇼핑몰에서 길을 잃었다고, 가족 결혼식에서 사고를 당했다고, 디즈니 리조트에서 벅스 버니를 만났다고 기억할 수 있다. 연구자들은 마지막과 같은 사례에서 나타나는 오정보 효과가 명백히 진짜 기억에서 비롯된 것이 아님을 안다. 벅스 버니는 워너브라더스의 캐릭터여서 디즈니랜드에 있을 리가 없기 때문이다.

오정보 효과는 다른 사람들, 특히 가족이 옆에서 이런 정보를 제공할 때 특히 강력한 것으로 나타났다. 이것은 **협업적 기억하기**로 이어진다. 커플이 상대방이 잊은 정보의 조각들을 기억해서 서로의 기억을 보충하는 것이 그런 예이다. 그러나 부정적 효과도 있다. **사회적 전염**은 사건 설명에 다른 사람이 제공하는 잘못된 정보가 끼어들어 확산되는 과정을 가리키는 말이다. **협업적 억제** 현상은 사람들을 모아놓고 사건에 대해 기억하도록 하면 각자가 기억하는 것보다 기억하는 것이 더 적은 것을 가리킨다. 우리는 사람들이 옆에 있으면 사건의 사실적 세부사항을 인출하는 데 서툰 것 같다.

최근에 뇌 영상 연구를 통해 우리의 기억이 다른 사람들에 의해 형성될 때 관여하는 신경적 기제의 단서가 처음으로 밝혀졌다. 이스라엘과 영국의 연구자들은 30명의 성인들이 다큐멘터리 양식의 영상을 보고 2주 뒤에 그것을 떠올릴 때 그들의 뇌를 스캔했다. 참가자들의 일부는 같은 영상을 본 다른 사람들이 제공한 잘못된 정보를 접했다. 연구자들은 때로는 이런 식의 정보가 참가자들의 기억을 실제로 오염시키기도 하고, 때로는 그저 순응의 압박 때문에 그것을 따라가는 경우도 있으리라고 예측했다. 뇌 스캔 결과, 나중에 참가자들이 사건을 자기 식으로 다시 말할 때 반영되는 지속적 기억의 오류가 사건의 공적 설명에 순응하는 것과 관계되는 찰나적 오류보다 해마의 활성화와 더 연관되는 것으로 나타났다(해마의 활동이 활발하다는 것은 자전적 기억으로 옮겨진다는 의미다). 연구자들은 또한 참가자들이 컴퓨터로 생성한 정보가 아니라 다른 사람에게서 온 정보라고 생각할 때 편도체가 유난히 활동적이었음을 확인했다. 그들은 사회적 영향력이 우리의 기억을 형성하는 과정에서 (해마와 아주 긴밀하게 연관된) 편도체가 특별한 역할을 행하는 것으로 추정했다.

피오나가 형제자매들과 과거를 회상한 것을 설명하는 대목에서 주목할 점은 그들의 기억의 차이가 드러나기까지 그토록 오랜 시간이 걸렸다는 점이다. 학교에서 일하는 사십대 중반의 조이라는 친구는 오랫동안 자신의 최초의 기억이라 생각했던 것의 실상을 최근에야 알게 되었다고 내게 말했다. 아버지가 차고에서 부엌으로 들어와 자신과 어머니에게 남동생이 자동차 엔진오일을 마셨다고 말하는 장면이었다. 하지만 그녀의 동생이 최근에 말하기를 자신은 사건이 정원에서 일어났고 잔디 깎는 기계용 오일로 알고 있었다고 했다. 그는 자신이 풀밭에서 빨간색 캔을 집어 들었고 이후 병원에서 삽관술을 받으며 고통 받은 것을 생생하게 기억했다. 조이가 부모에게 그 사실을 이야기했고, 두 분 다 그녀 이야기가 맞다고 확인했다. 그녀는 이제 자신의 기억이 가족이 이후에 그 사건에 대해 나눈 대화에 바탕을 둔 것이었다고 생각한다. 한편 그녀의 동생은 자신의 결정적인 기억의 한 부분—어떻게 해서 자신이 오일을 마시게 되었는가—은 어쩌면 꾸며낸 것일 수도 있음을 받아들여야 했다. 그가 오일을 마시고 이어 어머니와 격리되어 크고 위압적인 병실에서 삽관술을 받으며 트라우마에 시달린 것은 의문의 여지가 없다. 그러나 핵심적인 세부사항 하나는 의견이 분분하여 지금까지도 그들은 기분 좋게 옥신각신하고 있다.

신뢰를 접은
기억

우리가 전에 확신했던 기억에 의문을 갖기 시작하는 데는 여러 방법이 있다. 형제자매가 자신의 기억이라고 주장해서 우리가 다른 사람의 삶의 이야기에서 가져왔음을 알게 될 수도 있다. 상이한 설명을 듣고 우리 기억의 얼마나 많은 것이 왜곡과 암시와 잘못된 재구성의 산물인지 깨닫게 될 수도 있다. 이런 가짜 기억들은 실제 일어난 기억과 비교하여 질적으로 차이가 있을까? '신뢰를 접은 기억non-believed memory'(사람들이 가짜임을 깨닫게 된 뒤로 더 이상 믿지 않게 된 기억)을 최초로 과학적으로 연구하면서 영국의 연구자들은 의심할 이유가 있는 기억인데도 기억으로 경험하는 것을 멈추지 않은 사람들의 사례를 관찰했다. 한 응답자는 오래 전에 당연한 이유로 산타클로스의 기억을 더 이상 믿지 않게 되었는데도 산타클로스가 지붕으로 내려오는 생생한 기억을 갖고 있었다. 연구자들은 계속해서 영국의 두 대학에서 심리학을 전공하는 많은 학생들에게 신뢰를 접은 기억이 있는지 물었고, 그렇다고 대답한 거의 100명의 학생들을 조사했다. 실험에 참가한 이런 학생들에게 비슷한 시기에 있었던 '신뢰하는 기억'도 떠올리도록 했고, 아울러 일어났다고 믿지만 실제로 기억하지는 못하는 사건이 있는지 물었다. 그런 다음 여러 현상적 특징들을 기준으로, 즉 시간을 거슬러 올라가서 어느 정도로 느낄 수 있는지, 얼마나 생생한지, 감정이 얼마나 관여되었는지, 자신의 자아에 얼마나 중요한지를 기준으로 평가하도록 했다.

우선 신뢰를 접은 기억은 연구자들이 예상했던 것보다 훨씬 빈번하게 일어났다. 처음에 접촉한 학생들의 20퍼센트 이상이 신뢰를 접은 기억이 있다고 보고했다. 참가자들이 보고한 시기를 평균을 내보니 신뢰를 접은 기억은 주로 아동기 중반에 일어났고 대부분 청소년기 시절에 믿기를 중단했다. 기억을 믿지 않게 된 가장 흔한 이유는 누군가가 사실이 아니라고 말해줬다는 것이었다. 기억의 소유권과 관련되는 경우(다른 형제자매가 경험한 사건임을 알게 되어 기억을 믿지 않게 된 경우)는 비중이 크지 않았다. 다른 이유들로는 허무맹랑함(산타클로스의 사례)과 확정적 증거의 부재가 있었다.

연구자들은 이어 세 가지 범주의 기억—신뢰하는 기억, 신뢰를 접은 기억, 믿지만 기억 못하는 사건—을 비교했다. 신뢰를 접은 기억은 시각적·촉각적 특징, 명료함, 감정의 강렬함과 풍부함, 일관성, 정신적 시간여행이라는 면에서 신뢰하는 기억과 별 차이가 없었다. (이런 모든 평가는 믿지만 기억 못하는 사건에서는 더 낮게 나타났다.) 한편 소리·냄새·맛의 특징, 긍정적 감정, 사건의 중요성이라는 면에서 보자면 신뢰하는 기억이 다른 두 범주보다 더 높은 평가를 받았다. 생생함과 관련해서는 신뢰를 접은 기억이 범주의 중간쯤에 놓였다. 신뢰를 접은 기억에서 유독 두드러지는 특징이 하나 있었는데 바로 부정적 감정의 강렬함이었다. 이는 어떤 식으로든 크게 고생한 기억일 때 자신의 기억으로 전유하는 경향이 크다는 쌍둥이 연구 결과와 일치한다.

연구자들은 신뢰를 접은 기억이 핵심적인 여러 면에서 일반적인 '진짜' 기억과 비슷하다고 결론 내렸다. 두 기억 모두 일종의 정신적 시간 여행을 동반해서 강렬한 감정과 세부사항을 다시 체험하도록 했고, 사건의 공간적·사회적 특징들이 재구성되었다. 두 유형의 기억 모두가 단일한 일관된 에피소드로 경험되었다는 사실에서 연구자들은 기억이 신뢰를 잃어도 여전히 강렬한 위력을 가질 수 있다고 보았다.

이와 같은 연구 결과는 우리가 실제로 일어났다고 믿지 않는 사건을 기억할 수 있고 그 반대도 마찬가지임을 확인해준다. 시드니 수영장에 대한 내 기억에서 보듯 우리가 기억으로 경험하기 위해 사건이 일어났다고 반드시 믿어야 하는 것은 아니다. 내 친구는 어렸을 때 계단 맨 위에 서서 '날개'를 쫙 펼치고는 계단 위로 날아올라 아래층의 방들을 돌며 착지했던 것을 지금도 생생하게 기억한다. 영국의 연구는 우리가 왜 어떤 경우에는 기억을 더 이상 믿지 않을 수 있는지와 관련하여 몇몇 실마리를 제공한다. 신뢰를 접은 기억이 긍정적인 감정을 덜 동반한다는 것은 덜 좋게 기억되는 사건이 더 쉽게 도전받을 수 있다는 뜻이다. 그러나 믿음의 변화가 일어나는 과정을 연구하지 않고서는 이런 차이가 기억의 진실성에 도전하도록 하는 원인인지 효과인지 확실히 단정하기 어렵다.

연구자들은 또한 어떤 기억은 충실함 말고 다른 이유로, 예컨대 자아의 세계관에 맞지 않는다는 이유로 부당하게 거절되거나 소유권을 빼앗길 수 있다고 주장한다. 여기서도 (완전히 허무맹랑한 경우가 아니라면) 기억된 사건을 살펴보지 않고서는 이런 거절이 정확한지 아닌지 알기 어렵다. 그러나 일부 말도 안 되는 사건을 '기억'하는 사람이 있다. 소수의 응답자는 산타클로스뿐만 아니라 살아 있는 공룡과 괴물을 본 것이, 남의 도움 없이 날았던 것이 기억난다고 했다. 기억의 형성과 관련하여 사건이 실제로 일어날 수 있었다는 가능성은 오로지 부분적으로만 관여한다.

기억의 미끄러짐에 대처하는 것은 우리 모두에게 도전이다. 기억이 우리의 정체성에 핵심적인 자리를 차지할 때 우리는 잘못 기억할 수 있다는 생각에 당연히 거부감을 보인다. 그러나 우리는 잘못 기억할 수 있고 이런 일은 생각 외로 자주 벌어진다. 때로는 자신의 기억이 부정확하다는 것을 받아들이고도 계속해서 그것을 '기억'하기도 한다. 우리는 살아가면서 감정이 바뀌고 새로운 정보를 접함에 따라 과거의 버전을 이리저리 수정하지만, 가끔은 그것으로도 기억의 주관적 힘을 무마하기에는 충분하지 않을 때가 있다.

이렇게 직관에 위배되는 연구 결과를 이해하려고 할 때면 나는 아이들에게 아버지에 대해 말하는 이야기로 돌아가곤 한다. 좋은 뜻에서 아이들에게 기억을 심어주려고 하면서 나는 연구자들이 탐구하는 바로 그 기억의 특별한 특징을 내가 이용하고 있음을 깨닫는다. 나는 내가 잃을까 봐 두려워하는 것을 아이들이 갖기를 원한다. 아버지를 살아 있는 존재로 생생하게 기억하는 것 말이다. 나는 내가 아버지를 기억하는 것을 아이들이 도와주기를 원한다. 첫 아이인 아테나는 아버지가 돌아가시고 2년 뒤에 태어났다. 아버지를 애도하는 일을 마무리할 기회를 갖기도 전에 나는 아버지가 되었다. 가족의 역할이 여전히 강력하게 얽혀 있는 것이다. 내 아이들은 다행히도 건강한 조부모가 세 명이지만 그들이 네 번째 조부모도 가졌으면 한다. 나는 망각의 힘으로부터 아버지를 지키고 싶다. 그래서 아이들을 동맹군으로 요청하는 것이다. 아이들이 기억하는 할아버지가 엄밀히 말해 진짜 기억인지는 내게 중요하지 않다. 다른 면에서와 마찬가지로 이 경우에도 아이들은 자신의 이야기를 말하는 것이고, 나는 그들에게 도움의 손길을 내미는 것이다.

7.

미래를 내다보는
기억

- 수도사들의 기억술
- 과잉기억 증후군
- 미래의 기억
- 기억은 시간의 언어로 말하지 않는다

Pieces of Light

그는 밤기도를 끝내고 혼자 조용히 묵상한다. 교부들의 가르침대로 남들이 잘 때 그는 잡념 없이 명상에 잠길 수 있다. 양초를 아끼고자 불을 켜지 않아서 독방이 캄캄하다. 걷고 돌아다니느라 다리가 아파서 침대 끝에 걸터앉아 둘로 갈라진 엄지손가락을 이마에 맞댄다. 가끔은 자신의 머릿속에 담아두고 있는 설계도가 워낙 허술해서 살짝이라도 충격을 받으면 부서져버릴 것만 같다. 생갈 수도원 도서관에서 그것을 보았을 때 이후로 다섯 달이 흘렀는데 그동안 비에 맞은 실제 건물처럼 기본 뼈대가 점차 무너져갔다. 집으로 돌아오는 동안에도 그것을 잃어간다는 기분이 들었다. 강을 건너고 수레를 얻어 타고 농지를 달릴 때마다 설계도의 세부사항이 점차 흐려졌다. 양피지에 스케치를 해두긴 했지만 설계도가 워낙 광범위해서 그것을 담아두겠다는 그의 서툰 노력으로는 감당되지 않았다. 숨을 내쉴 때마다 기억이 흐려졌다. 만약 그의 거처인 코르넬리뮌스터 수도원이 조금만 더 멀었더라면 이미지는 완전히 사라지고 말았을 것이다. 그는 생갈 도서관에서 보낸 나날들을, 가상의 건물의 모습을 마음속에 새겨두려 했던 시간들을 기억한다. 여기서 나가면 침침해져가는 그의 눈으로 다시 볼 날이 결코 없으리라는 것을 알았다. 그토록 많은 이들의 도움을 받아 그토록 먼 길을 온 터였다.

그는 어디서부터 시작할지 생각한다. 일반 신도들은 서쪽 현관을 통해 신전에 들어와 기도를 올리고 마음속에 신의 도시를 건설하고자 한다. 오트가와 형제들도 바로 그 상징적인 입구를 지나 수도원의 삶에 들어섰다. 그러나 거대한 교회에 저장된 지식은 그를 압도할 정도로 방대하다. 그래서 그는 밖의 회랑에서 시작한다. 저 앞 동쪽 높은 지대에 있는 수도승들의 숙소 창문에 왼쪽에서 오른쪽으로 검은색 지팡이, 곡식 다발, 접시에 사과 다섯 개를 받쳐 든 아이가 보인다. 각각의 대상은 시편에 호응한다. 건물은 그의 시편이자 그의 지식의 보고다. 그는 건물을 마음대로 연구하고 짓고 새로 짓고 결합하고 해체할 수 있다. 아이에게 다가가 접시에서 가운데 사과를 집어 드는 상상을 한다. 말씀이 떠올라 공간을 채운다. "보라, 자식들은 여호와의 유산이요, 자궁의 열매는 여호와께서 내린 보상이로다." 그는 시편의 3절이 마음을 채우도록 하고 자신의 지식이 무사한 것에 안도한다. 아이 옆 회랑 모퉁이의 수도승 욕실 담장을 타고 검게 익은 포도송이를 매단 포도덩굴이 자라고 있다. "여호와를 경외하며 그의 길을 걷는 자에게 복이 있나니." 다른 시편이 그의 주위를 휘감고 뻗는다. 그는 시편의 말씀이 자신의 귀에 속삭이는 소리를 듣는다. 그는 이 건물의 설계도를 기억에 담아두고, 복잡하게 구획들로 나뉜 창고처럼 그 안을 자신의 지식으로 채웠다. 마음속에 도서관을 만들고 거기에 자신의 지혜를 내려놓았다. 이제 원할 때마다 그곳을 돌아다니며 그곳에 저장된 보물들을 찾아볼 수 있다. 수도승의 소임은 이런 지식에 즐거워하는 것, 신을 기억할 때 새로운 생각들을 구성하는 것이다. 이런 배움을 상기하는 것이 그의 기쁨이요 특권이다. 그는 명상이라는 성스러운 길을 밟으며 거대한 사랑으로 벅차오른다.

그는 남동쪽 문을 통해 신전에 들어선다. 고요한 회랑과 달리 이미지들이 붐빈다. 어떤 이미지는 살아 있어서 짐승처럼 어슬렁거리거나 횃대에서 날개를 퍼덕인다. 어떤 대상은 조각상처럼 가만히 서서 검토되고 의미가 끌어내지기를 기다리고 있다. 그는 이미지들을 두드러지고 색다르게 만들어 ─ 밝은 녹색 사자, 표범의 꼬리를 가진 사람 ─ 자신의 마음에 더 인상적으로 남도록 했다. 소리가 울리는 회중석을 따라 걷는다. 금박을 입힌 돌로 된 선반이 희미한 빛을 받아 반짝거린다. 그는 여기에 대주교들 이름을 새겼다. 제단이 앞에 보인다. 삼위일체를 새긴 세 개의 기둥이 제단을 떠받치고 있다. 그는 구조가 복작거리는 배경의 세부사항과 맞는지 마음속으로 따져보며 불안이 잡아끄는 것을 느낀다. 그는 각각의 부분이 한 눈에 다 들어오도록 자신이 아는 지식을 분배했지만, 이 교회처럼 넓은 공간에서는 개별적인 이미지들이 서로 쌓이고 공명하고 중첩된다. 한두 개 대상에 의문이 든다. 행여 시간이 흘러 위치가 바뀌지 않았을까 걱정스럽다. 망각은 언제나 두렵다. 마흔 살이 된 그의 뼈에 새겨진 언젠가 닥칠 죽음의 인식처럼. 존 카시안, 크리소스토무스, 보에티우스 같은 대가들의 가르침은 확고하다. 수련 수사였을 때 수도원장이 그에게 강도 높게 가르쳐 지금도 확실히 외우고 있다. 그러나 그 이후에 배운 모든 것은 취약하다. 그가 요소들을 흐트러짐 없이 유지하기 위해 애를 써야 하는 이유다.

그는 한 시간가량 이렇게 돌아다닌다. 본 교회의 보물들을 살펴보고 나서 동쪽에 붙어 있는 부속 예배당으로, 그런 다음에는 정원과 별채로 발걸음을 옮긴다. 그는 영주가 자신의 소유물을 둘러보듯 자신의 지식을 살피고, 망가진 것을 확인하고, 자신이 소유한 것의 질서와 견실함에 기뻐한다. 그는 아우구스티누스에게 시편을 강의하도록 하고, 그레고리우스가 『헤레니우스에게 바치는 수사학Rhetorica ad Herennium』에 주석을 붙이는 것을 바라본다. 그가 이 건물에 저장해놓은 이미지는 단순한 상징물이 아니다. 놀라게 하고 기쁨을 주며, 가슴을 뛰게 하고 영혼을 황홀경에 빠뜨린다. 그의 생각은 단어와 이미지 너머에 있는 아이디어들이 다채로운 색상으로 차려입고 가장행렬을 펼치는 것이다. 바람에 날리는 구름처럼 생각이 결합하고 다시 결합한다. 그는 이렇게 매일 밤 캄캄한 자신의 독방에서 꾸준하고 흥미진진하고 매번 놀라운 마음의 여행을 하며 신에게 다가간다.

생갈의 설계도는 실제의 물리적 건물을 짓기 위한 용도로 만들어진
것이 결코 아니었다. 오트가가 생갈 수도원 도서관에서 본, 다섯 장의
양피지를 녹색 실로 꿰매어 만든 필사본은 명상을 보조하는 도구로,
깨우침의 길에 오른 수도승을 위한 인식의 도구로 만들어졌다. 중세연
구가 메리 커라더스가 볼 때 9세기의 이 필사본은, 중세 시대 사상가
들에게 기억이라는 것은 정보를 저장하는 수동적 체계, 삶의 사건들
을 고정적으로 서술한 것을 모아둔 마음의 도서관이라는 현대적 개념
보다 훨씬 포괄적인 의미를 갖고 있었음을 보여주는 증거다.

커라더스의 분석에 의하면 기억술^{memoria}은 현대적 개념의 '인지
^{cognition}'에 더 가깝다. 의미적 기억과 일화적 기억, 사고와 추리, 감정과
상상을 포괄하는 말이다. 구성적이고 조합적인 작업으로 옛것을 끝없
이 되새김질하기보다는 새로운 구조를 만드는 것에 집중한다. 이는 여
러 다른 종류의 정보를 결합하고 해체하는 과정을 통해 이루어진다.
복사기로서의 기억이 아니라 컴퓨터로서의 기억이다. 이런 특징 덕분
에 기억술은 수도승의 명상이라는 과업에, "신에 대한 생각을 만드는
기술"에 적합한 것이 된다. 명상은 영적 완전함에 대해 창조적으로 유
연하게 생산적으로 생각하는 것이다. 12세기 주석가 성 빅토르의 휴
고의 말에 따르면 명상은 "열린 공간을 활보하는 기쁨을 누리며 …
주제들을 이렇게도 연결해보고 저렇게도 연결해보는 것이다." 그러려

면 수도승은 성경의 가르침을 포괄적으로 기억해서 어느 대목에도 자유롭게 접근할 수 있어야 한다. 중세의 기억술은 초인적인 학습 솜씨를 자랑하기 위함이라기보다는 신성함에 대해 생각하기 위해 필요한 원 재료를 제공하는 것이었다.

이것은 철저하게 현대적인 개념의 기억이다. 앞서 보았듯이 기억하기는 사건의 고정된 표상을 마음속에 불러오는 것이라기보다는 다양한 출처의 정보를 재조합하는 것에 가깝다. 중세 시대에 사고의 기술은 이미지 만들기에, 사람의 사고 과정을 눈으로 '볼' 수 있도록 하여 기억을 돕는 장치에 크게 의지했다. 생갈의 설계도나 실제 혹은 가상의 건축을 묘사한 성경의 기록 같은 회화술^{pictoriae}은 수도승들에게 자신의 지식을 조직하는 유용한 뼈대, 간편한 청사진이 되었다. 사상가는 그런 설계도를 내면화하고 거기에 자신의 이미지들을 이식했다. 이런 이미지들 각각이 별개의 단위, (현대의 인지과학 용어로 말하자면) 지식의 '덩어리^{chunk}'를 나타내게 된다. 커라더스는 말한다. "중세의 기억술은 보편적인 생각하는 기계였다. … 경험(책으로 접하는 경험을 포함하여)이라는 곡물을 빻아 정신적인 가루로 만들어 몸에 좋은 빵을 만들도록 하는 제분소이자 지혜롭고 노련한 모든 석공이 새로운 물건을 만들기 위해 제작법과 사용법을 배웠던 윈치(밧줄을 사용하여 무거운 물건을 올리거나 내리는 장치_옮긴이)이기도 했다."

기억술이 가진 흥미롭게도 현대적인 느낌은 다른 특징들에서도 드러난다. 기억의 이미지는 감정적 힘, 마음에 달라붙어 생각에 동기를 부여하는 능력으로 인해 선별된 것이다. 회상과 낯익음을 담당하는 신경 체계가 변연계의 감정의 망과 어떻게 상호작용하는지에 관심이 있는 현대의 인지 신경과학자들은 기억을 본질적으로 감정이 덧대어진 것으로 보는 이런 견해가 낯설지 않을 것이다. 기억을 구성적이고 조합적인 것으로 여기는 중세의 견해는 정보가 모든 세부사항에서 충실하게 복제되는 것보다 연산의 효율성이 좋은 구성적 기억을 높게 치는 현대의 정보처리 분석과 맞아떨어진다. 기억술은 또한 기억하는 사람이 다양한 출처의 정보를 결합할 수 있는 몇 가지 방법들을 알려준다. 신에 대한 기억mneme theou을 하고자 할 때 사상가는 자신의 지식과 성경에서 묘사한 것을 접한 경험을 혼합한다. 그래서 예루살렘인은 항상 자신에게 익숙한 풍경과 건축의 일부를 포함하는 것으로 상상했고, 어떤 수도승의 영적 완전함에 대한 견해도 다른 수도승의 그것과 같지 않았다.

따라서 중세의 기억술은 기억에서 상상력이 행하는 역할을 바라보는 새로운 (실은 낡은) 방법을 우리에게 제공한다. 기억하기가 현실에 없는 다른 시나리오를 구성하는 능력에 달렸다는 생각은 아리스토텔레스 이후로 글쓰기의 주제가 되었고, 인지 신경과학의 흥미로운 새 연구 분야이기도 하다. 사실 이것은 애초에 왜 우리에게 고맙게도 기억이라는 것이 주어졌는지 이해하는 열쇠가 될 수 있다. 이를 위해서는 기억이 무슨 쓸모가 있는지 알아볼 필요가 있다.

과잉기억
증후군

모든 것을 다 기억한다면 재난에 가까운 짐이 될 수도 있다. 호르헤 루이스 보르헤스의 단편 소설 〈기억의 천재 푸네스Funes the Memorious〉에서 주인공 푸네스는 말에서 떨어지는 사고를 당하면서 불구자가 되었고 아울러 망각하는 능력을 잃었다. "그는 1882년 4월 30일 아침, 남쪽 하늘에 떠 있던 구름의 형태를 기억했고, 그것을 딱 한 번 본 책의 대리석 문양 표지에 나온 줄무늬나 케브라초 전투 전야에 네그로 강에서 노가 일으킨 물보라와 비교할 수 있었다." 이레네오 푸네스는 딱히 행복한 자연의 별종이 아니다. 나무와 목재를 구분하지 못하기 때문이다. 그는 계속해서 변하는 세부사항의 덩어리에서 추상적인 불변의 상수를 집어내지 못한다. 그는 "오후 3시 14분에 측면에서 본 '개'가 3시 15분에 정면에서 본 개와 동일한 이름으로 지칭된다"는 사실을 못마땅하게 여긴다. "거울 속에 비친 자신의 얼굴과 손을 볼 때마다 매번 놀란다."

추상화하는 능력이 없어서 제대로 사고하지 못하는 푸네스는 "쓰레기 하치장 같은" 기억 때문에 고통을 겪는다. 전면적인 기억은 감정적으로도 재앙일 수 있다. 텔레비전 의학 드라마 〈하우스〉의 한 에피소드에서 과거를 잊지 못하여 과거를 용서하지 못하는 환자 때문에 가족의 관계가 엉망이 되고 마는 이야기가 나온다. 소원했던 여동생이 관계를 수습하려고 해도 환자의 기억은 오래전에 무시당했던 일로 계속 돌아간다. 병적 기억자에 대한 이런 픽션의 묘사는 완전히 지어낸 이야기가 아니다. 과잉기억 증후군이라고 하는 드문(워낙 드물어서 몇 건의 사례만 보고되었을 뿐이다) 질환에 걸린 환자는 강박적으로 과거에 집착하며 대단히 상세하게 과거를 떠올린다. 그런 병을 실제로 앓고 있는 질 프라이스는 자신의 마음이 둘로 분할되어 있어서 한쪽에서는 현재가 진행되고 다른 쪽에서는 과거가 되감기된다고 말했다. 그녀는 열네 살 때 이후로 자신이 무엇을 했는지를 하루도 빼놓지 않고 다 기억할 수 있다. 텔레비전에서 어떤 날짜가 휙 나타나면 그녀의 마음은 자동적으로 그 순간으로 돌아가 그날 자신이 어디 있었고 무엇을 했는지 생각해낸다. 예를 들어 1987년 10월 3일을 단서로 주자 그녀는 이렇게 대답했다. "토요일이었어요. 주말 내내 팔걸이 붕대를 하고 아파트에 있었지요. 팔꿈치를 다쳤었거든요."

일상적인 기억은 이런 식으로 작동하지 않는다. 우리의 뇌는 모든 사건을 완벽하리만큼 세세하게 다 기록하지 않는다. 그러려고 시도하지도 않는다. 우리를 과거와 연결시키는 더 훌륭하고 효율적인 방법이 있기 때문이다. 뇌는 세부사항이 아니라 패턴을 찾는다. 앞서 정보를 그대로 기억하는 것에서 보았듯이 누군가가 사용한 단어를 정확하게 그대로 기억하는 것보다 그가 말한 의미를 기억하는 것이 훨씬 더 가치 있다. 사람들에게 비슷한 주제로 된 단어 목록(설탕, 꿀, 디저트, 소다수)을 주면 나중에 목록에 실제로 없었지만 의미적으로 연관되는 단어(사탕)를 보았다고 주장할 수 있다. 우리의 9세기 수도승은 이 점을 잘 알고 있었을 것이다. 전근대 시기에 기계적 암기가 어떤 과제에 유용하게 사용된 경우는 많았지만, 제대로 된 사고의 대체물은 아니었다. 크세노폰은 남의 말을 그대로 반복하기만 하는 사람에 대해 이렇게 말했다. "그들은 호메로스의 단어를 그대로 읊는 능력이 좋을 뿐, 그들 자체는 대단히 어리석다."

실제로 9세기 베네딕트 수도회의 기억법은 오늘날 심리학자들이 높게 사는 바로 그 인지적 민첩함의 실례가 된다. 만약에 오트가가 신에 대한 모든 가능한 생각을 다 기억해야 했다면 그의 인지적 자산은 바닥나고 말았을 것이다. 기억의 재조합 모델의 강점은 효율적인 처리에 있다. 안 그랬다면 불쌍한 푸네스의 기억처럼 쓸데없는 세부사항을 처리하느라 허덕였을 체계가 한층 기민하고 가볍게 돌아간다. 그런 체계가 망가지면 세부사항에 발목이 잡히고 만다. 해마가 망가져서 기억상실에 걸린 환자들은 단어 목록 테스트에서 잘못 알아보는 실수를 상대적으로 덜 저지른다. 그들은 단어 목록을 보고 정보의 핵심을 추출하지 못하므로 자신이 전에 사탕이라는 단어를 보았다는 잘못된 (그리고 제법 정상적이라 할 수 있는) 결론을 내리지 않는 것이다. fMRI 스캐너로 망가지지 않은 뇌를 살펴보면, 실험 참가자가 잘못된 대답을 할 때(목록의 핵심에 맞을 뿐인 단어를 보았다고 주장하는 경우)나 올바른 대답을 할 때(실제로 나온 단어를 인식하는 경우)나 똑같은 기본적인 기억 네트워크가 활성화된다. 두 경우 모두에서 기억 체계는 마땅히 해야 할 일을 하고 있다. 표층적인 세부사항에 집착하기보다 심층적인 정보를 추출하고 간직하는 능력이 제대로 돌아가고 있다.

요컨대 우리의 기억은 세부사항은 건너뛰고 우리가 저장하려고 하는 정보의 실제적이고 유용한 의미에 집중하면서 맡은바 임무를 대체로 잘 수행한다. 기억할 필요가 있는 것은 기억하고 나머지는 잊는다. 기억이 현재 태도에 조종되는 편향bias이나 실제로 경험하지 않았던 사건을 기억한다고 주장하는 피암시성suggestibility 같은 기억의 오류들은 사건을 재구성할 때 여러 다른 출처의 정보들을 취합하는 조합적 체계가 작동되고 있음을 반영한다. 대니얼 샥터와 도나 로즈 애디스의 말을 빌리자면, 그와 같은 실수는 "과거에 실제로 일어난 것을 기억하는 능력을 받쳐주는 적응적이고 구성적인 과정들이 건강하게 잘 돌아감"을 입증하는 것이다.

이런 연구 결과는 기억의 허점에 대해 새로운 관점으로 생각하게 한다. 어쩌면 기억의 오류는 실패가 아니라 성공의 표시로 볼 수도 있다. 정보를 저장하는 체계는 어떤 것이든 실수를 하게 마련이지만, 있는 그대로 기억하는 푸네스의 체계에 비하면 우리가 가진 재구성적인 기억 체계의 실수는 그럭저럭 용인할 만하며 진화적 틈새에 단연코 더 잘 적응한 것이다. 기억의 잘못들은 우리의 기억 체계가 어떻게 작동하는지 밝혀줄 뿐만 아니라 그것이 왜 진화했는지에 대한 단서도 제공한다. 과거를 불러오는 능력은 기억 체계가 진화하는 과정에서 생겨난 운 좋은 부산물에 불과할 수도 있다. 우리가 하나의 종으로서 지금까지 이어져 내려오는 동안 이보다 더 가치 있는 것은 미래를 예측하는 능력일 수도 있다.

미래의 사건을 예측할 때 어떤 것들이 관여하는지 생각해보면 앞서 있었던 정보를 저장하는 것의 가치를 곧바로 깨닫게 된다. 예를 들어

오늘 나는 기억에 대한 강의를 하러 런던으로 떠날 준비를 한다. 이 사건 자체는 나에게 낯설지만 내가 어떤 일이 벌어질지 아무것도 모르는 막막한 상태는 아니다. 강의를 준비하면서 전에 그곳(그리고 다른 많은 곳)에서 내가 참여했던 사건들의 기억을 가져올 수 있다. 비록 특정한 이 강의는 처음 있는 일이지만 사람들 앞에서 이런 주제에 대해 강의한 경험이 많다. 그래서 강의를 어떤 식으로 이어가는지, 내가 대처해야 할 도전이 어떤 것인지, 시간 배분을 어떻게 해야 하는지 잘 알고 있다. 문자 그대로의 맹목적인 기억은 이런 경우에 소용없다. 내가 푸네스나 질 프라이스 같은 기억 체계를 갖고 있다면 앞서 강의 때 있었던 모든 것과 내일 강의할 장소에 대한 모든 것을 세세하게 다 기억하겠지만, 그 정보를 새로운 강의를 계획하는 데 통합하지는 못할 것이다.

그래서 기억은 야누스의 얼굴처럼 과거와 미래를 동시에 바라보고 있다는 생각을 한다. 이것은 인지 심리학자들에게 완전히 새로운 개념은 아니다. 일화적 기억이 궁극적으로 진화하게 된 이유가 단기적 목표를 놓치지 않기 위함이라고 여기는 오랜 전통이 존재한다. 이에 따르면 우리는 중요한 목표를 마음속에 담아두고 그것을 확실히 달성하기 위해 기억하는 능력을 진화시켰다. 1970년대 말에 스웨덴의 뇌 생리학자 다비드 잉바르는 뇌가 기대되는 사건과 관련되는 미래의 시나리오를 모의실험하고 그 표상들을 저장하여 나중에 그 사건이 실제로 일어날 때 참고할 수 있도록 한다는 의견을 내놓았다.

여기서 짐작할 수 있는 하나가 있다. 기억에 수반되는 인지 체계와 신경 체계는 앞으로 일어날 사건을 생각할 때도 마찬가지로 가동되어야 한다는 것이다. 뇌 영상 연구가 이에 대한 확실한 경험적 증거를 제공한다. fMRI 스캐너에 누운 실험 참가자에게 미래의 사건을 상상하도록 하면 과거를 생각할 때 활성화되는 체계와 똑같은 부위에서 활동이 목격된다. 특히 미래를 상상하면 핵심적인 기억 체계를 이루는 것으로 확고하게 입증된 부위인 내측 측두엽(해마를 포함하여)과 내측 전전두피질이 활발하게 돌아간다.

미래의
기억

미래의 시나리오가 기억되는 이유가 잉바르의 말대로 나중에 '참고'하기 위함이라면, 이는 뇌에서 일상적인 기억처럼 처리되어야 한다. 대니얼 샥터와 동료들은 이 문제를 풀기 위해 참가자들에게 각자 특정한 개인, 특정한 대상, 특정한 장소와 관련되는 자전적 기억 여러 개를 떠올려보도록 했다. 예를 들어 한 참가자는 친구 애나와 하버드 광장에 있다가 핸드백을 도둑맞은 것을 떠올릴 수 있다. 연구자들은 이런 기억의 요소들을 하나하나 분리해서 다른 방식으로 다시 결합해서는 참가자에게 이렇게 새로 조합된 사건을 상상하도록 했다. 이제 애나가 보더 카페에서 마가리타를 마시는 장면을 상상할 수 있다. 나중에 다시 기억하기 위한 모의실험이 뇌에서 부호화되는 동안 전방 해마의 활동이 더 활발해진 것으로 나타났다. 이는 미래를 위한 모의실험이 일상적인 기억과 같은 방식으로 뇌에 저장됨을 시사한다.

최근에 있었던 가장 흥미로운 연구는 미래의 시나리오를 구성하는 데 감정이 행하는 역할을 살펴본 연구다. 우리가 일반적으로 행하는 미래에 대한 사고에는 감정이 들어간다는 것이 상식이다. 긍정적인 미래의 사건은 호의적으로 생각하고, 부정적인 미래의 사건에 대해서는 걱정한다. 사실 우리는 대체로 미래를 낙관적으로 보는 경향이 있어서 긍정적인 미래의 시나리오로 살짝 기울어져 있다. 그리고 부정적인 사건은 긍정적인 사건보다 더 빨리 잊는 경향이 있다. 샥터 연구실의 연구자들은 미래의 모의실험에 담긴 감정의 내용이 나중에 그것을 얼마나 잘 기억하는지에 영향을 미치는지 알아보았다. 그들은 똑같은 '재조합' 패러다임을 사용하여 참가자들에게 감정적으로 긍정적이거나 부정적이거나 중립적인 미래의 사건을 떠올려보도록 했다. 연구 결과 긍정적인 미래의 모의실험이 부정적인 것보다 더 오래 기억되었다. 다시 말해 긍정적인 쪽으로 치우치는 똑같은 편향 패턴이 '미래'의 기억에서도 나타났다. 이 또한 미래의 사고와 과거를 향한 사고가 같은 방식으로 작동함을 시사하는 결과다.

잉바르의 '미래의 기억' 가설은 또한 과거를 떠올리는 데 문제가 있으면 미래의 예측에도 어려움을 겪는다는 것을 말해준다. 여기서 영감을 받아 유니버시티 칼리지 런던 웰컴 트러스트 신경영상센터의 연구원 데미스 허사비스는 심각한 기억상실 환자 다섯 명의 상상력 솜씨를 알아보기로 했다. 그와 동료들은 (환자들을 포함한) 실험 참가자들에게 짤막한 단서를 주고 새로운 경험 열 가지를 상상하도록 했다. 예컨대 아름다운 열대 해변 모래사장에 누워 있거나 박물관에서 전시물에 둘러싸여 있는 광경을 상상하도록 했다. 환자 다섯 명 가운데 네 명이 상상한 것을 제대로 묘사하지 못했다. 건강한 대조군과 비교하여 공간적 복잡성, 감각 관련 묘사, 사고·감정·행동의 언급이라는 면에서 풍부함이 덜했다.

상상력 과제가 그저 옛 기억을 재활용할 수도 있다는 (이렇게 되면 기억상실 환자들에게 명백히 불리해진다) 비판을 피하기 위해 연구자들은 참가자들이 상상한 경험이 실제 기억과 얼마나 가까운지 질문하여 대체로 그렇지 않음을 확인했다. 환자 한 명에게는 단서와 관련되는 소품까지 보여주었지만 상상을 펼치는 데 도움이 되지 않았다. 환자들은 그들이 만든 장면에 자신을 얼마나 생생하게 두느냐 하는 점에서는 대조군과 차이를 나타내지 않았지만, 장면 자체가 단편적이고 일관성이 떨어졌다.

이런 연구와 비슷한 연구가 발표되자 학계는 열광적으로 반응했다. 선도적인 과학 저널 《사이언스》는 기억과 상상의 연관성 연구(섁터, 허사비스, 그들 동료의 작업을 포함하여)를 2007년 가장 중요한 과학적 성과 열 개 가운데 하나로 꼽았다. 특히 눈길을 끄는 것은 시나리오가 구성될 수 있는 공간적 구조를 마련하는 데 해마가 행하는 특별한 역할에 허사비스의 연구가 주목했다는 점이다. 그의 기억상실 환자들 모두가 아주 구체적으로 양쪽 해마에 손상을 입었다. 일화적 기억의 개별적인 요소들─예컨대 감각 관련 세부사항이나 특정 대상의 표상─은 뇌의 여러 부위에 저장되겠지만, 기억상실 연구는 이런 세부사항들을 하나로 묶는 과정에서 해마가 결정적인 역할을 한다고 지목한다.

실제로 이 분야의 많은 연구자들은 해마가 일화적 기억의 구성에서 두 가지 중요한 역할을 한다고 믿는다. 우선 처음에 기억이 생성되는 과정에 관여하는 여러 특징들 사이의 연관관계를 처리한다. 그리고 나중에 다시 체험할 수 있는 시나리오, 즉 자전적 기억을 만들어내는 일에서 두 번째 결정적 역할을 한다. 허사비스와 동료들이 "장면 구성"이라고 부르는 일을 하기 위한 공간의 장을 해마가 제공하는 것이다. 허사비스의 동료 엘리너 매과이어는 이런 연구에서 과거를 불러오는 일과 미래를 구성하는 일 모두에 바탕이 되는 공통 기제를 본다. 여기서 해마는 "우리의 경험의 세부사항들이 엮이는 공간적 배경 혹은 맥락을 제공"한다. 공간을 탐색하는 데 아주 중요한 해마가 자전적 기억의 구성에도 결정적이라는 사실은 우연이 아니다. 장면 구성 연구는 기억이 시간에서 구성되는 만큼 공간에서 만들어지는 것이기도 하다는 것을 보여준다.

기억은 시간의 언어로
말하지 않는다

우리의 중세 수도승도 이 점을 알고 있었을 것이다. 다른 많은 동물 종들이 그렇듯이 호모 사피엔스도 공간 관련 정보를 처리하는 일에 능숙하다. 중세의 기억술사들은 정보를 공간적으로 조직함으로써 기억력을 몰라보게 높일 수 있다는 것을 알게 되었다. 기억을 구성하기 위해 생갈의 설계도와 같은 이미지를 사용할 때, 그들은 인간 인지의 이런 측면이 우세함을 인정하고 그것을 기억의 주춧돌로 활용한 것이었다. 그러나 이런 사상가들의 궁극적 목적은 정신적 창조, 신에 대한 새로운 생각을 만드는 일을 평생 하는 것이었다. 마음속으로 공간을 정교하게 구성하여 기억의 대상을 배치하는 중세 후기의 '기억의 궁전'조차도 있는 그대로의 사실을 맹목적으로 나타내기 위해서가 아니라 저장된 지식을 바탕으로 창조적으로 생각하고 말하도록 하기 위해 개발된 것이었다.

어떻게 보면 해마가 제공하는 공간적 기억의 장은 중세의 회화술에 해당하는 신경의 요소다. 허사비스와 매과이어 등의 주장이 옳다면 해마는 기억하는 사람이 자신의 장면을 구성할 수 있도록 가상의 공간을 제공한다. 오트가가 내면화한 설계도는 기억의 재구성적 속성을 암묵적으로 인정했다. 설계도는 그에게 그가 알고 있는 지식의 요소들을 채울 수 있는 공간을 제공했다. 해마가 뇌의 다른 부위에서 들어오는 표상들을 위치시키도록 내적 공간을 마련해주듯이 말이다.

장면 구성 연구는 자전적 기억의 역설 하나를 이해하는 또 다른 시각을 제공한다. 기억은 시간을 오가는 능력임에도 불구하고 실제로는 그렇게 시간에 민감하지 않다. 달력을 단서로 주는 것은 대체로 효과가 크지 않다. '유모차'라는 말을 주고 어린 시절 기억을 떠올려보도록 하면 수월하게 뭔가를 생각해낼 것이다. 하지만 '1975년 4월' 같은 식으로 날짜를 단서로 주면 한참을 고민하게 된다. 기억은 시간의 언어로 말하지 않는다. 질 프라이스처럼 특정 날짜를 통해 기억에 접근할 수 있는 사람은 규칙이 아니라 예외적인 경우다. 기억은 당연히 과거에 접근하기 위함이지만, 시간 관련 정보는 과거로 들어가는 썩 좋은 통로가 아니다.

당연하게도 이런 역설은 기억에 대한 중세 논쟁에서 예견된 바 있다. 중세 초기에 기억은 위치적인 것이었다. 저자 미상의 〈헤레니우스에게 바치는 수사학〉 같은 논문을 보면 지식의 공간적 구성을 위한 규칙들을 강조하고 있다. 12세기 들어 서구에서 고전 시대 텍스트들을 다시 발견하면서 (성 아우구스티누스의 저술에서처럼) 기억을 개인의 과거, 현재, 미래로 구성되는 자아의 내러티브로 여기는 견해가 생겨났다. 이런 두 가지 상반되는 기억의 견해는 스콜라 철학자 알베르투스 마그누스에 의해 마침내 화해되었다. 그는 위치적인 기억은 기억하기 위한 방법이며 기억에 심리적 **구조**를 부여하는 반면, 기억의 **내용**은 과거에 대한 것이라고 주장했다.

현대의 장면 구성 이론은 어떤 면에서는 아리스토텔레스주의 이전(12세기 이전)의 기억의 견해로 돌아가는 것이다. 기억에서 시간을 덜어내면 한결 정처 없는 형식의 상상이 되고 미래로도 폭을 넓힐 수 있게 된다. 시간적 차원에서 자아의 위치를 알려주는 정보도 경험에 중요하겠지만, 기억 속으로 여행한다는 것은 한 개인의 시간의 축을 따라 앞으로 뒤로 휙휙 이동하는 것이라기보다는 실은 상상적인 공간을 돌아다니는 것에 가깝다.

기억하기 위해 필요한 것은 어쩌면 현실의 다른 표상들을 만들어낼 수 있는 체계가 전부인지도 모른다. 이렇게 구성된 장면 가운데 어떤 것은 **여러분에게도** 의미가 있게 여겨질 것이고, 그러면 기억으로 소유하거나 자신과 관련되는 미래의 생각이라고 느끼게 될 것이다. 어떤 장면은 과거가 부착된 느낌으로 다가올 것이다. 그러나 장면 구성의 시간적 속성 자체는 장면에 필수불가결한 것이 아니다. 기억은 본질적으로 과거에 관한 것이라고 하지만, 사실은 전혀 시간에 관한 것이 아닐지도 모른다.

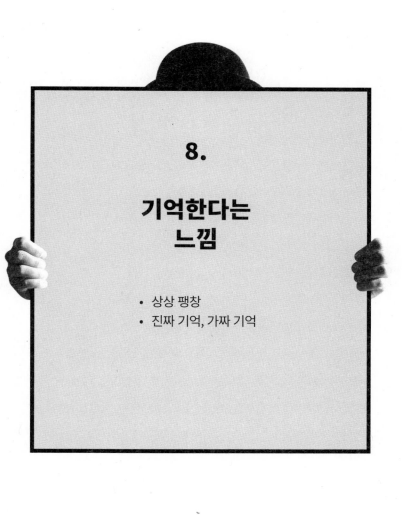

8.

기억한다는
느낌

- 상상 팽창
- 진짜 기억, 가짜 기억

Pieces of Light

기억 속에서 줄리아는 소나무 숲 안쪽에 서 있다. 한낮이고 아래쪽에서 새어 들어온 햇빛이 양쪽으로 쭉 뻗은 좁다란 나무 몸통들을 비춘다. 주위로 솔잎과 맨 흙이 드문드문 보인다. 고개를 들어 소나무 지붕을 올려다보니 삐죽삐죽 오려낸 파란 하늘이 보인다. 근처에 시내가 흐르고 주변의 흙에서 초목이 썩어가는 냄새가 난다. 시내에는 바위가 많다. 짙은 강물이 바위를 때리며 하얀색 포말을 그린다. 가파른 강둑이 옆으로 나 있는데 생명의 흔적은 거의 보이지 않는다. 그럼에도 나무들과 조용하게 흐르는 강물 소리가 평온한 광경을 만들어낸다. 기억이 펼쳐지는 동안 줄리아는 시내 옆에서 장면 속에 머물며 다음에 무슨 일이 벌어질지 기다리고 있다.

하지만 아무 일도 일어나지 않는다. 내러티브는 회상의 행위를 상당히 전형적으로 이렇게 묘사하고는 거기서 끝난다. 줄리아의 기억은 정확하고 일관되며 자전적 기억에서 볼 법한 생생한 지각의 세부사항들로 채워져 있다. 하지만 사건은 결코 일어나지 않았다. 그녀는 좁은 시내 옆의 소나무 숲에 있었던 적이 없다. 세부사항을 지어내서 자신을 그 안에 위치시켰다. 이런 장면을 상상을 통해 구성했으며 그렇게 한 이유는 그러도록 요청받았기 때문이다. 줄리아는 장면 구성 모델을 생각해낸 데미스 허사비스와 팀원들이 유니버시티 칼리지(UCL) 런던에서 진행한 가상의 기억 fMRI 실험의 참가자였다. 일어나지 않은 사건에 대한 기억을 만들고 그런 과정을 스캔하도록 허락함으로써 연구자들에게 기억을 기억으로 만드는 신경적 과정의 모습을 탐구하도록 했다.

장면 구성 모델의 장점은 일화적 기억과 상상하기 양쪽의 바탕이 되는 공통 기제를 밝혀준다는 것이다. 그러나 기억하기는 상상하기와 동일하지 않다. 기억은 과거 사건이 제법 정확하게 표상되어 있는 것을 그저 인출하는 것이 아니다. 우리가 표상을 기억이라고 알아차리는 것이 필요하다. 실비아는 할머니에 대한 기억이 담뱃재 냄새로 촉발되었을 때 자신이 기억하고 있음을 대단히 강하게 느꼈다. 우리가 뭔가를 기억할 때 우리는 그것이 우리에게 일어났음을 느낀다. 그저 낯익음 이상의 무엇이 여기에 관여한다. 순간적으로 그곳으로 돌아가는 회상의 경험이 동반된다. 상상의 행위는 기억하기의 이런 느낌을 동반하지 않는다. 기억을 만드는 주체인 우리가 등장인물로 나올 수는 있겠지만, 기억할 때와 같은 식으로 우리가 스스로를 이해하는 바에 얽매이지 않는다.

그러므로 과학자들은 구성된 장면을 그저 상상이 아니라 기억으로 경험되도록 만드는 것이 무엇인지 이해할 필요가 있다. 그들은 장면 구성이 현실의 다른 표상들을 만들어내기 위한 기제를 제공한다고 보면서도, 이렇게 표상된 현실이 실제로 일어났는지 아닌지 판단하기 위해서는 다른 과정이 마련되어야 한다고 추정한다. 이를 알아보는 하나의 방법은 두 가지 종류의 장면 구성, 즉 기억으로 경험되는 것과 그렇지 않은 것을 구별하는 뇌 기제를 살펴보는 것이다. 줄리아가 참가한 실험은 일화적 기억의 구체적인 일면들을 더 잘 설명할 수 있도록 허사비스와 동료들의 신경과학 모델을 확장하고자 마련한 것이었다.

연구자들은 이런 목표를 마음에 담아두고 참가자들에게 fMRI 스캐너에서 세 가지 종류의 장면을 구성하도록 요청했다. 실제로 있었던 일화적 기억과 일주일 전에 예비 인터뷰에서 상상했던 사건(예컨대 소나무 숲 시냇가에 서 있던 것)에 대한 기억을 떠올려보도록 했다. 아울러 새로운 허구적 장면, 새로운 상상의 기억을 즉석에서 만들어보도록 했다. 장면 구성 모델이 예측한 대로 실제 기억과 상상의 기억은 핵심적인 기억 체계가 완전히 가동되어 뇌 활성의 패턴이라는 면에서 비슷하게 보였다. 그러나 연구자들은 두 종류의 기억의 차이를 알아보도록 실험을 설계했다. 상상의 기억과 달리 실제 기억(상상했던 사건에 대한 기억도 포함하여)은 세 가지 특정 뇌 부위가 활발하게 돌아갔다. 전내측 전전두피질, 후측 대상회, 바로 옆의 설전부였는데, 모두 핵심적인 기억 체계를 담당하는 내측 측두엽 바깥에 위치한다.

이 같은 fMRI 결과는 이런 뇌 부위들의 기능에 대해 알려져 있는 사실과 일치한다. 전내측 전전두피질(이마의 1인치 뒤쪽에 위치)과 후측 대상회는 자기 성찰과 다른 마음에 대해 생각할 때 관여하는 것으로 생각된다. UCL 연구에서 설전부는 전에 상상했던 사건에 대한 기억(완전히 새로운 상상의 기억과 구별되는)을 떠올릴 때 특히 활성화되는 것으로 나타났는데, 이는 이 부위가 구성된 장면을 익숙하게 보이도록 만드는 데 관여한다는, 다른 연구에서 나온 증거에 부합하는 결과다. 장면 구성 체계는 현실의 다른 표상을 만들어내고, 설전부는 거기에 이전에 경험한 적이 있는 장면이라는 '꼬리표'를 부착한다.

줄리아가 상상한 회상은 실제 기억과 상상의 기억을 형성할 때 같은 과정이 관여함을 시사하는 이전의 연구 결과와도 일치한다. 과학자들은 EEG라고 하는 기법을 사용하여 상상의 기억을 수행할 때 피질이 활성화되는 패턴을 들여다보았는데, 왼쪽 전전두피질에서 유난히 활발한 활동이 나타났다. 기억들을 애써서 하나로 엮는 일이 이 부위에서 일어난다는 사실과 부합하는 결과다. 요컨대 피질의 활성화 패턴은 실제 기억과 상상의 기억 양쪽에서 비슷하게 나타난다. 우리가 사건이 실제로 일어났는지 그저 상상한 것인지 어떻게 판단하든 간에, 그것은 여러 다른 출처의 정보를 바탕으로 이루어지는 복잡한 판단 과정임에 틀림없다.

이런 연구들은 모두 자전적 기억이 어떤 식으로 만들어지는지 알아내는 데 도움을 준다. 기억 인출의 단서를 접하면 핵심적인 네트워크가 가동하여 관련 대상들과 인물들이 적절한 위치에 놓인 기본적인 공간적 맥락이 마련된 사건의 표상을 만들어낸다. 예를 들어 하버드 광장에서 핸드백을 도둑맞은 것을 기억한다고 하면, 해마 체계가 물리적 맥락(하버드 광장)의 표상을 구상하고 핵심적인 특징들인 친구 애나, 핸드백 등을 그곳에 위치시킨다. 실제 기억의 경우에는 이런 장면 구성의 과정에 낯익음과 충실함의 감정과 자아와의 관계를 뒷받침하는 뇌 부위의 활동이 '추가적으로' 동반된다. 우리가 실제로 겪은 사건과 (어떤 이유로든지) 상상한 사건의 차이를 알아낼 수 있는 것은 이런 추가적 부위의 활동 덕분이다. 이것이 더해질 때 특징적인 '기억한다는 느낌'이 일어나고, 이로 인해 우리는 기억을 실제로 우리에게 일어난 것으로 소유하게 된다. 복잡한 체계가 그렇듯이 심리적 기능들이 이렇게 복잡하게 주고받는 과정은 종종 엇나가기도 한다.

상상
팽창

내가 크레몬 포인트의 수영장에 갔었다고 '기억'하는 것은 너무도 열심히 그것을 상상했기 때문이다. 기억과 환상 가운데 어느 것인지 판별하는 능력을 잃어버리자 나는 기억 쪽을 택했다. 어떻게 보면 나는 기억한 것이었다. 내가 상상했던 뭔가에 대한 기억이 있었으니까. 상상하는 행위가 있었고 기억한다는 느낌이 있었다. 둘이 합쳐지자 사건이 실제로 일어난 것이라고 나를 설득하기에 충분했다.

이런 종류의 가짜 기억은 실험심리학자들이 제법 철저하게 연구하고 있다. 어떤 사건을 상상하도록 하면 차후에 그 사건에 대한 기억을 갖게 되기 쉽다는 것을 여러 연구들이 보여주었다. 이렇게 상상이 기억으로 바뀌는 현상을 '상상 팽창imagination inflation'이라고 한다. 한 실험에서 연구자가 자원자들과 함께 대학 캠퍼스를 돌아다니면서 괴상한 행동과 그렇게 괴상하지 않은 행동을 실행하도록, 혹은 실행한다고 상상하도록 했다. 예컨대 콜라 자동판매기가 보이면 괴상하지 않은 행동은 잔돈을 확인하는 것이고 괴상한 행동은 무릎을 꿇고 청혼하는 것이었다. 익숙한 행동과 괴상한 행동 모두에서 그저 행동을 상상하기만 했는데도 나중에 가짜 기억으로 이어졌다. 자동판매기에 청혼했다는 가짜 기억을 갖는 위험을 감수하고 싶다면 그저 그렇게 했다고 상상하기만 하면 된다.

상상 팽창 현상은 우리가 어린 시절 기억을 대하는 방식에 심각한 영향을 미친다. 한 연구에서 영국의 성인들에게 어린 시절의 여러 사건들을 주고는 그것들이 벌어지고 있다고 상상하도록 했다. 그 가운데 하나(치과에서 젖니를 뺀 일)는 많은 참가자들에게 일어났을 법한 익숙한 것이었다. 일어났을 가능성이 없는 사건(간호사가 새끼손가락에서 피부 조직을 떼어낸 일)도 골랐다(연구자들은 영국에서 이런 절차가 결코 행해지지 않았음을 확인하기 위해 의료 기록들을 수고스럽게 살펴보기까지 했다). '피부' 사건을 상상하도록 요청받은 참가자들은 단순히 그런 정보만 접한 사람들보다 그 사건이 자신에게 일어난 것으로 기억한 경우가 네 배 높았다. 사건을 상상하는 것은 가짜 기억을 생성할 뿐만 아니라 사람들로 하여금 그 사건이 자신에게 일어났다고 더 확신하도록 만들었다. 연구자들은 어린 시절의 사건을 상상하는 것만으로도 가짜 기억을 만들 수 있다고 정리했다.

상상 팽창은 미래를 향한 사고에도 영향을 미친다. 칼 슈푸나르와 대니얼 샥터는 최근에 참가자들에게 개인적으로 관련 있는 특징들을 재조합한 미래의 시나리오를 만들어 모의실험하는 연구를 진행했다. 예컨대 한 자원자에게는 스타벅스에서 커피를 사기 위해 제임스라는 친구로부터 1달러 지폐를 빌리는 상상을 하도록 했다. 다음 날 참가자들은 같은 시나리오를 다시 모의실험하도록 했는데 횟수에 차이를 두었다. 어떤 사람은 한 번만 했고 총 네 번 한 사람도 있었다. 그런 다음 각자 시나리오가 얼마나 그럴듯한지 평가하도록 했다. 그 결과 모의실험을 반복하면 할수록 시나리오가 더 그럴듯하게 보이는 것으로 나타났다(긍정적인 시나리오와 부정적인 시나리오에만 해당되었고 중립적인 시나리오는 아니었다). 만약 미래의 사건이 아득해 보인다면 거기에 대해 더 많이 생각하면 된다. 미래의 시나리오를 만드는 과정에 상상의 노력이 더 많이 들어갈수록 그 시나리오는 더 실현 가능성이 있는 것으로 보인다.

기억 연구자들은 광고업자들이 이런 현상을 능숙하게 사용하는 것에 주목했다. 이런 아이디어를 과학적으로 시험하기 위해 연구자들은 팝콘 제품이 새로 나온 것처럼 꾸미고 광고를 만들어 이미지의 선명도를 조작했다. 참가자들에게 광고를 보여주고(몇 명은 제품을 실제로 먹어보기도 했다) 일주일이 지났을 때 그들의 기억을 시험했다. 고화질의 광고를 본 사람들이 실제로 팝콘을 먹어본 사람보다 팝콘을 먹어봤다는 대답을 더 많이 했다. 이와 같은 가짜 기억은 대단히 확신에 차 있었고 제품의 선호도 평가와도 연관성을 보였다. 그러니까 팝콘은 그저 기억되기만 한 것이 아니라 호의적으로 기억되었다. 이와 같은 '가짜 경험' 효과는 고화질의 광고가 효과를 발휘하는 하나의 방법을 보여 준다. 어떤 광고는 우리로 하여금 제품을 써보도록 만들 뿐만 아니라 이미 써본 적이 있다고 생각하도록 속이기도 한다.

상상이 기억에 영향을 미치는 정확한 기제에 대해서는 여전히 논란이 있다. 하나의 설명은 사람들이 낯익음과 감각적 세부사항의 정보를 바탕으로 무엇이 실제이고 무엇이 아닌지 그릇된 판단을 내린다는 것이다. 이에 따르면 감각적, 지각적 세부사항이 풍부한 장면은 실제로 일어난 것으로 판단될 가능성이 높다. 상상의 행위는 표상에서 세부사항의 양을 늘리게 되는데, 내가 시드니의 수영장을 기억하는 것이 바로 그런 경우에 해당된다. 나는 그 장면의 세세한 부분들에 대해 너무도 오래도록 열심히 생각했으므로 어느덧 내 상상 속에서 진짜 기억만큼이나 (어쩌면 그보다 더) 현실이 되었다.

그러나 상상하기의 행위는 일상적인 기억에서는 볼 수 없는 많은 인지적 노력이 가동되는 것이기도 하다. 나의 수영장 '기억'은 어렵게 노력해서 얻은 것으로, 사건이 실제로 일어났는지 아닌지 판단할 때 내가 얼마나 열심히 상상력을 가동했는지에 대한 정보를 활용할 수 있었다면 그런 실수는 하지 않았을 것이다. 영향력 있는 기억의 모델에 따르면 나는 그렇게 할 수 있다. 예일 대학의 심리학자 마샤 존슨과 동료들은 40년 가까이 사람들이 여러 출처의 정보들을 어떻게 구별하는지 살펴보고 있다. 이런 방대한 연구는 출처 감찰 체계source monitoring framework라고 하는 기억의 모델로 이어졌는데, 기억에 대한 우리의 사고에 시사하는 바가 있다. 기억이 사건을 충실하게 고정적으로 표상하는 것이 아님은 공인된 사실이다. 출처 감찰의 연구자들은 기억을 우리가 특정한 정신적 경험에 대해 어디서 비롯된 것인지 내리는 판단이나 해석으로 본다. 사건은 우리의 머릿속에서 스스로 전개되고, 우리는 여러 다른 종류의 정보를 살펴봄으로써 그것이 실제로 일어났는지 아닌지 판단한다.

진짜 기억
가짜 기억

우리는 자신이 경험하는 것과 연관되는 여러 증거들을 재봄으로써 기억에 대해 판단을 내린다. 주관적으로 말해서 상상을 통해 만들어진 사건의 기억은 실제 기억만큼 지각적으로 풍성하지 않고 맥락이 상세하지 않다. 따라서 우리는 기억의 세부사항의 차이를 실제로 일어난 것인지 아닌지 판단하는 데 활용할 수 있다. 그리고 정신적 경험을 만드는 데 들었던 정신적 노력의 양을 이용할 수도 있다. 우리에게 쉽게 다가온다면 그 사건은 실제로 경험한 것이라고 추정한다.

문제는 이런 정보가 항상 쉽게 구별되지는 않는다는 점이다. 실제 기억에 전형적으로 동반되는 지각적 세부사항들을 모두 포함하고 있는 아주 생생한 상상은 실제로 일어난 것으로 받아들여지기 쉽다. 우리는 엇갈리는 기억(두 명의 형제자매가 기억된 사건을 서로 자신의 것이라고 주장하는)이 그렇지 않은 기억보다 더 생생하고 감정이 풍부하게 평가된다는 것을 이미 살펴본 바 있다. 착각한 형제자매는 다른 사람의 기억을 상상하는 데 워낙 많은 정신적 노력을 쏟은 나머지 실제로 자신에게 일어났다고 믿어버리게 된 것으로 보인다. 이렇게 형제자매 사이에 기억이 엇갈리는 경우에는 함께 모여 그 일을 회상하면 누가 착각한 것인지 금세 가려질 수 있다. 그러나 기억하는 사람의 증언이 도전 받지 않는 경우에는 생생한 상상의 기억이 잘못되었다는 것이 쉽게 밝혀지지 않을 수도 있다.

뇌 영상 연구의 증거도 진짜 기억과 가짜 기억이 상당히 비슷한 신경적 특징들을 나타냄을 가리킨다. 오정보 효과를 다룬 한 연구는 진짜 기억과 가짜 기억이 다른 활성화 패턴을 보이지만 그 차이는 의식에 닿지 않을 수도 있는 감각 체계의 '초기' 부위에서만 나타난다는 것을 알아냈다. 케임브리지 대학의 존 시먼스와 동료들은 이마 중앙 바로 뒤에 있는 전내측 전전두피질의 활동이 내부적으로 생성된 정신적 내용물과 진짜 지각에 바탕을 두고 있는 내용물을 구별하는 기능을 맡는다고 주장한다. 이 부위는 특정한 정신적 경험이 스스로 만들어낸 것인지 바깥에서 들어온 것인지 '판단'하는 데 중요한 역할을 하는 것으로 보인다. 그곳으로 들어오는 자료가 진짜 기억이나 가짜 기억이나 똑같아 보인다면, 신경 체계로서는 정확한 판단을 내리는 것이 실로 만만치 않은 도전이다.

자료만 혼란스러운 것이 아니라 다양한 편향이 우리의 판단에 영향을 미치기도 한다. 우리는 상황에 따라 다른 기준을 사용한다. 질문이 어떤 식으로 우리에게 주어지는지, 무엇이 걸려 있는지, 우리가 대답에서 무엇을 원하는지에 따라 달라진다. 시간에 쫓기면 성급한 결론을 내리기 쉽다. 친구와 술을 마시면서 서로 공유하는 기억에 대해 이야기한다면 사건이 실제로 일어났다고 단호하게 목소리를 높일 수 있다. 법정에서 다른 사람의 삶이 걸렸을 수도 있는 증언을 하는 상황이라면 이야기는 달라질 수 있다.

따라서 출처 감찰 체계는 기억의 허점을 이해하는 유용한 모델이 된다. 장면 구성 모델과 마찬가지로 진짜 기억과 가짜 기억이 동일한 기본 과정을 통해 우리 마음속에 일어난다고 여기며, 우리가 이 둘을 어떻게 헷갈리는지에 대해 심리적 세부사항을 제공한다. 이것은 가짜 기억이 상상력의 부추김을 통해, 잘못되고 부적절한 정보를 통해, 혹은 우리의 현실 판단을 조작하는 술수를 통해 우리 마음속에 심어질 수 있다는 포괄적 증거가 된다. 출처 감찰 오류의 총체적 효과는 스스로 만들어낸 정신적 사건을 진짜 기억으로 여기게 만든다는 것이다. 우리가 이런 판단을 내리는 데 가동하는 정보는 완벽하지 않으며, 여기에 관여하는 과정들도 마찬가지다.

이렇듯 정신적 경험의 출처에 대해 판단을 내리는 것이 까다로운 여러 이유가 있다. 확실히 구별되지 않을 때가 많은 정보들을 미묘하게 판별할 수 있어야 한다. 그 가운데서 가장 까다로운 요인은 감정이다. 존슨과 동료들의 실험 연구는 감정이 현실 판단을 내리는 기초로 자주 사용된다는 것을 보여준다("나는 그 사건이 일어났다고 봐. 왜냐하면 확실하게 느껴지거든"). 그러나 감정은 출처를 감찰하고 판단하는 일의 정확성을 떨어뜨리는 요인으로도 알려져 있다. 사람들은 사건에 가동된 감정에 집중할 때, 정확한 현실 판단을 내리게 해줄 수 있는 지각적, 인지적 정보에는 그만큼 신경을 덜 쓰기 마련이다.

나의 수영장 '기억'이 이런 판단의 허점을 제대로 보여준다. 정신적 경험을 만드는 데 엄청난 인지적 노력이 들었으므로 나는 기억의 허구성을 받아들이는 쪽으로 나아갔어야 했다. 하지만 다른 요인들이 나를 반대 방향으로 잡아끌었다. 나는 사건의 감정에 사로잡힌 가운데 생생하고 지각적으로 풍성한 상상을 하려고 계속해서 노력했다. 신뢰를 접은 기억(가령 산타클로스를 보았다는 것을 나중에 믿지 않게 되는 것)도 상상이 지각적으로 풍성한 세부사항을 제공하여 실제로 일어난 것이라고 믿게 만들 수 있음을 보여주는 또 하나의 예다. 내 동료는 팔을 절단한 가짜 기억을 갖고 있는 친구 이야기를 내게 해주었다. 어떤 이유로 이 여자는 팔을 잃을까 봐 불안해했고 수술 장면을 끔찍할 정도로 자세히 상상했다. 이런 상상의 과정은 나중에 기억으로 각인되기에 충분한 감각적, 지각적 세부사항을 제공했다.

이로써 우리는 기억이 진짜인지 아닌지 대체 어떻게 판단할 수 있을까 하는 문제에 마주친다. 지난 20년간 이 문제는 사법 체계에서 커다란 비중을 차지했다. 상담 치료 과정에서 '다시 떠오른' 아동학대의 기억이 공개적인 논쟁과 소송에서 진실성을 의심받은 이른바 '기억 전쟁'이 1990년대 초에 있었고, 이를 계기로 과학자들과 일반 대중들은 기억의 구성적 성격에 주목하게 되었다. 그와 같은 '다시 떠오른' 기억은 이제 믿을 만하지 않다고 여겨진다. 2007년 초에 한 연구는 세 집단이 보고한 어린 시절 성추행의 기억을 비교했다. 자신이 성추행을 당했음을 항상 기억하고 있었던 집단, 상담 치료가 아닌 상황에서 갑자기 기억이 난 집단, 치료 과정에서 기억이 '다시 떠오른' 집단이었다. 연속적인 기억, 상담 치료가 아닐 때 갑자기 난 기억과 비교하여 '다시 떠오른' 기억은 다른 사람이나 다른 증거로 확증하기가 어려웠다. 실제로 '다시 떠오른' 기억 집단에서 학대의 기억을 입증하는 증거는 전혀 발견되지 않았다. 연구자들은 기억 회복 치료에서 사용한 심상화, 암시, 최면 같은 기법들이 이런 차이를 일으킨 원인일 수 있다고 보았다. 상상 팽창 연구에서 보았듯이 사람들에게 학대 사건을 생생하게 상상하도록 요청하면 나중에 사건이 실제로 일어났다는 거짓 주장을 하게 될 가능성이 커진다.

연구자들은 학대의 기억이 각자에게 얼마나 충격적이었는지 질문하여 이런 결론을 한층 뒷받침했다. '갑자기 생각난' 기억이 치료 과정에서 다시 떠오른 기억보다 당사자에게 더 충격적이었다. 이것은 상담 치료의 목적이나 결과에 대한 사전 기대감이 가짜 기억을 만들어내는 데 기여했음을 보여주는 것으로 해석되었다. 암시 치료를 통해 기억을 되찾았다고 주장하는 사람들이 실험실에서 단순한 가짜 기억 형성 테스트를 한 결과, 자신에게 일어나지 않은 사건을 일어났다고 잘못 주장하는 사례가 더 많았음을 보여준 다른 연구도 있다. 그런 사람들은 비양심적인 치료사가 특정한 환경에서 이윤을 얻을 수도 있는 가짜 기억에 원래부터 잘 넘어가는 성향이었을 수 있다.

"가짜 기억과 진짜 기억의 차이는 보석의 경우와 똑같다. 가장 진짜 같고 가장 눈부시게 빛나는 것은 항상 가짜다." 전설적인 초현실주의 화가 살바도르 달리의 말이다. 가짜 기억의 문제가 이처럼 논란이 되자 최근에 영국심리학회는 법률가가 입수할 수 있는 최고로 과학적인 증거를 기초로 목격자의 증언을 판단하도록 하려는 목적에서 '기억과 법'에 관한 일련의 지침을 내놓았다. 기억이 잘못될 수 있다는 무수히 많은 증거가 있으므로 변호사와 판사들은 이제 입증되지 않은 목격자 증언이나 근거 없는 고발을 무턱대고 믿지 않고 한결 조심스럽게 대한다.

연구자들은 최근 들어 실험실에서 이루어진 기억의 연구 결과를 보고된 기억이 진짜인지 가짜인지 판단하는 데 적용하기 시작했다. 기억 보고의 한 가지 특징이 진짜와 가짜 기억을 구별하는 데 어느 정도 성공했다. 세부사항이 얼마나 많이 보고되는가 하는 것인데, 아직은 법정에서 사용할 만큼 믿을 만한 것으로 여겨지지 않는다. 한 연구에서 두 명의 자원자에게 실제로 일어난 사건과 만들어낸 사건을 일기에 기록하도록 했다. 일곱 달 뒤에 그것을 그들에게 읽어주었을 때, 진짜 기억은 회상의 경험이라는 느낌을 주었지만(참가자를 어느 정도는 과거의 그 순간으로 데려갔다) 가짜 기억은 오로지 낯익음의 느낌만 동반되는 경향을 보였다.

최근의 다른 연구는 성인들이 실제 있었던 어린 시절 기억이나 상상해낸 기억에 대해 보고한 것을 분석했다. 그 결과 실제 사건의 내러티브는 더 길고, 인지 과정을 나타내는 특징들(예컨대 믿음과 지식)이 더 많이 포함되었으며, 상상의 사건은 감정을 나타내는 것들이 더 많았다. 이렇듯 가짜 기억 보고와 진짜 기억 보고의 객관적인 차이가 존재함에도 불구하고, 몇몇 연구에서 사람들에게 평가를 부탁하자 진짜 사건과 상상한 사건에 대한 증언을 확실하게 구별하지 못했다.

출처를 헷갈리는 실수는 반대 방향으로 작용할 수도 있다. 즉 '이것이 진짜'라는 꼬리표를 기억에서 떼어내는 것도 가능한 일이다. 예컨대 허사비스와 동료들이 확인한 '추가적' 뇌 부위가 더 이상 장면 구성 체계와 함께 돌아가지 않는다면, '이것이 기억'임을 당사자에게 말해주는 꼬리표는 제거될 수 있다. 다르게 보면, 상상력이 대단히 활발한 사람에게는 미래에 대한 의도나 생각이 기억과 아주 흡사하게 보일 수도 있다. 이 경우 무엇이 진짜 기억인지 결정하기 위해 출처를 감찰하는 일은 그만큼 더 어려운 과제가 된다.

바로 이런 일이 일부 정신질환 환자에게 일어나는 것이라는 증거가 있다. 전전두피질의 활동이 자주 막히는 조현병 환자는 출처 감찰에 특히 어려움을 겪을 수 있다는 것이 공인된 사실이다. 실제와 상상을 헷갈리면 그들은 사실은 자신의 기억의 일부인 자극에서 사악한 의미를 보기도 한다. 맨체스터 대학의 임상심리학자 토니 모리슨은 괴한들이 흰색 트랜짓 밴을 타고 자신을 따라다니는 망상에 시달리는 조의 사례를 설명한다. 조는 밴의 뒷좌석에 강제로 태워지고 온갖 무기로 반복해서 공격당하는 생생한 이미지에 계속 시달렸다. 인지 치료를 통해 이런 공격의 이미지가 그가 전에 감옥에 있을 때 경험했던 공격과 연관성이 있고, 그가 텔레비전에서 보았던 전혀 상관없는 장면의 특징들도 여기에 가져왔다는 것이 드러났다. 결국 조가 흰색 밴을 두려워하는 것은 기억이 예감으로 재포장된 것이었다. 그는 자신이 끔찍한 사건을 내다본다고 생각했다. 실은 기억하고 있는 것임을 그는 알아차리지 못했다.

이따금씩 출처 감찰 오류에 빠지는 것은 정신질환 환자들만이 아니다. 우리 모두는 가끔 상상한 것과 실제로 일어난 것을 헷갈리곤 한다. 나는 이따가 슈퍼마켓에 가기로 생각하면서 쇼핑 목록에 몇몇 항목을 기록해야겠다는 생각을 했다. 나는 그것들을 적었는지 아닌지 확실히 기억나지 않아서 방금 부엌에 가서 확인하고 왔다. 연구자들은 이런 능력의 신경적 기초를 막 밝혀내기 시작했다. 케임브리지 존 시먼스 실험실의 연구는 전내측 전전두피질에 위치한 대상주위구라고 하는 특정한 주름의 존재가 실험실에서 행한 현실 감찰 테스트의 성적과 관련이 있음을 최근에 밝혀냈다. 주름이 있는 참가자들은 없는 참가자에 비해 상상한 사건과 실제로 일어난 사건을 더 잘 구별했다.

출처를 확정하기가 특히 어려울 수 있는 정신적 사건으로 꿈이 있다. 우리가 기억한다고 생각하는 것 가운데 최소한 일부는 실은 꿈을 꾼 것일 수 있다. 꿈은 명백히 내부에서 일어난다는 점에서 특별한 사례이지만, 기억하지 않으면 깨어 있는 삶에 전혀 나타나지 않는다는 점에서도 특별하다. 깨어났을 때 곧장 어떤 꿈이었는지 기억하지 못하면 결코 그것에 대해 알 수 없다. 그리고 꿈을 기억한다고 해도 출처 감찰에 단순한 오류가 일어나면 꿈인지 현실인지 헷갈릴 수 있다. 한 친구가 살짝 지루한 꿈을 꾸었던 이야기를 해주었다. 우유배달원이 집에 와서 우유값을 달라고 해서 주었다는 것이다. 그러나 한번은 출처 감찰 오류로 꿈과 현실을 헷갈린 적이 있었다. 우유배달원이 실제로 집에 찾아왔는데 친구는 이미 돈을 줬다며 화를 냈다는 것이다. 물론 친구는 그런 적이 없었다. 꿈에서 그랬던 것이다. 실수는 곧 밝혀졌고, 배달원은 무사히 돈을 받아갔다.

문제가 그렇게 쉽게 해결되지 않는 경우도 있다. 특정 종류의 뇌 손상을 입으면 현실과 상상의 경계가 지속적인 공격에 노출된다. 그런 일이 벌어지면 사람들은 이야기를 하기 시작한다.

9.

이야기로
기억하는 사람

- 자물쇠로 잠긴 귀중품 보관소
- 센스캠 실험
- 기체험감^{déjà vécu}
- 작화증
- "엄마는 모든 것을 다 들어봤대요."

Pieces of Light

오십대 초반의 간호사 클레어가 혹시 전에 만난 사이인지 헷갈리게 만드는 친숙함이 살짝 배인 미소로 나를 맞이한다. 가느다란 검은색 머리카락은 단발머리를 하고 있고, 얇은 테 안경 너머로 친절하면서 불안해 보이는 눈은 다정다감한 학교 선생의 걱정스러운 표정을 던진다. 산들바람이 부는 화창한 9월에 케임브리지셔에서 그녀를 처음으로 만나기 전에 나는 독특한 뭔가를 착용하고 가라는 말을 들었다. 그래서 이십대 초반에 내가 집착했던 문학의 열정을 반영하고자 검은색 볼드체로 '헨리 밀러를 읽었어요'라고 적힌 이름표를 달고 나갔다. 내가 이렇게 독특한 것을 착용해야 클레어는 내 얼굴의 세부사항 말고 나의 정체성을 확인할 다른 무엇을 갖게 된다. 그녀의 남편 에드도 어디에 가든 상어 이빨이 달린 목걸이를 차는데, 클레어는 상어 이빨 목걸이를 보고 그가 자신의 남편임을 안다. 그가 이러는 이유는 아주 간단하다. 그래야 클레어는 그가 누구인지 알아볼 수 있다.

자물쇠로 잠긴
귀중품 보관소

클레어의 병명은 단기 기억을 새로운 일화적 기억으로 바꾸지 못하는 심각한 순행성 기억상실anterograde amnesia이다. 그러나 그녀의 기억상실은 역행성retrograde이기도 해서 병으로 뇌가 손상되기 이전에 일어났던 사건들도 기억하지 못한다. 그녀의 기억 문제는 양 방향으로 보인다. 그녀에게 무엇을 기억하고 있는지 물으면 십대 후반부터 병이 덮친 사십대 초반까지 삶의 모든 기억을 잃었다고 말한다. 특히 괴로운 것은 네 명의 아이들이 커가는 과정에 있었던 온갖 일화적 사실들을 전혀 기억하지 못한다는 것이다. 청소년기와 그 이전 아동기의 기억도 너덜너덜하다. 가족들은 클레어의 문제를 설명하면서 그녀의 기억이 "자물쇠로 잠긴 귀중품 보관소" 같다고 말한다. 그녀가 털어놓는 몇몇 기억들은 제대로 준비해서 말하는 이야기처럼 수상쩍을 만큼 매끄러운 특징을 보인다.

클레어는 이런 문제를 일으킨 신경 손상이 어느 정도인지 알고 있다. 마흔세 살 때 단순 포진 바이러스가 그녀의 양쪽 반구를 공격했고 대부분의 손상이 우반구에서 일어났다. 뇌 스캔으로 오른쪽 내측 측두엽의 기억 회로에서 광범위한 병변이 확인되었고 전두엽에도 약간의 손상이 있었다. 바이러스는 그녀의 기억을 지웠을 뿐만 아니라 그녀의 후각과 미각도 앗아갔다. 클레어가 파악하고 있는 자신의 상황은 제법 복잡하다. 그녀는 자신이 기억하지 못한다는 것을 안다. 그리고 자신의 문제가 일화적 기억에 한정된다는 것도 안다. 의미적 기억과 절차적 기억은 온전하다. 예를 들어 네 아이의 이름과 유럽 각국의 수도를 알고 있으며, 컴퓨터 작동법, 빵 굽는 방법도 완벽하게 기억한다. 이런 점에서 보면 그녀는 55년간 새로운 기억을 만들지 못하며 살다가 2008년에 죽은 역사상 가장 유명한 기억상실 환자 헨리 몰래슨과 공통점이 많다. 몰래슨은 만성 발작을 치료하기 위해 양쪽 해마에 심각한 손상을 주는 실험적인 수술을 받았다. 환자에 대한 정보를 보호하기 위해 그는 평생 H.M.이라는 이니셜로 세상에 알려졌다. 클레어와 마찬가지로 H.M.은 가족들과 수십 년을 함께 지냈던 과학자들을 알아보지 못했다. 2007년 인터뷰에서 그를 연구했던 신경심리학자 수전 코킨은 이렇게 털어놓았다. "그는 내 박사과정 논문에도 실렸고 나는 마지막 43년간 그의 경과를 옆에서 지켜보았습니다. 그런데도 그는 내가 누구인지 모릅니다."

H.M.이 일화적 기억에만 문제가 있음이 가장 확연히 드러난 것은 신경심리학자 브렌다 밀너가 그에게 거울을 보고 복잡한 패턴을 그려보라고 했을 때였다. 자신의 손을 직접 보지 않고 거울에 비친 손만 보고 그리려면 평소에 쓰는 지각-행동의 연결을 까다롭게 재조정하는 과정이 필요하다(욕실의 거울을 보고 코털을 자르려고 할 때 실감할 수 있다). H.M.은 보고 따라하는 이렇게 까다로운 작업을 마침내 습득했다.

그것을 익히는 과정에서 있었던 각각의 사례는 기억하지 못했지만 말이다. 클레어처럼 그도 절차적 기억이 온전해서 정원 일을 돕고 점심을 혼자 차려먹는 일을 할 수 있었지만, 새로운 일화적 기억을 마련하지는 못했다.

내가 '헨리 밀러를 읽었어요' 이름표를 단 것은 클레어가 얼굴 인식에 각별한 어려움을 보였기 때문이다. 그녀는 측두엽 뒤쪽 아래에 위치한 방추형 이랑이라고 하는 부위가 손상되어 안면실인증(얼굴맹) 증상을 보였다. 그녀는 물론 내 얼굴을 볼 수 있지만 말 그대로 보는 것일 뿐 기억하지는 못했다.

병을 앓은 첫날에 너무도 익숙해야 마땅했던 사람들의 얼굴을 알아보지 못하자 그녀는 몹시 고통스러웠다. 그때를 생각하면 지금도 화가 난다. 사건의 세부사항은 기억하지 못하지만 감정은 기억나기 때문이다. 특히 어머니로서 아내로서 전문 간호사로서 해오던 일을 하지 못한다는 좌절감이 생생히 기억난다고 한다. 그녀는 자신에게 중요했던 사람들과 연결되어 있다는 느낌을 잃어버렸다. 그녀의 말이다. "오랜 친구를 만나면 어떻게 살고 있는지, 아이들은 잘 크는지 물어보고 싶죠. 나는 그런 걸 못해요. 사람들은 내게서 원하는 것을 얻지 못해요. 그들이 필요로 하는 것을 내가 주지 못하니까요."

나는 웨스트민스터 대학의 신경심리학자 캐서린 러브데이를 통해 클레어를 만나게 되었다. 캐서린의 연구 팀은 케임브리지 대학의 신경심리학자 나린더 카푸르와 바바라 윌슨으로부터 클레어의 상세한 자료를 넘겨받고는 그녀의 사례를 처음 알았다. 카푸르와 윌슨과 그들의 팀은 기억상실 환자에게 치료용으로 사용할 수 있도록 마이크로소프트 리서치 케임브리지에서 새로 개발한 제품을 알아보고 있었다. 센스캠^{SenseCam}이라고 하는 이 장비는 작은 담배 상자 크기의 소형 디지털 카메라인데 끈으로 목에 걸고 다닐 수 있도록 가볍게 만들어졌다. 어안렌즈가 시각적 광경을 넓은 각도로 잡아 휴대용 드라이브에 저장하고, 이는 나중에 컴퓨터로 옮길 수 있다. 사용자는 자신이 원하는 때에 자신의 속도로 이렇게 저장된 이미지를 살펴볼 수 있다. 카메라는 고정된 간격(예컨대 30초 간격)으로 사진을 담지만, 센서들을 통합하여 움직임을 감지하고 빛과 온도의 변화도 알아낼 수 있다. 시야에 흥미로운 변화가 있으면 센스캠은 그것을 기록하게 된다. 전기를 많이 소모하지 않으므로 자주 충전하지 않아도 하루 종일 사용할 수 있다. 또 가속도계가 부착되어 있어서 사진을 찍을 때 카메라가 흔들려도 이미지가 안정적으로 잡힌다.

센스캠은 원래는 사용자의 일상을 시각적으로 기록하는 일기의 용도로 개발되었고, 삶의 사소한 부분들을 디지털 매체로 기록하는 '라이프로깅^{lifelogging}'의 추세에 힘입어 빠르게 확산되었다. 그러나 마이크로소프트 리서치는 곧 센스캠이 기억 장애를 치료하는 용도로 사용할 수 있다는 것을 알게 되었다. 오랫동안 신경심리학자들은 기억상실 환자들에게 기억을 돕는 보조기구들을 사용하여 일상의 어려움을 대처하는 데 활용하도록 해왔다. 예컨대 달력과 휴대폰 알림 서비스를 통해 약을 복용하거나 약속을 지키는 것을 잊지 않도록 했다. 그러나 이런 전략은 대체로 미래계획 기억$^{prospective\ memory}$(앞으로 해야 할 일을 기억하는 것_옮긴이)에 집중된다. 얼마 전까지도 기억을 돕는 보조기구들은 기억상실 환자들이 과거에 발을 디디고 서도록 돕는 데는 그다지 쓸모가 없었다.

센스캠은 이런 전통적인 치료 보조기구의 흥미로운 대체품이 된다. 마이크로소프트 리서치의 과학자들은 케임브리지 애든브룩스 병원의 기억 클리닉에서 일하는 카푸르, 윌슨과 손잡고 변연계 뇌염이라고 하는 질환으로 해마가 망가진 63세의 B 부인에게 이 기구를 시험해보았다. 11개월 동안 B 부인은 센스캠을 착용하고 흥미롭거나 독특한 사건들을 기록했다. 사건이 있은 다음 날에 남편이 그녀에게 전날에 있었던 일이 기억나는지 물었다. 그러고는 센스캠에 찍힌 이미지를 총 7회에 걸쳐 함께 살펴보았다. 센스캠 연구가 끝나고 나서 두 사람은 대조 연구로 사건을 일기에 기록하고 살펴보았다. 그 결과 이미지를 보는 것이 확연히 효과가 뛰어났다. 센스캠을 보았을 때 B 부인은 최근에 개인적으로 경험한 사건을 80퍼센트가량 기억했다(일기에 기록했을 때는 49퍼센트로 나타났다). 부인은 또한 이미지를 마지막으로 보고 석 달이 지나서도 사건들을 계속해서 기억했다(사건은 11개월 전에 일어났던 것도 있다). 기억의 유지는 일기의 경우 상당히 떨어졌다. 일기를 쓰는 것은 상당히 수고스럽고 비효율적인 것으로 밝혀져서 곧바로 접었다.

이런 확실한 결과를 어떻게 설명할 수 있을까? 한 가지 분명한 것은 센스캠이 자전적 기억의 대단히 시각적인 속성을 활용한다는 사실이다. B 부인이 센스캠의 이미지를 본 것을 기억하는 것이 아니라 사건 자체를 기억했다는 사실은 부인이 이미지에 묘사되지 않은 사건의 특징들을 자주 기억한다고 보고한 것에서 확인된다. 센스캠의 이미지가 시야를 넓게 잡는다는 말은 시각적 품질에서는 몰라도 적어도 디테일에서는 풍부하다는 뜻이다. 다시 말해 기억의 좋은 단서로 쓰일 만한 사소한 것들이 여기에 포함된다. 센스캠의 이미지는 또한 본인의 관점을 취하고 있어서 시각적인 자전적 기억에 본질적으로 가깝게 경험되며, 내측 측두엽 체계에 더 잘 통합되도록 도움을 줄 수 있다.

연구자들은 이제 센스캠 이미지를 보는 것이 뇌의 활성화 변화와 어떻게 연관되는지 살펴보는 것으로 이 문제를 알아보기 시작했다. 일기에 기록된 사건들을 회상하는 경우와 센스캠 이미지로 찍은 사건들을 회상하는 경우, 이렇게 두 가지 상황에서 내측 측두엽의 기억 네트워크에서 나타나는 활성화를 비교한 연구가 있었다. 센스캠의 경우에 기억 부위의 활성화가 훨씬 더 활발하게 나타났다. 기억 회로뿐만 아니라 자전적 기억의 감각-지각 단편들이 저장되는 곳으로 알려진 뇌의 뒤쪽 시각 담당 부위에서 특별히 강력한 활동이 있었다. 연구자 중 한 명인 마틴 콘웨이에 의하면 이것은 스캐너에 누운 사람이 사건을 실제로 보고 있을 때 나타나는 활성화 패턴과 똑같다고 한다. 신경과학적 증거로 볼 때 (더 강력한 신경 활동이 실제로 더 강력한 주관적 경험을 뜻한다고 추정하는 데는 물론 신중해야겠지만) 센스캠이 한층 생생한 기억하기의 경험을 만들어낸다고 봐도 무방해 보인다.

이어지는 후속 연구에서 콘웨이, 러브데이와 동료들은 클레어가 이전에 센스캠 이미지로 보았던 사건들을 회상하는 동안 그녀의 뇌를 스캔하고 있다. 일차적으로 나온 결과를 보면 클레어의 뇌는 일기에 기록한 사건을 회상할 때와 비교하여 시각 부위에서 활동의 증가를 보였다. 즉 클레어는 센스캠 이미지에 반응하여 뇌가 아무 이상 없는 참가자들과 같은 활성화 패턴을 보였다. 콘웨이와 러브데이는 이런 결과가 B 부인과 다른 기억상실 환자들에서 목격된 바 있는 센스캠의 긍정적 효과의 신경적 기초를 입증하는 것이라면서, 클레어의 남은 뇌 기능 가운데 정확히 어떤 것이 그녀의 기억에 결정적으로 중요한지 우리가 알아낼 수 있기를 기대한다.

센스캠
실험

센스캠이 어떤 식으로든 기억하기의 경험을 바꾸는 것은 틀림없어 보인다. 나는 좀 더 알아보기 위해 이제까지 두 차례 방문했을 뿐인 리즈를 걸어보기로 했다. 그날 나와 동행했던 신경심리학자 크리스 물랭이 낯선 장소를 걸으면서 센스캠을 시험해 보고 나중에 완전한 경험을 얻기 위해 이미지를 살펴보자고 내게 제안한 것이다. 그래서 우리는 햇볕이 내리쬐는 무더운 7월에 검은색 작은 상자를 가슴에 매달고 대학 캠퍼스에서 출발했다. 나는 도시를 걸으며 실험에 대해서는 잊고 크리스와 기억에 대한 대화를 나누는 데 최대한 집중했다. 그날 저녁에 집에 돌아와서 이미지들을 내 컴퓨터로 옮기고 한 달 동안 의도적으로 거기에 대해 생각하지 않았다. 제법 시간이 흐르고 나서야 그것들을 다시 돌아보고자 했다. 딱히 과학적이지는 않았지만 한 달이면 일상적인 망각이 효과를 발휘하기에 충분한 시간으로 보였다.

도시를 걸으며 보았던 이미지를 다시 살펴볼 때가 되자 나는 늘 그랬듯이 기억하기 기술의 신성함을 생각하며 마음을 다잡았다. 집에 혼자 있음을 확인했고, 내 기억이 이끄는 대로 집중하며 따라갈 준비를 했다. 크리스가 센스캠 이미지를 보는 것은 일반적인 사진을 보는 것과 같지 않다고 말한 바 있었다. 더 많은 것을, 생각과 대화와 느낌들을 기억하게 될 거라고 했다. 나는 마음속에 떠오르는 것은 무엇이든 놓치지 않고 싶었다. 이미지를 살펴보기 전에 그날의 전반적인 인상을 그려보았다. 햇빛, 크리스와 나눈 몇몇 대화 내용, 그가 철도 아래로 길이 나 있는 리즈의 다크 아치스 구역으로 나를 데려갔던 일이 생각났다. 그러나 센스캠이 듣던 대로라면 나는 이보다 훨씬 많은 것을 기억할 터였다. 내가 잊고 있던 다른 어떤 순간들이 떠오를까?

우선 센스캠에 저장된 천여 장의 이미지들로 저속도 영상을 만들었다. 초당 5프레임으로 설정했다. 제법 빠른 속도이지만 내가 각각의 이미지를 처리할 수 없을 만큼 그렇게 빠르지는 않았다. 특정 이미지에 집중하고 싶으면 정지 버튼을 누르면 되었다. 영상은 크리스의 사무실 장면으로 시작했고, 갑자기 바깥 복도로 이어졌다. 형광등 불빛에 푸르스름하게 빛나는 벽을 보자 뭔가가 떠올랐다. 새로운 기억이 의식 속으로 들어오는 기분을 느꼈다. 나는 정지 버튼을 누르고 내가 화장실에 갔었던 것을, 이어 크리스가 우편함을 확인하는 동안 바깥 복도에서 그를 기다렸던 것을 기억해냈다. 영상을 보기 전까지는 내 기억에 없었던 것이다. 센스캠의 첫 번째 성과였다.

테이프를 다시 돌렸다. 갑자기 우리는 바깥에 나와 있었다. 화창한 리즈 거리에서 우드하우스 레인을 걸어 중심가로 향했다. 길을 따라 이어지는 지점들을 보며 우리가 나눈 대화의 몇몇 세부사항들을 떠올릴 수 있었다. 광장에서 우리는 기억 삭제에 대한 로프터스의 연구를 논의했고, 버스 정류장에서는 마취 상태에서 수술 받을 때 기억이 어떻게 되는지 이야기했다. 우리가 일식집에서 점심을 먹을 때 내가 크리스 쪽 식탁을 바라보는 시야가 카메라에 길게 잡혔다. 우리는 각자의 결혼식에 대해 이야기를 주고받았는데 둘 다 관습과는 거리가 있는 결혼식이었다. 우리가 나눈 대화가 머릿속에서 들릴 것만 같았다. 젓가락을 놀리는 내 손이 보였고, 내가 식탁 밑의 휴대폰을 두어 차례 흘긋 쳐다보는 것을 부끄럽게 알아차렸다. 점심을 마치고 우리는 강가를 걸으며 쇼핑 지구로 발걸음을 옮겼다. 휴대폰으로 문자가 온 것이 생생하게 기억났다. 내 딸 아테나(그날 크리켓 경기를 하고 있었다)가 파이브-위켓 홀(크리켓 경기에서 투수가 한 이닝에서 다섯 타자를 아웃시키는 것_옮긴이)을 기록했다는 문자였다. 내가 크리스와 헤어지고 혼자서 캠퍼스로 돌아가는 것을, 이어 길을 잃고는 GPS를 이용하여 차를 주차시킨 곳으로 찾아가는 것을 보았다. 카메라 끄는 것을 깜빡 잊은 모양이다. 영상의 나머지는 조수석 위로 놓인 센스캠의 시야로 창문으로 들어오는 빛과 여름의 나무들의 변화하는 패턴이 자동차 천장에 비친 모습을 충실하게 기록한 것이었다.

센스캠의 위력을 실감할 수 있었다. 과학적으로 비교할 방법은 없었지만 (크리스가 예측한 대로) 그냥 사진으로 보았을 때보다 더 많은 것이 생각난 것 같았다. 사진을 찍을 때 우리는 경험의 순간에 의도적으로 괄호를 친다. 즉 무엇을 사진 속에 넣고 무엇을 뺄지 선택한다. 센스캠은 한층 무차별적이어서 우리가 알아채지 못한 것을 포착한다. 센스캠 이미지를 살펴보는 것의 효과를 연구한 것이 있는데, 참가자들은 과학기술 장비가 자신의 삶을 너무도 낯설게 보이도록 만들었다며 놀라움을 나타냈다. 한 명은 이렇게 말했다. "휴일에 그것을 들고 나갔고 찍힌 사진의 80퍼센트가 내 남자친구 모습이었는데 … 내 마음에 들었던 것은 (센스캠이) 그의 버릇과 행동을 포착한 방식 … 그러니까 그가 창문 밖을 바라본다든지 다른 무엇을 쳐다보는 모습이었어요."

참가자들은 또한 훌륭한 소설이나 영화가 그렇듯이 센스캠이 그냥 모르고 지나쳤을 순간들을 '잘 보이게 끌어낼' 수 있었다고 했다. 때로는 삶을 돌아보는 기회가 되기도 했다. 참가자들은 차에 앉거나 손을 씻는 것 같은 일상적인 행동이 자신의 삶에서 얼마나 많은 부분을 차지하는지 알게 되었다고 했다. 때로는 개인적인 변화의 동력이 되기도 했다. 나는 리즈 거리를 돌아다닌 사건을 살펴보면서 내가 말할 때 손동작을 얼마나 많이 취하는지를 알게 되었다. 커서 키를 사용하여 이미지를 천천히 돌리면 훨씬 세부적인 것도 볼 수 있었다. 졸업식 옷차림을 한 학생들을 보았는데, 그날 그 순간 내가 희미하게만 의식하던 사람들에게 그처럼 중차대한 사건이 벌어지고 있었음을 깨닫고 느낀 놀라움이 다시 떠올랐다. 그런 일이 벌어지고 있었다는 놀라움이었고, 그것을 내가 알아차리지 못했다는 놀라움이었다. 크리스가 밴을 운전하는 사람에게 길을 알려주는 것을 보았다. 내가 까맣게 잊고 있던 사건이었다. 나는 우리가 그날 또 한 번 길을 알려주기 위해 걸음을 멈춘 적이 있음을 알았지만, 우리를 멈춰 세운 젊은 아시아 남성의 이미지를 나중에 보았을 때, 그의 황망한 표정을 보았을 때, 우리가 그에게 별로 도움이 되지 못했다는 사실에 스스로에게 실망했었음이 생각났다. 이미지는 입자가 거칠고 어안렌즈로 인해 왜곡되었지만, 과거를 끌어내 다른 방식으로 경험하도록 만드는 묘한 힘이 있었다.

마틴 콘웨이는 그와 같은 이미지들을 살펴보면 몸짓이나 실내장식 같은 사소한 디테일이 연이은 기억을 불러오는 (프루스트의 소설에서 마르셀이 프티트 마들렌 과자를 맛보면서 연속적인 회상이 일어났듯이) '프루스트적 순간'이 일어날 수 있다고 주장했다. '프루스트적 순간'이라는 용어가 마르셀이 실제로 기울인 힘겨운 회상의 과정에 정확하게 들어맞지 않는다는 반대 의견을 제쳐둔다면, 이런 갑작스럽고 생생한 회상의 경험은 우리의 기억하기 경험의 일부임이 분명하며, 센스캠 이미지 보기는 냄새나 음악만큼이나 강력하게 이런 회상을 유발할 수 있는 듯하다.

콘웨이의 이런 설명은 더 포괄적이고 영향력이 큰 그의 자전적 기억 이론의 일부를 이룬다. 콘웨이는 자신의 연구의 중심에 **자전적 지식**이라고 하는 것을 두는데, 자신의 삶의 사건들이 전개되는 바에 대한 일종의 의미적 기억이다. 예컨대 나는 자각적, 일화적 기억이 꼭 따라붙지 않아도 되는 내 삶의 어떤 사실들(가령 내가 1975년부터 1978년까지 배질던의 킹스우드 초등학교를 다녔다는 것)을 안다. 내가 이 무렵으로 기억하는 사건들은 무엇이든 바로 그런 개념적 지식의 틀로 이해된다. 실제로 자전적 기억은 감각피질에 저장된 단편적이고 지각적인 일화적 정보가 자전적 지식의 구조와 연결될 때 생성된다. 그 결과 기억은 개인의 것이라는 성격을 획득하고, 기억하는 자아는 개념적으로 경험적으로 시간 속에 놓이게 된다. 자전적 지식은 우리의 기억에 구조를 부여하는 뼈대가 된다. 이렇게 일화적 이미지가 자전적 지식과 통합된다는 것은 우리가 왜 자전적 지식의 단서를 통해 일화적 기억에 접근할 수 있는지 설명해주기도 한다. 예를 들어 누군가가 나에게 초등학교 시절에 있었던 사건 하나를 생각해보라고 하면 나는 사건을 떠올릴 수 있는데, 이것은 일화적 이미지와 자전적 지식이 통합되어 있기 때문이다.

그러므로 콘웨이의 이론은 기억을 여러 신경 체계에 저장된 다양한 출처의 정보를 통해 만들어지는 구성물로 보는 재구성 이론의 한 예다. 그러나 여기에는 기억이 어째서 **우리에게** 일어난 것으로 경험되는지 설명하는 방법이 필요하다. 콘웨이는 경험하는 자에게 어떤 인지적 상태에 있는지 알려주는 '인지적 느낌'이라는 것이 존재한다고 제안한다. 예를 들어 기억 체계의 산물에 동반되는 '기억한다는 느낌'이 그 경험에 꿈이나 환각이 아니라 기억이라는 꼬리표를 부착한다. 우리는 앞선 장에서 이런 기억한다는 느낌의 신경적 기초가 장면 구성 체계의 추가적 부위(설전부, 후측 대상회, 전내측 전전두피질)에 있는 것으로 추정됨을 알아보았다. 여러분이 어제 있었던 일들을 돌아보면서 실제로 일어나지 않았던 뭔가에 대한 기억을 끼워 넣으려고 하면 그것은 두드러지게 튀어나올 것이다. 진실임을 보증하는 기억한다는 느낌이 들지 않아서 진짜로 느껴지지 않을 것이다. 정상적인 상황에서는 이런 기억한다는 느낌이 기억이 우리에게 일어난 것처럼 느껴지도록 보증한다. 하지만 의식에 떠오르는 내용(실제 기억)과 동반되는 인지적 느낌이 엇갈릴 수도 있다. 이렇게 되면 기억하기는 독특한 방식으로 틀어질 수 있다.

기체험감 déjà vécu

리즈에서 나와 동행했고 센스캠을 빌려주었던 크리스 물랭은 오랜 세월 이런 특정한 부류의 기억상실을 연구하고 있다. 브리스틀 대학에서 박사 과정에 있을 때 그는 한 일반의로부터 80세의 전직 엔지니어를 소개하는 편지를 받았다. 폴란드에서 영국으로 온 이주민인데 기억에 문제가 있다고 했다. 의사는 환자(AKP로 알려진)에게 기억 클리닉에 가보도록 했지만 환자는 이미 가봤다면서 그런 데 가봐야 소용없다고 대답했다. 과거에 경험했던 사건이라고 느끼는 감각은 거듭 이어졌고, 새로운 자극을 접하면 악화되었다. 그래서 그는 신문을 읽지도, 텔레비전을 보지도 않았다. 전에 본 적이 있는 기사이고 프로그램이기 때문이다. 하지만 물랭과 동료들은 그의 사례를 설명하면서 이렇게 썼다. "AKP는 자신의 어려움에 대한 통찰을 놓치지 않았다. 전에 본 적이 있는 프로그램이라는 그의 말에 부인이 다음에 무슨 일이 벌어지는지 묻자 이렇게 대답했다. '그걸 내가 어떻게 알아? 나는 기억에 문제가 있잖아!'"

전에 어떤 순간을 경험한 적이 있다는 이례적인 느낌은 물론 반드시 병의 증상은 아니다. 월터 스코트는 1815년의 소설 『가이 매너링 Guy Mannering』에서 이를 가리켜 "광경이나 주제가 전적으로 새롭게 느껴지지 않는 신비스럽고 뭐라 규정하기 어려운 의식意識"이라고 했다. 찰스 디킨스의 동명 소설에서 주인공 데이비드 코퍼필드는 한 번도 아니고 두 번이나 이것을 경험했다. 일반인들의 대략 3분의 2가 일상적인 기시감을 경험하는데, 심리학자 앨런 S. 브라운은 이런 현상을 여러 설명이 가능한 "통례적인 기억의 고장"이라고 했다. 그중 하나는 우리가 진짜 새로운 경험과 전에 경험한 적이 있지만 명시적으로 기억하지는 못하는 암묵적 기억(꿈이나 자각적인 일화적 기억이 없는 그저 낯익은 맥락 같은 것) 간의 대결을 경험하는 것이라는 설명이다. 이런 해석에 의거하여 실험실에서 참가자들에게 의식적으로 지각하지 못할 만큼 짧게 자극을 보여주고는 나중에 다시 더 길게 노출하는 식으로 하여 기시감의 경험을 끌어내는 것이 가능함이 밝혀졌다. 기시감을 신경적으로 설명하는 하나의 이론은 낯익음의 느낌을 매개하는 뇌의 부위(우반구의 해마주위피질과 후각주위피질)에 잠깐 동안 무작위적인 발화가 일어나는 것으로 본다. 측두엽 간질 환자는 발작이 일어나기에 앞서 '전조 증상'으로 기시감의 경험을 자주 보고한다. 또 하나의 가능성은 뇌에서 전달의 오류가 일어나 낯익음으로 해석되는 자각이 일시적으로 증가하는 것이다.

그러나 물랭의 환자는 그저 병적 낯익음을 경험하는 것만이 아니다. 그들이 앞서의 경험을 느끼는 것은 이전에 특정한 시나리오에 마주친 적이 있다는 단순한 느낌 이상이다. 그보다는 회상의 경험, 과거에 있는 자아의 감각이 동반된다. AKP는 너무도 익숙하게 보이는 사건들을 실제로 **기억했다**. 그 사건을 다시 체험하는 기분을 느꼈다. 그래서 물랭과 동료들은 기시감^{déjà vu}('이미 본 적이 있다')이라는 널리 사용되는 용어 대신 기체험감^{déjà vécu}('이미 체험한 적이 있다')이라는 용어를 사용한다. 물랭과 동료들은 두 명의 환자(그중 한 명이 AKP)를 대상으로 심리 테스트를 하여 이런 비공식적인 보고를 확인하고자 했다. 그 결과 단어와 사진을 알아보는 과제에서 상당한 거짓 양성이 나타났다. 다시 말해 실제로는 처음 보는 것임에도 전에 본 적이 있다는 대답이 많았다. 그들은 또한 환자들이 알아보겠다고 잘못 보고한 항목에서 높은 수준의 회상의 경험이 나타났다고 밝혔다. 따라서 환자들은 그저 낯익은 것이라고 잘못 평가하는 것이 아니었다. 그들은 전에 그것을 본 기억이 난다고 진심으로 말하고 있었던 것이다.

물랭과 동료들은 이런 결과를 환자들이 기억한다는 느낌을 과하게 느끼는 것이라고 해석했다. 기체험감이 집요하게 계속되면 새로운 매 순간을 마치 기억하는 것처럼 경험하게 된다. AKP의 진단은 확실치 않았지만(몇 년 전에 세상을 떠났다) 뇌 스캔으로 그의 측두엽과 해마가 특히 좌반구에서 비정상적인 수준으로 위축되었음이 확인된 바 있다. '기억한다는 느낌'이 뇌의 이 부위에 집중되어 있고, 계속되는 기체험감의 경우에 여기가 만성적인 과민 상태인 것일까? 다시 경험한다는 변이적^{rogue} 느낌이 마찬가지로 동반되는 측두엽 간질 발작이 영향을 미치는 부위도 바로 이곳이다.

가장 최근에 물랭과 동료들은 이 같은 기억 이상을 일으키는 신경적 기제를 설명하기 위해 기체험감의 새로운 인지-신경과학 모델을 제안했다. 그들 설명의 핵심에는 해마 뉴런에서 일어나는 '세타 진동'이라고 알려진 특정 주기의 활동이 놓인다. (앞서 우리는 해마의 세타 진동이 탐색에서 '시간재기' 기능을 제공하는 것으로 보인다는 것을 살펴보았다.) 세타 뇌파는 신경세포 발화에서 상대적으로 느리고(초당 6~10회) 진폭이 큰 진동이다. EEG에서 볼 수 있는 다른 뇌파들과 비교하자면 잔물결보다는 대양의 파도에 가깝다. 이런 독특한 세타 진동으로 인해 해마에서 CA1이라고 하는 부위에 있는 세포들이 부호화와 인출이라는 두 가지 역할을 구분할 수 있게 된다고 추정된다. 세타에도 고점과 저점이 있다. 해마가 부호화와 인출을 빠르게 번갈아가며 수행할 수 있는 것은 뇌파가 이렇게 두 가지 상으로 나뉘기 때문이다. 간단히 말해서 세타의 고점에서 접수되는 신호는 부호화(새로운 정보의 처리)와 관련되는 것으로 여겨지고, 저점에서 도달하는 신호는 인출과 관련된다는 것이 새로운 모델의 주장이다. 여기에 문제가 생기면(예컨대 고점이 저점으로, 혹은 그 반대로 해석되면) 부호화를 위해 처리되어야 하는 정보가 인출과 관련되는 것으로 잘못 읽힐 수 있다. 다시 말해 "이것은 새로운 것이고 지금 일어나는 일이야"라고 읽혀야 하는 새로운 정보의 표상이 "이것은 예전에 일어났던 일이야"라고 잘못 읽히게 된다.

물랭의 기체험감 연구가 발표되자 곧 이것이 유일한 사례가 아님을 입증하는 반응이 나왔다. 더블린에 사는 한 여성이 89세의 아버지 패트릭이 최근 들어 계속되는 기시감 증상을 보이기 시작했다며 구글 검색을 통해 물랭에게 연락해왔다. 이런 경험이 유독 새로운 경험과 강하게 연관된다는 사실은 해마 세타 가설을 지지하는 증거로 보인다. 거꾸로 뒤집힌 기시감의 세계에서는 새로운 자극이 부호화 체계를 강하게 활성화하다가도 결국에는 인출 체계를 강하게 활성화한다. 예를 들어 딸과 함께 생방송을 보던 패트릭은 전에 본 적 있는 프로그램이라고 불평한다. 그의 딸은 상황을 이렇게 설명한다. "우리는 이런 식으로 진행하는 상당히 기이한 대화를 나누곤 했어요. 내가 말합니다. '하지만 아버지, 지금 저 사람은 생방송에 나와 **오늘**에 대해 말하고 있어요.' 그러면 아버지는 그럴듯한 논리로 이렇게 말합니다. '녹화할 때는 **오늘**이었지. **그때는 생방송**이었어. 그가 **오늘**에 대해 말하는 것은 그때는 오늘이었기 때문이야! 하지만 나는 어제 방송을 보았다고.'"

패트릭은 클레어와 같은 기억상실이 아니다. 자신의 과거를 제대로 기억하고 있고, 남들처럼 청소년기 후반과 성년기 초반의 사건들을 더 잘 기억하는 회상 효과를 보인다. 그에게 신경심리적 문제가 있다면 정확히 어느 정도인지는 아직 알아보아야 한다. 그러나 내가 그의 딸과 이야기하면서 나의 관심을 끌었던 것은 그가 자신의 기이한 경험을 합리화하려고 한다는 점이었다. 전에 경험했을 리 없다는 것을 자신도 알지만 그럼에도 낯익은 것으로 다가오는 상황에 마주하여 그는 이례적인 경험을 해명하는 이야기를 지어낸다. 텔레비전 프로그램이 왠지 낯익게 보인다면 그것은 방송국이 어려운 시기에 돈을 아끼려고 재방송을 내보내기 때문이다. "방송국 사람들은 허구한 날 똑같은 방송을 내보내도 뭐라고 하는 사람이 없지." 그는 종종 이렇게 말했다고 한다. 패트릭은 또한 다른 사람들이 자신의 행동을 알아차렸음을 인식하고는 행동을 능숙하게 숨긴다. 열렬한 골프 팬인 그는 더 이상 텔레비전 중계를 보지 않는다. 재미를 느끼지 못하기 때문이다. 이미 보았던 게임이라고 소리 높여 불평하지 않고 그냥 나가서 다른 일을 한다. 가족들에게 패트릭이 가장 좋아하는 스포츠를 버린 것은 그가 여전히 기체험감을 느끼고 있다는 가장 명백한 증거다. 그의 이야기는 과거를 제대로 알아보지 못하는 사람이 미래의 관점에서 현재를 돌아본다면 어떻게 될지를 우리에게 통렬하게 일깨워준다.

작화증

기억에 장애가 생기면 작화증이 이어질 때가 많다. 물랭의 환자 AKP는 (실은 이제 막 배달된) 조간신문을 자신이 어떻게 벌써 읽었는지를 해명하기를 한밤중에 일어나서 가판대에서 읽었노라고 했다. 그의 부인이 언젠가 길에서 동전을 발견한 적이 있는데, 그는 자신이 그곳에 놓아둔 것이라며 자신의 기체험감을 설명했다. 심지어 그의 부인도 그가 지어낸 이야기의 주제가 되었다. 그는 똑같은 그녀와 세 차례 결혼했고 유럽 각지에서 별도의 결혼식을 올렸다고 주장했다. 영화를 보러 극장에 가서 자신이 이미 본 적이 있는 영화라고 (당연히) 확신했던 그는 그 영화가 실은 자신에 관한 것이라고 주장함으로써 이례적인 느낌을 설명했다.

많은 점에서 작화증은 이렇게 묘한 기억한다는 느낌에 마주하여 완벽하게 타당한 반응이다. 기이한 경험에 대해 그저 있을 법한 설명을 상상하기만 해도 출처 감찰 오류를 통해 진짜 기억의 형태를 갖추게 될 수 있다. 일반적으로 내측 측두엽 체계의 산물을 감시하는 (전전두피질에 주로 분포되어 있는) 통제 체계에 손상이 일어나면 '기억'이 확고하게 자리를 잡을 수도 있다. 전전두피질에서 일어나는 감찰 과정과 통제 과정이 그와 같은 상상을 가짜라고 거절하지 않으면 기억의 진실성을 갖는 것으로 경험될 수 있고, 이야기 짓기가 연이어 촉발될 수 있다.

또 하나의 이론은 작화증이 기억의 검색을 조직하고 이런 검색의 결과를 감시하는 체계(마찬가지로 전전두피질에 있지만 보다 측면에 위치한다)에서 전략적 인출에 실패한 것으로 본다. 이번에도 전략적 인출의 결손으로만 모든 것을 설명할 수는 없다. 전두엽의 병증이 작화증의 경우에 항상 나타나는 것은 아니어서(AKP는 이 부위에 손상이 없었다) 다른 신경 체계가 관여하고 있는 것이 분명하다. 가장 포괄적인 작화증 이론은 이제 몇몇 중차대한 기능의 '핵심 결손'이 원인이라고 제안한다. 즉 기억의 올바름을 직관적으로 파악하는 기능, 기억 '편집자'가 내놓은 산물을 감시하는 기능, 기억을 바탕으로 행동할지 판단하는 관련 통제 기제의 기능에 문제가 있어서 작화증이 나타난다는 것이다.

이렇게 작화증을 다양한 과정으로 바라보는 견해는 어째서 기체험감이 그토록 독특한 회상의 질을 갖는지 설명해준다. AKP는 자신이 똑같은 여성과 세 차례 결혼했다고 믿었을 뿐만 아니라 그렇게 한 것을 실제로 기억했다. 자신의 이례적인 경험에 대한 설명을 생각해낼 때 보통은 타당하지 않다고 거절하는 감시 체계가 이를 솎아내는 데 실패한 것이다. 그는 기억한다는 느낌을 지나치게 느꼈기 때문에 설명을 위해 지어낸 이야기를 진짜 기억으로 경험하고 말았다. 작화증의 다른 사례를 보면 환자는 불안정한 믿음을 바탕으로 실제로 행동에 나선다. 앞서 보았듯이 패트릭은 자신이 가장 좋아하는 취미였던 골프 경기 시청을 피했다. 모든 경기의 결과를 이미 알기 때문에 텔레비전 스위치를 켜는 것이 아무런 의미가 없다고 보았다.

마틴 콘웨이는 작화증이 특정한 감정가emotional valence를 동반할 때가 많고 대개는 자아를 좋은 쪽으로 보여주려 애쓴다고 주목했다. 기억이 대체로 그렇듯이 작화증도 자아의 필요에 봉사한다. 콘웨이의 동료인 에카테리나 포토풀루는 작화증 환자에게서 나타나는 '자아에 봉사하는' 편향이 건강한 자원자들의 기억 왜곡에서 나타나는 편향보다 더 강력하다는 것을 보여주었다. 따라서 신경심리적 문제가 있는 환자들이 만들어내는 기이한 이야기들은 일치와 일관성이라는 두 가지 힘이 계속적으로 벌이는 싸움의 또 하나의 예가 된다. 기억은 사실에 충실하기를 원하지만, 아울러 화자에게 영합하는 이야기를 하고 싶어 하기도 한다.

"엄마는 모든 것을
다 들어봤대요."

대개의 경우 클레어의 기억 문제는 이렇게 걷잡을 수 없는 이야기하기를 동반하지 않는다. 그녀도 이미 경험한 것이라고 보고하지만 경험의 초점이 다소 의외다. 클레어는 음악에서 기시감(정확히 말하면 기청감^{déjà} entendu)을 느끼는데 그저 익숙한 음악이 아니다. 그녀는 전에 들었을 리가 없는 음악을 들으며 예전 노래를 다시 부른 커버곡이라고 생각한다. 그리고 문제의 곡들은 특징이 있다. 항상 '엘비스의 곡'이라는 점이다.

내가 방문한 날에 캐서린 러브데이는 클레어와 함께 그녀의 음악 기억의 이런 측면을 알아보는 연구를 했다. 캐서린은 먼저 클레어에게 전에 했던 음악 연구들, 예컨대 옛날 노래를 듣고 떠오르는 기억이 있으면 종이에 적도록 했던 연구를 상기시켰다. 앞서 10년간 나온 대중적인 노래를 활용하여 음악이 유발하는 비자발적 기억을 연구했을 때처럼 클레어가 자동차 라디오에서 듣는 노래들은 그녀의 과거의 일반적인 기억들을 들추어냈다. 특정한 일화적 세부사항까지 끌어내는 경우는 드물지만, 그녀가 두 번째로 좋아하는 가수 존 오트웨이의 노래는 예외다. 옛날 LP로 그의 노래를 들으면서 클레어는 "그가 노래하고 마이크에 머리를 들이받아 소음을 내고 모두가 환호하는 모습이 생생하게 떠올랐다"라고 종이에 적었다. 흥미롭게도 그녀가 기억을 유발한다고 한 모든 노래는 그녀가 병을 앓기 전에 나온 노래들이다. 그녀는 동시대의 음악을 전혀 따라잡지 못한다. 따라서 이런 노래들은 그녀의 가장 극심한 기억상실 시기로 들어가는 잠재적으로 중요한 입구다.

한층 흥미로운 것은 돌발적으로 일어나는 낯익은 느낌이다. 클레어는 박스 파일에서 자신의 딸 조지아가 쓴 쪽지를 발견했다. 캐서린은 그녀에게 지난 번 세션 때 조지아가 옆에 있었다고 말했고, 클레어는 자신의 딸이 함께했다는 사실을 듣고 기분 좋게 놀라워했다. 조지아의 쪽지는 캐서린의 흥미를 끈 바 있는 바로 그 현상을 보여준다. "엄마는 테이크 댓의 신곡을 듣는다. 그러면서 80년대 곡이라고 생각한다. 흥미롭다. 그저 빤하게 예측되는 가사를 알아차린 걸까, 아니면 정말로 노래를 아는 걸까?" 어느 순간 조지아의 남동생 리오가 부엌을 지나다가 우리의 대화에 끼어들었다. "엄마는 모든 것을 다 들어봤대요." 그가 우리에게 말했다. "모든 노래를요. 엄마가 '이건 커버곡이야'라고 말하고 우리는 '아냐, 그렇지 않아!'라고 말하지요." 캐서린은 클레어가 자신이 잘 모르는 노래라는 것이 느껴지면 자신이 좋아하는 노래의 서툰 커버곡이라고 둘러댄다고 말한다. "나는 이 노래를 알지만 제대로 부르는 노래가 아니네요, 하고 그녀가 말해요." 그러면서 클레어는 비웃는다고 했다. "커버하는 것 같긴 하지만 제대로 커버하지 않는다는 겁니다." 계속해서 캐서린이 말한다. "그러니까 뭔가 낯익은 느낌이 있어요. 자신이 아는 노래처럼 **느껴지는데** 제대로 된 소리로는 들리지 않는 거죠."

캐서린이 오늘 알아보고자 하는 것이 바로 이렇게 제멋대로 드는 낯익은 느낌이다. 그녀는 엘비스의 원곡, 원곡에 충실한 정도가 다른 몇몇 엘비스 커버곡, 비틀스의 원곡, 이렇게 여러 종류의 노래들을 선별하여 CD로 만들어왔다. 아울러 클레어가 결코 들어보지 못한 새로운 곡들, 즉 캐서린의 음악가 남편이 방금 작곡한 곡들도 있었다. 특정 스타일이 떠오르게끔 의도적으로 비슷한 풍으로 작곡했다. 클레어에게는 각각의 노래를 듣고 들어본 적이 있는지, 특정한 기억이나 일반적인 기억이 떠오르는지 질문하게 된다고 말해두었다.

엘비스에 대한 클레어의 집착은 듣던 대로였다. 엘비스의 몇몇 곡을 듣고는 곧바로 숨김없는 반응을 보였다. 노래를 따라 부르고 고개를 까닥거리며 어린아이처럼 즐거워했다. 〈Jailhouse Rock〉이 유발하는 기억이 있는지 묻자 이렇게 대답했다. "특정한 기억은 아니지만 셰필드에서 보낸 십대 시절이 확실히 떠올라요." 엘비스의 곡임을 명백히 알아본 또 다른 곡 〈One Night with You〉가 유발한 기억은 모호했다. "좀 더 최근의 느낌인데 특정하지는 않아요. 뭐랄까 내가 병을 앓고 나서의 느낌 … 따뜻한 기억이 떠오르네요." 〈All Shook Up〉은 남편 에드와 함께 춤추던 희미한 이미지를 떠올렸다.

엘비스의 커버곡 몇몇은 그녀가 곧바로 엘비스의 곡임을 알아보았는데, 현대적인 해석에 못마땅한 기색을 드러내기도 했다. 예컨대 펫 숍 보이스가 다시 부른 〈Always on My Mind〉의 경우 클레어는 다른 사람이 부르는 엘비스의 곡임을 명확히 알아보았다. 파인 영 캐니벌스의 〈Caught in a Trap〉이 흘러나오자 그녀는 CD를 멈추어달라면서 이렇게 불평했다. "**끔찍한** 엘비스 커버곡이네요."

그러나 그녀는 새로 만든 곡 가운데 특히 로큰롤 스타일로 작곡한 몇몇 곡도 엘비스 노래라고 판정했다. 그녀는 고개를 까딱이며 노래를 따라 불렀다. 전에 들어본 적이 있는 노래일 리가 없어서 가사를 추측할 뿐이었지만 말이다. 연주가 끝나자 그녀는 자신 있게 알아보겠다고 했다. "엘비스의 노래가 맞아요." 새로 작곡한 노래 한 곡에 대해 이렇게 말했다. "내가 너무도 잘 아는 곡이고 음반으로도 갖고 있어요." 실제 기억은 어떨까? "내가 음반을, LP를 올려놓는 것이 보여요. 그저 모호하게 들리는 것이 아니라요." 이 곡에 대해 엘비스 곡이 틀림없다는 확신을 나타내기 위해 그녀는 5점 만점에 4점을 주었다. 비슷한 풍으로 작곡한 다른 곡을 듣고는 〈Good Rockin' Tonight〉와 비슷하지만 엘비스가 부른 곡이라고 충분히 확신할 만한 느낌은 들지 않는다고 했다. 세 번째 곡은 엘비스의 곡이라고 명백하게 알아보지 못하겠지만 그녀가 갖고 있는 엘비스의 앨범에 실렸을 법한 느낌이라고 했다.

이상하게도 클레어는 비틀스의 곡에 대해서도 같은 반응을 보였다. 〈Hey Jude〉의 유명한 오프닝을 듣고 엘비스 프레슬리가 원래 불렀던 곡이라고 확신했다. 이 경우 가수가 엘비스라고 확신하지는 않았지만, 자신은 레코드로 자주 들었고 지금은 CD여서 그럴 수도 있다고 설명했다. "똑같지는 않아요. 내가 레코드플레이어로 들었을 때의 깊이와 저음이 아니에요. 다른 가족들은 이 말을 믿지 않지만." 〈A Hard Day's Night〉와 〈Help!〉도 똑같은 반응을 끌어냈다. 이와 대조적으로 엘비스의 원곡 가운데 최소한 한 곡에는 썩 자신이 없었다. 자신이 가장 좋아하는 노래 가운데 하나인 〈All Shook Up〉에서 그녀는 가수의 목소리를 알아보지 못했다.

자신의 실수를 듣더니 클레어는 말문이 막혔다. 자신이 어떻게 그토록 많은 노래를 잘못 알아들었는지 이해하지 못했고, 캐서린에게 다시 한 번 들려달라고 부탁했다. "기분이 안 좋아요. 내가 아는 노래라고 했다니 믿기지 않네요. 그리고 엘비스의 노래라고 생각했다고요?" 확실히 그녀는 유명한 목소리를 알아보는 데 문제가 있지만, 더 큰 문제는 생뚱맞은 낯익은 느낌이다. 그녀는 낯익을 리가 없는 음악을 익숙하다고 느낀다. 노래로 인해 몇몇 일반적인 기억이 떠올랐지만 특정한 기억은 별로 없었다. 그녀의 경험은 대체로 회상의 경험이 동반되지 않으므로 엄격하게 기체험감의 예로 볼 수가 없다. 비슷한 풍으로 새로 만든 곡 중에서 거절의 주제를 가진 슬픈 발라드는 그녀가 수중 에어로빅을 하면서 비슷한 노래를 듣고 감상에 젖었던 기억을 떠올리게 했다. 그러나 클레어는 같은 노래가 아니라는 것을 알았다. 그저 연상을 통해, 특히 감정의 연상을 통해 또 다른 기억을 유발한 것이다. 이 노래가 엘비스의 곡인지 묻자 그녀는 그렇다고 꽤 확신했고, 심지어 그가 노래를 불렀다고 자신 있게 말했다.

캐서린은 클레어가 낯익은 노래인지 판단할 때 음악보다는 가사에 더 의지한다고 생각한다. 비슷한 풍으로 작곡한 곡들은 뻔히 예측되는 가사를 갖고 있어서 그녀가 다음에 어떤 가사가 나올지 자주 알아맞힐 수 있으므로 그녀의 낯익은 느낌을 부채질할 수 있다. 캐서린은 또 클레어가 정말로 낯익다고 여기는 노래에는 즉각적이고 명확한 반응을 보임을 지적한다.

"당신이 절대적으로 아는 것에는 당신이 그저 안다고 생각하는 것과 비교할 때 완전히 다른 수준의 반응을 보여요." 캐서린이 클레어에게 말했다. 나중에 캐서린은 현재 후속 연구로 클레어의 음악 경험에서 음악적 오인과 생뚱맞은 낯익은 느낌 간의 관계에 대해 더 알아보고 있다고 내게 말했다. 그녀는 인지 신경심리학자로서 엘비스 프레슬리의 곡들을 중심으로 학계 연구를 계획하는 것은 남들의 부러움을 사는 일이라며 즐거워했다.

방문 마지막에 나는 클레어가 최근에 찍은 자신의 센스캠 이미지를 살펴보는 것을 볼 기회가 있었다. 클레어는 처음에 진단을 받고 우울과 불안에 시달렸다. 별 것 아닌 상황에서도 주눅이 들고 울먹였고, 일상적인 일들을 수행하지 못해 좌절했으며, 미래의 감각이 축소된 것을 느꼈다고 했다. 데미스 허사비스 등이 보여주었듯이 기억상실 환자들은 과거를 회상하는 것만큼 미래를 상상하는 데도 어려움을 겪으므로 클레어의 우울증은 특정한 인지적 손상으로 악화되었을 가능성이 크다. 신경심리학자들은 많은 환자들이 이런 식의 뇌 손상으로 과거의 자아와 현재의 자아가 일치하지 않는다는 것을 점차 깨달으면서 고통을 겪는다고 보고했다. 기억할 수 없으면 삶이 이어지는 동안 자신의 자아상을 갱신할 수 없다. 두 가지 정체성 가운데 어느 쪽에도 제대로 정착하지 못하고 그 사이에 갇힌 상태가 된다.

센스캠은 클레어에게 이런 난관에서 벗어나는 길을 알려주었다. 캐서린은 클레어가 알아본다는 기색 없이 이미지들을 계속해서 보다 보면 별다를 것 없는 이미지에 있는 뭔가가 그녀를 기억하기로 떠밀 것이라고 했다. 캐서린은 이미지가 갖는 순차적 속성이 핵심이라고 확신했다. 고립된 단일한 이미지는 그런 효과가 없는 것 같다.

"단서 자체가 특별한 것 같아요." 그녀가 내게 말했다. "그녀의 시야로 보는 단서여서 그녀의 환경에서 벌어지는 변화(움직임이나 빛)와 관련되고, 따라서 특정한 주목의 순간과 관련되니까요. 하지만 뇌에 이런 자극들을 계속해서 퍼붓는 것도 그녀가 프루스트적인 회상의 순간을 갖도록 하는 데 결정적입니다."

나는 방문한 날에 이것을 직접 목격했다. 가장 먼저 눈에 들어온 것은 클레어가 대단히 체계적인 사람이라는 것이었다. 그녀는 자동차를 포함하여 모든 곳에다가 공책을 두었다. 커다란 농가 부엌 식탁 모퉁이에 공책과 박스 파일로 이루어진 작업 공간이 마련되어 있었다.

"나는 항상 펜과 종이를 옆에 둡니다." 그녀가 말했다. "내가 끄적거린다는 것을 사람들이 받아들이지만, 사람들과 같이 있을 때 기록하는 것이 항상 쉽지만은 않습니다. 그리고 충분히 기억하지 못한다는 사실이 늘 아주 못마땅합니다. 나도 사람들을, 그들이 하는 말을 기억하고 싶거든요." 센스캠(우리가 도착했을 때부터 계속 목에 걸고 있었다)으로 작업하는 것은 그녀에게 이런 끄적거림의 확장인 셈이다.

"아무래도 남들을 살짝 의식하게 되지요. 다른 사람들이 촬영되고 있다는 생각 때문에 정상적으로 반응하지 않으니까요." 클레어는 별도의 일기에 센스캠 세션의 목록들을 정리하여 자신이 찍은 사건들에 대해 사실을 파악한다. 누가 어디에 앉았는지 기억할 수 있도록 좌석 배치도를 그리기도 한다. 그래야 이미지를 보고 사건에 대한 기억이 떠오르면 자전적 맥락이 어떻게 되는지 알게 된다. 자전적 맥락은 우리의 모든 기억의 틀이 되는 개인의 역사의 사실들이다.

여기에는 상당한 탐문 작업이 소요된다. 오늘 클레어는 일주일 전에 친구들이 놀러왔을 때 찍은 이미지들을 살펴보고 있다. 이미지 뷰어를 켜기 전에 먼저 캐서린이 그녀에게 그날 방문에 대해 무엇을 기억하는지 묻는다. 클레어는 가족이 기르는 애완뱀 두 마리에 대해 이야기했다고 기억한다. 현재 성인이 된 아들이 키우는데 새 집이 필요하다고 했다. 그 외의 것들은 잘 생각나지 않는다고 했다. 뷰어의 첫 이미지는 우리가 앉아 있는 바로 그 부엌 식탁으로, 저녁이어서 살짝 어둡다.

　"피자를 먹고 있네요." 그녀가 더 많은 이미지들을 넘기며 말한다. "샐러드를 만드네요. 오, 이런, 아니에요. 내가 골라내는 것은 양배추 같군요."

　뷰어를 계속 넘겼고 더 많은 사람들이 보였다. 클레어는 사람들이 왜 피자를 먹고 있는지 궁금하다. 특별한 날이 아니면 피자를 사오는 일이 결코 없었기 때문이다. 그러다가 누군가가 오븐 장갑을 끼고 생선·감자 파이를 들고 있는 이미지를 본다.

　"오, 맞아요. 내가 양보해서 도미노 피자를 시켰어요. 내가 전화로 주문했고 내가 가서 가져왔어요."

　그런데 왜 생선파이를 이미 다 구웠는데 피자를 또 시켰을까? 그 순간 클레어는 축하하고 있었다는 것이 기억났다. 딸 조지아가 GCSE 시험 성적이 잘 나와서 다들 모여 한턱내고 있었다.

　"이것이 그냥 생각났나요, 아니면 힘들게 알아내는 건가요?" 내가 물었다.

　"아니에요, 생각난 것이 아니라 하나하나 알아내는 거예요. 하지만 피자 상자를 보는 순간 기억이 났어요." 그녀가 말했다.

이것은 러브데이와 콘웨이가 말한 바 있는 '프루스트적 순간'이다. 힘든 탐문 작업, 일련의 논리적 추론을 하다 보면 진짜 회상, 추론될 수 없고 오로지 생각날 뿐인 정보가 떠오른다. 클레어에게 이런 정보의 일부는 감정이었다. 자신이 애써서 파이를 굽고 난 뒤에 한턱내라는 요청에 뜻을 굽히고 양보했다는 느낌이 바로 그것이다. 그녀는 토핑으로 무엇을 골랐는지도 곧 생각날 거라며 농담했다. "이 사람 에드가 분명해요." 그녀는 한 이미지에서 검은 머리의 남자를 손가락으로 가리키며 말했다. 맥락이 그의 정체성을 확정하는 데 도움이 되었다. 공적 장소였다면 그를 알아보기가 훨씬 어려웠을 것이다.

한 이미지에서 클레어는 자신이 부엌 찬장으로 다가가는 것을 보았고, 자신이 블루택(점토 접착제)을 찾고 있었다는 것을 생각해냈다. 그것이 기억을 촉발시켰다. 그날 방문했던 가족의 여자아이가 그 시간에 식탁 위에서 스르르 기어가고 있던 뱀의 그림을 그렸다는 기억이다. 지금 우리가 앉아 있는 자리에서 뒤로 돌아보면 아이가 그린 그림이 찬장에 붙어 있는 것이 보인다. 각각의 정보 조각들이 짜맞춰져서 하나의 전체, 하나의 기억을 이룬다. "지그소퍼즐을 맞추듯 우리가 하려는 일은 서로 다른 조각들을 하나로 맞추는 겁니다." 클레어가 말했다.

나는 센스캠이 그녀가 병을 앓기 전의 기억도 불러내는지 궁금해서 물어보았다. 대답은 그녀가 어디에 있는지에 달려 있었다. 센스캠과 직접적으로 관련되지는 않았지만 그녀는 최근에 코번트가든의 한 과자점에서 프루스트적 경험을 했다고 우리에게 말했다. 사람들이 어린 시절 과자점을 떠올리도록 의도적으로 복고풍으로 인테리어를 한 가게였다. "그곳에 들어서자 마치 전체가 살아난 듯했어요 … 비록 냄새를 맡거나 맛을 볼 수는 없었지만 따뜻함과 기억들이 걷잡을 수 없이 밀려들었지요." 아주 아득한 맥락에 대해 감각이 단서로 작용하여 일어나는 비자발적 기억이 클레어가 지난주에 찍은 센스캠 이미지를 들여다볼 때 경험하는 바로 그것이라고 캐서린은 말한다.

"맞아요." 클레어도 동의한다. "당연하게도 내가 잃어버린 것이에요. 나는 마음속으로 그 가게를 실제로 볼 수 있고 그곳까지 가는 길도 전부 떠올릴 수 있어요. 어린 시절에 과자점에 가는 것은 너무도 중요한 일이었어요."

센스캠이 정말로 클레어의 기억을 되찾게 하는 데 도움을 주고 있는지는 알 수 없다. 내가 보기에 그녀가 행하는 많은 일들은 진짜 기억하기라기보다는 추론에 가깝다('에드예요'라고 말하지 않고 '에드가 분명해요'라고 말한다). 그러나 나는 진짜 새로운 몇몇 기억들이 밖으로 드러나는 것을 볼 수도 있다. 센스캠의 효과에 대해 회의적인 이유 하나는 클레어가 되찾으려고 하는 기억을 정말로 잃어버린 것인지, 아니면 뇌 손상으로 인해 기억에 접근할 수 없게 된 것인지 알 수 없기 때문이다. 캐서린은 클레어의 병변이 우반구에 있다는 점을 들어 부호화의 문제라기보다 접근의 문제라고 생각한다.

"적절한 단서를 주면 놀랄 정도로 많은 것이 나올 수 있어요. 그리고 클레어의 경우에는 여기에 있지 않다고 생각했는데 갑자기 밀려드는 것이므로 아주 신나는 순간일 겁니다."

나는 클레어에게 미래에 대해서도 물어보았다. 내가 기차를 타고 런던으로 다시 돌아갈 생각을 하면 나 자신이 킹스 크로스에서 내리는 모습을 그려볼 수 있고, 오늘 저녁에 내가 해야 할 일들에 대해 내가 어떻게 느끼는지 상상할 수 있다고 그녀에게 말했다. 미리 생각해보는 것일 뿐이지만 이런 개인적이고 일화적인 세부사항들이 경험을 내 것으로 만든다. 클레어는 우리가 기차로 여기 왔다는 것을 알고 처음에는 속상해했다. "차를 가지고 온 줄 알았어요." 그녀가 말했다. "그런 줄 알았다면 모시러 갔을 텐데."

우리는 집으로 가는 길에 역까지 태워주겠다는 그녀의 제안을 흔쾌히 받아들였다. 약속이 있어서 병원에 가는 길에 우리를 데려다주겠다고 했다. 그녀는 자신이 병원 주차장에 차를 대고 문을 잠그고 걸어서 병동까지 가는 모습을 그려볼 수 있을까?

"문제없이 할 수 있어요. 두 번째로 해보는 것이니까요."

하지만 뭔가가 내가 전적으로 납득하는 것을 가로막는다. 클레어는 자신이 왜 병원에 가는지에 대한 개인적인 의미적 사실들을 기억하고, 주차에 대해 전해들은 지시사항을 기억한다. 하지만 그렇다고 반드시 그녀가 미래의 경험을 미리 떠올릴 수 있다고 말할 수는 없다. 이제 여기에 대해 그녀에게 더 물어볼 수 없게 되었지만, 그녀가 자신을 정말로 미래의 구성에 위치시킬 수 있는지, 상상 속에 둘 수 있는지 궁금하다.

보다 일반적인 상상하기는 어떨까? 예를 들어 그녀가 아이를 위해 이야기를 지어내야 한다면 어떻게 할까? 그녀가 당혹스러워하기 시작하는 것이 느껴진다. "해볼 수는 있어요. 어린아이를 즐겁게 해줄 수 있다면 그런 일을 하겠지만, 내가 그런 연령 집단을 위해 그 일을 제대로 하리라는 자신은 없어요. 하고 나서 아쉬움이 남으리라는 것도 잘 알고요."

우리는 이것이 기억상실과 관계가 있는지, 아니면 그저 그녀가 아이들과 아기들을 돌보는 간호사 일을 하고 나서 이제는 더 이상 아이들을 많이 대하지 않아서 그런 것인지 확실히 알지 못한다. 캐서린은 클레어의 뇌 스캔 연구를 통해 그녀가 미래를 상상할 때 뇌의 활성화 패턴이 멀쩡한 뇌와 비교하여 뇌 앞쪽에 과하게 몰리는 것을 보았다고 했다. 대부분의 사람들이 미래의 시나리오를 모의실험할 때 가동하는 내측 측두엽의 기억 부위를 그녀는 거의 사용하지 않았다. 이는 대단히 열심히 애를 쓰지만 필요한 원 재료가 없는 뇌의 모습과 흡사하다. 클레어가 만들어내는 미래의 사건들은 아울러 더 일반적이고 통례적이다. 건강한 사람들처럼 감정과 가능성에 초점을 맞추지 않는다.

센스캠의 실질적인 혜택은 어쩌면 개인적인 것일 수도 있다. 기억은 그저 과거를 기억하거나 미래를 예측하는 것만이 아니다. 다른 사람들과 함께 어울리는 방법이기도 하다. 기억을 잃으면 그와 같은 연결의 기회를 잃게 된다. 클레어가 앞서 내게 말했듯이 기억상실이 되면 우정은 필요한 것의 절반에 한참 모자라게 된다. 특정한 지인을 만나기로 했다는 것을 알면 그녀는 앞서의 만남을 센스캠으로 찍은 것을 다시 보면서 만남을 준비한다. 이런 공통의 경험을 나눌 기회를 만들기 위해서다. 설령 이미지들을 아주 자주 보지는 않는다 해도 그녀는 그것이 있다는 것을 안다. "이미지를 갖고 있으면 든든해요. 언젠가는 제대로 살펴보리라는 것을 아니까요." 그녀의 설명이다.

센스캠은 그녀가 물리적, 사회적 세계를 돌아다니는 데 한층 자신감을 준다. 더 행복하고 사회적으로 연결되어 있음을 느껴 불안과 우울, 그리고 그로 인한 기억의 왜곡을 피할 수 있다. 덕분에 남편과 아이들도 만족해하며, 클레어는 현재 자신이 하고 있는 뇌염 학회 자원봉사와 나이든 이웃을 돌보는 일에 더 집중할 수 있다.

클레어는 약속한 대로 역까지 우리를 태워주었다. 아무런 문제없이 경로를 기억했다. 역까지 가는 도중에 지형지물에 대한 똑같은 이야기를 전에도 했었다는 것을 모른 채 계속해서 한다고 캐서린이 내게 말하기는 했지만 말이다. 그녀는 역에서 따뜻하고 살짝 애절한 미소를 지으며 우리에게 손을 흔들었다. 지난 네 시간 동안 그녀는 완전히 순간에 존재했다. 우리가 누구이고 왜 여기 있는지 정확하게 기억했다. 하지만 내일이나 다음 주까지 그것을 기억할지는 알 수 없는 일이다. 내가 그녀의 문제에 대해 듣지 못했다면, 그리고 그녀에게 해야 할 일들을 상기시키는 공책과 쪽지를 보지 못했다면, 그녀가 기억상실임을 과연 내가 알아차렸을까 의심스럽다. 비범한 개인의 자질과 겸허하게 만드는 회복력, 그리고 센스캠으로부터 받은 약간의 도움 덕분이다. 그녀는 자신의 삶을 제자리에 돌려놓기로 결심했고 성공하고 있다.

"이미지들이 나를 위해 한 일이 바로 그겁니다." 9월의 산들바람이 자동차 문을 스치고 지나갈 때 그녀가 말했다. "나를 과거의 나로 돌려놓았어요. 힘든 일이지만 아무튼 나를 나 자신과 다시 연결시켰습니다."

10.

멈추지 않는
공포

- 섬광 기억
- 트라우마 플래시백
- 무기 집중
- 흔적과 망각
- '내내 잊고 있던' 효과
- 망각은 해결책이 아니다

Pieces of Light

세지필드 교차로에서 A1 국도를 빠져나오면 잉글랜드 북동부에서 가장 분주한 도로의 굉음이 잦아들고 관목과 풀들을 울타리로 심어 도로와 농지를 나눈 시골길이 이어진다. 2009년 봄, 콜린은 32톤 대형 트럭을 몰고 달링턴의 하수집하장에서 스페니무어의 하수처리 공장으로 가고 있었다. 그의 임무는 질척한 오물을 건조시키고 압축시켜서 농업용 비료로 만드는 시설까지 운반하는 것이었다. 보통 그는 하루에 다섯 차례 실어 날랐는데 지금 세 번째로 운반하는 중이었다. 수요일 오전 9시 45분이었다. 세 번째 운반을 마치면 잠깐 휴식하면서 동료들과 차를 마시곤 했다. 오늘은 앞서 A1 도로에 있는 푸드트럭 옆에 차를 대고 쉴까도 생각했지만, 트럭을 그냥 지나쳐서 스페니무어까지 곧장 가기로 했다.

콜린은 A1에서 나와 시골길로 접어들었고 이제 몇 분이면 하수처리

공장에 도착할 참이었다. 그때 차 한 대가 북쪽에서 그를 향해 다가오는 것이 보였다. 칠십대 초반의 남자가 모는 하늘색 닛산 미크라로 콜린이 있는 차선으로 넘어왔다. 좀 더 가까이 왔을 때 콜린은 그 남자가 마치 조수석 발밑에서 잃어버린 뭔가를 찾고 있듯이 고개를 오른쪽 아래로 숙인 것을 보았다. 콜린은 남자의 주목을 끌려고 불을 켜고 경적을 울렸지만, 그는 계속해서 바닥을 내려다보았다. 콜린은 충돌을 피하려고 가파른 도로변으로 방향을 꽥 틀었고, 탱크에 오물을 잔뜩 실은 8륜 트럭이 기우뚱하는 것을 느꼈다. 운전자는 여전히 그를 쳐다보지 않았다. 콜린은 최대한 도로변으로 바싹 붙었지만 충돌을 피하기 위해 더 이상 할 수 있는 일이 없었다. 미크라가 정면에서 그를 들이받았다. 반 바퀴를 돌아 이제 트럭과 똑같은 방향이 되었다. 콜린은 운전석에서 나와 구겨진 차의 반대쪽으로 돌아가서 운전자를 도울 수 있는지 살펴보았다. 앞 유리가 날아갔고 운전석 창문이 망가졌다. 남자는 안전벨트를 매고 있었고 에어백이 작동했다. 콜린은 운전자의 코에 에어백이 가한 긁힌 자국이 나 있는 것을 보았다.

"나 좀 밖으로 꺼내주겠소?" 남자가 콜린에게 말했다. "도와주시오."

그 다음에 벌어진 일은 기억이 흐릿했다. 차들이 양쪽 차로에 멈춰서 있었다. 고약한 기름 냄새와 라디에이터 타는 냄새가 났다. 콜린은 트럭 옆으로 돌아가서 토했다. 소방차와 구급차가 왔다. 콜린은 구급차에 올라 잠깐 이동했다. 사람들이 그를 살펴보며 다치지 않은 것을 확인하고는 그를 두고 부상당한 남자를 보러 갔다. 헬기 소리가 들렸고, 콜린은 얼마 뒤에 응급 의료용 헬기가 근처 공터에 착륙하는 것을 보았다. 의료대원 한 명이 콜린이 대기하고 있는 구급차로 돌아왔을 때, 그는 노인이 밖으로 나왔는지 물어볼 수 있었다. 아직은 아니라고 했다. 운전자의 벨트를 끊고 빼내야 해서 시간이 걸린다고 했다. 45분이 걸렸다. 그동안 콜린은 경찰서로 가서 이런저런 질문을 받았다. 그가 접견실에서 진술을 할 때 경찰관의 무전기로 노인이 구급차에서 두 차례 심장발작을 일으켰고 병원에서 죽었다는 연락이 왔다.

악몽이 곧바로 시작되었다. 꿈속에서 콜린은 차가 차선을 넘어 자신을 향해 다가오는 것을 보았다. 역겨운 기름 냄새와 터진 라디에이터 냄새가 났다. 그는 트럭에서 빠져나와 망가진 창문 너머로 노인의 얼굴을 보았다. 에어백으로 인해 벌겋게 달아오른 것이 보였다. 뺨과 코가 장밋빛으로 붉게 타올랐다. 콜린은 온몸이 땀에 젖은 채 부르르 떨며 깨어났다. 상상 속의 브레이크 페달을 밟느라 옆에서 자고 있는 사람을 발로 찼던 모양이다. 아침에 일어났을 때 파트너의 다리가 온통 거멓고 파랬다. 사고는 자신의 잘못이었다. A1의 푸드트럭에서 잠시 멈추고 차를 마셨어야 했다. 자신이 충돌 사고를 일으켰고, 남자를 죽게 만들었다. 이런 생각 때문에 콜린은 아무것도 먹지 못했다. 며칠을 집에 틀어박혀서는 멍한 상태로 돌아다니며 '만약 그랬었다면' 하는 생각을 하고 또 했다. 그는 담배를 다시 피웠고 이른 시각에 정원에 나가 악몽으로부터, 자신의 머릿속의 공포로부터 피했다.

다니던 회사에서 배려한 덕분에 콜린은 두 주가 지나서 가벼운 업무에 복귀했다. 친구 한 명이 콜린에게 가급적 빨리 화물차에 복귀하는 것이 좋겠다고 해서 그는 동료가 모는 차의 조수석에 앉았다. 그는 상황에 대처하는 중이었다. 조사가 8월로 예정되어 있었고, 그는 증거 제출을 위해 법정에 출석해달라는 요청을 받았다. 그래서 예정되었던 휴가를 접고 청문회에 나가기로 했다. 그는 무슨 일이 벌어졌는지 사실을 알고 싶다고 스스로에게 말했다. 사고 이후 경찰과 연락을 주고받은 적이 없었으므로 자신이 공식적으로 사고에 대한 비난을 받고 있는지 아닌지 몰랐다. 노인의 혈중 알코올 수치가 법정 기준치를 넘었다는 말이 법원에 전해졌고, 가족들은 노인이 사고 전날 밤에 위스키를 반 병 마셨다고 확인해주었다. 경찰, 검시관, 사망자의 가족, 누구도 콜린에게 사고의 책임을 묻지 않았다. 그러나 그는 자책했다. 잠깐 쉬면서 차를 마셨어야 했어. 다른 길로 갔어야 했어. 15년간 직업적으로 화물차를 몰면서 처음 있는 사고였다.

의사가 약한 진정제를 처방했지만 악몽은 멈추지 않았다. 콜린은 하늘색 닛산 미크라를 보면 공황 상태에 빠졌다. 같은 거리 저쪽에 사는 한 이웃이 그 차를 갖고 있어서, 콜린은 행여 창문으로 그 차가 지나가는 것을 보기라도 하면 사고 장면이 떠올랐다. 메스꺼움을 느꼈고 손바닥에 땀이 차오르고 가슴이 마구 뛰었다. 트럭은 고사하고 승용차도 운전할 수 없었다. 클러치를 밟으려 해도 다리가 부르르 떨려서 페달을 제대로 조작하지 못했다. 그는 30분간 집 밖에 앉아서 운전할 수 없는 자신의 차에서 발작적으로 떨며 어떻게든 해보려고 애썼다.

감정은 기억에 묘한 일들을 한다. 감정적인 사건이 중립적인 사건보다 더 명확하게 더 상세하게 기억된다는 것은 기본 사실이다. 마음속에도 더 오랫동안 남아 있을 수 있다. 우리는 어린 시절에 망신을 당하거나 상처를 받은 일들을 자주 기억하며, 감정적으로 중립적인 어린 시절 일들은 대체로 그렇게 생각나지 않는다. 이렇듯 우리가 자아에 어떤 식으로든 위협을 준 사건을 기억하는 데는 타당한 진화적 이유가 있다. 기억의 진짜 기능이 과거를 충실히 기록하는 것만큼 미래를 예측하기 위함이기도 하다면 더더욱 그러하다. 나쁜 일이 일어나면 우리는 똑같은 실수를 다시 저지르지 않기 위해 그것으로부터 배운다.

감정이 기억을 강화하는 사례로 가장 철저하게 연구된 것은 역사적 사건이라는 섬광으로 인해 우리의 과거의 한 토막이 훤하게 밝혀지는 것이다. 나는 어느 9월 아침에 스페인의 한 수영장에 서 있다가 누군가로부터 세계무역센터에 비행기가 충돌했다고 하는 말을 들었던 순간을 생생하게 기억한다. 그보다 몇 년 전 다이애나 왕세자비가 파리에서 교통사고로 사망했다는 소식을 접했을 때, 나는 흐린 일요일 아침에 슈퍼마켓에서 신문을 훑어보고 있었다. 대부분의 사람들은 이처럼 충격적인 사건이 자신의 기억에 지울 수 없는 흔적을 남긴 사례를 떠올릴 수 있을 것이다. 1899년의 한 심리학 연구는 사람들이 30년도 더 전에 있었던 링컨 대통령의 암살 소식을 어떻게 들었는지 떠올리는 것에서 독특한 섬광 기억을 보았다. 심리학자 로저 브라운과 제임스 쿨릭은 사람들이 소식을 들은 사건뿐만 아니라 그 순간의 개인적 맥락—그 당시 자신이 어디에 있었는지, 무엇을 했는지, 누구와 함께 있었는지—까지도 기억해내는 것을 가리키기 위해 1977년에 '섬광 기억flashbulb memory'이라는 용어를 만들어냈다. 그들도 인정했듯이 기억이 카메라와 비슷하다는 잘못된 비유를 강화한다는 점에서 보자면 유감스러운 신조어이다. 브라운과 쿨릭이 그 용어를 만들면서 의도했던 바는 맥락적 세부사항을 무차별적으로 포괄한다는 것이었다. 기억의 섬광은 근처에 있는 모든 것을 환하게 비추며, 그것도 짧은 시간에 놀랍도록 그렇게 한다.

섬광 기억은 회상을 사건에 대한 기록과 어느 정도 맞춰보는 것이 가능하므로 과학적 연구에 적합하다. 예컨대 사람들에게 오사마 빈라덴의 사망 소식을 어떻게 들었는지 묻는다고 하면, 소식이 언제 어떻게 알려졌는지에 대한 사실들을 확인하여 그들의 회상의 몇몇 측면들을 검증할 수 있다. 그러나 개인적 맥락의 정보는 확인하기가 훨씬 어렵다. 나는 빈 라덴의 소식을 잠이 오지 않아 이른 새벽에 생방송으로 전해 들었는데, 내 기억이 맞는지 알아보려는 사람은 그냥 내 말을 믿는 수밖에 없다.

확인할 수 없는 것을 확인하는 하나의 방법은 사람들에게 섬광 기억을 시간을 두고 몇 차례 똑같은 방법으로 묘사하도록 부탁하는 것이다. 실험의 목적을 위해 연구자들은 몇몇 객관적인 기준을 적용하여 섬광 기억이라 불릴 만한 것을 규정했다. 영국의 한 연구는 마거릿 대처 총리의 사임이 있고 두 주가 지났을 때 대학교 1학년생들에게 사건을 어떻게 기억하는지 물었다. 그러고는 11개월 뒤에 다시 물었다. 소식을 어떻게 들었는지, 누가 관여되어 있었는지, 장소가 어디인지, 사람들이 무엇을 했는지, 소식의 출처가 무엇인지, 이렇게 다섯 가지 범주로 세부사항을 분류했다. 참가자들의 거의 90퍼센트가 다시 물었을 때 대단히 높은 일관성으로 사건을 기억해냈다. 기껏해야 하나의 범주에서 사소한 불일치만이 있었을 뿐이다.

섬광 기억이 존재한다는 이렇게 강력한 경험적 증거를 보고 특별한 기억의 기제가 작동하는 것이라고 짐작하는 사람들이 있다. 브라운과 쿨릭은 흥미로운 사건에 고무된 뇌가 모든 것을 기억 속에 부호화하도록 "지금 찍어!" 하는 명령을 내리는 것이라는, 전에 나온 신경생물학 이론에 기댄다. 그러나 그와 같은 기제가 작동한다는 확실한 증거가 없다.

섬광 기억도 일반적인 기억과 마찬가지로 왜곡과 스토리텔링에 빠지기 쉽다. 1986년 챌린저 우주왕복선 폭발 사고가 나고 몇 시간 뒤에 106명의 대학생들에게 사건에 대해 물었을 때, 다들 폭발 소식을 어떻게 들었는지 분명하게 기억했다. 하지만 2년 반 뒤에 그들의 '섬광 기억'은 망각과 왜곡의 숱한 증거들을 보여주었다. 다시 인터뷰한 학생들의 4분의 1이 처음에 보고했던 주요 사항들을 다르게 말했다. 예컨대 처음에는 아홉 명만이 텔레비전으로 소식을 들었다고 했지만, 나중에는 열아홉 명이 그렇게 주장했다. 또한 많은 참가자들이 자신의 기억에 자신감을 보였고, 그래서 나중의 인터뷰에서 자신의 기억이 얼마나 왜곡되었는지 듣고는 놀랐다. 우리는 "지금 찍어!" 이론을 직관적으로 믿기 때문에 역사적 사건에 대한 자신의 기억을 유독 확신하는지도 모른다. 아니면 어디서 소식을 들었는지에 대한 출처 기억에서 실수를 저지르기 때문에 자신의 기억에 유독 확신하는 것일 수도 있다.

섬광 사건의 감정적 성격이 그와 같은 무모한 자신감을 부추길 가능성이 크다. 사건이 워낙 중요하므로 우리는 그 사건의 기억에 더 많은 애착을 느끼는 것이다. 9·11 테러 직후 여러 기관의 기억 연구자들이 모여 잔혹한 행위의 섬광 기억이 어떻게 시간이 흘러도 집요하게 남는지 알아보았다. 결과는 챌린저 연구와 비슷했다. 1년이 지나자 9·11 테러 기억의 63퍼센트만이 원래의 보고와 일치했다(3년 뒤에는 57퍼센트로 살짝 더 떨어졌다). 그러나 응답자들이 자신의 기억에 보인 자신감은 여전히 무척 높았다. 프로젝트에 참여한 연구자 엘리자베스 펠프스는 이렇게 말했다. "일반적으로 기억이 대단히 생생한 세부사항을 보이고 기억하는 사람이 세부사항에 자신감을 보이면, 기억이 옳을 가능성이 크다. 자신감은 대체로 정확성과 함께 가기 때문이다. 그러나 대단히 감정적인 기억의 경우에는 두 가지가 분리될 때가 많다."

우리는 감정을 많이 투여하여 사건을 재구성한 기억은 어쩔 수 없이 그냥 믿게 된다.

그렇다면 일상적인 기억의 기제로 섬광 효과를 설명할 수도 있을 것 같다. 섬광 사건은 정의상 놀라우면서 독특한 것이고, 이 두 가지 요소는 정보가 기억되는 가능성을 끌어올린다. 섬광 기억은 또한 다른 사람과 자주 반복해서 이야기하기 쉬운데, 이것 역시 기억이 간직되는 가능성을 높인다. 무엇보다 섬광 기억은 어떤 식으로든 우리에게 중요한 사건일 때 일어난다. 이런 기억은 감정을 자극하며 특히 자아와 관계가 있을 때 더욱 그러하다. 9·11 연구에서 섬광 기억이 생성되는 가능성은 그라운드 제로에 가까울수록 높았던 것으로 나타났다. 다시 말해 물리적으로 사건에 가깝게 있던 사람들이 생생한 기억을 갖는 가능성이 컸다. 출생이나 사망처럼 개인의 가족사에서 일어나는 사건들도 섬광 효과를 보일 수 있다. 실제로 미국 학생들을 대상으로 한 연구에 따르면 섬광 기억의 3퍼센트만이 국가적으로 중요한 사건이었고, 대부분은 부상이나 사고, 대학 신입생 주간의 기억, 낭만적인 만남 등 자신과 관련되는 사건에 집중되었다.

우리는 감정이 기억에서 행하는 역할에 대해 브라운과 쿨릭이 관찰하던 1970년대보다 훨씬 많은 것을 안다. 감정적으로 격앙되면 편도체는 우리가 목격하는 사건의 감정적 중요성을 분주하게 처리한다. 이런 활동으로 아드레날린, 노르아드레날린, 코르티솔 같은 호르몬과 신경전달물질의 분비가 일어나는데, 이런 물질들은 스트레스에 대한 신체 반응의 일부를 이룬다. 해마에 이런 물질들이 있으면 기억을 강화하는 일을 하는 단백질 합성에 영향을 준다. 뇌 스캔 연구를 통해 연구자들은 감정을 자극하는 재료를 접할 때 편도체와 해마가 함께 작용하면서 활성화되는 것을 확인했다.

감정을 처리하는 신체 체계가 우리가 무엇을 기억할지 조율하는 데 크나큰 역할을 하는 것이 분명해 보인다. 하지만 콜린의 경우처럼 사건의 감정적 여파가 극단적이고 압도적이면 어떻게 될까? 심리적 트라우마는 일반적인 기억에는 관여하지 않는 기제를 통해 특별한 방식으로 기억된다고 주장하는 사람들이 많다. 정말로 그럴까, 아니면 트라우마 기억도 본질적으로는 다른 종류의 기억과 똑같을까? 앞서 우리는 한때 특별한 기억 체계의 작동을 반영하는 것으로 보았던 섬광 기억이 사실은 기초적인 기억 과정의 관점으로 설명될 수 있다는 것을 보았다. 비슷하게, 트라우마 기억이 과연 사람들이 생각하는 것만큼 그렇게 특별한가 하는 문제를 두고 기억 과학에서 떠들썩한 논쟁이 벌어지고 있다.

트라우마
플래시백

30년이나 지난 일이지만 피터는 지금도 웨일스 목사를 기억한다. 왕립 해병대 소속 45코만도 대대는 1982년 4월 아르헨티나 침공 이후 포클랜드 제도에 처음으로 상륙한 영국 부대였다. 포클랜드 동쪽 황야지대를 약 65킬로미터 정도 무장 행군하고 나서 에스탄시아 하우스라는 곳에서 쉬고 있던 피터와 동료들은 적군의 포격으로 네 명이 죽었다는 소식을 무전기로 들었다. 그중 한 명이 피터의 친한 친구 마이크였다. 그들이 소식을 들으며 거기 서 있을 때 선임하사가 그들에게 다가왔고 함께 가자고 말했다. 목사가 옆에 있었다. 웨일스 억양이 강한 목사는 활달한 성격으로 사람들과 잘 어울렸다. 피터는 그들이 장례를 치르러 간다는 말을 들었다. 삽을 가지고 황야로 가서 얕은 참호를 팠다. 시신 자루가 없었으므로 네 구의 시신은 덮개가 달린 침낭에다가 눕혔다. 목사가 의식을 집행하는 동안 그들은 베레모를 벗고 차렷 자세로 서 있었다. 이어 참호에 나란히 누운 시신들에 흙을 덮어 무덤을 채우기 시작했다. 피터가 흙을 시신들 위에 뿌릴 때 마이크의 침낭 덮개가 흙의 무게 때문에 열렸고, 피터는 친구의 얼굴을 보았다. 그는 삽을 내려놓고 자리를 피하고 말았다. 하염없이 눈물이 쏟아졌다. 그 순간의 이미지가 전쟁의 어떤 사건보다 그에게 더 생생하게 남았다. 그는 이후 30년간 한시도 그 순간을 잊지 못했다.

"전쟁은 사람들을 죽이고 다치게 하는 것만이 아니다. 인간에게 알려진 가장 극심한 스트레스를 일으키기도 한다." 영국 군인들의 군 관련 트라우마를 다룬 최근의 기사에 나온 말이다. 포클랜드 전쟁이 벌어지던 1980년대 초만 해도 외상 후 스트레스 장애(PTSD)는 비교적 최근에 생겨난 진단이었다. 19세기에 관찰된 '포탄 충격shell shock'과 '전투 피로증battle fatigue'에서 연원을 찾을 수 있는 이 현상은 1980년 정신과의사들의 성경인 『정신질환 진단 및 통계 편람』 제3판이 출판되면서 비로소 정신질환으로 공식 인정되었다. 미국인의 4분의 3이 살아가면서 어느 순간에는 트라우마 사건을 경험한다고 추정되지만, 질환의 발병률은 훨씬 낮아서 8퍼센트 정도다. 즉 많은 사람들이 트라우마를 겪되 PTSD로 발전하지는 않는다.

이렇게 통계 편람이 공식적으로 인정한 진단이지만 비판자들이 없지는 않다. 일례로 심리학자 리처드 맥널리는 '트라우마'를 분명하게 밝히기가 극도로 어렵다고 지적한다. 통계 편람에는 삶을 위협하는 것에 맞서 두려움, 무기력함, 또는 공포의 반응을 일으키는 것이라고 규정되어 있지만, 주관적 해석의 여지가 있어서 개인에 따라 같은 사건에서 느끼는 트라우마의 정도가 대단히 다를 수 있다. 한 사람에게 평생 가는 상처를 주는 사건을 다른 사람은 대수롭지 않게 툭 털고 잊어버리기도 한다. 반대로 많은 이들이 불쾌하게 여기겠지만 트라우마로 이어지는 경우는 드문 사건들, 예를 들어 경미한 차 사고를 당했다거나 직장에서 성적 농담을 엿들었다거나 하는 사건에 대해 PTSD 진단이 내려지는 경우도 종종 있다. 따라서 비판자들은 PTSD가 사회적 구성물이라고 본다. 사람의 정체성의 핵심으로 트라우마에 집착하는 사회가 만들어낸 질병이라는 것이다.

부인할 수 없는 사실은 PTSD는 근본적으로 기억의 질병이라는 점이다. 트라우마 사건에 대한 생생하고 걷잡을 수 없는 기억이 빈번하게 지속적으로 파괴적으로 일어나서 활동에 지장을 일으키고 그런 기억을 유발할 수 있는 상황을 피하도록 만들 때, PTSD 진단이 확정된다. PTSD 회상과 악몽에 시달리는 사람들은 일반적으로 반복되는 경험을 하면서 원래 사건의 감정적 여파를 거의 고스란히 겪는다. 여기에는 땀을 흘린다거나 심장박동이 빨라진다거나 하는 생리적 현상이 동반된다. 이런 감정적 반응 때문에 환자는 트라우마가 과거의 일이며 지금은 일어나지 않는다고 인식하기가 어렵다. PTSD 전문가 레이첼 예후다의 표현에 따르면 이런 증후군의 복합적인 효과로 인해 환자는 "과거에 발목이 잡혔다"고 느낀다.

통제할 수 없는 기억이라는 점이 질병을 끌고 가는 요인임이 분명하다. 침입은 아무 때라도, 심지어 잠잘 때도 일어나기 때문에 이를 막으려 애쓰는 것이 사실상 불가능하다. 그런데도 사람들은 막으려 한다. 무슨 수를 써서라도 트라우마를 생각나게 하는 사람은 만나지 않으려고, 혹은 어떤 식으로든 기억을 들추는 장소와 사건은 피하려고 한다. 예를 들어 피터는 비행기를 타지 않으며, 요란한 불꽃놀이로 축하하는 가이 포크스의 밤(1605년 잉글랜드 가톨릭교도들이 국회의사당을 폭파하고 국왕을 살해하려 한 화약 음모 사건이 실패로 돌아간 것을 기념하여 매년 11월 5일에 벌이는 축제_옮긴이) 행사를 멀리한다.

트라우마에 시달리는 사람들은 불쑥 침입하는 생각을 억누르려고 애쓰기도 하는데, 역설적이게도 이렇게 하면 오히려 바람직하지 않은 생각이 일어나는 가능성이 높아진다고 한다. 트라우마에 대해 생각하는 것을 피하려는 이런 적극적인 시도는 때로는 성공하지만, 인지적 방어망이 허술해지는 밤이면 침입이 보통 악몽으로 모습을 드러낸다.

포클랜드에서 돌아오고 오랜 세월이 흘렀는데도 피터는 죽은 친구의 얼굴이 침낭에서 드러나는 환영에 깨어날 때가 많다. 자신도 자다가 친구와 같이 악몽 속에서 파묻힐 수 있다고 두려워해서 그는 다시는 의식을 잃지 않으려고 안간힘을 쓰곤 한다. 일반 사람들은 악몽이 주로 REM 수면에 한정된다. 뇌가 몸의 근육들과 연결되어 있는 스위치를 내려서 사실상 마비 상태가 되는 수면 단계다. PTSD 환자들은 악몽이 비-REM 수면에서도 일어날 수 있어서 격렬하게 허우적대고 (콜린의 경우처럼) 파트너에게 우발적으로 부상을 입히는 일이 일어난다.

PTSD의 이런 독특한 특징 때문에 심리학자들은 이것이 다른 종류의 기억이 작동하는 것을 나타내는지 연구하기 시작했다. 이런 연구의 주요 초점은 플래시백flashback이라고 하는 특별한 형식의 돌발성 기억에 맞춰져 있다. 마치 사건을 다시 체험하듯 너무도 생생한 감각과 여러 신체 감각들이 동반되는 기억이다. 플래시백은 보통 악몽에 어울리는 주제의 강렬한 시각적 이미지를 동반하며 일 분 남짓 지속된다. 리처드 맥널리는 지프차 바퀴 밑에서 아이들이 가지고 노는 폭죽이 터지는 소리로 인해 갑자기 전쟁의 공포로 다시 내몰리게 된 참전 용사의 이야기를 들려주었다. "그는 자신이 베트남이 아니라 콜로라도에 있다는 것을 알았지만, 폭죽이 야기한 감정과 행동의 반응은 오래전 베트남에서 매복을 했을 때 그가 보였던 것과 똑같았다."

하지만 이런 경험이 트라우마 사건에만 해당되는지는 의문이다. 한 연구에서 덴마크 심리학자 도르트 번첸은 PTSD 진단을 받은 12명의 대학생들에게 비자발적 기억들을 쭉 적도록 했다. 그런 다음 각자에게서 첫 50개의 기억을 분석했다. 이 가운데 겨우 5퍼센트만이 트라우마와 관련되었고, 진정한 플래시백으로 꼽을 만한 것은 2퍼센트도 되지 않았다. 대조적으로 비자발적 기억의 절반 이상이 긍정적이거나 중립적인 사건과 관련되었다. 10퍼센트는 트라우마와 무관한 플래시백으로 분류되었고 주로 대단히 긍정적인 사건이었다. 따라서 PTSD 진단을 받은 사람에게서도 플래시백은 트라우마에만 한정되지 않는다.

나중의 연구에서 번첸은 동료 데이비드 루빈과 함께 열여덟 살에서 아흔여섯 살까지의 덴마크 사람들을 대상으로 대규모 전화 조사를 했다. 연구의 초점은 예고 없이 의식에 불쑥 나타나는 비자발적 기억이었다. 그 결과 긍정적인 비자발적 기억이 부정적인 기억보다 대략 두 배 많아서 일반적인 자전적 기억에서 발견되는 비율과 비슷했다. 사람들은 나이가 들수록 반복되는 기억과 꿈이 덜 나타난다고 보고했지만, 이렇게 덜 나타나는 기억은 긍정적이고 강렬한 것이 많았다. 노년에는 부정적인 감정을 덜 자주 덜 강하게 경험한다는 이전의 연구에 부합하는 것이었다. 마흔이 넘은 응답자들에게서 반복적으로 나타나는 긍정적 기억은 주로 아동기 후반과 청소년기에 집중되어 일반적인 자전적 기억과 비슷한 경향을 보였다.

그러고 나서 연구자들은 번첸이 앞서 한 연구에 참여했던 PTSD 환자들 가운데 일부를 대상으로 특정한 트라우마 기억에 대해 물었다. 참가자들은 비자발적 기억들을 일기에 적었고, 각각에 대해 예전에 보고했던 트라우마와 관계되는지 표시하도록 했다. 트라우마 이후 경과한 평균 시간은 2년이 조금 넘었다. 그들의 기억은 독자적인 판단자에 의해 앞서 연구에 기술된 같은 사건의 보고와 정확하게 일치하는지 평가되었다. 참가자들은 같은 사건을 명확하게 기억하기는 했지만, 사건의 다른 측면을 혹은 내러티브의 다른 '시간의 자락'을 기억했다. 딱한 명만이 앞서의 기억과 거의 완벽하게 일치하는 기억을 보고했다. 그런데 그녀가 보고한 세 기억은 모두 트라우마가 일어났던 상황과 동일한 상황에 있을 때(외떨어진 시골길을 혼자서 조깅할 때) 그녀의 의식 속에 들어왔다. 그녀에게 떠오른 기억들은 가용한 단서들에 강하게 붙들려 있는 기억으로 짐작된다.

무기

집중

불쑥 나타나는 트라우마 기억이 일반적인 기억과 같은 왜곡에 빠지는 방법에는 번첸과 루빈이 설명한 모순되는 '플래시백'만 있는 것은 아닐 것이다. 연구자들은 지나쳐 보이는 실험 절차의 윤리적 문제(특히 심신을 피폐시키는 이런 경험에 대해 더 많이 알아내는 것의 과학적 가치)를 신중하게 검토한 뒤에 가끔 소듐락테이트 같은 무해한 약물을 사용하여 플래시백을 유발한다고 알려진 공황 발작을 의도적으로 일으키기도 했다. 베트남 전쟁 참전 용사들을 대상으로 그렇게 연구한 것이 있는데, 약물로 인해 유발된 강압적인 회상은 실제 트라우마 사건과 일치하지 않은 것으로 나타났다. 예를 들어 한 명은 죽었다가 다시 살아난 베트남 여자를 죽인 플래시백을 경험했다. 전쟁과 연관된 이미지가 틀림없지만 그런 일은 실제로 일어날 수 없는 것이었다.

피터의 강압적인 기억에서 그의 친구는 가끔 살아서 그에게 "나는 죽지 않았어, 그러니 나를 파묻지 말아줘" 하고 간청했다. 다른 연구들을 보면 사랑하는 사람이 살해되는 현장에 있지 않았으므로 실제로 그 사건을 목격할 수 없었는데도 끔찍한 사건을 플래시백으로 경험하는 사람들이 있다.

그러므로 트라우마 플래시백은 우리에게 역설을 안겨준다. 그것은 대단히 강력할 수 있지만 완전히 잘못될 수도 있다. 기억을 재구성으로 바라보는 견해의 핵심 원칙 하나는 우리가 사건을 나중의 감정 상태라는 여과 장치를 거쳐서 기억한다는 것이다. 결국 상황에 대해 다르게 느끼기 시작하면 기억이 달라진다. 또한 우리는 되살아난 베트남 여자의 사례에서 보듯 실제로 일어난 사건보다는 일어날지도 모른다고 두려워하는 것을 바탕으로 플래시백을 구성하는 것 같다. 상상이 기억으로 바뀌는 상상 팽창이 관여하는 것이다. 최근 임상분석 저널에 실린 한 사례 연구에는 음핵이 제거되었다는 트라우마 기억에 시달리는 환자에게 부인과의사가 음핵이 제거되지 않았다고 말한 사례가 실렸다. 콜라 자동판매기에 청혼했다고 그저 상상하기만 했는데도 그것을 믿게 된다면, 상상으로 만들어낸 두려움이 우리 마음속에 '기억'으로 고착될 가능성은 얼마나 더 크겠는가?

현재로서는 PTSD 환자에게서 기억이 어떻게 작동하는지에 대한 대중의 인식이 과학에 그다지 근거를 두고 있지 않은 것으로 보인다. 리처드 맥널리는 '플래시백'이라는 용어가 사실은 영화 산업에서 복잡한 내러티브의 요소들을 배치하기 위한 하나의 장치로 유래했다고 지적한다. 영화와 소설에 자주 등장하는 또 하나의 장치는 무슨 일이 벌어졌는지 기억하지 못하는 희생자나 가해자의 시점에서 사건이 전개되는 것이다. 트라우마가 사건의 어떤 측면을 제대로 부호화하지 못하게 만들 수 있다는 증거가 확실히 많다. 일례로 '무기 집중weapon focusing'이라고 이름 붙은 현상이 있다. 총기 사고의 희생자가 무기가 어떤 것이었는지는 대단히 정확하게 기억하면서 맥락의 다른 측면, 예컨대 공격자의 눈 색깔 같은 것은 전혀 기억하지 못하는 것을 가리키는 말이다. 하지만 전혀 놀랄 일이 아니다. 누군가가 여러분을 향해 총을 겨누면 여러분은 총을 바라보므로 부차적인 장식에는 눈을 돌릴 여력이 없다. 그러므로 트라우마 사건에 대한 선별적 기억은 대단히 이례적인 상황의 감정적 여파의 당연한 결과다.

PTSD가 보다 일반적인 기억의 결함을 일으킨다고 말하는 사람들이 있다. PTSD 환자들은 건망증에 빠질 수 있으며, 이는 그들의 전반적인 심리적 고통이 새로운 정보를 부호화하는 데 걸림돌로 작용한다는 사실과 맞아떨어진다. 그들에게 앞서의 삶의 기억들을 떠올려보라고 하면 과도하게 일반화되고 구체성이 결여된 대답을 할 때가 많은데 우울증 환자에게서도 발견되는 패턴이다. 또한 PTSD 환자들은 미래의 삶을 풍부하게 상상하는 데도 어려움을 겪을 수 있다. 이것은 과거를 기억하는 일이 미래를 상상하는 것과 같은 기제에 의존한다는 점차 늘어나는 증거와 맞아떨어진다.

연구자들은 PTSD를 앓을 때 기억에 문제가 생기는 것이 특별한 기억의 기제가 작동하여 트라우마가 다른 기억들을 억누르게 하는 것일 가능성을 살펴보았다. 지그문트 프로이트는 무의식의 힘이 트라우마 기억을 '억압'하여 의식에서 몰아내도록 할 수 있다고 했다. 최근에 심리학자들과 신경과학자들은 이런 식의 '동기화된 망각motivated forgetting'이 우리의 마음이 보다 효율적으로 사고하고 기억하도록 정리하는 것일 수도 있음을 밝혀내고 있다. 한 연구에서 대학생들에게 앞서 다른 단어와 짝을 이루도록 학습한 단어를 일부는 생각하도록 하고 일부는 잊으려고 애쓰도록 했다. 연상되는 단어를 억누르려고 할수록 그들은 덜 기억해냈다. 뇌 영상 연구로 기억의 억압이 전전두피질의 활동 증가

(억압은 적극적인 노력이 들어가는 억제의 과정이라는 생각과 부합한다), 그리고 해마의 활동 감소와 연관된다는 것이 밝혀져서 정보가 덜 기억되는 것임이 확인되었다.

이렇듯 기억이 어떤 상황에서는 성공적으로 억압될 수 있다는 증거가 늘어가고 있지만, 오로지 트라우마에만 해당하는 것이라는 증거는 없다. 트라우마의 극단적 감정은 무기 집중 현상에서 보듯 기억을 사건의 특정한 면면 쪽으로 몰아갈 수 있는데, 그것은 긍정적인 감정적 자극도 마찬가지다. 예를 들어 한 연구에서 옷을 입은 사람들 사진 사이에 벌거벗은 사람 사진을 넣어 사람들에게 보여주자 이후의 이미지들을 기억하는 데 지장이 있었다. 대부분의 사람에게 벌거벗은 사람 사진을 보는 것은 여러 감정들을 유발하기는 하겠지만 두려움을 주는 트라우마 사건은 아니다. 여기서 이와 같은 독특한 감정적 자극은 배경이 되는 다른 평범한 자극을 부호화하는 데 지장을 초래하는 것으로 보였다.

증거들을 종합해보면 트라우마를 이겨낸 사람들은 기억 능력에서 건강한 사람과 차이를 보이지 않는 것 같다. 트라우마 사건에 대한 기억에 공백이 있다면 그것은 극단적으로 두려운 자극이 주목(결국에는 부호화)에 미치는 효과로 설명할 수 있다. 그리고 트라우마에 이어지는 일반적인 망각은 질병의 고통에 따른 것으로 설명할 수 있다. PTSD 환자들은 비록 해마가 위축되었다던가 하는 신경해부적 차이를 드러내기는 하지만, 이것이 트라우마로 인한 것인지는 전혀 확실치 않다. 한 명만이 전쟁 트라우마를 겪은 일란성쌍둥이를 연구한 것을 보면,

전쟁을 겪지 않은 쪽의 해마 크기로 전쟁을 겪은 쪽이 PTSD를 겪을 가능성이 어느 정도 되는지가 예측되었다. 이런 결과를 보면 해마 크기는 어떤 사람이 끔찍한 경험을 겪고 난 결과라기보다는 그런 경험을 하고 난 뒤에 PTSD로 발전하도록 할 수 있는 요인들 가운데 하나일 수도 있다.

결국 현재로서는 트라우마 기억이 특별한 방식으로 작동한다는 증거가 없다. 가장 논란이 되는 주장으로 트라우마가 의식이 접근할 수 있는 명시적 흔적을 전혀 남기지 않는 식으로 '기억'될 수 있다는 주장이 있다. 그러니까 트라우마가 명시적 수준에서는 망각될 수 있어도 암묵적으로는 효과를 계속 유지한다는 것이다.

뉴욕 대학의 조지프 르두는 자동차 사고를 당하면서 경적이 눌린 기억의 예를 든다. 경적 소리가 다시 들리면 두 가지 기억 체계의 표상이 활성화된다. 우선 경적 소리는 편도체의 기억 체계에 의해 '암묵적으로' 기억되고 이것이 조건 자극 역할을 하여 신체의 공포 반응을 야기한다. 소음의 신경적 표상은 또한 내측 측두엽의 명시적 기억 체계도 자극하여 사건의 일화적 기억을 끄집어낸다. 두 가지 기억 체계가 이렇게 연합하여 사건을 기억하는 경험은 명시적 성격과 감정적 성격 모두를 갖게 된다. 자동차 사고를 기억하고, 아울러 그때 느꼈던 바도 떠올리게 되는 것이다.

흔적과 망각

때로는 단서가 편도체 체계를 자극하는 힘은 있지만 명시적 기억의 단서로서는 더 이상 힘을 발휘하지 못하는 경우도 있다. 예컨대 시간이 흘러 자동차 경적이 눌렸다는 명시적 기억의 세부사항을 잊을 수도 있다. 이런 경우 나중에 경적 소리를 다시 들으면 불쾌하고 신기한 공포 반응을 경험한다. 왜 두려운지 이유는 모르지만 아무튼 두려운 느낌이 든다. 편도체 체계는 경적을 '기억'하는데 명시적 기억에서는 '망각'되었기 때문이다. 물론 트라우마가 실제로 망각된 것은 아니다. 그저 단서가 명시적 기억을 유발하는 힘을 잃은 것뿐이다.

이것은 트라우마 사건이 무의식의 힘에 의해 의식에서 쫓겨날 수 있다는 주장과는 결정적으로 다르다. 프로이트식 마음의 이론에서는 트라우마가 망각되려면 기억을 억압하여 의식에서 몰아내려는 무의식의 적극적 노력이 필요하며, 이는 자아^{ego}에 타격을 줄 수 있다. 그러나 이런 무의식적인 힘이 존재한다는 타당한 과학적 증거가 없다. 트라우마는 기억되며 오로지 지나치게 고통스럽게 기억될 뿐이다. 사건에 대한 기억을 억누르려는, 혹은 단서와 관계될 수도 있는 상황을 피하려는 의식적 노력이 성공을 거둔 것에 부분적으로 힘입어 트라우마를 오랫동안 생각하지 않을 수는 있지만 그렇다고 해서 망각되는 것은 아니다. 자동차 경적이 눌린 것을 잊을 수는 있지만 자동차 사고를 잊을 수는 없다.

순수한 감정의 단서가 명시적 기억을 유발할 수 있다는 연구 결과는 기억에 관한 현대의 과학적 견해와도 전혀 어긋나지 않는다. 앞서 보았듯이 PTSD로 고통 받는 환자들은 응급 차량의 번쩍거리는 불빛 같은 외부의 감각적 단서뿐만 아니라 소듐락테이트 같은 약물에 의한 신체 변화로도 플래시백을 경험할 수 있다. 그러나 이들 참전용사는 트라우마를 결코 잊지 않았다. 기억이 다른 방식으로 유도된 것뿐이다. 관계되는 임상 관찰에 따르면 어린 시절에 성폭행에 시달렸던 사람은 어떤 사건에 의해 트라우마 당시 경험했던 것과 같은 극단적인 감정 상태에 놓이면 끔찍했던 기억이 되살아날 수 있다고 한다. 로히프놀 같은 약물을 복용하고 데이트 강간을 당했던 적이 있는 여성은 수술 마취제로 인한 무감각 상태가 단서로 작용하여 트라우마 기억이 일깨워질 수도 있다. 훨씬 경미한 수준에서 보자면, 내 친구는 마흔 살이 넘은 지금도 우울해지면 비참했던 어린 시절이 자꾸 생각난다고 내게 말했다. 그가 하는 생각의 내용이 이런 연관관계를 만들도록 몰아가는 것이 아니다. 그저 감정이 감정을 일깨우는 것이다. 광경과 소리가 기억의 단서로 작용할 수 있는 것처럼 감정도 그럴 수 있다.

암묵적 기억으로 이어지는 경험이라면 명시적 흔적도 남겨야 한다. 현재의 과학적 증거로 볼 때 왜 트라우마 기억이 가끔은 불완전한지, 왜 감정의 단서가 유독 강력할 수 있는지 설명하기 위해 특별한 기제를 상정할 필요는 없다. 앞서 보았듯이 심리 치료를 받고 어린 시절에 학대받았던 끔찍한 기억이 갑자기 되살아났다고 주장하는 '복구된 기억'을 두고 문제가 학계 논쟁 이상으로 크게 번지기도 했다. 르두의 모델에서는 트라우마 사건에 대한 암묵적 기억이 지속될 수 있지만, 명시적 기억이 이미 존재하는 것이 아니라면 이것이 도로 명시적 기억으로 바뀌지는 않는다. 명시적 기억이 기적적으로 파헤쳐진다면 모를까, **오로지** 암묵적 수준으로 기억될 뿐인 트라우마로 고통 받는 것이 가능하다고 믿는 기억 과학자들은 별로 없다. 충분한 단서를 주는데도 기억이 드러나지 않으면 인출할 기억이 없는 것이다. 다시 떠오른 학대의 기억(정상적인 기억하기의 과정을 통해 자발적으로 의식으로 돌아오는 기억 말고)은 허황된 구성물로 보인다. 대개는 지나치게 열성적인 치료사가 최면, 반복, 상상의 재구성을 강조하며 던지는 암시에 따른 것으로, 이런 기법들이 상상 팽창과 다른 재구성 오류들로 이어진다는 것은 잘 알려져 있다.

다른 기억들처럼 트라우마 기억도 부분적이고 불완전할 수 있다는 것은 분명하다. 앞서 무기 집중과 같은 기억이 좁아지는 현상에서 보았듯이 트라우마 상황에서 일어나는 강렬한 감정은 희생자로 하여금 사건의 다른 측면을 놓치고 몇몇 측면에만 집중하도록 만들 수 있다. 제2차 세계대전 당시 강제수용소에서 주위의 잔혹한 행태에 지나치게 관심을 쏟는 것은 사형 죄에 해당되었다. 다우어 드라이스마의 말에 따르면 "어떤 상황에서도 나서지 말라는 명령에 이어 보지 말라는 두 번째 명령이 뒤따랐다. 나치 친위대가 다른 동료 죄수를 학대하는 모습을 보려면 죽음을 각오해야 했다."

그 결과 생존자들은 이런 세부사항에 대해 일종의 기억상실을 토로하기도 했다. 극심한 영양실조, 그리고 폭력과 절망감이 이를 가중시킨 것은 물론이다. 정신분석가이자 수용소 생존자 브루노 베텔하임의 경우에는 "이게 다 무슨 소용이지, 어차피 살아서 나가지 못할 텐데' 하는 생각이 늘 따라다녔다… 그래서 감시하는 측과 당하는 측 모두 스스로를 지키고자 자발적으로 외면해야 했다." 이것은 트라우마 억압을 보여주는 증거가 아니다. 세부사항에 주목하고 이를 부호화하지 않으면 나중에 제대로 기억할 수 없다는 자명한 순리의 예일 뿐이다. 사람들은 다른 면에서는 강제수용소의 일들을 너무도 잘 기억한다. 홀로코스트 생존자들의 기억은 다른 사람들의 기억과 마찬가지로 재구성 오류에 빠지기 쉽다. 다만 한 가지, 그들이 트라우마를 잊었다고는 결코 말할 수 없다.

프로이트적 억압의 개념은 최근에 와서 지속적인 공격을 받고 있는데, 프로이트의 글에 억압의 기제가 무의식이라고만 할 뿐 그것이 어느 정도인지 명확하게 밝히고 있지 않은 것이 부분적인 이유다. 억압은 반복되는 트라우마에만 효과가 있다는 일부 치료사들의 주장은 반복이 기억을 줄이기보다 오히려 강화한다는 압도적인 증거와 모순된다. 반복되는 트라우마는 특정한 세부사항은 결여된 채로 있겠지만 사건의 **대체적인** 기억을 강화시킨다. 대니얼 샥터는 자신이 비행기를 타고 돌아다닌 여러 여행들의 세부사항을 기억하는 데 상당한 어려움이 있다고 말한다. 그러나 비행기 여행이라는 대체적인 사건은 확실하게 기억하며, 한 순간도 자신이 비행기를 탔다는 것을 잊지 않았다.

'내내 잊고 있던'
효과

트라우마 억압이 대체로 신뢰를 잃은 가운데 많은 임상의들은 더 굳건한 지지를 받는 해리dissociation라고 하는 임상적 개념으로 관심을 돌리고 있다. 이에 따르면 트라우마를 겪은 마음은 별도의 기억 체계를 가진 별도의 구역들로 쪼개진다고 한다. 예를 들어 강간을 당한 적이 있는 사람들은 그 일이 일어났을 때 자신이 사건에서 강제로 멀리 떨어져 나갔다는 말을 자주 한다. 그래서 파편화된 기억을 하게 되었을 것이다. 기억 장애에서 해리의 역할이 가장 크게 논란이 된 것은 환자가 별도의 기억 체계를 가진 다수의 '자아'를 만들어내는 해리성 정체성 장애(전에는 다중 인격 장애로 불렸다)였다. 해리성 정체성 장애의 진짜 사례는 드물고, 발병 원인은 현재 알려지지 않았지만, 철저하게 보고된 바로는 심각한 정신질환으로 간주된다. 그런데 최소한 일부 해리성 정체성 장애는 정교한 망상으로 분류되어야 한다는 증거가 있다. 예를 들어 환자가 자아들의 경계에 걸쳐 있는 정보를 기억할 수 있다는 것이 연구로 밝혀졌는데, 그렇다면 그들의 '기억상실'은 어떤 수준에서는 속임수인 셈이다. 해리성 정체성 장애의 진실이 무엇이든 간에 중요한 것은 해리가 정말로 일어나는지 여부가 아니라—거의 확실히 일어난다—그것이 트라우마 기억에 가동되는 특별한 기제를 구성하는지 여부다.

트라우마 사례에서 기억이 어떻게 작동하는지 명확하게 이해하려면 아직 갈 길이 멀다. 트라우마가 원인으로 짐작되어 기억을 (그러므로 정체성도) 단기간 동안 완전히 잃어버리고 여기저기 목적 없이 배회하는 '둔주' 상태에 빠뜨리는 심인성 기억상실 같은 희귀 질환은 현재로서는 과학적으로 설명하지 못한다. 프로이트의 억압 이론이 잘못되었다고 해서 트라우마를 잊거나 오랫동안 트라우마에 대해 생각하지 않는 것이 불가능하다는 말은 아니다. 관건은 트라우마 기억을 적극적으로 몰아내는 역동적인 무의식의 힘이 존재하는지 여부다. 그와 같은 힘은 적어도 두 가지 기억의 기본 법칙과 모순된다. 반복이 기억의 유지를 강화한다는 법칙, 그리고 감정적인 사건이 더 잘 기억된다는 법칙이다. 그와 같은 무의식의 기제를 상정해야 하는 타당한 증거가 없다. 과학자들은 가능한 최고로 단순한 설명을 선호해야 하는 법이다.

한편으로 보자면 상황은 결코 완전히 딱 나눠지지 않는다. 기억을 재구성으로 보는 견해가 힘을 얻으면서 기억을 '소유'하거나 하지 않는 것으로 보는 견해를 기각하는 경우가 많았다. 이렇듯 기억이 구성물이라면, 아마도 기억은 구성 요소들로 나뉘어져 있다가 기억해야 하는 상황이 되면 그때마다 다른 방식으로 조합될 수 있다. 기억을 정기적으로 마음속에 떠올리지 않았다고 해서 그동안 잊었다고 말할 수는 없다. 그러나 내가 처음으로 잡은 물고기의 기억처럼 기억하고 있었다고 정확히 말할 수도 없다. '다시 떠오른' 기억이라는 미심쩍은 사례에서 핵심 요인은 자신이 기억했던 것을 기억하느냐 하는 것이다. 사건의 기억을 처음으로 경험한다고 말할 때, 우리는 그때까지는 그 사건에 대해 **잊고 있었다**고 강력하게 주장하는 것이다. 그런데 우리는 자신이 과거에 기억했던 행위를 정확하게 판단하는 경우가 드물다. 내가 처음으로 뭔가를 기억하는 것이라고 경험한다고 해서 그것을 어떻게 확신할 수 있을까? 내 판단은 내가 기억했던 다른 사례들을 다 기억하고 있다는 내 능력에 근거를 둔다. 하지만 이전에 이 사건에 대해 기억했었다는 것을 잊을 수도 있다.

캘리포니아 샌타바버라 대학의 조너선 스쿨러는 이것이 다시 떠오른 기억이라고 하는 미심쩍은 사례에서 결정적인 요인이라고 주장한다. 그와 동료들은 다시 떠오른 기억에 대해 대단히 엄밀한 기준을 사용했다. 트라우마 사건이 일어났다는 증거, 사건을 잊었다는 증거, 나중에 다시 기억났다는 증거가 있어야 다시 떠오른 기억으로 간주했다. 그가 연구한 몇몇 사례에서 트라우마 기억이 돌아왔다고 보고한 사람들은 자신이 전에 다른 사람에게 사건에 대해 언급한 적이 있었음을 기억하지 못했다. 일례로 마흔 살의 한 여성이 차를 얻어타고 가던 중에 강간을 당한 기억이 돌아왔다고 보고했다. 그녀는 치료사에게 기억이 방금 다시 떠올랐다고 했는데, 실은 전남편에게 여러 차례 언급한 적이 있었음이 나중에 밝혀졌다. 남자가 자신을 덮친 일이 있었다는 그녀의 기억의 정확성에는 의심의 여지가 없지만, 그녀는 전에 자신이 그것을 기억했었다는 사실을 잊은 모양이었다. 짐작컨대 그 사이에 바뀐 것은 사건의 해석이었다. 이 불쾌한 성적 경험이 사실은 강간이었음을 이제야 깨닫게 된 것이다.

우리는 사건에 대해 다르게 느끼기 시작하면 사건을 다르게 기억하기 시작한다. 스쿨러와 동료들은 이를 가리켜 '내내 잊고 있던forgot-it-allalong' 효과라고 불렀다. 우리는 뭔가를 기억하는 자신의 과거 능력을 과소평가하기 쉽다. 많은 '다시 떠오른 기억'은 기억하고 있었음을 떠올리지 못했을 뿐 실은 내내 기억하고 있었던 것일 수 있다.

'내내 잊고 있던' 시기에 기억에는 무슨 일이 벌어졌을까? 리처드 맥널리와 엘리자베스 로프터스 같은 사람들은 실제로는 뭔가를 잊지 않고도 오랫동안 그것에 대해 생각하지 않는 것이 가능하다는 것을 최고로 단순한 설명으로 내세운다. 사건이 기억되었다면 그것은 결코 잊힐 수 없다는 것이 그들의 논리다. 이것은 기억을 '소유'하거나 하지 않는 것으로 보는 견해에 아주 가깝게 보일 수 있다. 그것이 아니라 재구성 견해의 논리를 따른다면, 우리는 기억을 '소유'하는 것이 아니라 필요할 때 다른 종류의 정보를 바탕으로 기억을 구성한다. 그렇다면 구성물, 즉 전면적인 일화적 기억이 의식에서 멀찌감치 떨어져 있는 동안 기억의 요소들이 저장된 채로 남아 있는 것이 가능해 보인다. 그 경우에는 평소처럼 단서가 주어지는 것만으로도 사건이 기억되도록 하기에 충분하다. 억압의 사례가 특별한 점은 기억이 의식이 도저히 미치지 못하는 곳에 있어서 특별한 조건의 심리 치료로 불러내기 전까지는 기억이 떠오르지 않는다는 것이다.

트라우마 기억이 자주 이런 단편적인 형태로 존재한다고 믿을 만한 타당한 이유가 있다. 캘리포니아 버클리 대학의 아서 시마무라는 트라우마가 어떻게 '마음대로 떠도는' 기억의 단편들을 남기고 이것들이 시간과 공간의 맥락적 사실들로는 오직 미약하게 연결되지만 감정적 반응에는 강한 연관관계로 엮이는지 살펴보았다. 임상심리학자 케빈 미어스는 내게 이렇게 말했다. "트라우마 기억의 경우에는 갖고 있는 것이 단편들이고 일관성이 없어요. 그래서 기억이 따로따로 묶이고, 연결되고 연관되지 않은 채 시간에 결빙된 채로 계속 남게 됩니다."

트라우마 희생자의 과제는 (대니얼 샥터의 말을 빌리자면) 기억하는 사람들이 일상적으로 하는 일을 하려고 하는 것이다. 즉 "관련되는 단편들과 느낌들을 일관된 내러티브나 이야기로 엮어내는 것이다." 열린 마음을 가진 임상의나 치료사의 도움을 받으면 더할 나위 없이 좋다. 그러나 이렇게 엮어낸 이야기는 일반적인 기억보다 더 정확할 것 같지 않으며, 오히려 덜 정확하다고 봐야 할 타당한 이유가 있다.

트라우마 기억이 허술한 것은 일상에서의 기억이 허술하기 때문이다. 자전적 기억의 체계가 특히나 허술한 아동기에 일어나는 트라우마의 경우에는 상황이 다를 수 있을까? 우리는 트라우마 사건이 내측 측두엽의 명시적 기억 체계를 활성화하지 않고서는 편도체와 관련 구조물들이 담당하는 감정적 기억 체계를 활성화하지 못한다는 것을 안다. 그렇다면 명시적 기억 체계가 아직 발달하지 못했고 아이가 유아기 기억상실에서 벗어나지 못한 상태라면 어떨까? 아동기에는 해마 체계가 아직 성숙하지 못했으므로 명시적 기억 없이 암묵적인 감정적 기억을 갖는 것이 가능하다고 주장하는 이론이 있다. 이 이론은 예컨대 해마 외부의 신경 체계에 저장되는 아동기의 공포가 어떻게 성년기에 스트레스로 인해 갑자기 되살아날 수 있는지 설명해준다. 하지만 어린 아이는 성인보다 어린 시절을 더 이전까지 기억할 수 있다는 발견으로 그와 같은 주장을 반박하는 것이 가능해 보인다. 뇌의 성숙이 성년기에 명시적 기억을 떠올리지 못하는 유일한 요인이라면, 다른 연령대의 아이들에게 물었을 때 아무런 차이가 없어야 한다.

제대로 작동하는 일화적 기억의 체계 없이는 기억을 '다시 체험할' 방법이 없으므로 트라우마 기억은 다른 방식으로 표명될지도 모른다고 주장하는 사람들이 있다. 놀이를 통해 사건을 재연하는 것도 그 가운데 하나다. 치료사 르노어 테르는 트라우마를 겪은 아이가 '행동 기억behavioral memory'을 통해 트라우마 사건을 간직하고 있음을 보여준다는 의견을 제시한다. 예컨대 성적 학대를 당한 아이는 인형과 부적절한 성적 행동을 보일 수 있고, 납치당한 경험이 있는 아이는 곰 인형과 놀며 유괴 사건을 재연할 수 있다는 것이다. 문제는 독자적인 확증이 없는 상황에서 그와 같은 행동을 보고 학대를 추론하기가 어렵다는 것이다. 현재로서는 아이가 명시적으로 떠올리지 못하는 기억을 놀이를 통해 '재연'한다고 입증할 타당한 과학적 증거가 없다.

아동기에 명시적 기억을 떠올리는 문제를 보자면, 트라우마 사건의 기억은 보다 행복한 기억과 같은 방식으로 망각과 회상이 이루어지는 것으로 보인다. 간단한 두개골 수술을 받은 마이클과 같은 아이들은 자신의 트라우마에 대해 명시적 기억을 분명하게 하는 것으로 보인다. 아마도 트라우마 사건이 주는 스트레스가 성인의 경우와 마찬가지로 아이에게도 기억의 향상을 끌어내는 것 같다. 그러나 그와 같은 기억은 이후까지 지속되지 않는다. 성적 학대나 납치 등 문서로 기록된 트라우마를 겪은 아이들을 연구한 것을 보면, 대략 세 살 이전에 일어난 트라우마는 개략적으로만 겨우 기억될 뿐이었다. 유아기 기억상실의 장막이 트라우마 사건에도 마찬가지로 드리워지는 것이다. 나이가 더 많은 아이들의 경우에도 트라우마 사건이 일반 사건과 근본적으로 다른 방식으로 기억된다고 볼 만한 증거가 없다. 기억되는 트라우마 사건은 더 오랫동안 기억되는 경우가 많지만, 그것은 그저 트라우마 사건이 감정적으로 유독 두드러지고 좋든 나쁘든 마음속에 뚜렷하게 남는 사건이기에 그런 것이다.

이런 견해를 확인시키듯 아이들의 명시적 트라우마 기억은 성인의 기억과 마찬가지로 왜곡에 취약한 것으로 보인다. 르노어 테르는 납치당한 적이 있는 스물여섯 명의 아이들에게 사건이 있고 여러 해가 지나서 그때의 경험에 대해 물었다. 여덟 명이 상당히 정확하게 사건을 기억했지만, 4~5년 뒤에 다시 인터뷰했을 때는 한 명을 제외한 모두가 기억 왜곡을 드러냈다. 일례로 한 명은 납치자가 두 명의 여성이었다고 기억했지만 실은 모두 남성이었다. 어린 시절에 겪은 트라우마는 기억에 지울 수 없는 흔적을 남기기는커녕 다른 기억과 마찬가지로 다시 말하는 과정을 통해 왜곡되기 쉽다.

망각은
해결책이 아니다

어느 우중충한 날 나는 콜린을 전에 광산촌이던 잉글랜드 북부의 한 마을에 있는 그의 집에서 만났다. 콜린은 삼십대 초반으로 바싹 자른

머리에 안경을 썼다. 호리호리하지만 운동을 열심히 한 몸이었고 최근에 선탠을 하여 살짝 불편해 보이는 안색을 하고 있었다. 그는 치료를 받기 전에는 외국에 나가 휴가를 지낸다는 것은 생각도 못했었다고 내게 말했다. 항상 집에만 있었다고 했다. 집 밖으로 나가면 누군가를 다치게 하거나 자신이 다칠 것이라고 생각했다. 차를 타고 가게에 갈 수 없었고 다른 사람이 운전하는 경우에도 마찬가지였다. 콜린은 자신이 다른 선택을 했다면 어떻게 되었을까 계속해서 생각했다. A1에서 잠시 멈추고 차를 마셨더라면, 다른 길로 갔었더라면, 아예 그날 출근하지 않았더라면 어땠을까 생각했다. 집은 그가 안전하게 느끼는 유일한 곳이었다. 더 나쁜 일이 벌어진다고 생각하는 것까지 막지는 못했지만, 집에 있으면 그런 일이 벌어지는 것은 확실히 피할 수 있었다.

우리는 거실에 앉아서 차를 마셨고, 내 디지털 녹음기가 우리의 대화를 녹음했다. 비극적 사고가 있고 한 달 뒤에 태어난 아들의 장난감으로 집이 어수선했다. 콜린은 내게 사고 이야기부터 했다. 하늘색 미크라가 차선을 넘어 그에게 다가온 것, 라디에이터 타는 냄새, 자동차 창문 너머로 보인 죽어가는 남자의 얼굴. 그는 사고를 겪고 몇 달 동안 자신이 느꼈던 바―악몽, 플래시백, 계속되는 불안감―와 치료를 받고 현재 느끼는 바를 구분하려고 애썼다. 그는 좋아졌지만 완전히 회복되지는 않았다. 목소리가 쫓기고 있는 듯 긴박하게 들렸고 여전히 심리적 고통을 겪고 있었다. 내가 그를 어떤 상상의 기준에 들어맞는지 평가하고 있다고 그가 느껴서 나는 왠지 불편했다. 그러나 그는 내게 말하려고, 자신의 이야기를 하려고 필사적이었다. 트라우마 기억을 더 잘 이해하면 자신과 같은 끔찍한 상황에 처한 다른 사람들을 도울수 있으리라 기대했던 것이다. 그는 자신이 비난받지 않아야 하는 일로 스스로를 책망했다. 그것이 바뀌자 다른 모든 것이 바뀌었다.

콜린은 몇몇 치료사들과 의사들을 만나고 난 뒤에 마침내 교통사고 트라우마를 전문적으로 다루는 정신과의사 시사를 만났다. 의사는 그가 복용하던 약한 진정제 대신에 항우울제를 처방했고, EMDR이라고 하는 비교적 최근에 개발된 효과적으로 보이는 치료법을 사용하여 치료를 시작할 것이라고 설명했다. 위압적인 이 약어는 '안구운동 민감소실 및 재처리Eye Movement Desensitization and Reprocessing'의 줄임말로 환자가 움직이는 LED 불빛을 눈으로 따라가는 식으로 진행된다. 손에 쥔 버저 소리에 맞춰 양옆으로 움직이는 불빛을 따라가는 것이다. 가끔은 이상하게 보이는 이런 장비 없이 환자가 그저 수평으로 움직이는 치료사의 손가락을 따라가기도 한다. 어떤 면에서는 예전에 최면술사가 양옆으로 금시계를 흔들며 암시를 걸어 심리적 힘을 발휘한 것과도 비슷하다.

EMDR 세션은 보통 30분가량 진행된다. 첫 세션에서 시사는 콜린에게 불빛을 보고 그의 끔찍한 불안의 대상인 하늘색 미크라를 생각하라고 했다. "모든 하늘색 닛산 자동차가 전부 사고를 겪지는 않아요." 그렇게 그를 안심시켰다. 그러고 나서 얼마 뒤에 그녀는 콜린에게 이 자동차에 대해 어떤 느낌이 드는지 물었다.

"그녀는 한 걸음씩 차근차근 정보를 나의 뇌에서 끌어내고자 했습니다." 콜린이 내게 말했다. "내 마음 뒤편에 내가 숨겨놓은 것 말입니다. 그저 오래된 기억을 내 마음 뒤편에서 끌어내도록 도우려고 했어요."

내가 시사를 찾아가서 EMDR이 어떤 식으로 작동하는지 묻자 그녀는 시야의 양쪽 절반을 왔다 갔다 하는 불빛을 따라가는 과정을 통해 기억들이 해방되고, 이전에 접근하지 못했던 세부사항이 기억나게 된다고 말했다. 기억이 좀 더 유동적이고 가소적으로 되어 보다 완전하게 통합될 수 있게 된다. 기억이 재구성물이라면 EMDR은 기억하는 사람이 좀 더 완전한 모습으로 재건하도록 도와줄 수 있다고 했다.

처음에는 콜린은 회의적이었다. "두 개의 불빛이 스크린을 가로지르는 저런 자그마한 상자가 나를 도와준다고요? 말도 안 돼요."

그는 장비를 처음 보았을 때를 떠올리며 말했다. 하지만 치료를 해보기로 했다. 그는 사고에 대한 기억이 너덜너덜하다는 문제를 알고 있었다. 당시 그가 기억하는 것이라고는 노인이 차에서 나가게 해달라고 간청한 것, 구급차와 경찰, 응급 헬기의 어렴풋한 모습, 그리고 자신이 경찰서에 가서 경찰관 무전기로 노인이 죽었다는 소식을 전해들은 것이 전부였다.

처음에는 불빛을 쳐다보자 극심한 두통이 몰려왔다고 한다. 그러나 뭔가가 곧 일어나기 시작했다. 자신이 명확하게 기억하는 마지막 이미지, 즉 창문에 비친 노인의 얼굴이 의식에 떠오르도록 거기에 집중하라는 말을 듣고 그가 말했다. "살짝 붉네요." 시사가 더 말해보라고 했다. "술을 많이 마셔서 코가 붉어요." 그가 말했다. 에어백이 작동해서 붉은 줄 알았는데 아니었다.

콜린은 청문회에서 노인이 법정 알코올 기준치를 넘었다는 말을 들었지만, 그 정보가 당시 자신의 해석과 맞지 않아서 처리하지 않았다.

그는 노인이 자신의 차선으로 넘어왔고, 자신이 그를 피하려고 할 수 있는 모든 노력을 다했음을 분명한 사실로 알았다. "한쪽 귀로 듣고 흘려버린 겁니다. 나는 상황을 전해들었지만 내게 아무런 의미도 주지 못했습니다."

이제 그는 사실들을 불쑥 생각나는 자신의 기억에 연결할 수 있었고, 자신의 해석을 바꿀 수 있었다. 사건을 다르게 이해하게 되자 그는 곧바로 스스로를 책망하는 일을 멈출 수 있었다.

이것은 두 번째 EMDR 세션에서 확인되었다. 콜린은 미크라 뒤에 따라온 자동차 운전사를 기억했다. 그는 도우려고 멈춰선 것인데 노인이 차선을 왔다 갔다 해서 사고가 나기 1마일 전부터 따라왔다고 했다. 콜린은 책임이 없었다. 다른 운전사가 그에게 그렇게 말했다. 세부 사항이 새로 일어난 해석과 맞아떨어졌고 그래서 그 해석에 힘을 실어주었다. 노인이 콜린의 차선으로 잘못 들어오면서 발밑에서 뭔가를 찾듯 고개를 숙이고 있었던 것을 본 기억도 마찬가지로 그의 새로운 해석을 강화했다. 두 차례 EMDR 세션이 끝나자 콜린은 더 이상 사고로 자책하지 않았다. 그의 이전 해석은 산산조각 났다.

"논리적으로 생각해봤습니다." 그가 말했다. 청문회에서 노인의 가족이 그가 전날 밤에 위스키를 반 병 마셨다고 진술했고, 경찰이 그의 혈액에 알코올이 남아 있었다고 했다. "자동적으로 머릿속에서 정리가 되었어요. 전에도 어디선가 붉게 타오른 코를 본 적이 있었는데, 문득 술을 좋아하는 내 친구 두 명이 코가 벌겠던 것이 생각났습니다."

"치료받기 전에는," 내가 물었다. "코가 붉지 않았나요, 아니면 붉었는데 당신이 알아차리지 못했던 건가요?"

"붉었는데 내가 알아차리지 못했죠. 나는 에어백이 작동해서 긁힌 상처 같다고 생각했습니다. 그러니까 충격에 의한 멍이라고 본 거죠. … 팔을 어디에 부딪치면 벌겋게 되잖아요. 그런 거라고 생각했죠. 자리에 앉아서 기계를 사용하여 불빛이 오가는 것을 보며 내가 알았지만 막혀 있던 정보의 여러 조각들을 맞추었는데, 모든 것이 훤히 드러났어요. 술을 마셔서 붉었던 거로구나! 붉게 타오른 코와 뺨이 술 때문이었어. 그런 사소한 것들이 계기가 되었습니다. 모르겠어요, 어떻게 해서 그런 일이 일어났는지. 아무튼 모든 것이 딱 들어맞았어요. 기계가 어떤 식으로 작동하는지 안다면 혼자서도 해볼 수 있을 텐데. 내 말뜻 알겠어요?"

콜린은 이제 EMDR에 회의적이지 않다. 치료 덕분에 자신의 삶이 바뀌었다고 본다. 그는 인터뷰 도중에 여러 차례 장비를 '마술 상자'라고 불렀다. "어떻게 하는지는 모르겠지만 내 기억의 뒤편에서 그냥 이런저런 것들을 끌어내요. 그래서 내가 완전히 다른 의미로 상황을 바라보게 되었어요." 시사는 노인이 차에서 나가게 해달라고 간청하는 이미지가 불쑥 생각나는 바람에 콜린이 사고를 자신의 잘못으로 해석하도록 몰아갔다고 믿는다. 필터, 죄책감이라는 필터를 만들었고, 그것이 그가 사고에 관련되는 여러 다른 정보들을 처리하는 방식에 영향을 미쳤다. 그 기억은 사라지지는 않았지만, 이제 의식의 전면에서 뒤로 물러나 다른 기억들의 배경을 차지한다. 같은 주소에 있는 다른 기억들에 접근함으로써 불쑥 생각나는 침입적 기억을 원래 자리로 돌릴 수 있다고 임상심리학자 케빈 미어스가 내게 말했다. "기억이 과거의 일부가 되도록 하려면 새로운 기운을 불어넣을 필요가 있다고 할 수 있어요." 치료는 기억을 채우고 세부사항을 되살려 대단히 고통스러운 이런 단편적인 모습이 아니라 하나의 전체로서 의미를 갖도록 만드는 것이다. 여전히 구성물이기는 하지만 훨씬 균형이 잘 잡히고 오해를 덜 부르는 구성물이다.

콜린의 경우에 핵심 문제는 기억의 왜곡이 아니라 기억의 단편들을 그가 현재 갖고 있는 해석과 일치하는 일관된 전체로 통합하는 것이었음이 분명하다. 그는 사고의 책임을 자신에게 돌렸고, 그의 기억은 이런 해석을 반영했다. 그가 새로운 해석에 근거하여 자책하는 것을 멈추자 기억이 바뀌었다. 다른 사례들을 보면 트라우마는 심각한 기억 왜곡으로, 너무도 생생하고 강렬해서 환자가 사실이 아니라고 믿을 수 없는 기억의 왜곡으로 이어질 수 있다. 일례로 차 사고를 당했다가 살아남아 죄책감에 시달리는 사람은 자신이 반응하고 충돌을 피할 시간이 충분히 있었음을 보여주는 이미지들이 불쑥 떠올라 시달릴 수 있다. 치료 과정을 통해 장면이 법의학적으로 재구성되면, 실은 사고가 순식간에 일어나 그가 할 수 있는 것이 없었음이 그에게 입증될 수 있다. 피터가 포클랜드에서 겪은 트라우마는 PTSD 연구가 걸음마 단계일 때 일어났다. 그가 적절한 치료를 받았다면 그의 기억에 나타나는 모순(예컨대 사람들이 그의 친구를 땅에 묻고 있었는데 가끔 그가 아직도 살아 있었다는 점)이 해결되었을 수도 있다. 오늘날의 치료사들은 그와 같은 모순을 인식하고 환자로 하여금 자신의 기억을 더 과학적으로 살펴보도록 한다. 그렇게 하여 모순과 왜곡이 밖으로 드러나면 해석이 바뀔 수 있다.

콜린의 사례에서 문제의 이미지는 왜곡된 것이 아니었다. 그보다는 기억의 측면들을 나중에서야 알아차렸다는 것이 문제였다. 어째서 콜린은 이미지에 나타난 얼굴이 술꾼처럼 붉게 달아올랐다는 것을 이제야 '알아차릴' 수 있었을까? 이 질문에는 그 세부사항이 이제야 사건에 대한 그의 해석과 일치하기 때문이라고 답할 수 있다. 우리는 현재라는 렌즈를 통해 과거를 기억한다. 우리가 지금 믿는 것, 지금 원하는 것이 기억에 반영된다. 기억은 과거에 관한 것이겠지만 자아의 필요에 부응하여 현재에 구성된다. 시사는 억압의 언어가 환자에게 의견을 전하는 방법으로 유용하다고 보는 입장이지만, 콜린의 경우에는 그와 같은 것을 상정할 필요가 없다. 콜린은 어떤 무의식의 힘이 그의 마음에서 몰아냈기 때문에 얼굴의 세부사항을 잊은 것이 아니었다. 당시 그의 해석에 맞지 않아서 잊은 것이다.

그렇긴 하지만 콜린은 EMDR이 이런 변화를 이끌어내는 힘에 대해 오해하는 것일 수도 있다. 그저 반복적으로 뭔가를 기억하도록 요청하는 것으로도 더 나은 회상을 끌어낼 수 있다는 증거가 있는데, 이런 반복적인 기억의 시도는 표준적인 인지 행동 치료(보통은 EMDR 기법을 수행하지 않는다)의 일부이기도 하다. 왼쪽에서 오른쪽으로 눈알을 굴리면 뇌의 좌반구와 우반구 간의 소통을 증진할 수 있고, 이런 방법으로 (적어도 오른손잡이의 경우) 실험실 과제와 자전적 기억의 연구에서 기억력을 향상시킬 수 있다고 말하는 사람들이 있다. 그러나 이런 효과가 EMDR에서 작동한다는 것은 전혀 입증된 바가 없다. 노출exposure과 범람flooding(불안 장애를 사라지게 하려고 환자에게 일부러 트라우마와 관련되는 자극을 상상하도록 하는 것) 같은 기법들을 사용하는 일반적인 인지 행동 치료로는 할 수 없는 일을 EMDR이 일으킨다는 확실한 증거가 없다. 리처드 맥널리는 살짝 비판적인 어조로 이렇게 요약했다. "EMDR에서 효과적인 것은 새로운 것이 아니며, 새로운 것은 효과가 없다."

특이하게도 트라우마를 겪은 마음은 어린아이의 마음과 비슷한 면이 있다. 어린아이는 기억의 풍광에서 자신의 길을 개척하는 법을 배워야 하는데, 그것은 전쟁이나 학대, 재난의 공포를 겪은 사람도 마찬가지다. 게다가 어린아이의 기억은 단편적이어서 정신적으로 손상되지 않은 아이도 일관성을 만들기 위해 노력해야 한다. 트라우마를 겪은 마음도 그렇다. 차이점이라면 성인은 트라우마 사건을 겪기 전에 시간을 통해 확장되는 자아의 감각을 이미 마련해놓은 상태라는 점이다. 성인 트라우마 환자에게 이것은 문제를 가중시키는 것일 수도 있다. 트라우마 기억을 억누르는 능력은 나이가 들수록 점차 약해지는 것으로 보인다. 그렇기에 참전 용사들이 수십 년이 지난 뒤에 자신들이 겪었던 공포를 떠올리도록 여건이 마련되면 너무도 생생한 체험을 하는 것이다.

PTSD 치료는 일관성을 찾는 데 초점이 맞춰져 있다. 이런 통합이 일어나지 못하면, 예를 들어 트라우마의 주제가 금기시되는 것이어서 터놓고 얘기하지 못하면, 그 기억은 의식의 전면에 고통스럽게 계속 남아 언제라도 튀어나올 수 있다. 치료의 목적은 망각하는 것이 아니라 다른 식으로 기억하는 것이다. 레이첼 예후다가 주목하듯이 기억의 빈틈이 끔찍한 기억 자체만큼이나 해로울 수 있다. 치료의 과정은 이런 빈틈들을 채우고 잘못된 해석을 바로잡아 기억을 자꾸 피하려 하지 않고 떳떳이 경험하도록 하는 것이다.

"망각은 해결책이 아니다." 예후다의 말이다. "비록 그 경험이 그 사람에게 고통스럽다고 할지라도 말이다. 이런 기억도 사람들의 삶의 본질적인 부분이며 그들의 존재의 핵심을 이룬다."

콜린은 이런 접근법의 가치를 보여주는 살아 있는 증거다. 그는 그날의 비극적인 사건을 잊지 않았고, 그 기억은 여전히 고통을 가하고 있다. 지금도 가끔 잠을 못 이룰 때가 있고 죽은 남자에 대해 여전히 생각한다. 그러나 자신과 자신의 가족에 대해 책임이 있음을 받아들인다. 다시 가족들을 부양할 수 있도록 직장에 복귀할 날을 손꼽아 기다리고 있다. 그는 차근차근 주어진 하루를 살며 삶에 대한 기대로 가득하다. 전에는 마지못해 하루하루를 사는 '보잘것없는 인간'이었다고 스스로 말한다. 그는 어린 아들에게 아버지 노릇을 하려고 애쓴다. 사고가 어쩔 수 없었던 일이었음을, 자신은 그저 운이 나빴을 뿐임을 깨달았다. 자신이 아니었다면 아기를 데리고 여행하던 뒤에 온 승합차 가족이 사고를 당했을 것이다. 콜린은 기분이 가라앉을 때마다 승합차에 있던 아기를, 그리고 자신의 아이를 생각한다. 그는 운이 좋다. 가족과 직장 동료들이 그에게 힘이 되어주니 말이다. 콜린은 더 이상 하늘색 닛산 미크라가 두렵지 않다. 이제 차를 타고 운전도 할 수 있을 것 같다고 말한다. 그는 친구의 화물차를 몰며 근처 산업단지 도로에서

감을 익혔다. 몇 달 뒤에 나는 시사로부터 콜린이 총 여덟 차례 EMDR 세션을 마치고 직장에 복귀했다는 말을 들었다. 그는 말로 다할 수 없는 도움을 받았다고 했다.

"내가 아니라 당신이 한 거예요." 시사가 말한다. "난 그저 당신의 기억을 환한 곳으로 끌어내도록 도왔을 뿐이죠."

나는 콜린의 이야기를 쓰면서 사고가 일어났던 장소를 눈으로 보고 싶다는 강한 충동을 느낀다. 그의 이야기를 가급적이면 상세하게 머릿속에 그릴 수 있어야 그날 그의 기억에 가깝게 다가갈 수 있을 것 같기 때문이다. 그렇다고 그가 불편하게 그곳으로 직접 안내해달라고 내몰 생각은 없다. 집에서 구글 어스를 통해 A1에서 나와 시골길로 이어지는 경로를 확인하며 풍경의 프레임들을 클릭한다. 기이하게도 풍경이 여름과 겨울을 갑작스럽게 오가지만, 비극이 일어난 곳은 봄의 모습으로 보존되어 있다. 이미지는 사고가 일어난 해인 2009년의 것이다. 내가 결빙된 과거의 한 부분을 들여다본다고 생각하니 기분이 묘하다. 프레임을 클릭하면 흐릿한 이미지가 곧 선명해지며 사고의 잔해가 보인다. 구겨진 하늘색 자동차, 도로 가장자리에서 위태롭게 기우뚱하는 트럭, 둘이 마치 상대방으로 추월하려는 듯 도로에서 같은 쪽을 향하고 있는 모습. 이것은 기억이 아닌 기억이다. 내가 결코 경험한 적은 없지만 상상을 통해 내게 현실이 되어버린 무엇에 대한 플래시백이다. 다만 나는 언제라도 플래시백의 스위치를 끌 수 있다. 콜린은 그날 사건을 결코 잊을 수 없을 것이다. 하지만 다르게 그것을 기억하기를 희망할 수는 있다.

11.

할머니의
기억

Pieces of Light

"내가 기억력 하나는 괜찮지. … 지어낸 건지 그냥 타고난 건지는 모르겠지만. 너는 어떠니? 기억력이 좋으냐?"

　할머니는 아파트 거실 모퉁이에 늘 놓아둔 녹색 안락의자에 앉아 있다. 부드러운 햇빛이 창문에서 할머니 오른쪽으로 떨어지고, 창턱에는 액자에 담긴 가족사진들이 가지런히 정리되어 있다. 꽃무늬 블라우스를 입었고, 여름의 무더위에도 타탄무늬의 작은 담요를 무릎 위까지 끌어올려 덮었다. 나는 할머니에게 옛 시절에 대해 말하고 있다. 올해로 아흔세 살이므로 할머니의 과거는 거의 한 세기 이전까지 거슬러 올라간다. 할머니는 우리가 통상적으로 하는 일에 익숙하다. 내가 갖고 다니는 장비들, 배낭에서 꺼낸 노트북과 공책을 보고도 아무렇지 않다. 나중에 대화를 옮겨 적으려고 작은 삼각대에 올려놓은 디지털 녹음기는 한 번 쓰윽 쳐다볼 뿐이다. 내가 사는 북동쪽에서 에식스에 있는 할머니의 아파트까지 먼 길을 달려왔다. 우리는 생각만큼 자주 만나지는 못하므로 기회가 있을 때 함께 보내는 시간을 최대한 이용하려고 노력한다. 할머니는 건강하다고는 하지만 인간의 기대수명으로 볼 때 우리가 얼마나 더 오래 이렇게 할 수 있을지 장담하지 못한다. 차마 입 밖에 내지 못하는 이런 자각이 우리가 함께 보내는 모든 순간에 영향을 미쳐 마지막까지 최선을 다하게 된다. 회색빛으로 반짝이는 할머니 눈을 보니 이번이 마지막 만남일 수도 있겠다 싶다.

할머니가 의자에서 편안하게 자리를 잡자 나는 녹음기를 켜고 할머니의 생각이 대화를 주도하게 내버려두었다. 할머니는 의자 앞쪽으로 앉아 대화에 몰입했고 미소를 짓다 말고 정신이 딴 데 팔린 것처럼 입을 살짝 벌렸다. 나는 지난번 대화에서 우리가 과거의 어느 시점까지 이야기했는지 상기함으로써 대화를 시작하고 싶었다. 안 그러면 할머니는 나에게서 얻는 최소한의 단서만으로 무엇에 대해 이야기할지 결정한다.

나는 할머니가 말하는 세세한 사실들까지는 모른다. 처음 인터뷰를 했을 때 할머니는 내가 예상하지 못했던 주제로 벗어나면서 자신이 하는 말이 적절한지 모르겠다며 걱정했다. 나는 적절하다며 괜찮다고 안심시켰다. 지금은 내가 그저 자신에게 과거에 대해 말을 시키고 싶어 한다는 것을 안다. 반복은 문제가 아니다. 할머니가 자신이 같은 이야기를 또 하고 있다는 것을 안다 해도 나는 상관하지 않는다. 어떤 면에서는 할머니가 같은 말을 반복하는 것이 기다려진다. 이야기가 매번 똑같은 식으로 말해지는지 알아볼 수 있으니까 말이다.

처음에 마이크와 오래된 4트랙 카세트 녹음기를 두고 할머니와 앉았을 때, 나는 내가 무엇을 찾으려고 하는지 사실 몰랐다. 우리는 대가족이어서—마사 할머니는 손자손녀가 열한 명, 증손자손녀가 열여섯 명이다—다들 할머니의 이야기를 미래 세대를 위해 정리해둘 필요가 있다고 느끼고 있었다. 어렸을 때 나는 할머니의 이국적인, 하지만 희미하게만 기억될 뿐인 배경에 대해 들었다. 차르 군대의 구두를 닦는 일을 했던 선조가 있었다는 이야기, 마사의 어머니가 십대 소녀일 때 리투아니아로 돌아가서 자신의 두 남동생을 데리고 영국으로 와서 새 삶을 시작하게 했다는 이야기 등인데, 나는 이런 이야기를 마사의 입으로 직접 듣고 기록으로 영원히 남기고 싶었다. 아흔 살 생일에 할머니에게 지금까지 진행된 대화를 책으로 만들어 선물했고, 다른 가족들을 위해서도 몇 권 더 만들었다. 수수한 선물이었지만(여러분이라면 90년이나 산 여인에게 무엇을 사주겠는가?) 그녀에게 뜻 깊은 기념품인 만큼 우리에게도 소중하게 간직될 것임을 알았다. 나의 관심사가 계속 발전하여 기억의 과정에 매료되면서 이런 노력은 가족의 기록 프로젝트에서 마음이 시간의 경과에 어떻게 대처하는지 알아보는 더 큰 탐구로 바뀌었다.

우리는 보통 한 시간가량 이야기를 나눈다. 한번은 테이프가 끝나고 인터뷰가 끊긴 적이 있어서 그 이후로는 카세트 녹음기를 사용하지 않고 휴대용 디지털 녹음기로 바꾸었다. 할머니는 과거에 대해 말하는 것에 항상 관심이 많고 열심히 잘 호응해준다. 점차 노쇠해지면서 더 이상 많은 것을 생각해내지 못하지만, 다른 활동들은 갈수록 해내기가 힘겨워지는 데 비해 과거를 기억하는 일은 아직 능숙함을 잃지 않았다. 할머니가 이렇게 협조적으로 나오는 것이 자신의 삶이 마지막에 이르렀다는 인식과 얼마나 연관되는지 모르겠다. 어쩌면 자신의 기억력이 망가지고 있거나 곧 그렇게 되리라 느끼는지도 모른다. 아니면 다른 많은 노인들처럼 그저 과거를 돌아보고 지나간 것들을 생각하며 의미를 찾고자 하는지도 모른다.

할머니로서는 내가 이런 일로 대체 무엇을 하려는지 궁금하기도 할 것이다. 나로서는 할머니가 계속 대화에 임하도록 하고, 매 단계마다 할머니가 여기서 무엇을 기대할 수 있는지 알리는 것이 중요하다. 할머니가 썩 마음에 들지 않는 것도 참아내도록 하려는 것은 아니다. 할머니는 대화가 충분히 길게 되었다 싶으면 갑자기 주제를 바꾸고 내 어머니인 발레리가 장을 보고 언제 돌아오는지, 날씨가 어떤지 묻는다.

마사 할머니
이야기

할머니는 확실히 이야깃거리가 많다. 마사 와이스버그는 1917년 12월, 유대인 이민자 부모 사이에서 중간 아이로 태어났다. 런던 이스트엔드의 브릭 레인에서 멀지 않은 헤어 스트리트(지금은 체셔 스트리트)에 있는 복층 아파트에서 자랐다. 그녀의 어머니는 리투아니아 출신이었고 아버지는 러시아인이었다. 당시 이스트엔드에는 끈끈한 유대인

공동체가 있었지만 마사는 여러 인종들이 섞인 학교에 다녔고, 주위의 비유대인 가족들과 허물없이 잘 지냈다. 아버지 에이브러햄은 담배 공장에서 일했는데, 대공황으로 공장이 문을 닫자 어쩔 수 없이 장사에 나서서 브릭 레인의 가판대에서 베이글을 팔았다. 힘겨운 시절이었고 많은 가족들이 그렇듯이 그들도 넉넉지 못한 삶을 살았다. 어머니 프리다는 밝고 굴하지 않는 성격으로 영어를 능숙하게 익혔다. 반면 남편은 이디시어 말고는 제대로 할 줄 아는 말이 없었다. 마사가 학교에서 읽기를 배워서 어머니에게 가르쳐주었다고 했다. 그때까지 어머니는 히브리어 기도문과 이디시어로 된 신문은 읽을 줄 알았지만 새로 정착한 나라의 언어를 읽는 법은 배우지 못한 터였다.

할머니는 자신이 어머니에게 영어 읽기를 가르쳐준 것이 대여섯 살 때라고 기억한다. 프리다는 당시 많은 젊은 유대인 여인들과 마찬가지로 재단사로 일했고, 아이들이 저녁에 침대에 들고 나면 집에서 단춧구멍 다는 일도 했다. 할머니 자신의 기억이라기보다는 가족끼리 하는 이야기에 가깝지만, 어린 마사는 어머니가 유난히 힘든 삶을 보냈다는 것을 알아차렸다. 포그롬(러시아 제국에서 일어난 유대인 박해_옮긴이)으로 찢긴 고국 리투아니아의 폭력에서 도망치느라 한곳에 오래 정착하지 못했다. 열한 살 때 어머니는 버밍엄에서 새 삶을 시작하려고 삼촌과 함께 발트 해를 건넜고, 열다섯 살 때는 혼자서 배를 타고 리투아니아로 다시 돌아가서 남아 있던 두 남동생을 영국으로 데려왔다.

가족 이야기도 흥미롭지만 내가 여기에 있는 것은 할머니 본인의 기억을 듣기 위함이다. 질문하는 사람이 손자인 나라는 사실이 자전적 기억으로 들어가는 독특한 길을 열 수도 있다. 할머니는 네 명의 자녀들(내 어머니를 포함하여)을 자주 보는데 그들은 아마도 일상적인 이야기들을 나눌 것이다. 내 방문은 그들보다 훨씬 뜸하게 이루어지므로 할머니가 대화를 다르게 풀어가도록 몰아갈 수 있다. 어쩌면 두 세대 떨어진 간극 덕분에 할머니는 내 앞에서는 보다 자유롭게 이야기할 수 있다고 느끼는지도 모른다. 나는 할머니가 이런 기억 가운데 일부는 처음으로 털어놓는 것이라는 느낌을 자주 받는다. 다른 가족들이 전에 들어보지 못한 기억이 공개되고 있다고 말이다. 할머니의 자녀들도 늘 과거에 대해 묻지만, 나는 그들과는 다른 방식으로 할머니에게 질문하여 남들에게는 말하지 않은 것을 할머니가 내게 말한다는 생각을 한다. 할머니가 비밀로 두려고 했었다는 말이 아니라 그저 그동안 마음속에 떠오르지 않았다는 뜻이다. 기억하기에 대해 내가 배운 한 가지는 그것이 사회적 과정이라는 것이다. 요컨대 기억은 다른 사람과의 협업으로 일어난다. 할머니가 나와 함께 있으면서 떠올린 기억은 다른 사람들과 있으면서 떠올린 기억과 같지 않을 것이다. 기억하기는 항상 맥락에 좌우되기 마련이다.

나는 할머니가 과거를 회상할 때 곁에 있는 다른 파트너일 뿐만 아니라 목표로 하고 있는 바도 다르다. 녹음한 것을 다시 들어보면 내가 어떤 감정과 인상에 집중하려 한다는 것이 느껴진다. 예컨대 그녀의 아버지 에이브러햄이 브릭 레인의 피시 앤 칩스 가게 옆에 있는 베이글 가판대에 일하러 가는 모습, 독일의 영국 대공습 때 폭탄이 주위에 떨어지자 공포의 물결이 안도감으로 바뀌는 것이 그것이다. 나는 나치가 위협하는 가운데 런던 이스트엔드 유대인 지구에서 자랐다는 것이 어떤 건지 알고 싶다. 어머니가 들고 온 재단 일감을 할머니가 알았을지, 그녀가 깬 채로 누워 바느질하는 소리를 듣고 이디시어로 돈에 대한 이야기를 했을지 궁금하다. 얼어붙을 듯 추운 새벽에 밖에 나가 베이글 가판대를 지킬 때 할머니 마음속에 무슨 생각이 떠올랐을지 궁금하다. 그녀의 어머니는 류머티즘을 앓았다. 그래서 마사가 추운 날 가판대 일을 돕곤 했다. 너그러운 제스처를 취하긴 했지만 할머니의 기억에는 자기 차례에 나서지 않은 오빠에 대한 원망이 살짝 배어 있다. 할머니의 어린 시절을 재구성하면서 나는 그녀가 무엇을 했는가 하는 사실들만 알고 싶은 것이 아니다. 할머니가 어떤 사람이었는지 알 수 있도록 그녀의 행동을 야기한 동기를 이해하고 싶고, 어린 마사와 지금의 마사가 어떻게 연결되는지도 알아보고 싶다. 기억은 우리에게 서사를 부여한다. 우리를 소설 속 인물로 만든다. 그래서 동기와 맥락이 중요해진다. 우리가 기억하는 것은 현재의 우리 모습뿐만 아니라 당시의 우리 모습에 의해서도 만들어진다. 우리에게 어떤 일이 일어났는지는 물론 우리가 어떤 인간이었는지도 중요하다.

그리고 '지금'보다 '당시'가 훨씬 더 많이 관여한다. 나이든 사람들은 과거에 갇혀 있어서 수십 년 전 사건들은 명확하게 기억하지만 며칠 전이나 심지어 몇 시간 전에 일어난 일은 까맣게 잊는다는 것이 상식이다. 우리는 십대 후반과 이십대 초반의 사건들이 무엇보다 기억에 선명하게 남는 이른바 '회상 효과'에 대해 이미 알아본 바 있다. 할머니의 증언은 이런 특별한 시기를 대단히 철저하게 기억하는 예이며, 회상 효과가 예순이 넘은 노인에게서 가장 강력하게 나타난다는 (심지어 알츠하이머병이 있는 노인에게서도 보인다는) 사실을 확인해준다. 마사에게 과거에 대해 물으면 그녀는 1980년대가 아니라 1930년대에 대해 이야기한다. 청년노동당에서 할아버지를 만났던 일, 다른 종파 사람과 결혼하는 문제(빌은 비유대인이었다)를 두 사람이 어떻게 헤쳐 나갔는지를 말해줄 수 있다. 70년 전의 사건들이지만 몇 달 전에 일어난 일들보다 할머니의 의식의 표면에 훨씬 가까이 있다.

머릿속의
액자

2009년 〈가디언〉과 가진 인터뷰에서 소설가 페넬로피 라이블리는 나이가 들수록 원할 때면 과거로 돌아가게 해주는 기억의 능력을 더 의식하게 되었다고 말했다. "나이가 들면 비록 자신의 젊은 시절과 수십 년의 간극이 있지만 눈을 감고 마음대로 그 시절을 소환할 수 있다는 것을 깨닫게 됩니다. … 기억이 선형적이라는 것은 전혀 가당치 않아요. 머릿속에는 액자들의 집합이 있습니다." 늙어가는 마음에는 모든 시기가 공존하며, 달력은 좋은 안내자가 아니다. 라이블리의 소설의 한 여주인공의 말처럼 "내 머릿속에는 연대순으로 기록한 일지 따위는 없다."

성년기 초기로 계속 돌아가는 기억의 성향은 그저 사라진 과거를 그리워하는 향수 때문만은 아니다. 오히려 회상 절정은 자전적 기억의 작동 방식과 관련이 있는 것으로 보인다. 인지과학자들은 이를 설명하기 위해 여러 이론들을 제시했다. 그중 하나는 젊은 시절이 가장 잘 기억되는 것이 바로 그때가 삶에서 중대한 일들이 일어나는 시기이기 때문이라고 본다. 중대한 일들은 자신에게 더 크게 부각되며 부각되는 일들은 더 잘 기억되기 마련이다. 할머니의 경우에 격변이라고 할 만한 일들은 대부분 제2차 세계대전 이전에 일어났고, 그래서 그녀의 삶의 이야기가 이 시기에 초점을 맞추고 있는 것이다. 이런 '중대한 사건' 견해에 힘을 실어주는 것으로 회상 절정의 많은 사건들이 처음으로 경험한 일들임을 보여준 연구들이 있다. 회상 효과에 대한 또 하나의 가능한 설명은 그저 어린 나이일 때 뇌가 정보를 부호화하는 일을 더 잘해서 더 많은 세부사항들이 각인된다는 것이다. 하지만 자전적 기억의 기본 체계는 아동기 중기에 가장 강력하다는 것이 중론이다. 이에 따르면 회상 절정은 상당히 더 이른 시기에 나타나야 한다.

세 번째 설명은 회상 절정의 특별한 시기에 일어나는 사건들이 개성 있는 인간으로 성숙해가는 과정에서 더 중요한 의미를 갖는다는 것이다. 마사가 증언한 사건들이 일어났을 때 그 사건들은 그녀의 자아를 형성하고 있었다. 그것들은 할머니의 삶에 흔적을 남겼고 1980년대와 1990년대의 사건들은 그렇지 못했다. 자아를 형성하는 중요한 사건들이 성년기 초기에 일어난다는 것이 사실이라면, 사람의 생애에 대한 문화적 통념에 이런 정보가 틀림없이 반영되어 있을 것이다. 이를 검증하기 위해 도르트 번첸과 덴마크의 동료들은 최근에 열 살에서 열네 살 사이의 아이들에게 앞으로 전개될 자신의 삶을 상상하면서 내러티브를 만들어보도록 했다. 이런 미래의 삶의 이야기들을 살펴보니 대부분이 성년기 초기에 몰려 있었고 결혼이나 자신의 집을 얻는 것 같은 통과의례적인 일들이었다. 성년기 초기는 그들에게 아직 일어나지 않은 일이므로 아이들이 부호화의 우월성 때문에 성년기 초기의 사건들을 선호했을 리는 없다. 대조군을 위해 연구자들은 아이들에게 간단한 단어를 단서로 주고 미래의 사건들을 상상해보도록 했다. 이 경우에는 생애에서 언제 어떤 일이 일어난다는 문화적 통념에 따라 사건들이 구축되지 않았고, 성년기 초기에 몰리는 일도 나타나지 않았다.

노년의 기억에 대한 또 하나의 클리셰는 갈수록 시간이 더 빨리 흐르는 것으로 느껴진다는 것이다. 이것은 그저 회상 효과의 작동을 반영하는 것일 수도 있다. 나이가 많아질수록 삶의 중대한 일들은 더 과거에 벌어진 일이 되고 현재는 부각되는 사건들이 상대적으로 뜸하게 보일 테니까 말이다. 예를 들어 작년에 자신이 한 일들을 떠올려볼 때 그다지 생각나는 것이 없다면 이번 달과 차별화되는 것이 별로 없기 때문이다. 다우어 드라이스마는 이런 생각을 일찌감치 표명한 사람으로 19세기 프랑스 철학자이자 심리학자 장-마리 귀요를 든다. 귀요는 이렇게 말했다. "청춘의 인상은 생생하고 신선하고 수적으로도 많아서 그 시절은 수천 가지 방법으로 구별되며, 젊은이가 지난해를 돌아보면 장면 장면이 공간에 길게 쭉 이어진 것으로 보인다." 나이가 들면 흘러가는 순간들을 구별할 것이 줄어든다. 윌리엄 제임스의 애절한 표현을 인용하자면 "하루하루 한 주 한 주 지날 때마다 돌아보면 기억에서 알맹이 없는 단위들로 반듯하게 펴지며, 매년 세월은 갈수록 공허하게 내려앉는다."

이런 주장이 설득력을 얻으려면 현재의 주관적 경험은 기억을 만들고 불러오는 속도에 달려 있다고 말할 수 있어야 한다. 신경과학자이자 작가 데이비드 이글먼은 시간 인식과 기억의 관계를 연구하여 어렸을 때 시간이 더 느리게 흘러가는 것은 더 성년이 되었을 때보다 새로운 정보를 더 많이 마주치고 그래서 새로운 기억을 더 빠른 속도로 부호화하기 때문이라고 주장한다. 시간이 얼마나 경과했는지 추정할 때 행동들이 더 빼곡하게 들어찬 것으로 보이므로 시간이 더 느리게 흘러갔다고 판단한다는 것이다. 이와 대조적으로 노년에는 뇌가 처리하는 새로운 경험이 많지 않아서(우리가 행하는 많은 행동들이 익숙한 패턴에 지배되는 것도 부분적인 이유다) 시간이 보다 빨리 흐르는 것으로 여겨진다. 조슈아 포어의 표현대로 "단조로움은 시간을 무너뜨리고, 새로움은 시간을 펼친다." 그렇다면 노인들에게 주위에서 벌어지는 사건들에 더 많이 주목하도록 함으로써 시간의 속도를 늦출 수 있을 것이다. 여기에 대해서는 아직 과학적으로 확실히 입증된 바가 없지만, 이따금씩 걸음을 멈추고 장미꽃 냄새를 맡는 것으로도 세월의 돌진을 늦추는 것이 가능해 보인다.

시간의 속도를 체감하는 데 다른 요인들이 관여할 수도 있다. 젊을 때는 똑같은 시간이라고 하더라도 삶에서 차지하는 비중이 훨씬 크다는 지적이 있다. 나이가 들수록 시간이 빠르게 지나가는 것처럼 보이는 것은 기초 신진대사 과정이 느려졌기 때문이라는 의견도 있다. 우리 몸은 온갖 종류의 생물학적 리듬의 통제를 받으므로 이런 리듬이 시간 판단을 결정하는 요인으로 작용할 가능성이 있다. 나이든 사람들이 시간 인식에 허점을 드러낸다는 것은 분명한 사실이다. 나이든 사람들을 모아놓고 눈을 감고 일 분이 경과한 뒤에 눈을 뜨라고 하면 통상적으로 나중에 눈을 뜬다. 젊은 성인들은 훨씬 더 정확하고, 어린 아이들은 반대 방향으로 실수를 저질러 성급하게 시간이 다 흘렀다고 말한다.

이렇게 볼 때 마사의 생체시계는 젊었을 때보다 느리게 흘러갈 것이다. 이것이 회상 효과와 결합하여 중간의 몇십 년이 금방 지나간 것처럼 느껴지게 만들었을 것이다. "시간이 얼마나 빨리 흐르는지 모르겠다." 할머니는 한 차례 이상 그렇게 말했다.

가끔 나는 할머니가 시간을 잘못 판단하는 것이 아니라 시간 바깥에 서 있는 것이라는 기분이 들기도 한다. 시간대를 자유롭게 넘나드는 할머니를 보면 노년에는 기억이 비연대순이 된다는 페넬로피 라이블리의 말이 실감난다. 소설가 힐러리 맨틀은 "모든 기억들이 흙 밑의 씨앗처럼 똑같은 깊이로 나란히 심어진 대평원 스텝 지대"로 기억을 설명했다. 이런 말도 했다. "뇌에서는 과거와 현재가 공존한다. 말하자면 바로 옆방에 들어앉아 있다."

현재 자신이 있는 시간대를 파악하면서 수십 년 이상 떨어졌을 수도 있는 다른 시간대를 마음대로 오간다는 것은 노년의 뇌로서는 대단한 위업이다. 그래서 노인과 이야기할 때는 그들이 과거를 실제로 다시 살고 있다는 느낌이 가끔 들기도 한다. 할머니는 대공습 때 폭탄이 다음에는 어디로 떨어질지 몰라 불안에 떨던 것을 이야기하다가 갑자기 1970년대로 훌쩍 넘어가 막내아들 필립이 여행 갔던 모험을 이야기한다. 나는 다른 가족들에게 이렇게 시간을 건너뛰는 것에 조바심을 내지 말도록 당부한다. 그것은 치매의 징조가 아니라 그저 나이든 뇌가 여러 자아들을 가지고 어려운 저글링 묘기를 펼치려고 애쓰는 것이다.

나이듦과 기억

시간은 할머니의 몸에 그랬듯이 뇌에도 많은 변화를 일으켰다. 할머니는 젊었을 때보다 키가 12센티미터 작아졌고, 회백질의 비중도 줄어들었다. 피질의 세포들이 죽어가고 있다기보다는 시냅스의 연결이 예전만큼 촘촘하지 않게 되었다. 일반적인 노화 과정에 따르면 해마와 같은 내측 측두엽 구조물의 부피가 살짝 줄어든다. 그리고 기억 인출과 출처 감찰에 결정적 역할을 하는 전전두피질은 더 크게 퇴화된다. 노인들은 자신의 기억이 어디에서 비롯되었는지 판단하는 데 특히 어려움을 겪어 거짓으로 기억하기 쉽다. 나이든 성인들은 자신이 기억하는 정보의 출처 ― 누가 자신에게 그런 정보를 주었는지 ― 를 파악하는 데 힘들어한다는 것을 여러 연구들이 보여주었다.

유명한 예로 미국의 대통령 로널드 레이건은 1980년 대통령 선거 운동 당시 손상된 폭격기에서 탈출시키려 했던 한 조종사의 영웅적 행위를 반복적으로 말했다. 레이건 대통령은 가슴 뭉클한 이 이야기가 진짜로 일어난 사건이었다고 생각했지만 실은 할리우드 전쟁 영화의 한 장면으로 밝혀졌다. 실수를 알아차리고 키득거린 기자들은 속아 넘어가지 않았겠지만, 이것은 나이가 들면서 기억이 쇠퇴함에 따른 자연스러운 결과였다.

최근에 하버드 대학의 존 시먼스와 동료들은 나이든 사람들이 출처에 관한 정보를 얼마나 많이 기억할 수 있는지 알아보고자 했다. 어떤 화자가 자료를 제공했는지에 대해 상세한 사항을 다 기억하지는 못하겠지만 화자의 성별 같은 부분적인 맥락의 정보는 기억하지 않을까? 많은 상황에서는 출처에 대한 이런 부분적 정보만 갖고도 정확한 판단을 내릴 수 있을 것이다. 예를 들어 레이건 대통령은 자신이 실제 인물의 발언이 아니라 영화 줄거리를 떠올리고 있었음을 기억할 수 있었다면(영화 제목까지는 모른다 해도), 아마도 얼굴 붉히는 일을 면했을지도 모른다.

이것을 알아보기 위해 연구자들은 60대와 70대로 이루어진 집단의 출처 기억을 더 젊은 성인들의 대조 집단과 비교했다. 먼저 네 명의 화자(남자 둘과 여자 둘)에게 사소한 정보가 담긴 여러 문장들을 큰소리로 읽게 하고 녹음했다. 평균적인 사람이 사실인지 거짓인지 알기 어려운 내용의 문장들을 골랐다. 예를 들어 '알 카포네의 명함에는 중고 가구 거래상이라고 되어 있다' 같은 식이었다. 실험의 참가자들이 할 일은 화자가 문장을 진짜라고 믿었는지 판단하는 것이었다(나중에 그들의 기억을 테스트하게 된다는 말은 하지 않았다). 참가자들은 헤드폰으로 문장을 들었고 컴퓨터 스크린을 보며 직접 읽기도 했다. 문장을 살펴볼 때 원래의 문장 외에 새로운 문장도 넣어 참가자들의 깜짝 기억력 테스트를 했다. 그들은 각각의 문장이 앞서 들어본 적이 있는지, 만약 그렇다면 어떤 화자가 말한 것인지 표시해야 했다.

나이가 들수록 올바른 출처를 확인하는 능력이 떨어진다는 것이 명확했다. 부분적인 출처 정보를 활용하는 것(예컨대 화자의 성별을 정확하게 알아보았는지)을 분석했을 때 나이든 집단은 젊은 집단에 비해 여전히 부족함을 보였다. 하지만 각각의 문장을 살펴보는 기회가 한 번이 아니라 세 번 주어진 상황에서는 나이든 성인이 구체적, 부분적 출처 기억 모두에서 젊은 성인들을 따라잡았다. 연구자들은 노화가 구체적인 출처의 기억력에 영향을 미치고, 맥락의 정보를 활용하여 곧바로 기억하지 못하는 출처에 접근해가는 능력에도 비슷하게 지장을 준다고 보았다.

대니얼 샥터는 이렇게 출처 기억이 느슨해지는 것이 실생활에서 갖는 함의에 주목했다. 나이든 사람들 중에는 구제불능의 수다쟁이라는 평판을 듣는 이들이 있다. 어떤 정보를 비밀로 해야 하는지 머릿속에 담아두기 위해서는 당연히 만만치 않은 출처 기억이 필요하다. 자신에게 그 사실을 말하고 비밀로 하도록 협약을 맺은 사람이 누구인지 기억해야 하기 때문이다. 당연하게도 나이든 사람들은 이런 사실을 제대로 기억하지 못한다.

우리 가족에게는 한동안 비밀로 해야 했던 소식들이 많았다. 의도

한 것은 아니지만 할머니가 주로 이런 비밀을 캔 사람이었다. 예를 들어 나는 누군가 임신했다는 소식을 할머니가 털어놓고는 곧장 "이런, 말하면 안 된다고 했는데" 하고 말하는 것을 한 차례 이상 들었다. 할머니는 최소한 나에게는 악의적인 소문을 퍼뜨리지 않는데 그것은 가족이 우리가 겹치는 유일한 사회적 집단이기 때문이다. 그러나 샥터의 실험을 보면 나이든 사람들은 어떤 정보를 비밀로 해야 하는지 기억하는 데 정말로 어려움을 겪는다. 그는 이렇게 말한다. "이런 결과는 할머니를 믿고 비밀을 털어놓아서는 절대로 안 된다는 뜻은 아니다. 하지만 그런 문제는 조심스럽게 다루는 것이 좋다."

내가 할머니에게 물어보고 싶은 것 중 하나는 그녀의 기억의 질이다. 나이가 들면서 전전두피질의 기능이 떨어지면 기억을 구성하는 데 너무도 중요한 내측 측두엽 체계와의 상호작용에도 영향이 미치며, 그 결과 여러 맥락의 특징들을 통합하는 능력이 떨어질 것이다. 나이가 들수록 기억이 예전만큼 생생하지 않게 되고 지각과 배경에 관련되는 세부사항들이 줄어드는 것을 이렇게 설명할 수 있다. 내가 할머니에게 질문하는 방식이 기억의 신속함에 초점을 두는 하나의 이유이기도 하다. 기억 연구자들은 기억의 질을 구성하는 여러 요소들을 구분해서 생각하는 것이 중요하다고 인식한다. 예를 들어 지각적 세부사항들을 많이 동반하지만 아주 현실적으로 느껴지지는 않는 기억, 혹은 생생하지만 시간여행을 하듯 그 순간으로 돌아가게 하지는 않는 기억이 있을 수 있다. 영국 연구자들이 살펴본 신뢰를 접은 기억은 시각적 특징과 정신적 시간여행이라는 면에서 진짜 기억에 가깝지만 전반적으로 생생함은 떨어졌다.

나는 할머니에게 과거를 회상할 때 사건들이 다시 일어나는 것처럼 생생하게 체험하는지 물었다. 오래전에 일어난 사건들이 명확하고 다채롭게 다가오는지, 아니면 가끔은 기억이 살짝 흐릿한지 궁금했다. 할머니는 자기가 아흔세 살이고 "제법 오랜 세월을 기억"한다고 대답했다. 그러고는 자신의 기억력이 좋은데 유전적으로 타고난 것인지 궁금하다고 말했다. (나는 뭐라고 대답할지 난감했다.) 할머니가 생생함과 정신적 시간여행의 요점을 제대로 이해했는지 모르겠다. 할머니의 기억에 묘사된 것만 놓고 보면 젊은 사람들의 기억과 비슷한 명료한 특징들이 있는지 의심스럽다. 이것은 의미적 기억은 노년에도 보존되지만 (심지어 향상되기도 하지만) 일화적 기억의 측면들은 퇴화한다는 연구 결과와 일치한다. 마사는 가장 일반적인 감정들을 제외하고는 세세한 주관적 인상에 대해 말하는 경우가 드물다. 할머니에게 그녀의 아버지가 베이글 가판대에 일하러 가는 모습을 떠올려보라고 하자 그가 양복을 입었고 나중에는 중절모를 썼을 수도 있다고 회상했다. 하지만 상세한 이미지는 아니다. 할머니는 사실들을 내게 말하는 것이지 인상을 말하는 것이 아니다.

따라서 전체적으로 볼 때 나는 할머니가 이런 기억을 하면서 정말로 시간을 거슬러 올라가고 있는지 의심스럽다. 하지만 할머니가 시간대를 가끔 혼동하는가 하는 질문과는 구별해야 한다. 자각적 의식을 한다는 것은 과거의 순간으로 돌아가 다시 체험하고자 적극적으로 선택할 수 있다는 뜻이다. 마사는 시간대를 혼동하면서도 여전히 문제없이 과거로 돌아가 특정한 사건을 다시 체험할 수 있을지도 모른다. 나이가 들면 자전적 기억에서 맥락과 관련한 세부사항이 줄어드는 것에 발맞춰 미래의 사건을 풍성하게 상상하는 데도 어려움을 겪는다. 최근의 한 연구에서 연구자들은 평균 나이가 일흔두 살인 열여섯 명의 노인들에게 단어를 단서로 주고는 과거의 사건과 미래의 사건을 떠올려보라고 했다. 그리고 결과물을 일화적 사실과 비일화적(의미적) 사실로 분류했다. 앞서의 연구 결과를 확인시키듯 나이든 성인들은 (이십대 젊은이들로 구성된 대조 집단과 비교할 때) 과거의 사건에 대해 일화적 사실들은 더 적게 비일화적 사실들은 더 많이 언급했다. 그리고 미래의 사건에서도 똑같은 패턴이 나타났다. 대단히 노령에 이른 마사의 나이를 생각할 때 그녀에게 미래에 대해 이것저것 상세하게 상상하도록 부탁하는 것은 부적절해 보인다(같은 이유에서 나이든 참가자들에게는 몇 년을 넘어가는 먼 미래에 대해서는 생각하도록 부탁하지 않았다). 그래도 만약 내가 할머니에게 부탁한다면 할머니의 상상은 풍성한 맥락을 갖추기보다는 사실들의 나열에 가까울 것이다. 무슨 일이 벌어질지는 말하겠지만 자신의 기분에 대해서는 말할지 모르겠다.

인생의 중대한 사건에 대한
기억

일상적인 사건에 대한 기억은 그렇다 치고 자신의 삶에서 중대한 사건들에 대해서는 할머니의 기억이 어떨까? 주관적 세부사항이 유난히 풍성한 기억으로 섬광 기억이 있다. 내가 할머니에게 역사적 사건을 단서로 주고 그 소식을 들었을 때 무엇을 하고 있었는지 생각하도록 한다면 섬광 효과를 보일까? 대답은 중대한 사건이 얼마나 오래 전에 일어난 것인지에 달렸을 수도 있다. 새로운 사건의 경우에는 섬광 기억이 상당히 짧게 지속될 가능성이 크다. 학생들에게 마거릿 대처의 사임을 어떻게 알게 되었는지 물었던 연구자들은 나이든 사람들에게도 똑같은 질문을 했다. 모두가 그때의 상황을 상세하게 설명할 수 있었다. 하지만 1년 뒤에 나이든 사람들에게 다시 물었을 때는 42퍼센트만이 섬광 기억의 기준(시간이 경과하는 동안 상당한 일관성을 계속해서 보이는 기억)을 충족시켰다. 더 젊은 사람들의 기억은 90퍼센트가 이 기준을 충족시켰다. 다른 연구도 비슷한 결론을 확인해주었다. 새로운 기억을 형성하는 경우, 섬광 효과는 젊은 사람들에서처럼 강하게 나타나지 않는다.

그렇다고 할머니가 젊었을 때 일어났던 일들, 가령 청혼이나 전쟁 발발 같은 사건들에 대해 섬광 기억을 가질 수 없었다는 말은 아니다. 도르트 번첸은 선구적인 연구에서 나이든 덴마크 사람들을 대상으로 덴마크 침공(1940년의 일)과 해방(1945년의 일)을 어떻게 기억하는지 물었다. 설문지에서 참가자들은 사건이 일어났을 때 자신이 어디에 있었고 무엇을 하고 있었는지를 기억하는지 대답해야 했고, (만약 기억한다고 표시했다면) 개인적인 맥락의 상세한 사항들을 제시해야 했다. 아울러 전쟁과 관련하여 가장 긍정적인 기억과 가장 부정적인 기억을 상세하게 묘사하도록 했다. 그런 다음 생생함, 정신적 시간여행, 재경험, 지각적 세부사항 등의 관점에서 스스로의 기억을 평가하도록 했다. 섬광 기억의 질은 하고 있던 활동(사건 당시 무엇을 하고 있었는지), 정보 출처(소식을 어떻게 접했는지), 감정적 반응, 다른 사람들의 존재 여부, 여파(소식을 듣고 난 직후에 무슨 일이 있었는지)에 대한 세부사항 보고를 토대로 판단했다.

나이든 사람들 거의 모두가 두 가지 사건에서 섬광 기억을 보였다. 기억의 진실성을 입증하려고 날씨 같은 기록을 언급했는데, 이런 기억은 상당히 정확한 것으로 밝혀졌다. 대부분의 참가자들이 사건 당일의 날씨를 올바로 묘사했다. 사건 당시 태어나지 않았거나 아주 어렸던 대조 집단과 비교할 때 나이든 사람들의 상당수가 침공의 시점에 대해 대단히 정확하게 대답했다. 연구자들은 또한 참가자들의 일부가 레지스탕스 운동에 관여했다는 사실을 통해 개인적 감정의 부각이 기억의 생생함과 정확성에 어떤 효과를 미치는지 알아볼 수 있었다. 이런 사람들이 만들어낸 내러티브가 레지스탕스 운동에 몸담았다고 보고하지 않은 사람들의 내러티브보다 더 자세하고 현실감 있고 정확했다. 따라서 아주 강한 개인적 관련성이 있으면 섬광 기억이 한층 더 강력해질 수 있는 것으로 보인다.

덴마크 연구 결과는 삶의 초창기에 만들어진 섬광 기억이 대단히 오랫동안 지속될 수 있음을 보여준다. 마사 할머니는 우리가 맨 처음 했던 인터뷰에서 전쟁의 기억에 대한 질문을 받고 몇몇 사건들을 제법 자세하게 회상했다.

내가 생생하게 기억하는 유일한 사건이 있는데, 빌과 나는 … 어느 날 밤 로턴에 있는 극장에 갔어. … 프로그램, 그러니까 영화가 끝나갈 때 끔찍한 폭발 소리가 들렸어. 당연히 다들 놀랐지. 본격적인 교전이 시작되기 전이어서 폭격을 맞을 거라고는 아무도 생각하지 못했으니까. 영화가 끝나서 밖으로 나갔는데 화약 냄새가 났고, 길 저쪽에 폭탄이 떨어진 것이 보였어.

같은 인터뷰 조금 뒤에 할머니는 벅허스트 힐 교외에 있던 집에서 폭탄이 런던에 떨어지는 것을 보았다고 회상했다.

빌이 꼭대기 층에 올라가 밖을 내다보며 폭탄이 떨어지는 것을 보고 내게 말했단다. 한 번은, 아마 토요일 밤이었지, 우리 집에서 상당히 가까운 곳에 방공기구(상대편 전투기의 항로를 교란시키고 폭격을 방해하려고 공중에 띄운 기구_옮긴이) 기지가 있었는데, 거기에는 일하는 사람들이 있었고 신병들이 많았어. 그날 토요일 밤에 빌이 위에 올라가서 창문을 열어놓고 있는데 요란하게 번쩍하는 것을 보았어. 그는 무슨 일이 벌어졌다는 것을 알았어. 비극이었어. 120명의 군인들이 그날 밤에 죽었으니까. 다들 젊은이였고 모두가 술집에 있었지. … 치그웰이었지. 우리 집은 방공기구 기지에서 상당히 가까워서 걸어갈 수도 있었어. 그게 치그웰에 있었는데 거긴 그냥 탁 트인 들판밖에 없어. 빌이 그 들판에서 끔찍한 섬광을 본 거란다. … 그러니까 지뢰였어. … 그리고 폭탄이 떨어졌어. 소리는 들

리지 않아. 낙하산이 쉬익 하는 소리는 들릴지 모르겠지만. … 술집
에 떨어졌지. 아무 경고도 없이 술집에. 120명의 젊은 신병들이 있
는 그곳에 토요일 밤에 말이다.

이것은 누가 봐도 끔찍한 사건으로 섬광 기억이 형성되기에 더없이
좋은 조건이다. 마사에게는 영영 지울 수 없는 기억이 1939년 9월 라
디오 앞에 앉아 체임벌린 총리의 대국민연설을 들은 것이 아니라 런던
에 첫 폭격이 가해지는 것을 본 것이다.

본격적인 교전 전이어서 아무 일도 일어나지 않았는데, 그러던 어느
날, 하루는, 빌과 내가 그냥, 날씨가 좋았어, 8월이었을 거야, 8월 말
이나 9월이었고 우리는 산책에 나섰어. 하늘이 맑아서 산책하기 좋
은 날이라고 생각했지. 가끔 방공기구 기지까지 산책했거든. 시골길
이 걷기 좋아서 말이야. 다리를 건너고, 아마 철길 다리였을 거야,
내가 말했듯이 우리는 기차역 근처에 살았거든. 그곳에 관리자가 있
었는데 그가 우리를 보더니 말했어. "내가 당신들이라면 집으로 돌
아갈 겁니다." … 경보가 발령 중이었는데 우리가 집을 나섰을 때도
경보가 울렸는지 모르겠어. 겨우 모퉁이를 돌았을 뿐인데 그가 말
하기를 하늘에서 싸우고 있다고 했어. 너무 높아서 고개를 위로 들
어야 볼 수 있대. 그러면서 "집에 돌아가시는 게 좋아요" 했대. 그래
서 곧장 발걸음을 돌렸지. … 경보해제 신호가 아직 풀리지 않았어.
저녁이 다 되어 가는데. 대단히 이례적인 상황이었어. 경보가 그렇게

오래 지속되는 것 말이야. … 우리는 무슨 사정인지 몰랐단다. 왜 그렇게 경보가 오래 이어졌는지. 저녁이었지만 깜깜하기에는 아직 이른 시각이어서 하늘이 벌겋게 달아오르는 것이 보였어. 그게 대공습의 시작이었어.

우리는 섬광 기억의 특별한 속성에 대해 살펴본 바 있다. 사건 당시 감정의 흥분이 편도체의 활동을 야기하고 이것이 해마의 단백질 합성에 영향을 주기 때문이다. 마사가 누구보다 강렬하게 감정을 느꼈다는 데는 의문의 여지가 없다. 어쩌면 대부분의 사람들이 겪지 않는 아주 끔찍한 일을 겪었을 수도 있다. 그러나 할머니가 오늘날 우리처럼 감정에 대해 많이 말하지 않은 세대 사람이기 때문일 수도 있다. 부모-아이가 기억에 대해 대화하는 연구가 보여주듯 과거에 대해 말하지 않았다면 지금에 와서 과거에 대해 말하려 할 때 영향을 받기 마련이다. 묘하게도, 나이가 들면 사건의 감정적 질감을 출처 확인의 단서로 활용하는 데 유독 능한 것으로 나타났다. 나이든 사람들이 (실험의 목적을 위해 사건을 만들어내라는 요청을 받을 때) 떠올리는 허구적 사건의 내러티브를 살펴보면 개인의 사고와 감정을 정교하게 꾸미는 경향이 젊은 성인들보다 두드러지게 나타난다. 실제로 긍정적인 감정적 기억에 선택적으로 주목하는 것은 노년의 기억의 중요한 특징이다. 과거에 본 것을 알아보는 능력과 자동적 기억과 더불어 나이가 들어서도 온전하게 계속 남아 있는 기억의 기능 가운데 하나다.

어쩌면 나는 그저 더 젊은 사람과 비교하여 할머니의 증언 스타일에 나타나는 차이에 주목하는 것인지도 모른다. 할머니는 최고로 생생한 방식으로 경험을 다시 체험하지만, 다만 기억을 되새기며 이야기를 다시 전하는 그녀의 스타일이 그보다 젊은 사람처럼 주관적이고 일인칭 시점이 아닌 것일 수도 있다. 비교를 위해 나는 (일흔을 바라보는) 어머니에게 1952년 그녀의 할머니 프리다가 죽었을 때를 어떻게 기억하는지 물었다. 어머니는 갠츠 힐 역에 세워둔 자동차 뒷좌석에 앉아 자신의 어머니가 살짝 빛바랜 코트와 긴 치마 차림으로 지하철역에서 나와 눈물범벅이 된 채로 앞좌석에 올라타는 것을 보았던 경험을 생생하고 지각적으로 풍성하게 떠올렸다. 어머니는 확실히 순간적으로 그곳에 있었고 할머니는 그렇지 않아 보였다. 어쩌면 할머니는 그 세대만의 독특한 생각에 따라 자신의 기억에 대해 특정한 방식으로 말하는지도 모른다. 어쩌면 19세기 소설가처럼 일인칭보다 삼인칭 시점에서 자신을 서술하는지도 모른다. 어느 쪽이든 할머니의 기억의 내러티브는 그보다 20년 젊은 사람의 기억에서 볼 수 있는 생생함은 전반적으로 없다. 잘 준비된 이야기처럼 도식적이고, 매번 이야기할 때마다 강조점과 세부사항도 살짝 달라진다.

기억의
재구성

자전적 기억을 구성하는 것을 기억의 요소들을 흩어지게 하는 원심력에 대항하는 싸움으로 본다면, 내러티브가 기억에 도움이 되는 구조를 어떻게 제공하는지 이해하기가 쉽다. 이야기를 할 때는 맥락, 무대, 인물, 행동 동기의 세세한 사항들이 고정되어 이야기의 짜임새를 이룬다. 내러티브를 장악하고 있으면 이런 별개의 요소들을 무상으로 확보할 수 있다. 아이러니하게도 내러티브는 일상적인 기억을 곤란에 빠뜨리는 재구성 오류에 휘둘리지 않도록 기억을 보호해줄 수도 있다. 기억이 잘못될수록 기억의 몇몇 허점으로부터 더 잘 보호된다. 내러티브에 의존하지 않으려면 매번 이야기 틀을 새롭게 짜는 수밖에 없는데 그 틈을 오류가 비집고 들어온다. 마사의 기억을 갈수록 허술하게 만드는 여러 요인들 ─ 예컨대 전전두피질의 기능 저하에 따른 출처 기억의 퇴화 ─ 이 있겠지만, 내러티브 구조에 든든하게 의존하는 덕분에 그녀의 과거 이야기는 (기억상실을 앓는 클레어의 기억처럼) 특정한 일관성과 권위가 있다.

기억은 할머니의 자서전, 그녀의 삶의 이야기이며, 몇몇 사건들, 주로 종전 이전 시기에 일어난 사건들의 핵심을 이룬다. 이것은 할머니가 놓치지 않을 사실들이자 계속해서 되돌아가는 시간대이다. 어머니에게 영어 읽는 법을 가르쳤다는 이야기, 빌과 연애한 이야기, 반파시스트 집회와 전쟁 발발의 이야기는 이전에 숱하게 했었던 것으로, 이런 식의 이야기하기는 일종의 공연이다. 이야기의 토대가 되는 원래의 정보가 항상 완벽하게 정확하지는 않겠지만 말이다. '정신적 DVD'라는 비유가 그럭저럭 정확하게 들어맞는 것은 살면서 이때가 유일하지 않을까 싶다.

나는 할머니의 과거의 기억에서 반복되는 주제가 없나 찾아보았고, 한 차례 이상 등장하는 몇몇 이야기를 찾아냈다. 예를 들어 할머니는 남편 빌이 자신에게 선전포고가 일어나면 하던 일을 포기해야 한다고 말했고, 이미 포기했다고 그에게 말하자 그가 불쾌해하더라는 이야기를 세 차례 했다. 한 번은 할머니의 이야기의 권위가 오해를 살 만한 일도 있었다. 사람들이 공습을 피해 베스널 그린 지하철역으로 몰려들었다는 이야기를 했다. 할머니가 이 장면을 워낙 생생하게 묘사했고 다른 기억의 내러티브와 차이가 없어서 사실은 할머니가 현장에 있지 않았다는 것을 알면 놀랄 수도 있다.

할머니의 일관된 기억의 내러티브를 보면 그녀의 삶의 이야기가 계속해서 발달할 여지가 있을까 의문이 든다. 할머니는 이제 많은 것을 끌어내지 못하므로 새로운 모험이 발을 디딜 틈이 많지 않다. 과거의 내러티브 속으로 새로운 세부사항이 끼어들 수 있을까? 과거에 대한 할머니의 **감정**이 **달라질** 수 있을까? 내가 알기로 감정이 바뀌면 이제까지 접근할 수 없었던 기억의 요소들이 드러날 수 있다.

2011년 맨부커상 수상작인 소설 『예감은 틀리지 않는다』에서 줄리언 반스는 전 애인의 부모에 대한 주인공의 감정이 달라지자 두 사람의 새로운 기억들이 떠오르는 것을 묘사한다. "이렇게나 시간이 오래 흘렀는데도 그 옛날 일어난 사건들과 사람들에 대해 감정이 달라질 수 있다니 믿어져요? … 이것을 과학적으로 설명할 수 있는지 모르겠네요. … 내가 말할 수 있는 것은 그런 일이 일어났다는 것, 그래서 내가 경악했다는 겁니다."

예를 들어 그녀의 어머니에 대해 이런 식으로 계속 이야기하다 보면 프리다의 힘들었던 삶에 대해 마사가 다르게 느끼게 될지도 모른다. 아이들이 자는 동안 밤늦도록 바느질하는 이민자에게 더 공감하고 동질감을 느낄 수 있다. 이렇게 하여 마사의 감정이 달라지면 새로운 기억들이 따라오지 않을까?

그래서 나는 '새로운' 기억이 드러나는 순간, 오랫동안 묻혀 있다가 이제 막 빛을 보기 시작한 경험의 순간들을 찾아보았다. 할머니는 아직 완전히 새로운 정보를 찾아내는 능력을 잃지 않았다. 예를 들어 할아버지가 돌아가시고 나서 1970년대 말에 자신에게 잘 대해줬던 윌리라는 사람이 청혼했다는 이야기를 했다. 그러나 '새로운' 자전적 기억을 인출하는 인지적 도전에는 적절한 단서가 필요한 것으로 보인다. 할머니에게 일어나는 모든 일이 기억에 부호화되지는 않으며, 부호화되었다 하더라도 의식으로 불려가려면 몇 가지 조건들이 갖춰져야 하는 것 같다.

최근에 나는 우리가 인터뷰의 포맷을 바꾸면 새로운 이야기를 끌어낼 수 있지 않을까 하는 생각을 했다. 기억의 근본 원리로 부호화 특정성encoding specificity 원리가 있다. 정보를 부호화할 때와 같은 맥락에 두고 기억하도록 하면 정보가 더 잘 인출된다는 것이다. 이민자 사회에서 태어난 사람에게 핵심적인 맥락의 요소는 언어다. 나는 십대 시절에 고국을 떠나 미국으로 건너간 젊은 러시아 이민자 스무 명의 기억을 연구한 것을 보았다. 그들은 영어로 인터뷰할 때보다 러시아어로 인터뷰할 때 더 많은 아동기의 기억들을 생각해냈다. 두 번째 실험에서 연구자들은 기억의 단서가 되는 언어와 인터뷰 언어를 따로따로 바꿔보았다(예컨대 러시아어로 인터뷰하면서 단서는 영어로 준다든가 하는 식으로). 그 결과 인터뷰 언어와 단서 언어가 자전적 기억을 드러내는 데 독자적으로 기여하는 것으로 나타났다. 그러니까 단서 언어와 인터뷰 언어 둘 다 기억과 일치할 때 효과가 가장 강력했다.

다른 많은 연구에서도 비슷한 결과가 보고되었다. 회상할 때의 언어가 사건이 일어났을 때의 언어와 일치하도록 하면 다른 상황에서는 접근할 수 없었을 기억이 풀려나는 것으로 보인다. 우리는 언어가 자전적 기억을 매개하는 데 핵심 역할을 한다는 것을 이미 살펴보았다. 자신의 과거에 대해 혼잣말을 하는 경우도 있겠지만, 그런 언어 사용은 대부분 다른 사람과 과거에 대해 이야기할 때 일어난다. 나는 할머니의 아버지가 영어를 능숙하게 하지 못했다고 몇 차례 언급한 것에서 단서를 얻었다. 할머니의 부모는 주로 이디시어로 소통했으므로 어린 마사도 집에서 이디시어를 들었을 것이다. 영어가 아니라 이디시어로 인터뷰하면 할머니의 기억이 다르게 전개될까? 나는 할머니의 승인을 얻어 시도해보기로 했다.

이제 이디시어를 할 줄 알면서 인터뷰를 하러 에식스까지 올 수 있는 사람을 찾아야 했다. 내가 접촉했던 사람들은 여행을 할 수 없는 노인들이 많았다. 그러다가 유니버시티 칼리지 런던의 히브리·유대인 연구학과를 통해 리투아니아 출신 유대인으로 현재 영국에 살고 있는 시마를 알게 되었다. 시마는 에식스에 와서 어머니와 내가 옆에서 듣는 동안 마사와 이디시어로 이야기를 나누기로 동의했다.

실험을 어떤 식으로 진행할지 고민했다. 할머니는 이디시어를 접하지 못한 세월이 반세기가 넘지만 실험에 적극적으로 나섰다. 우선 할머니에게 초창기 기억과 관련된다고 생각되는 그 언어를 기억하고 있는지부터 물어봐야 했다. 연구에 따르면 수십 년 전에 말했던 언어에 어느 정도로 능숙한지는 사람마다 상당한 편차가 있다고 한다. 모국어를 완전히 잊은 사람도 있고, 나이가 들면서 자연스럽게 모국어로 복귀하는 사람도 있다. '언어 복귀language reversion'로 알려진 후자의 현상은 나이가 들면서 외국어는 잊고 모국어의 장악력은 커지기 때문으로 보인다. 나는 할머니가 이디시어로 문장을 만들 수 있으리라고는 솔직히 기대하지 않았고, 몇 단어 정도는 알아들을 수 있어서 자신에게 하는 말을 적어도 일부는 이해하리라 생각했다.

시마는 우리의 실험에 새로운 요소가 되기도 했다. 마사와 전혀 모르는 사이여서 그녀가 기억하는 데 완전히 새로운 사회적 맥락을 만들어주었다. 시마는 앞서 우리가 했던 몇몇 인터뷰 원고를 살펴보고 똑같은 질문 몇 개를 준비했다. 나는 시마가 전쟁 전의 이스트엔드 유대인 문화를 연구한 사람답게 당시 분위기를 상기시키는 특징적인 면들을 소개하면 새로운 기억이 떠오르지 않을까 기대하기도 했다. 할머니가 처음으로 사건을 기억하는 것이라고 깨닫고는 경험에 감정적으로 반응하는 모습을 볼 수도 있겠다고 생각했다.

시마가 먼저 이디시어로 말하고 할머니가 이해하기 어려워하면 번역해주는 것으로 정했다. 할머니는 평소 앉는 의자에 앉아 입을 벌리고 밝고 몰입하는 표정을 지었다. 번역 없이도 '숄렘 알레이헴Sholem aleykhem'이라는 표준적인 인사말에 반응했다. 이어지는 시마의 몇몇 질문을 알아듣고 영어로 자신감 있게 대답했다. 중매인이라는 뜻의 '샤드헨shadkhen'이라는 단어를 알아듣고는 자신의 부모의 결혼이 어떻게 이루어졌는지 회상했다. 아버지가 베이글 가판대에서 팔던 빵들의 이디시어 이름을 기억했다. 확실히 어렸을 때 먹은 음식이 옛 언어를 환기시키는 힘이 강력해 보였다. 치메스tsimes, 록신 쿠글lokshn kugl, 샤베스 찰레shabbes challe, 그리고 물론 게필테 피시gefilte fish도.

그러나 많은 질문들은 할머니가 이해하지 못하는 것이어서 영어로 번역하고 나서야 대답할 수 있었다. 할머니가 의자에서 앞으로 몸을 숙일 때 나는 귀가 들리지 않아서 그런가 생각했다. 그러나 할머니는 영어를 문제없이 알아들었으므로 아마도 낯선 언어를 이해하려고 애쓰는 모습이었을 것이다.

많은 점에서 전형적인 인터뷰였다. 할머니는 이전에 내게 말했던 몇 가지 세부사항들을 시마에게 말했다. 등교하기 전에 추운 새벽에 베이글 가판대 일을 도왔던 것도 그중 하나였다. 이야깃거리가 떨어지면 일반적인 이야기로 넘어가 이제까지 살면서 참으로 운이 좋았다는 식으로 긍정하곤 했다. 앞서 했던 인터뷰와 마찬가지로 시간대를 훌쩍 뛰어넘어 갑자기 1970년대로 넘어갔다가 전에 하던 이야기로 다시 돌아가기도 했다. 나의 은밀한 희망과는 반대로 새로운 기억을 갑자기 털어놓는 일은 일어나지 않았다. 내 어린 시절의 일부였던 언어를 듣고 있으니(지금도 나는 못된 짓을 하는 아이를 보면 내가 어렸을 때 자주 듣던 표현이 생각나서 '슈메이힐트 비 아 반츠shmeikhlt vi a vantz' — '빈대처럼 웃는다'

는 뜻 — 라고 나무란다) 할머니가 내가 전에 생각했던 만큼 집에서 이디시어를 많이 말하지 않았을 수도 있겠다는 생각이 들었다. 이디시어는 할머니의 부모의 언어로 아이들은 끼지 못하는 어른들 대화에 사용된 언어였다. 아이가 말할 때는 영어로 말했다. 친구에게 어머니에게 동생들에게 스스로에게 말할 때, 어린 마사는 영어로 말했다.

인터뷰가 마무리되자 나는 녹음기를 끄고 다른 방으로 가서 시마에게 택시를 불러주려고 전화를 했다. 얼마 뒤에 떠들썩한 대화 소리가 들렸다. 내가 방으로 돌아가자 어머니가 말하기를 할머니가 예전에 자신의 어머니가 살았던 리투아니아의 집이 갑자기 생각났다고 했다. 나는 여러 차례 할머니에게 이것을 물었었는데 할머니는 아무것도 기억나지 않는다고 했다. 그러나 시마가 자신의 가족이 카우나스에서 살았다고 말하는 순간, 할머니는 자기 어머니의 고향도 거기였다고 말했다. 어머니와 나는 어리둥절했다. "나는 항상 카우나스였다고 말했다." 할머니는 우겼다. "사람들이 관심을 보일 때마다 계속 그렇게 말했어."

할머니가 결혼해서 이사 가기 전에 해크니에 사는 친구들에게 가끔 자기 어머니가 카우나스 출신임을 말했었다는 것이 나중에 밝혀졌다. 할머니는 내가 알아내려고 했던 사항을 실은 잊은 것이 아니었다. 다만 70년 동안 기억하지 않았을 뿐이다.

80년 만의
재회

할머니의 인터뷰를 정리한 내 글이 신문에 실리고 다음 날, 에식스에 사는 한 여인으로부터 이메일을 받았다. 자신의 어머니가 신문 기사를 읽었는데 어렸을 때 마사와 같은 학교에 다녔다고 했다는 것이다. 새디는 해크니에 있는 맨스포드 스트리트 센트럴 학교에서 마사보다 한 학년 위였다. 베이글을 팔았던 나의 증조부 에이브러햄에 대한 묘사를 보고 할머니를 알아보았다고 했다. 아흔네 살 인데 아직도 거동할 수 있어서 1월에 할머니가 아파트에서 넘어져서 손목이 부러진 이후로 머물고 있는 요양원으로 새디를 데려오도록 그녀의 딸 헤이즐과 이야기했다. 나는 다시없을 이 기회를 놓치고 싶지 않아서 모든 관계자들에게 인터뷰를 녹음해도 좋다는 허락을 받고 그곳으로 달려갔다. 복도 끝에 있는 넓은 거실에 할머니와 같이 앉아서 백발의 여인이 지팡이를 짚고 방으로 들어오는 것을 보았다. 마사는 휠체어에 앉아 있어서 처음에는 들어오는 새디를 보지 못했다. 하지만 옛 친구의 목소리를 듣는 순간 그녀의 얼굴에 미소가 일었고, 두 사람은 곧 이야기에 빠져들었다. 가족에 대한 이야기를 자세히 나누고는 지체 없이 과거 이야기로 들어갔다.

두 사람이 재회하는 광경은 보기 드문 경험이었다. 그들은 사실에 관한 정보들로 시작했다. 마사는 새디에게 살고 있던 레이턴스톤(에식스와 런던 동부의 경계)에서 언제 떠났는지 물었다. 그 질문은 마사와 친구들이 새디의 가족이 운영하는 가게에 놀러갔던 기억을 곧바로 끌어냈다. 새디는 학교 친구들과 일요일에 놀러갔던 것, 근처의 스네어스브룩까지 산책하고 소풍갔던 것을 기억했다. 마사의 말은 그녀에게 세부사항들을 상기시켰다.

"끔찍한 기억이 있어." 할머니가 말했다. "해서는 안 되는 일과 해야 했던 일들이 생각났어. … 왜 있잖아?" 할머니는 새디가 45년이나 지금의 아파트에 살고 있다는 말을 듣고 놀랐다. "최근에 이사한 줄 알았어."

나는 새디의 등장이 할머니에게 시간을 거꾸로 되감은 경험이었다는 생각이 예나 지금이나 강하게 든다. 할머니는 거동이 불편한 자신의 처지를, 그리고 요양원의 "규칙과 규정들"을 잊었다. 며칠 전 전화통화에서 할머니는 새디에게 자신이 벅허스트 힐의 아파트에 살고 있다고 했다. 인터뷰를 하러 첼름스퍼드 근처 요양원으로 오도록 이야기를 들었던 새디와 헤이즐은 당연히 헷갈려했다. 마사와 가족은 1949년에 벅허스트 힐의 아파트를 떠났고, 새디는 1943년에 레이턴스톤의 가게에서 떠났다. 그 이후로 여기저기 옮겨 다녔던 일들을 떠올리는 것은 힘겨운 일이었다.

할머니가 새디에게 말하고 싶어 했던 사실들은 우리 인터뷰에서 했던 말과 정확하게 일치했다. 언제 어떻게 결혼했는지, 전쟁이 어떤 영향을 미쳤는지, 폭격에 어떻게 살아남았는지, 아이들이 언제 태어났고 어디서 살았는지 등 할머니의 삶의 이야기에서 토대가 되는 사실들이었다. 두 여인은 자식들, 손자손녀, 증손자손녀에 대한 긍정적이고 훈

훈한 이야기로 계속해서 돌아갔으며, 이렇게 만나게 된 것이 믿기지 않는다는, 어떻게 시간이 훌쩍 흘렀는지 모르겠다는 마사의 일반적인 언급이 곁들어졌다.

"세상 참 좁지. 세월이 빨라." 할머니는 한 차례 이상 그렇게 말했다.

그러자 새디가 물었다. "예전에 다니던 학교 기억나?"

그녀는 학교가 어떻게 변했는지 알아보려고 1990년에 아이들을 데리고 그곳에 다시 들른 적이 있다고 했다. 이런 상대적으로 최근의 기억이 두 사람에게 새로운 이야깃거리를 제공했다. 그들은 여학생들이 '가정' 시간에 가판대를 차리고 록케이크를 남학생들에게 팔았던 것을 이야기했다. 금요일에는 안식일을 위해 수업을 일찍 끝냈다. 맨스포드 스트리트는 유대인 학교는 아니었지만 유대인 자녀들이 워낙 많이 다녀서 점심시간을 줄이고 수업을 두 시 반에 마치는 식으로 스케줄을 조정했다. 우리는 세월의 때가 묻은 1929년의 사진을 보았다. 다들 열한 살이나 열두 살이었는데 두 사람은 많은 아이들을 보고는 이름을 기억해냈다. 새디가 21년 전에 그곳을 방문한 것이 그녀의 마음속에서는 상대적으로 새로운 기억이었다(그녀는 오랜 세월이 흘렀는데도 남편의 이니셜이 책상에 새겨져 있었다고 했다). 새디가 마사에게 교장 이름이 무엇이었는지 생각나느냐고 물었고, 마사는 곧바로 "호커 씨"라고 대답했다. 교장은 새 흉내를 내며 하루를 시작했다. "조례 시간이었지." 새디가 웃으며 말했다. 새디는 사진 속에 없었다. 당시 그의 아버지가 많이 아파서 병원에 입원해 있었기 때문에(그는 가구에 칠하는 일을 했는데 광택제의 화학물질 때문에 건강이 망가졌다) 수업에 빠졌던 것이다. 사진 속의 한 명, 새디가 엘리자 웨스트라고 기억하는 소녀는 앞머리를 눈썹 위까지 자르고 단발머리를 말아 올린 대단히 1920년대적인 헤어스타일을 하고 있었다. 두 사람은 엘리자가 당시에 많이 아팠고 사진을 찍고 얼마 지나지 않아 열두 살의 어린 나이에 죽었다고 기억했다. 새디는 애도의 화환을 들고 그들 집에 찾아가서 죽은 소녀가 누워 있는 모습을 보았다고 했다. "죽은 사람을 본 것은 그때가 처음이었지. 결코 잊을 수 없었어. 그 모습을 보자 두려움이 멎었어."

수업을 마치면 마사는 새디의 가족이 하는 양복점에 자주 놀러갔다. 일요일이면 몇몇 친구들과 함께 트램을 타고 해크니에서 레이턴스톤까지 갔다. 새디의 어머니가 그들에게 샌드위치를 만들어주고 스네어스브룩에 있는 오리 연못에 데려다주었다. 새디는 지금도 그 근처에 사는데 학교 다닐 때, 아마도 마사가 놀러왔을 때 현재 자신이 살고 있는 집(특이하게도 녹색 지붕으로, 새디는 전에 녹색 지붕을 본 적이 없었다)이 지어지는 모습을 보았다고 했다. 두 사람은 1932년까지 그렇게 어울려 다녔던 것으로 보인다. 그 이후로 다시 만나기까지 거의 80년이 걸렸다.

어느 순간 새디의 딸 헤이즐이 두 사람에게 서로를 알아보았는지 물어보았다. 마사는 "몰라보았어"라고 했고, 이에 새디는 "네 **딸**을 알아보았지"라고 대답했다. 헤이즐과 옆에서 만남을 지켜보던 어머니는 실제로 할머니가 젊었을 때의 모습과 살짝 비슷하다. 친구 본인보다 친구의 딸을 더 확실하게 알아보았다는 것이 이상하기는 하지만, 새디의 마음속에는 마사의 이미지가 훨씬 젊은 여인으로 남아 있을 터이니 그럴 수도 있을 것 같다. 자신의 이미지와 자신과 가까운 사람들의 이미지는 나이가 들어가는 현실에 맞춰 변하지 않는 것 같다. 특히 이들처럼 한참 시간이 흐른 뒤에 다시 만났을 때는 더더욱 그럴 것이다. 새디는 자신이 마련해놓은 마음속 이미지에서 현재의 노쇠한 여인이 아니라 예전에 알았던 마사를 찾고 있다. 두 사람 모두 한창 때보다 키가 최소한 12센티미터는 작아졌다는 사실을 언급했다. 마사의 머리색에 대해서도 의견이 서로 달랐다. 새디는 상당히 옅은 색으로 기억했고, 어머니는 항상 짙은 색이었다고 생각했다. 할머니 본인은 예전에는 이보다 더 옅었다면서 주위의 많은 유대인 아이들이 아주 짙은 머리카락이어서 더 그렇게 보였을 수도 있다고 했다.

새디는 베이글 가판대를 확실히 기억했다. 그래서 우리는 오스번 스트리트와 브릭 레인이 교차하는 지점에 있었던 가판대의 정확한 위치를 알고자 한참동안 이야기를 주고받았다. 새디는 새벽 6시부터 등교할 때까지 밖에 서서 가판대 일을 도왔던 마사를 다른 아이들이 얼마나 안쓰러워했는지 회상했다. 마사는 안 그러면 어머니가 그런 고생을 해야 해서 자신이 나섰다고 했다. 새디는 길가에서 몇 집 더 가면 베이글을 파는 경쟁자가 있었다고 기억했다. "베이글, 1페니에 3개" 하고 소리쳤던 괴팍한 아주머니로 베이글을 사지 않는 사람에게 욕을 했다고 했다. 우리는 에이브러햄이 어느 회당에서 예배를 보았는지 추측하다가 그가 다닐 만한 회당이 주위에 많았다고 정리했다. 새디는 회당shul(현재 잼 마스지드 사원) 바로 맞은편인 푸르니에 스트리트에 사는 사촌의 결혼식 때 자신이 신부 들러리였다고 했다. 바로 앞이어서 택시를 부를 수가 없어서 집 앞 계단에서 거리를 넘어 회당 문턱까지 빨간색 카펫을 깔고는 신부가 멋지게 결혼식장으로 입장하도록 했다.

두 사람 모두 기독교 사회와 유대인 사회가 서로 잘 어울렸다고 기억했다. 언젠가 마사는 자신과 빌이 케이블 스트리트에서 열린 반파시스트 집회에 나갔었다고 내게 말했는데, 사실 그와 같은 인종 갈등은 전쟁으로 치닫던 나중에 벌어진 일이었다. 사회적 문제에 처했던 것은 오히려 기독교도 집안이었다. 마사는 월요일 아침에 가판대를 찾은 고객 중에 맞아서 눈이 멍든 여자들이 있었고, 저녁에 이스트엔드 술집들을 지나다 보면 맨발의 아이들이 보도에서 울고 있고 부모들은 안에서 저녁 내내 술을 마시는 모습을 볼 수 있었다고 했다.

앞서의 인터뷰에서 할머니는 단서가 주어질 때 자신의 기억이 더 잘 돌아간다고 말한 적이 있다. "네가 어떤 사건을 내게 말해주면 상세하게 기억할 수 있을 것 같구나." 새디와의 재회는 과연 그러한지 알아볼 수 있는 시험대가 되었다. 할머니는 그곳에 있었고 사건들을 기억하는 사람과 말하는 기회를 그동안 가져본 적이 없었기 때문이다. 나로서는 할머니의 기억이 얼마나 정확한지 알아보는 첫 번째 기회였다. 믿기지 않게 영민한 이 아흔네 살 노인의 존재는 할머니의 기억을 확실히 끌어올렸다. 아마도 자신이 한 살 어리다는 의식이 영향을 미쳤을 것이다.

이것은 반대 방향으로도 작용했다. 할머니의 친한 친구로 10년 전에 죽은 낸시가 있었다. 새디는 그녀를 기억하지 못했는데 마사의 설명을 들으면서 그녀에 대한 기억이 완전히 재설정되었다. 마사는 또한 학교 사진에 나오는 선생들의 신원에 대해 새디에게 바로 알려주었다. "내가 너무 잘 알고 있는 건가?" 이렇게 농담을 하기도 했다. 두 사람은 총 열두 명의 선생에 대해 회상했다. 별명과 일화도 있었다. 예를 들어 건장한 아헌 선생과 점심시간이면 배드민턴을 쳤던 참으로 적절한 이름의 목공예 선생 우디위스Woodiwiss 이야기도 했다. 다른 얼굴들은 그들이 알아보지만 이름을 기억하지는 못했다. 이렇듯 알아보는 것이 회상보다 앞서는 것은 전혀 놀랍지 않다. 알아보는 기억은 나이가 들어도 거의 타격을 받지 않는다는 과학적 증거도 있다.

두 사람은 두 시간 가까이 이야기를 나누었다. 새디의 몇몇 친구들을 제외하면 이제 남아 있는 친구나 그 세대 가족은 아무도 없었다. 마사는 새디에게 요양원에 잠깐 머무르는 사람은 자신밖에 없다고 했고 언제 아파트로 돌아갈지 확실하게 말했다. 한번은 요양원에 '노인들을 위한' 별도의 부서가 있다고 언급했는데 그게 말실수로 나온 말인지 확실히 모르겠다. 새디는 그 시절에 대해 기억하는 또 하나의 이름을 언급했다. 버사 스팽글릿이라고 하자 대화가 잠깐 끊어졌다가 마사가 대답했다. "오 그래, 맞아! 그 이름을 들으니 이제 생각났어. … 덩치가 큰 아이였지?"

나는 팔십 년의 사건들이 노쇠한 한 여인의 마음속에서 짜부라지고 무너지는 모습을 지켜보았다. 새디는 버사의 여동생을 최근에 우연히 만났다고 했다. 마치 어제 일처럼 생생하게 느껴지지만 실은 25년 전에 일어난 일이라고 했다. 나는 총명하고 자기표현이 확실한 이 여인이 자신의 시간감각의 왜곡을 정정하는 모습을 보았다. 새디는 노화의 허점을 알았다. 시간이 얼마나 지났는지를 자신이 제대로 판단하지 못한다는 것을 알았고, 그것을 참작할 줄 알았다.

진기한 경험을 목격했다는 느낌이 들었다. 두 사람이 합심하여 구성한 이런 이야기들은 사전에 맞춰볼 수 있었던 것이 아니다. 그들은 80년 만에 다시 만났고 서로 마지막으로 보았을 때는 아돌프 히틀러가 막 권력을 잡은 시점이었다. 비교하기에는 부족한 세월이지만 최근에 나도 27년 만에 옛 친구들을 만날 기회가 있었다. 80년 만에 누군가를 만나는 것과 거의 30년 만에 재회하는 것에 차이가 있을까? 우리의 만남이 본질적으로 달랐다고는 생각하지 않는다. 우리는 기본 사실들을 확인했고, 이어 기억의 단서들을 주고받으며 이야기를 만들어갔다. 사십대 중반인 나와 친구들은 아무래도 기억이 더 확실하겠지만, 기억을 불러 모으고 이야기를 만들어가는 방식은 본질적으로 다를 게 없었다.

이후 두 달 동안 할머니와 했던 인터뷰를 다시 생각할 기회가 많았다. 라디오에 출연해서 인터뷰에 대해 이야기해달라는 요청을 받았고, 할머니가 이야기하는 인터뷰 장면이 짤막하게 방송에 나가기도 했다. 할머니가 요양원에서 의자에 앉아 프로그램을 들으리라는 것을 알고는 방송을 마치자마자 맨체스터에서 전화를 걸었다. 할머니는 기분이 좋아 보였고, 요양원 사람들이 자신에게 관심을 보인다고 말했다.

"그렇다고 우쭐해할 필요는 없지!"

프로젝트 이후로 우리의 관계가 달라졌다. 예전보다 더 많이 보았고, 더 많이 이야기했고, 더 가까워졌다. 나는 할머니가 자신의 이야기를 기꺼이 나에게 털어놓은 것은 자신의 기억이 흐려지고 있음을 알았기 때문이 아닐까 생각한다. 이야기야말로 그녀가 남길 수 있는 모든 것이며, 그녀의 삶의 다른 부분들이 점차 시들어가기에 이것은 더더욱 귀중한 것이 된다. 그녀의 몸이 허약해지고 있다. 팔은 가늘어졌고, 휠체어에 앉은 모습은 작은 새처럼 쪼그라들었다. 하지만 정신적으로는 여전히 날카롭다. 회색빛 눈을 반짝이며 알아보겠다는 기색을 보인다. 나는 영광스럽게도 놀라운 순간을 함께했다. 마음이 기억하기 행위에 몰입하는 것을, 누군가가 자신의 과거와 대면하는 대단한 광경을 목도했다.

나는 할머니가 전에는 대면하지 못했던 과거의 측면과 맞붙었다는 생각도 해본다. 할머니에게 숨기고 싶은 비밀이 있다면, 그것은 자신이 하거나 하지 않았던 것에 대한 것은 아니다. 내가 볼 때 할머니는 완벽한 삶, 떳떳한 삶을 살았다. 그러나 자신의 배경, 특히 유대인이라는 배경에 대해서는 항상 구태여 말하지 않은 것으로 볼 때 석연치 않은 감정이 있었던 것 같다. 할머니가 지금 어떤 것들을 기억하는 것은 **그럴 수 있어서** 기억하는 것이라는 생각이 강하게 든다. 영국 사회에 귀화한 2세대 이주민으로서 유대인이라는 정체성은 거의 금기나 마찬가지였다. 나는 리베카 솔닛 등이 디아스포라에 대해 쓴 글에서 말한 바로 그 '의도적 망각willful forgetting'의 과정이 역으로 나타나는 것을 본다. 할머니는 본인의 유대인 정체성에 관해 아주 가끔씩만 말했을 것이다.

자신의 직계가족의 역사와 그런 식으로 단절된다는 것은 어떤 기분일까? 가끔은 그것을 무시할 수 있었고, 가끔은 기본적인 세부사항—

예컨대 어머니가 리투아니아 출신인지 러시아 출신인지 — 에 대해 거의 고집스럽게 모호하게 얼버무렸다. 할머니는 기억력이 좋은 것이 때로는 도움이 되고 때로는 그렇지 않다고 내게 말했다. 나는 기억에 대한 많은 질문들을 했는데, 한번은 할머니가 내게 이렇게 묻기도 했다.

"어린 시절 어떻게 자랐는지가 나중의 삶, 그러니까 네가 세상에 나갔을 때의 삶에 영향을 미친다고 생각하니?" 할머니는 잠시 멈추었다가 말했다. "당연히 미치겠지, 안 그러니?"

나는 이것이 그녀의 성격에 대해 얼마나 많은 것을 말하는지 궁금하다. 할머니가 무엇을 알게 되었는지, 어떤 것을 말하지 않은 채 남겨두었는지 궁금하다. 할머니는 자신이 결코 말하지 않은 몰인정한 사실들을 알고 있었을지도 모르고, 어쩌면 그랬기에 아량 있고 너그러운 모습으로 남들에게 보였을지도 모른다.

새디와 재회하고 몇 주가 지났을 때 할머니는 뇌졸중이 와서 단음절만 겨우 내뱉을 수 있게 되었다. 그 나이 또래의 사람에게는 좋지 않은 예후였다. 게다가 음식물을 주입하는 과정에서 합병증으로 흉부 감염이 일어났고 양측성 폐렴으로 악화되었다. 나는 마지막임을 예감하고 할머니를 보러 병원으로 달려갔다. 할머니는 구겨진 시트 아래에서 왜소하게 보였고, 가쁜 숨을 몰아쉬며 불편하게 산소마스크로 손을 뻗었다. 하지만 여러 차례 눈을 뜨고 미소를 지어보였다. 나는 할머니 손을 꼭 잡았다. 내가 생각했던 것보다 더 통통했고 활기가 돌았다. 할머니가 자신의 어머니 프리다에 대해 했던 이야기가 생각났다. 배를 타고 리투아니아에서 돌아오는 길에 자신의 손에 반한 사람을 만나게 되었다는 이야기였다.

"어머니는 손이 아주 작았어." 마사가 언젠가 내게 말했다. "사람들이 나보고 손이 참 작다고 말하는데 어머니로부터 물려받은 게 틀림없어."

할머니는 그날 저녁 네 명의 자녀가 지켜보는 가운데 생을 마감했다. 장례식에서 다들 눈물을 흘리고 떠들썩하게 회상할 때 나는 할머니의 음성이 녹음된 CD를 나눠주었다. 이 녹음을 남기게 되어 다행이다 싶었지만, 한편으로는 아직 물어보지 못한 질문이 너무도 많다는 것을 알았다. 나는 할머니를 데리고 체셔 스트리트로 찾아가서 길가에 서서 할머니가 살았던 복층 아파트를, 노란색 벽돌로 마감하고 더 어두운 벽돌들을 창문 위에 아치형으로 쌓아올린 집을 보고 싶었다. 할머니와 같이 걷거나 운전하거나 휠체어를 밀고 브릭 레인을 돌아다니면서 베이글 가판대가 어디 있었는지 확실히 알겠는지, 어떤 기억이 나는지 묻고 싶었다. 할머니가 유대인이라는 것을 알고는 불친절하게 대한 사람이 있었는지 묻고 싶었다. 내게 기억에 대해 많은 것을, 할머니에 대해서는 더 많은 것을 알려줄 수도 있는 온갖 질문들을 하고 싶었다. 하지만 이제는 그럴 수 없다. 헤드폰을 끼고 앉아서 내가 이미 갖고 있는 기억들을 추궁하는 수밖에는. 찻잔이 덜컥거리고 녹음기 스위치가 켜지면 마사가 과거에 대한 이야기를 끝없이 다시 들려준다.

12.

특별한 부류의
진실

- 기억과 내러티브
- 새로운 기억의 과학

Pieces of Light

과학에 대한 글로 시작해서 많은 이야기들을 하는 것으로 끝맺었다. 기억에는 다른 어떤 인간 경험보다도 내러티브가 적절한 매체로 보인다. 우리는 과학이 필요하지만 골치 아픈 의미 생성의 행위에도 면밀히 주목할 필요가 있다. 최고의 기억 연구는 인지적, 신경과학적 기제만 살펴보는 것이 아니라 주관적 경험도 소홀히 하지 않으려고 애쓴다. 그래서 이야기에도, 그것이 당사자에게 어떤 의미를 갖는지에도 관심을 기울인다.

여기서 끝이 아니다. 분자적 수준에서 문화적 수준에 이르기까지 기억의 과학이 지금보다 더 활발하게 이루어졌던 적은 없었다. 연구자들은 장기적 강화(기억의 흔적으로 이어지는 시냅스의 물리적 변화)의 토대가 되는 단백질 합성 과정의 수수께끼를 푸는 중이며, 수면과 같은 요인이 기억에서 어떤 역할을 하는지 알아보고 있다. 이런 과정에서 핵심인 재응고화는 기억이 왜 조금씩 달라지는지를 분자 수준에서 이해하도록 해준다. 재응고화 현상은 기억의 흔적에 접근할 때마다 다시 응고되기까지 짧은 시간 동안 기억이 불안정하게 된다는 것을 보여준다. 이로써 변화의 문이 열린다. 조지프 르두의 말에 따르면 "뭔가에 대한 여러분의 기억은 가장 최근에 그것을 기억한 것을 넘어서지 못한다." 기억을 붙잡는다는 것은 기억을 부수고 연다는 뜻이기도 하다.

하지만 재응고화가 갖는 함의에 지나치게 들떠서는 안 된다. 기억이 분자 수준에서 가변적임을 보여주었다고 해서 우리가 자전적 기억의 변덕에 대해 알아야 할 모든 것이 설명되지는 않는다. 재응고화 이론은 기억이 왜 특정한 방식으로 바뀌는지를 설명하지 못한다. 그와 같은 변화가 일어나는 가능한 하나의 기제를 제시할 뿐이다. 또한 재응고화는 분자 수준에서 설명되는 사항이므로 내가 이제까지 소개한 고차적인 재구성 과정과는 논리적으로 구분된다. 하나가 없어도 다른 하나가 가능하다. 재응고화가 일어나는 뇌는 여러 인지적, 신경적 체계에서 들어오는 정보를 통합하는 능력이 없으면 재구성을 제대로 못할 수도 있다. 역으로 재응고화는 못하지만 재구성을 할 수도 있다. 재구성은 (논리적으로 말해서) 영원히 저장될 수도 있는 기억의 요소들을 재조합하는 문제이기 때문이다.

기억과
내러티브

미래에 중요하게 부각될 또 하나의 주제는 해마의 역할이다. 현재 가장 흥미진진한 연구로 해마가 기억하기 활동에 어떻게 공간적 틀을 제공하는지 알아보는 연구가 있다. 하지만 기억 체계에서 가장 핵심적인 이 부위의 장기적 역할에 대해서는 아직 해결되지 않은 질문들이 많다. 예를 들어 기억이 실제로 해마에 저장되는지, 아니면 해마의 역할은 기억을 부호화할 때 그 특징들을 하나로 묶고 인출할 때 특징들이 재구성되도록 공간을 제공하는 것인지, 어느 쪽인지 아직 확실하지 않다. 해마가 손상될 때 나타나는 기억상실의 패턴을 보면 해마 혼자서 기억의 신경 중추를 떠맡는 것은 결코 아닌 듯하다. 그리고 장면 구성 연구는 이전에 알려지지 않은 해마의 역할들이 있음을 시사한다.

예를 들어 데미스 허사비스와 동료들이 장면 구성 실험을 하면서 살펴본 기억상실 환자 다섯 명을 보자. 네 명은 미래를 상상하는 과제에 문제점을 나타냈다. 하지만 P01로 알려진 다섯 번째 환자는 심각한 기억상실인데도 미래를 상상하는 능력이 멀쩡한 것으로 밝혀졌다. 연구자들이 P01의 뇌 스캔을 보다 면밀히 들여다보자 우반구에 상당한 양의 해마가 남아 있었다. 기억을 수행하기에는 충분하지 않았지만 상상하는 일에는 충분했던 모양이다. P01의 사례를 보고 허사비스와 동료들은 우반구 해마가 상상을 수행하는 데 구체적인 역할을 맡고 있고, 전면적인 자전적 기억에는 제대로 기능하는 양측 해마 모두가 필요하다고 추정했다.

후속 연구로 그와 같은 결론이 뒷받침된다면 기억하기와 상상하기의 긴밀한 연관성이 입증되는 셈이다. 앞서 보았듯이 이런 두 과정은 모두 이야기하기 능력에 의지한다. 지금까지 과학자들은 기억하기에서 내러티브가 얼마나 중요한지에 그다지 주목하지 않았다. 데이비드 루빈은 이 같은 균형을 바로잡으며 내러티브가 자전적 기억에서 구성을 담당하는 핵심 요소라고 강조한다. 기억이 시간의 경과를 나타내고 개인적인 목표를 이루도록 노력하게 만드는 것은 내러티브 덕분이라는 것이다. 기억은 남들과 스스로에게 이야기처럼 말해진다. 프레드릭 바틀렛이 오래 전에 보여주었듯이 정보가 이야기에 들어맞지 않으면 기억 속에 자리를 잡지 못할 가능성이 크다. 신경영상 연구와 뇌 손상 연구를 보면 똑같은 신경 체계가 기억하기와 이야기하기에 관여한다. 자전적 기억이 생겨나는 것을 지체시키는 핵심 요인은 내러티브를 구성하는 능력으로 보이는데, 이것은 자전적 기억의 다른 요소들보다 늦은 아동기가 되어서야 발달한다고 알려져 있다.

기억은 물론 단순한 허구적 내러티브가 아니다. 우리의 기억은 대개의 경우 상당히 정확한 편이며 특정한 상황에서만 심각한 왜곡에 빠지기 쉽다. 기억의 내러티브 구조를 강조한다고 해서 진실의 가능성을 부인하는 것은 아니다. 기억은 중요한 보도 양식인 르포르타주에 비유할 수 있다. 이야기 형식으로 전달된다고 해서 사실적이지 않다고 말할 수는 없다. 그러나 기억상실이나 감정에 치우친 왜곡에서 보듯 기억이 잘못되면 이야기가 주도권을 잡을 수 있다. 작화증의 사례는 일관성의 힘이 일치의 힘보다 우위에 있을 때 저 바깥세상의 현실보다 자신의 현실에 더 잘 들어맞는 이야기를 지어내게 된다는 것을 보여준다.

이것은 반대 방향으로 작용할 수도 있다. 내러티브가 기억에 관여하듯 기억도 내러티브로 흘러들어갈 수 있다. 픽션은 등장인물의 기억을 삽입함으로써 한결 풍성해진다. 작가 지망생들은 인물이 어떻게 생각하고 느끼고 인식할지 상상하라는 조언을 항상 듣지만, 인물의 기억을 생동감 있게 표현하라는 말은 자주 떠올리지 못한다. 힐러리 맨틀의 소설은 그처럼 상상으로 만들어낸 회상의 힘을 제대로 보여준다. 맨틀의 걸작 소설 『울프 홀Wolf Hall』에서 가장 돋보이는 점은 주인공 토머스 크롬웰에게 풍부한 상상력으로 빚어낸 과거를 부여한다는 것이다. 한 장면에서 크롬웰은 키프로스의 한 도박장에서 있었던 에로틱한 만남을 떠올리다가, 감정의 연결고리를 통해 또 다른 성적 기억으로, 이번에는 유럽에서 자신의 연인 안셀마와 있었던 밀회의 회상으로 넘어간다.

> 잠깐만요, 안셀마는 그렇게 말하고는 자기 나라 말로 때로는 달래듯 때로는 거의 협박하듯 기도를 올렸다. 은으로 만든 성인에게 은총을 내려달라고 졸랐거나, 아니면 은빛으로 반짝거리는 똑바름 속에서 비뚤어진 것을 알아보았는지도 모른다. 왜냐하면 그녀는 자리에서 일어나 그에게 몸을 돌리며 "이제 준비되었어요" 하고 말하고는 가운의 실크 끈을 풀어헤쳐서 그가 자신의 젖가슴을 만지도록 했기 때문이다.

아름답고 에로틱한 이 장면은 내러티브의 '지금'에 일어나는 것이 아니라 크롬웰의 과거에 있었던 일이다. 부분적으로 허구를 입힌 인물의 허구적 기억이다. 아마도 맨틀은 크롬웰의 삶에 대한 역사적 사실들을 바탕으로 장면을 구성했을 것이다. 그리고 자신의 마술적 상상력으로 나머지 빈틈을 채웠다. 그러니까 크롬웰에 대한 전기적 지식에 자신의 경험을 바탕으로 한 관능적 기억을 더한 것이다. W.G. 제발트 같은 소설가의 작품은 거의 기억을 구성한 것이라고 해도 무방하다. 단편적이고, 이미지적이고, 취약하지만 일관성을 지키려는 기억의 기록이다. 예를 들어 제발트의 소설 『아우스터리츠』에서 웨일스에서 보낸 주인공의 유년기 기억은 어린 시절 기억의 불확실성과 속임수를 절묘하게 반영하고 있다. 작가이자 심리학자인 키스 오틀리의 말에 따르면 제발트의 작품은 "현재의 사건들과 제대로 알아보기도 어려운 과거의 단편들을 가지고 세상과 자아가 연속적으로 구성되고 재구성되는 일이 벌어지는" 역동적인 기억하기의 예를 우리에게 보여준다.

소설가들은 허구적 기억을 만들 때 개념적 정보에서 즉각적인 경험에 의한 정보에 이르기까지 여러 다른 종류의 정보들을 하나로 모아 스토리텔링이라는 현재 행위의 필요에 맞게 배열한다. (예술에서는 일관성의 힘이 일치의 힘보다 앞설 때가 많고, 과학에서는 그 반대의 경향을 보인다고 말할 수 있다.) 이렇듯 허구적 기억이 만들어지는 과정은 자전적 기억이 어떤 식으로 작동하는지 설명해줄 수 있다. 기억의 다른 체계들이 어떻게 협력하는지 이해하고자 하는 기억 과학자들은 픽션을 읽어보는 것도 괜찮다. 전문적인 소설가가 기억을 어떤 식으로 구성하는지

면밀히 들여다보면 우리의 기억 체계에 대한 좋은 모델을 얻을 수 있다. 기억하기의 내러티브적 속성을 받아들인다고 해서 마술적 힘이 파괴되지는 않는다. 이야기는 우리에게 소중하며, 자신의 과거에 대한 이야기도 마찬가지다.

하지만 가끔 우리는 이야기보다는 진실에 다가간다는 것을 확실히 하고 싶을 때가 있다. 회고록을 읽을 때 드는 느낌이 이렇다. 생생한 묘사로 진정성을 보증하는 것이다. 지어낸 이야기라면 그렇게 놀랍도록 다채로운 묘사가 어떻게 가능했겠는가? 그러나 회고록 저자도 당연히 지어낸다. 그 역시 우리가 그렇듯이 이야기꾼이다. 기억은 그토록 충실하게 과거 사건을 재현하는 것을 허락하지 않는다고 알고 있다. 마찬가지로 생생한 묘사를 자주 보이지만, 생생함이 진정성을 보증하지는 않는다. 따라서 기억이 잘못될 수 있음을 보여주고자 언급되는 심리적 '속임수'에 대해 맨틀이 다른 자리에서 이렇게 불평하는 것은 완전히 옳지는 않다. "내 초창기 기억이 듬성듬성하기는 하지만 그렇다고 꾸며낸, 완전히 꾸며낸 이야기라고는 생각하지 않는다. 감각의 힘이 워낙 압도적이므로 진짜라고 믿는다." 이해가 가는 실수이지만 실수임에는 틀림없다. 우리의 마음이 제공하는 허구도 **똑같이** 그처럼 감각의 힘이 압도적일 수 있다. 뇌에서 그런 식으로 만들어지기 때문이다.

이런 허구도 강력한 것은 중요하기 때문이다. 이야기와 회고록은 정치적 차원을 가지며 기억도 마찬가지다. 한 심리학자가 성인들이 자신의 삶에서 중요한 사람들에 대해 보이는 감정적 애착의 패턴을 연구하려고 했다. 크리스티나는 이런 패턴을 측정하는 전문 기술을 터득하고 싶어서 교육 과정에 등록하여 복잡하지만 널리 사용되는 애착 인터 뷰를 배우기로 했다. 교육 과정의 일부로 수련생들은 가족사진과 어린 시절의 물품들을 가져와야 했다. 악의 없는 이런 요청은 크리스티나로 하여금 자신의 연구 방식을 바꾸고 어느 정도는 자신의 감정적 삶에 대한 이해도 바꾸도록 만들었다. 그녀는 가족사진을 가져올 수 없었는 데 하나도 남아 있지 않았기 때문이다. 탱크가 그녀의 동네를 덮쳤을 때 전부 놔두고 떠나야 했다.

새로운
기억의 과학

기억은 개인적 수준뿐만 아니라 사회적 수준에서도 작용한다. 기억은 정당하게 불만을 표명하는 이유로, 전쟁의 무기와 도구로 사용될 수 있다. 어린 시절 키프로스에서 집을 잃은 크리스티나의 기억은 세월이 흘러 그와 비슷한 기억들이 서로 쌓이면서 엄청난 정치적 세력으로 떠올랐다. 팔레스타인도 지금은 사라졌지만 많은 사람들의 기억 속에 생생하게 남아 있는 나라다. 그 지역을 전문적으로 취재하는 기자 친구는 팔레스타인이 기억되지 않았다면 논의에서 밖으로 밀려났을 것이라고 내게 말했다. 잃어버린 고향을, 잔혹함과 공포를 기억하는 사람이 아무도 없다면, 대항해서 싸울 것도 없었을 것이다.

물론 이것은 지나치게 단순화시킨 설명이지만 논의의 출발점이다.

허술한 인간의 기억이 이렇게 정치화되면 여기에 어떤 일이 벌어질까? 더 생생하고 특정하게 될까, 아니면 더 상징적이고 도식적으로 될까? 마땅히 그래야 하듯 불확실성을 인정할까? 로버트 피스크는 레바논에 관한 책 『민족을 불쌍히 여겨라Pity the Nation』에서 이런 기억하기의 행위들을 묘사한다. 1948년에 자신이 살던 아랍 팔레스타인 마을에서 쫓겨났던 연로한 난민은 아래층과 위층에 각각 방이 네 개씩 있고 바깥 담장에 포도덩굴이 자라던 흰색 석조 주택을 기억한다. 어떤 사람은 자신의 빼앗긴 올리브나무 과수원 지도를 그리려고 하는데 길이 잘 생각나지 않아 그렸다 지웠다 하며 당혹스러워했다. 구성되고 매개되고 협의되는 집단의 기억은 개인의 기억만큼 우리를 속일 수 있을까? 만약 그렇다면 정치적 해결책을 희망하는 것에 어떤 의미를 가질까?

어쩌면 한 사회의 집단적인 기억을 이해하고자 할 때는 개인의 집합과는 다른 방식으로 바라볼 필요가 있는지도 모른다. 미국에서 시민권 운동이 일어났을 때 린치와 흑인차별법Jim Crow law의 공포의 기억이 사회에 확산되면서 그런 사건이 일어났을 때 태어나지도 않았던 세대에까지 들어갔다. 사회적 집단은 어떻게 자신이 실제로 겪지도 않은 사건을 기억하게 되며, 정치적 세력은 그와 같은 기억이 생겨나도록 하기 위해 어떻게 행동할까?

여기서도, 경험의 단편들 — 사진, 가족 이야기, 새로운 이야기 — 이 어떻게 개인의 삶의 이야기에 슬그머니 끼어들 수 있는지 이해하는 데 기억을 구성물로 바라보는 견해가 도움을 준다. 사회 구성원으로서 우리는 휴전기념일, 9·11, 그 밖의 중요한 날짜들을 '기억'하고 되새긴다.

영국의 한 세대는 1968년 그로스베너 광장에서 열린 베트남 전쟁 반대 시위를 기억한다. 하지만 그들 모두가 당시 그곳에 있지는 않았다. 1969년 우드스톡 페스티벌의 기억이 있다고 주장하는 사람이 실제로 그곳에 있었던 사람보다 더 많다는 것은 유명한 이야기다. 최근에 있었던 정치적 행사로 2010년 대학등록금 시위도 비슷한 상황이었다. 훨씬 큰 규모로 일어나는 일이기는 하지만 그와 같은 공동의 기억 행위는 내가 아이의 마음에 내 아버지의 기억을 심어주려고 하는 것과 똑같은 방식으로 일어난다. 앞서의 개인적인 사례에서처럼 그와 같은 행동에는 또한 윤리적, 도덕적 책임감이 따른다.

기억의 정치적 차원이 가장 명확하게 드러나는 것은 사법 체계와 관련되는 대목이다. 목격자 증언에 지나치게 의지하여 일어난 오심 판결은 아주 꼼꼼하게 서류로 정리되어 있는데 이것이 주는 메시지는 분명하다. 영국심리학회는 최근에 형법 체계에 종사하는 사람들을 겨냥하여 심리학자들이 기억에 관한 사실들과 그것이 사법 체계에 미칠 수 있는 영향을 정리한 보고서를 내놓았다. 2011년 8월, 뉴저지 주 대법원은 목격자 증언을 다루는 방식에 전면적인 변화가 있음을 알렸고 더 많은 제도적 변화들이 이어질 것임을 시사했다.

새로운 기억의 과학은 기억을 의도적으로 조작하는 가망성을 제기하기도 했다. 엘리자베스 로프터스는 실험에 참가한 사람들에게 트라우마 기억을 지우는 약이 있다면 복용하겠는지 물었다. 80퍼센트가 거부 의사를 밝혔다(전쟁의 참혹한 공포를 목격한 경우로 맥락을 좁히자 비율은 떨어졌다). 이 책을 준비하는 과정에서 로프터스와 이야기를 나눌 때 그녀는 내게도 같은 질문을 했다. 나 역시 약을 복용하지 않겠다고 대답했다. 지금도 생각하면 화가 나는 끔찍한 사건들에 대한 생생한 기억이 있다. 그러나 그것을 제거하고 싶지는 않다. 그것 또한 나의 존재의 일부여서 그 기억을 지우면 나의 존재도 그만큼 지워질 것이다.

나의 끔찍한 기억은 물론 콜린이나 피터와 같은 수준은 아니다. 내가 만약 먹거나 자거나 일하지도 못할 만큼 심각한 트라우마에 시달렸다면 내 기억의 소중함에 대해 다르게 생각했을 것이다. 그런 경우라면 로프터스의 제안이 완전히 터무니없지는 않다. 어쩌면 머지않아 PTSD 환자들이 프로프라놀롤(스트레스 호르몬의 효과를 차단한다고 알려진)을 처방받아 복용하거나 트라우마 기억을 다시 겪을 때 감정의 세기를 줄여주는 입증된 '기억 감퇴' 시술을 받을지도 모른다. 골치 아픈 기억을 궁극적으로 뿌리 뽑는 것은 아니지만, 그것이 야기하는 감정의 고통은 줄일 수 있다.

과학기술 남용의 가능성을 포함하여 기억 조작의 윤리는 앞으로 엄청난 시험대에 오를 전망이다. 기억 조작이 완벽하게 타당한 해결책으로 보이는 임상적 맥락도 있다. 연구자들은 작은 전극을 뇌 깊은 곳에 이식하고 적절한 신경 회로 부위를 자극하여 알츠하이머병 치료에 활용하는 심부 뇌 자극 deep-brain stimulation의 가능성을 알아보기 시작했다. 하지만 특정한 기억을 표적으로 하는 시술을 기대하는 사람이라면 실망할 가능성이 크다. 한 기억 전문가는 개별적인 기억의 수준으로 개입하는 것은 자신의 생애에는 이루어지기 어려울 것이라고 내게 말했다. 우리는 각각의 사건이 뇌에 어떻게 부호화되는지에 대해 충분히 알고 있지 못하다. 우리가 아는 것은 이런 정신적 구성물의 요소들이 여러 다른 인지적, 신경적 체계에 분포되어 있어서 현재 우리가 가지고 있는 매핑 능력으로는 한계가 있다는 것이다.

기억의 과학에서 나오는 연구 결과들은 우리의 마음이 새로운 기술에 의해 어떻게 바뀌고 있는지에 대한 논쟁에도 영향을 미친다. 구글에 의존하면서 우리의 기억이 달라지고 있다고 주장하는 기사가 2011년 7월에 저널 《사이언스》에 실리면서 큰 파장이 일었다. 실험 참가자들은 정보가 컴퓨터에 저장된다는 것을 알자 자신이 직접 기억하는 일을 더 못하게 되었다. 하지만 나중에 정보를 인출하기 위해 어디로 가야 하는지는 더 잘 기억했다. 연구자들은 이를 우리가 '분산 기억transactive memory'에 의지한다는 증거로, 즉 기억을 맡는 체계가 개인의 뇌의 한계를 넘어 확장된다는 증거로 보았다.

인터넷이 우리의 사고에 미치는 영향을 대담하게 주장하는 데 대해 비판들도 많지만, 새로운 기술이 우리가 기억을 외부에 위탁하도록 바꾸고 있다는 것은 부인할 수 없는 사실이다. 그러나 우리는 항상 그렇게 해왔다. 활판 인쇄의 등장으로 머릿속에 정보를 저장하며 살아온 오트가와 같은 수도승들의 세계가 크게 달라졌다. 흥미로운 웹사이트가 있으면 평소처럼 직접 기억하는 대신에 웹 브라우저의 북마크나 트위터의 '좋아요' 표시를 이용할 때, 나는 사람들이 기억의 보조 도구가 있으면 항상 해왔던 바로 그것을 하고 있는 것이다.

그리고 우리의 기억이 외부의 도움을 필요로 할 때 우리가 의지하는 것은 기술만이 아니다. 결혼한 커플은 아마도 함께하는 동안에는 기억을 외부에 위탁한다. 예컨대 나는 가족의 생일을 굳이 기억하지 않는데, 왜냐하면 리지가 전부 기억하고 있음을 알기 때문이다. 붙어 다니는 친구들은 런던 버스의 경로를 서로 나눠서 외운다. 기억하기는 본질적으로 사회적 행위다. 아동기에 기억이 어떤 식으로 발달하는지 보라. 그러므로 우리가 여기저기 알리고 다니는 것은 놀랍지 않다.

소설가 살만 루슈디는 기억에는 "자신만의 특별한 부류"의 진실이 있다고 했다. "기억은 선택하고 생략하고 변경하고 과장하고 축소하고 미화하고 헐뜯기도 하지만, 궁극적으로는 자신만의 현실을 창조해요. 사건들에 대해 잡다하지만 대체로 일관된 해석을 내리죠. 그리고 제정신을 가진 사람이라면 자신의 기억보다 다른 사람의 기억을 더 신뢰하는 일은 없어요." 이렇듯 기억은 속임수일 수 있지만 대체로 보면 이로운 속임수다. 주인을 위해 지칠 줄 모르고 봉사한다.

기억이 어떻게 작동하는지 우리가 더 많이 인식하게 되었다는 이유 때문에라도 나는 우리의 기억이 바뀌고 **있다고** 생각한다. 이것은 과학의 영역을 훌쩍 벗어나는 것이지만, 우리가 살아가는 방식에 이것이 어떤 영향을 줄지 생각하면 흥분된다. 우리의 기억이 다량의 진짜 사실들과 건전한 양의 완전한 허구를 통합하여 만드는 구성물이라면, 우리와 기억과의 관계는 어떤 식으로 달라질까? 초창기 기억의 진정성에 집착하는 데는 그럴 만한 이유가 있다. 어린 시절의 기억이 자아의 감각에 근본적인 토대가 될 수 있기 때문이다. 사람들이 최초의 기억을 서술하는 것을 보면 창조신화의 기능을 할 때가 많다. 버지니아 울프에게 세인트 아이브스의 아기 방 침대에 누워 있었던 기억은 자신이 의식하는 존재가 된 순간을 나타냈다. 그녀는 이렇게 적었다. "삶이 그 위에 발을 디디고 서 있는 토대가 있다면, 채우고 채우고 또 채우는 그릇이라면, 나의 그릇은 의심의 여지없이 이 기억 위에 서 있다."

그러나 기억의 구성적 성격을 받아들이면 홀가분해지기도 한다. 나는 초등학교 첫 등교일 같은 내 초창기 기억들을 여전히 소중하게 여긴다. 어머니의 목소리가 지금도 들리는 것 같고, 따뜻한 9월의 날에 학교 강당에 떠다니던 먼지 냄새를 맡을 수 있다. 다만 꼭 그런 식으로 일어났다고 생각하지는 않는다. 오히려 기억에 회의적 태도를 취하자 내가 믿는 나의 모습을 제약할 수도 있는 특정한 방식의 기억에서 자유로워졌다. 나는 기억을 재구성으로 바라보는 견해를 사람들에게 소개하면서 기억의 약은 매력에 스스로를 맡기라고 권한다. 우리는 모두 타고난 이야기꾼이다. 과거의 사건을 이야기할 때마다 허구를 만들어내는 행위에 가담한다. 우리는 아는 것과 느끼는 것이 달라짐에 따라 기억의 이야기를 계속해서 편집하고 다시 고친다. 그러므로 허구일 수 있지만 **우리의** 허구이므로 소중하게 여겨야 한다. 이야기는 특별하다. 그리고 가끔은 진짜일 수도 있다.

이렇게 새로운 기억의 이해를 어떻게 잘 활용하여 삶을 바꿀지에 대해 또 한 권의 책을 쓸 수도 있지만, 그러려면 아직은 기다려야 한다. 지금은 글을 시작했던 주제로, 할아버지 집 근처 호수에서 내가 처음으로 잡아 올린 물고기로 마무리하고 싶다. 이 책 전체에 걸쳐 살펴보았듯이 단순한 기억하기의 행위는 실은 전혀 단순하지 않다. '기억'을 할 때 나는 시각적 정보(물고기의 반짝거리는 모습, 호수와 신비로운 섬의 이미지)와 촉각적 세부사항(물에 적신 빵 미끼의 질척한 촉감)을 끌어온다. 아들이 나를 추억에 젖도록 자극하게 하고 사건에 대한 내 생각들을 끌어내기 위해 언어를 사용한다. 그것을 하나의 이야기로 엮기 위해 내러티브를 사용한다. 감정의 체계가 작동하여 순간의 흥분을, 거대한 세상과 너무도 작은 나의 존재를 느낀다. 해마가 공간적 틀을 제공하여 이런 각각의 요소들이 놓이는 나만의 생갈의 설계도를 마련한다. 그러는 동안 기억 검색과 인출 과정을 담당하는 전전두피질은 과거로 낚싯줄을 던져 **나를** 신경의 타임머신에 태우고 시간대를 거슬러가게 하느라 분주하다.

그러나 내가 지금 하지 않는 것이 하나 있다. 나는 환각을 느끼는 것이 아니다. 일곱 살로 되돌아간 것이 결단코 아니다. 지금의 나와 당시의 나, 이렇게 두 사람으로 동시에 존재한다. 두 사람 모두 이런 기억에서 맡은 바가 있다. 그들이 느끼는 바가 여기에 형태를 만들고, 그들의 목표가 구조를 부여한다. 과거와 현재가 이렇게 병치하면서 비로소 기억으로 느껴지게 되는 것이다. 나는 경험을 다시 체험한다기보다 경험과 관계를 맺는 것이다. 기억의 단서(아이작의 질문)가 기억된 경험의 단편들(그리고 많은 다른 지식과 추론)과 합쳐져서 새로운 무엇이 만들어진다. 로저 샤틱은 프루스트를 논의하면서 이렇게 말했다. "우리의 눈처럼 기억도 양쪽을 본다. 이어 이런 두 이미지가 마음속에서 합쳐져서 하나의 강화된 현실이 된다."

입체적으로 보도록 배열된 두 눈 덕분에 우리가 공간을 보듯 기억은 우리가 시간을 '보도록' 한다. 기억은 당시 무슨 일이 일어났는지에 관한 것이지만, 현재 우리가 누구인지에 관한 것이기도 하다.

1. 기억에 대해 이야기하기 전에 알아야 할 것들

12쪽. "헝겊 조각은 모으고 음식은 내다버리는 정신 나간 노파"
Austin O'Malley, *Keystones of Thought*, New York, Devin-Adair Co., 1914.

12쪽. "미묘한 내적, 외적 연관관계"
Donald A. Laird, 'What Can You Do with Your Nose?', *The Scientific Monthly*, vol. 41, 1935.

12~13쪽. "이스트 하드윅 초등학교 운동장…."
A. S. Byatt, 'Introduction', in Harriet Harvey Wood and A. S. Byatt (eds.), *Memory: An Anthology*, London, Chatto & Windus, 2008, p. xii.

14쪽. "기억이 없다면 우리는 가차 없이…."
Martin A. Conway, 'Autobiographical Memory and Consciousness', in William P. Banks (ed.), *Encyclopedia of Consciousness*, vol. 1, Oxford, Academic Press, 2009, pp. 77 – 82; Joseph LeDoux, 'The Self: Clues from the Brain', *Annals of the New York Academy of Sciences*, vol. 1001, 2003, pp. 295 – 304. 반대되는 견해는 다음을 보라. Galen Strawson, 'Against Narrativity', *Ratio*, vol. 17, 2004, pp. 428 – 52.

15쪽. "기억의 은유는 물리적인 것이 압도적으로 많다."
Douwe Draaisma, *Metaphors of Memory: A History of Ideas about the Mind* (translated by Paul Vincent), Cambridge, Cambridge University Press, 2000.

16쪽. "기억의 허술한 힘"
Daniel L. Schacter, *Searching for Memory: The Brain, the Mind, and the Past*, New York, Basic Books, 1996; John Kotre, *White Gloves: How We Create Ourselves Through Memory*, New York, The Free Press, 1995.

17쪽. "우리가 카메라와 같은 식으로 경험을…."
Daniel L. Schacter, *How the Mind Forgets and Remembers: The Seven Sins of Memory*, London, Souvenir Press, 2003, p. 9.

19쪽. "자아에 대한 이해가 어떻게 발현되는지….."

Charles Fernyhough, *The Baby in the Mirror: A Child's World from Birth to Three*, London, Granta Books, 2008.

20쪽. "회고록은 갈수록 인기가 높아지는 문학 장르…."

Ian Rankin, review of *All Made Up* by Janice Galloway, *Guardian*, 12 August 2011; John Burt Foster, 'Memory in the Literary Memoir', in S. Nalbantian, Paul M. Matthews and James L. McClelland (eds.), *The Memory Process: Neuroscientific and Humanistic Perspectives*, Cambridge MA, MIT Press, 2011, pp. 297 – 313.

20쪽. "기억을 심는 것이 가능하다는 것을…."
168쪽 '오정보 효과'의 각주를 참고하라.

20쪽. "노르웨이 심리학자들의 최근 연구"

Svein Magnussen and Annika Melinder, 'What Psychologists Know and Believe about Memory: A Survey of Practitioners', *Applied Cognitive Psychology*, vol. 26, 2012, pp. 54 – 60. 전체 질문과 옳은 대답은 다음을 보라. http://bps-research-digest. blogspot. com/2011/05/test-how-much-you-know.

21쪽. "얼마 전 일반 미국인들을 대상으로…."

Daniel J. Simons and Christopher F. Chabris, 'What People Believe about How Memory Works: A Representative Survey of the U.S. Population', *PLoS One*, vol. 6, 2011, e22757.

21쪽. "미국 언론인 조슈아 포어는…."

Maureen Dowd, 'Sexy Ruses to Stop Forgetting to Remember', *The New York Times*, 8 March 2011; Joshua Foer, *Moonwalking with Einstein: The Art and Science of Remembering Everything*, London, Allen Lane, 2011. 포어의 책에서 집중적으로 다루는 '지력 선수들'은 연속적인 카드 패와 같은 엄청난 양의 자료를 기억하기 위해 장소법method of loci 같은 사실상 중세 기술을 사용한다. 자전적 기억의 연구에는 단순한 '암기'보다 더 풍부한 기억의 개념이 요구된다. 예를 들어 다음을 보라. Richard J. McNally, *Remembering Trauma*, Cambridge MA, Harvard University Press, 2003; Douglas L. Hintzman, 'Research Strategy in the Study of Memory: Fads, Fallacies, and the Search for the "Coordinates of Truth"', *Perspectives on Psychological Science*, vol. 6, 2011, pp. 253 – 71.

22쪽. "기억에 대한 이런 관심은…."

'Special Report: Memory', *Scientific American*, January – February 2012; 'Maximising Your Memory', *Guardian*, 14 January 2012; 'Put Your Memory to the Test in Our Online Experiment', *Guardian*, 14 January 2012; 'The Memory Experience: A Journey of Selfdiscovery', BBC Radio 4, 2006.

미주

362

22쪽. "확고하게 갖고 있었던 가정들을 뒤흔드는 연구"

Daniel Kahneman, *Thinking, Fast and Slow*, London, Allen Lane, 2011; David Eagleman, *Incognito: The Secret Lives of the Brain*, Edinburgh, Canongate, 2011.

23쪽. "영국의 프랜시스 골턴과 독일의 헤르만 에빙하우스"

Douwe Draaisma, *Why Life Speeds Up as You Get Older: How Memory Shapes Our Past* (translated by Arnold and Erica Pomerans), Cambridge, Cambridge University Press, 2004.

23쪽. "바틀렛은 실험 참가자들에게⋯."

Frederic Bartlett, *Remembering: A Study in Experimental and Social Psychology*, Cambridge, Cambridge University Press, 1950 (original work published 1932).

24쪽. "일치의 힘"

Martin A. Conway, 'Memory and the Self', *Journal of Memory and Language*, vol. 53, 2005, pp. 594–628; Bertrand Russell, *The Problems of Philosophy*, Oxford, Oxford University Press, 2001 (original work published 1912).

24쪽. "자전적 기억은 장기 기억의 한 형식"

훌륭한 입문서로 다음을 추천한다. Alan Baddeley, Michael W. Eysenck and Michael C. Anderson, *Memory*, Hove, Psychology Press, 2009.

25쪽. "기저핵"

Tom Hartley, Eleanor A. Maguire, Hugo J. Spiers and Neil Burgess, 'The Well-worn Route and the Path Less Traveled: Distinct Neural Bases of Route Following and Wayfinding in Humans', *Neuron*, vol. 37, 2003, pp. 877–88.

25쪽. "엔그램"

Richard Semon, *The Mneme*, London, George Allen & Unwin, 1921 (original work published 1904); Schacter, *Searching for Memory*; Yadin Dudai, 'The Engram Revisited: On the Elusive Permanence of Memory', in Nalbantian et al. (eds.), *The Memory Process*, pp. 29–40.

25쪽. "장기적 강화"

S. F. Cooke and T. V. P. Bliss, 'Plasticity in the Human Central Nervous System', Brain, vol. 129, 2006, pp. 1659–73; Todd C. Sacktor, 'How Does PKMζ Maintain Long-Term Memory?', *Nature Reviews Neuroscience*, vol. 12, 2011, pp. 9–15.

25쪽. "재응고화"

Karim Nader, Glenn E. Schafe and Joseph E. LeDoux, 'Fear Memories Require Protein

Synthesis in the Amygdala for Reconsolidation After Retrieval', *Nature*, vol. 406, 17 August 2000, pp. 722 – 6; Karim Nader and Oliver Hardt, 'A Single Standard for Memory: The Case for Reconsolidation', *Nature Reviews Neuroscience*, vol. 10, 2009, pp. 224 – 34.

27쪽. "뇌의 여러 체계"

Roberto Cabeza and Peggy St Jacques, 'Functional Neuroimaging of Autobiographical Memory', *Trends in Cognitive Sciences*, vol. 11, 2007, pp. 219 – 27. 이런 체계의 감을 익히는 가장 좋은 방법은 3차원 영상으로 살펴보는 것이다. 3D Brain이 스마트폰 앱으로 나와 있다. 기억에 초점을 맞춘 양방향 뇌 지도는 다음에서 에서 볼 수 있다. http://www.scientificamerican.com/article.cfm?id=memory-brain-tour-video. 또한 28쪽의 그림을 보라.

29쪽. "자각적 의식"

Endel Tulving, 'Memory and Consciousness', *Canadian Psychology*, vol. 26, 1985, pp. 1 – 12.

29쪽. "실험 참가자들 개인의 이야기를···."

Hintzman, 'Research Strategy in the Study of Memory'.

2. 기억의 규칙

39쪽. "접해본 적이 있는 자극"

R. S. Nickerson and M. J. Adams, 'Long-term Memory for a Common Object', *Cognitive Psychology*, vol. 11, 1979, pp. 287 – 307.

41쪽. "회상 절정"

David C. Rubin and Matthew D. Schulkind, 'The Distribution of Autobiographical Memories across the Lifespan', *Memory & Cognition*, vol. 25, 1997, pp. 859 – 66.

45쪽. "잃는다는 것은 두 가지 다른 의미가 있다."

Rebecca Solnit, *A Field Guide to Getting Lost*, Edinburgh, Canongate, 2006, p. 22.

45쪽. "날씨를, 걸어온 길을, 도중에 만나는···."

As above, p. 10.

47쪽. "사막처럼 아무런 특징이 없는···."

Jan L. Souman, Ilja Frissen, Manish N. Sreenivas and Marc O. Ernst, 'Walking Straight into

Circles', *Current Biology*, vol. 19, 2009, pp. 1538 – 42.

48쪽~49쪽. "위치 세포…머리 방향 세포"

John O'Keefe and Lynn Nadel, *The Hippocampus as a Cognitive Map*, Oxford, Clarendon, 1978; Jeffrey S. Taube, 'Head Direction Cells and the Neurophysiological Basis for a Sense of Direction', *Progress in Neurobiology*, vol. 55, 1998, pp. 225 – 56.

49쪽. "격자 세포"

Torkel Hafting, Marianne Fyhn, Sturla Molden, May-Britt Moser and Edvard I. Moser, 'Microstructure of a Spatial Map in the Entorhinal Cortex', *Nature*, vol. 436, 11 August 2005, pp. 801 – 6.

50쪽. "비슷한 육각형 격자 패턴이 인간의…."

Christian F. Doeller, Caswell Barry and Neil Burgess, 'Evidence for Grid Cells in a Human Memory Network', *Nature*, vol. 463, 4 February 2010, pp. 657 – 61.

50쪽. "최근의 fMRI 연구는…."

Moheb Costandi, 'Human Brain Maps Flip during Spatial Navigation', Action Potential, 18 November 2011, http://blogs.nature.com/actionpotential/2011/11/human_brain_maps_flip_during_s.html.

50쪽. "해마의 세타 진동"

Gyorgy Buzsaki, 'Neurons and Navigation', *Nature*, vol. 436, 11 August 2005, pp. 781 – 2.

58쪽. "파란색 호텔"

Charles Fernyhough, *The Auctioneer*, London, Fourth Estate, 1999.

3. 향기의 박물관

70쪽. "마르셀 프루스트의 걸작…."

Marcel Proust, *In Search of Lost Time* (translated by C. K. Scott Moncrieff and Terence Kilmartin; revised by D. J. Enright), New York, The Modern Library, 1998 (original work published 1913), pp. 60 – 64; J. Stephan Jellinek, 'Proust Remembered: Has Proust's Account of Odor-cued Autobiographical Memory Recall Really been Investigated?', *Chemical Senses*, vol. 29, 2004, pp. 455 – 8; Douwe Draaisma, *Why Life Speeds Up as You Get Older: How Memory Shapes Our Past* (translated by Arnold and Erica Pomerans), Cambridge, Cambridge University Press, 2004.

73쪽. "기억의 재구성적 성격"

Jonah Lehrer, *Proust was a Neuroscientist*, Edinburgh, Canongate, 2011.

74쪽. "특이한 신경학적 속성"

David Bainbridge, *Beyond the Zonules of Zinn: A Fantastic Journey through Your Brain*, Cambridge MA, Harvard University Press, 2008.

75쪽. "맛을 보는 것만큼이나 냄새도 맡고 있었다."

Dana M. Small, Johannes C. Gerber, Y. Erica Mak and Thomas Hummel, 'Differential Neural Responses Evoked by Orthonasal versus Retronasal Odorant Perception in Humans', *Neuron*, vol. 47, 2005, pp. 593–605.

75쪽. "사실 프루스트도 후각보다는…."

Avery Gilbert, *What the Nose Knows: The Science of Scent in Everyday Life*, New York, Crown, 2008.

76쪽. "냄새가 유발하는 기억은 회상이 몰리는 시기를…."

Simon Chu and John Joseph Downes, 'Long Live Proust: The Odour-cued Autobiographical Memory Bump', *Cognition*, vol. 75, 2000, B41–B50; Amanda N. Miles and Dorthe Berntsen, 'Odourinduced Mental Time Travel into the Past and Future: Do Odour Cues Retain a Unique Link to Our Distant Past?', *Memory*, vol. 19, 2011, pp. 930–40; Maria Larsson and Johan Willander, 'Autobiographical Odor Memory', *International Symposium on Olfaction and Taste: Annals of the New York Academy of Sciences*, vol. 1170, 2009, pp. 318–23.

76쪽. "어둠 속에 있는 모울에게…."

Richard Holmes, 'A Meander through Memory and Forgetting', in Harriet Harvey Wood and A. S. Byatt (eds.), *Memory: An Anthology*, London, Chatto & Windus, 2008.

77쪽. "팝콘, 갓 베어낸 풀…"

Rachel S. Herz, 'A Naturalistic Analysis of Autobiographical Memories Triggered by Olfactory Visual and Auditory Stimuli', *Chemical Senses*, vol. 29, 2004, pp. 217–24; Rachel S. Herz, James Eliassen, Sophia Beland and Timothy Souza, 'Neuroimaging Evidence for the Emotional Potency of Odor-evoked Memory', *Neuropsychologia*, vol. 42, 2004, pp. 371–8.

77쪽. "냄새가 유도하는 기억의 특별함을…"

Catherine de Lange, 'The Unsung Sense: How Smell Rules Your Life', *New Scientist*, 19 September 2011; Marieke B. J. Toffolo, Monique A. M. Smeets and Marcel A. van den Hout, 'Proust Revisited: Odours as Triggers of Aversive Memories', *Cognition and Emotion*, vol. 26,

2012, pp. 83 – 92.

78쪽. "또한 냄새가 미래의 사건을 상상하는 데도⋯."

Amanda N. Miles and Dorthe Berntsen, 'Odour-induced Mental Time Travel into the Past and Future: Do Odour Cues Retain a Unique Link to our Distant Past?', *Memory*, vol. 19, 2011, pp. 930 – 40.

78쪽. "한 가지 확실한 것은 프루스트가⋯."

Gilbert, *What the Nose Knows*; J. Bogousslavsky and O. Walusinski, 'Marcel Proust and Paul Sollier: The Involuntary Memory Connection', *Schweizer Archiv fur Neurologie und Psychiatrie*, vol. 160, 2009, pp. 130 – 36; Jean Delacour, 'Proust's Contribution to the Psychology of Memory: The Reminiscences from the Standpoint of Cognitive Science', *Theory & Psychology*, vol. 11, 2001, pp. 255 – 71.

80쪽. "향기의 박물관"

Andy Warhol, *The Philosophy of Andy Warhol*, London, Penguin, 2007 (original work published 1975), p. 151.

81쪽. "한편 1930년대에 행해진⋯."

Donald A. Laird, 'What Can You Do with Your Nose?', *The Scientific Monthly*, vol. 41, 1935, p. 128.

81쪽. "레이첼 허츠는 예컨대 장뇌향 립밤을⋯."

Rachel Herz, *The Scent of Desire: Discovering Our Enigmatic Sense of Smell*, New York, Harper Perennial, 2008.

82쪽. "문학평론가 로저 샤턱은⋯."

Roger Shattuck, *Proust's Way: A Field Guide to In Search of Lost Time*, London, Allen Lane, 2000. 또한 274쪽 '다른 기억들을 억누르게 하는'의 각주를 참고하라.

82쪽. "그래서 비자발적 기억이 자체적인⋯."

John H. Mace, 'Involuntary Autobiographical Memories are Highly Dependent on Abstract Cuing: The Proustian View Is Incorrect', *Applied Cognitive Psychology*, vol. 18, 2004, 893 – 9.

82쪽. "감각적 단서보다는 추상적 단서로 인해⋯"

Dorthe Berntsen and Nicoline Marie Hall, 'The Episodic Nature of Involuntary Autobiographical Memories', *Memory & Cognition*, vol. 32, 2004, pp. 789 – 803.

83쪽. "또한 냄새 기억이 간섭에 좌우된다는…."

Trygg Engen and Bruce M. Ross, 'Long-term Memory of Odors with and without Verbal Descriptions', *Journal of Experimental Psychology*, vol. 100, 1973, pp. 221 - 7; Theresa L. White, 'Olfactory Memory: The Long and the Short of It', *Chemical Senses*, vol. 23, 1998, pp. 433 - 41.

83쪽. "인간의 후각 체계가 400가지 다른 후각 유전자…"

Catherine de Lange, 'The Unsung Sense: How Smell Rules Your Life', *New Scientist*, 19 September 2011.

84쪽. "초기에 형성된 냄새-기억 연관관계의…."

Yaara Yeshurun, Hadas Lapid, Yadin Dudai and Noam Sobel, 'The Privileged Brain Representation of First Olfactory Associations', *Current Biology*, vol. 19, 2009, pp. 1869 - 74.

85쪽. "냄새 기억은 의식 바깥에서…."

Gilbert, *What the Nose Knows*, p. 201.

86쪽. "참가자들에게는 스캐너에…."

Jaclyn Hennessey Ford, Donna Rose Addis and Kelly S. Giovanello, 'Differential Neural Activity during Search of Specific and General Autobiographical Memories Elicited by Musical Cues', *Neuropsychologia*, vol. 49, 2011, pp. 2514 - 26.

88쪽. "예컨대 냄새가 그림과 함께 짝지어지면…."

Jay A. Gottfried, Adam P. R. Smith, Michael D. Rugg and Raymond J. Dolan, 'Remembrance of Odors Past: Human Olfactory Cortex in Cross-modal Recognition Memory', *Neuron*, vol. 42, 2004, pp. 687 - 95.

4. 우리가 처음 기억하는 것

96쪽. "관찰자 기억…장 기억"

관찰자 기억을 재구성으로 보는 견해는 관찰자 기억이 일어나는 확률이 어떤 질문을 묻느냐에 따라 달라진다는 연구 결과가 뒷받침한다. 이 연구에 따르면 장 기억(관찰자 기억이 아니라)은 객관적인 세부사항보다 감정에 더 집중하도록 요청했을 때 일어날 가능성이 더 높게 나타났다. Georgia Nigro and Ulric Neisser, 'Point of View in Personal Memories', *Cognitive Psychology*, vol. 15, 1983, pp. 467 - 82. Distinct neural systems have been proposed to mediate field and observer memories: Eric Eich, Andrea L. Nelson, M. Adil Leghari and Todd C. Handy, 'Neural Systems Mediating Field and Observer Memories',

Neuropsychologia, vol. 47, 2009, pp. 2239 - 51.

97쪽. "시시하고 삼인칭 시점인 기억은⋯."

Sigmund Freud, 'Screen Memories', in J. Strachey (ed. and trans.), *The Standard Edition of the Complete Psychological Works of Sigmund Freud*, vol. 3, London, The Hogarth Press, 1975 (original work published 1899).

98쪽. "자기가 좋아하는 자리에 드러눕는 개"

Cees Nooteboom, *Rituals* (translated by Adrienne Dixon), London, Penguin, 1985.

98쪽. "자아에 모욕을 준 일을⋯."

Willem A. Wagenaar, 'Remembering My Worst Sins: How Autobiographical Memory Serves the Updating of the Conceptual Self', in M. A. Conway, D. C. Rubin, H. Spinnler and W. A. Wagenaar (eds.), *Theoretical Perspectives on Autobiographical Memory*, Dordrecht, Springer, 1992; Douwe Draaisma, *Why Life Speeds Up as You Get Older: How Memory Shapes Our Past* (translated by Arnold and Erica Pomerans), Cambridge, Cambridge University Press, 2004.

98쪽. "유아기 기억상실"

Sigmund Freud, in J. Strachey (ed. and trans.), *The Standard Edition of the Complete Psychological Works of Sigmund Freud*, vol. 15, London, Penguin, 1963, pp. 199 - 200.

99쪽. "대학생들에게 첫 기억에 대해⋯."

Darryl Bruce, L. Amber Wilcox-O'Hearn, John A. Robinson, Kimberly Phillips-Grant, Lori Francis and Marilyn C. Smith, 'Fragment Memories Mark the End of Childhood Amnesia', *Memory & Cognition*, vol. 33, 2005, pp. 567 - 76; M. J. Eacott and R. A. Crawley, 'The Offset of Childhood Amnesia: Memory for Events That Occurred before Age 3', *Journal of Experimental Psychology: General*, 127, 1998, pp. 22 - 33.

99쪽. "조작적 조건화"

Carolyn Rovee-Collier and Peter Gerhardstein, 'The Development of Infant Memory', in Nelson Cowan (ed.), *The Development of Memory in Childhood*, Hove, Psychology Press, 1997.

101쪽. "자궁에 있는 태아도⋯."

P. G. Hepper, 'Fetal Memory: Does It Exist? What Does It Do?', *Acta Paediatrica Supplement*, vol. 416, 1996, pp. 16 - 20.

101쪽. "⋯유아기에 기억하고 망각하는 일은⋯."

Carolyn Rovee-Collier and Harlene Hayne, 'Memory in Infancy and Early Childhood', in Endel Tulving and Fergus I. M. Craik (eds.), *The Oxford Handbook of Memory*, Oxford, Oxford University Press, 2000; Patricia J. Bauer, 'Constructing a Past in Infancy: A Neuro-Developmental Account', *Trends in Cognitive Sciences*, vol. 10, 2006, pp. 175 – 81; Kirsten Weir, 'Infant Recall: The Birth of Memory', *New Scientist*, 6 May 2011.

102쪽. "여러분이 개념에 해당하는⋯."

Catriona M. Morrison and Martin A. Conway, 'First Words and First Memories', *Cognition*, vol. 116, 2010, pp. 23 – 32; Weir, 'Infant Recall'.

102쪽. "우리는 항상 자신의 과거에서 집처럼⋯."

Vladimir Nabokov, *Speak, Memory: An Autobiography Revisited*, London, Penguin, 2000 (original work published 1967).

103쪽. "전설적인 영국의 음악가 로버트 프립은⋯."

Interview in *Guitar Player*, January 1986, p. 97.

103쪽. "나보코프, 이디스 워튼, 앤서니 파웰⋯."

Edith Wharton, *A Backward Glance: An Autobiography*, New York, Touchstone, 1998 (original work published 1933); Anthony Powell, *Infants of the Spring*, London, Heinemann, 1976; Mark L. Howe and Mary L. Courage, 'The Emergence and Early Development of Autobiographical Memory', *Psychological Review*, vol. 104, 1997, pp. 499 – 523.

104쪽. "실은 부모가 말한 것을 앵무새처럼 따라⋯."

Catherine A. Haden, Peter A. Ornstein, Carol O. Eckerman and Sharon M. Didow, 'Mother – Child Conversational Interactions as Events Unfold: Linkages to Subsequent Remembering', *Child Development*, vol. 72, 2001, pp. 1016 – 31; Katherine Nelson and Robyn Fivush, 'The Emergence of Autobiographical Memory: A Social Cultural Developmental Theory', *Psychological Review*, vol. 111, 2004, pp. 486 – 511.

105쪽. "아주 예전, 유아기로⋯."

Leonard Woolf, *Sowing: An Autobiography of the Years 1880–1904*, London, The Hogarth Press, 1960.

105쪽. "이렇듯 정보의 출처를 확인하는 일에 상대적으로⋯."

D. Stephen Lindsay, Marcia K. Johnson and Paul Kwon, 'Developmental Changes in Memory Source Monitoring', *Journal of Experimental Child Psychology*, vol. 52, 1991, pp. 297 – 318.

105쪽. "그리고 사진과 비디오 같은⋯."

Charles Fernyhough, 'Images of Childhood', *Financial Times*, 23 May 2009.

106쪽. "정신적 시간여행"

Endel Tulving, *Elements of Episodic Memory*, Oxford, Clarendon, 1983; Thomas Suddendorf and Michael C. Corballis, 'The Evolution of Foresight: What is Mental Time Travel, and is It Unique to Humans?', *Behavioral and Brain Sciences*, vol. 30, 2007, pp. 299 – 351.

106쪽. "전전두피질"

Aleksandr R. Luria, *The Working Brain: An Introduction to Neuropsychology* (translated by B. Haigh), New York, Basic Books, 1973.

107쪽. "유아기 기억상실의 경계 지점이 달라지는 것으로…."

Karen Tustin and Harlene Hayne, 'Defining the Boundary: Agerelated Changes in Childhood Amnesia', *Developmental Psychology*, vol. 46, 2010, pp. 1049 – 61; Carole Peterson, Valerie V. Grant and Lesley D. Boland, 'Childhood Amnesia in Children and Adolescents: Their Earliest Memories', *Memory*, vol. 13, 2005, pp. 622 – 37; Carole Peterson, Kelly L. Warren and Megan M. Short, 'Infantile Amnesia across the Years: A 2-Year Follow-up of Children's Earliest Memories', *Child Development*, vol. 82, 2011, pp. 1092 – 105.

109쪽. "알레사 솔터는 마이클이라고 하는…."

Aletha Solter, 'A 2-Year-Old Child's Memory of Hospitalization during Early Infancy', *Infant and Child Development*, vol. 17, 2008, pp. 593 – 605.

110쪽. "두 살 된 아이들에게 색깔과…."

Gwynn Morris and Lynne Baker-Ward, 'Fragile But Real: Children's Capacity to Use Newly Acquired Words to Convey Preverbal Memories', *Child Development*, vol. 78, 2007, pp. 448 – 58; although, see Gabrielle Simcock and Harlene Hayne, 'Breaking the Barrier? Children Fail to Translate Their Preverbal Memories into Language', *Psychological Science*, vol. 13, 2002, pp. 225 – 31.

110쪽. "두 살과 세 살 사이의…."

Nancy Angrist Myers, Rachel Keen Clifton and Marsha G. Clarkson, 'When They were Very Young: Almost-Threes Remember Two Years Ago', *Infant Behavior and Development*, vol. 10, 1987, pp. 123 – 32.

110쪽. "어른이 될 때까지 기억을 연습하고…."

Bauer, 'Constructing a Past in Infancy'.

111쪽. "내가 아테나에게 유아기의…."

Charles Fernyhough, *The Baby in the Mirror: A Child's World from Birth to Three*, London, Granta Books, 2008, p. 5.

111쪽. "아이가 자라면서 내측 측두엽과 전두엽의…."

Bauer, 'Constructing a Past in Infancy'.

113쪽. "의식이 일정한 간격을 두고 번쩍거리는…."

Nabokov, *Speak, Memory*, p. 18.

114쪽. "사방이 온통 빛으로 둘러싸인 밝음"

Georgia O'Keeffe, *Georgia O'Keeffe*, New York, Penguin, 1977, p. 1.

114쪽. "단편적 기억"

Bruce *et al.*, 'Fragment Memories Mark the End of Childhood Amnesia'.

114쪽. "첫 기억을 설명한 가장 유명한 두 예가…."

Virginia Woolf, 'A Sketch of the Past', in *Moments of Being* (2nd edition), Orlando FL, Harcourt Brace & Company, 1985, p. 64. "예술적 편의"를 도모했다는 울프의 솔직한 말은 기억에서 일관성의 힘과 일치의 힘이 대립하는 긴장을 여실히 보여주는 예이다. 또한 24쪽 '일치의 힘'의 각주와 다음을 참고하라. Charles Fernyhough, 'The Story of the Self', *Guardian*, 14 January 2012.

116쪽. "장막으로 덮인 넓은 정신적 경관…."

W. H. Hudson, *Far Away and Long Ago: A History of My Early Life*, London, J. M. Dent & Sons, 1918, p. 2.

5. 생각과 맥락 그리고 기억

123쪽. "처리 수준 효과"

Fergus I. M. Craik and Endel Tulving, 'Depth of Processing and the Retention of Words in Episodic Memory', *Journal of Experimental Psychology: General*, vol. 104, 1975, pp. 268–94; Fergus I. M. Craik and Robert S. Lockhart, 'Levels of Processing: A Framework for Memory Research', *Journal of Verbal Learning and Verbal Behavior*, vol. 11, 1972, pp. 671–84; Bradford H. Challis, Boris M. Velichkovsky and Fergus I. M. Craik, 'Levels-of-Processing Effects on a Variety of Memory Tasks: New Findings and Theoretical Implications', *Consciousness and Cognition*, vol. 5, 1996, pp. 142–64.

125쪽. "축어적 효과"

Jacqueline Strunk Sachs, 'Recognition Memory for Syntactic and Semantic Aspects of Connected Discourse', *Perception & Psychophysics*, vol. 2, 1967, pp. 437 – 42; J. Poppenk, G. Walia, A. R. McIntosh, M. F. Joanisse, D. Klein and S. Kohler, 'Why is the Meaning of a Sentence Better Remembered than Its Form? An fMRI Study on the Role of Novelty-encoding Processes', *Hippocampus*, vol. 18, 2008, pp. 909 – 18.

125쪽. "우리는 이전에 접했던 정보보다는⋯."

Endel Tulving and Neal Kroll, 'Novelty Assessment in the Brain and Long-term Memory Encoding', *Psychonomic Bulletin & Review*, vol. 2, 1995, pp. 387 – 90.

125쪽. "해마는 정보 조각들 사이의⋯."

Katharina Henke, Bruno Weber, Stefan Kneifel, Heinz Gregor Wieser and Alfred Buck, 'Human Hippocampus Associates Information in Memory', *PNAS*, vol. 96, 1999, pp. 5884 – 9.

130쪽. "이것은 낯익음이 느껴지지 않아서⋯."

Jane Plailly, Barbara Tillmann and Jean-Pierre Royet, 'The Feeling of Familiarity of Music and Odors: The Same Neural Signature?', *Cerebral Cortex*, vol. 17, 2007, pp. 2650 – 58.

131쪽. "한 실험에서 비둘기에게⋯."

William Vaughan, Jr, and Sharon L. Greene, 'Pigeon Visual Memory Capacity', *Journal of Experimental Psychology: Animal Behavior Processes*, vol. 10, 1984, pp. 256 – 71.

133쪽. "신경적으로 구별되는 이 두 과정은⋯."

Michael D. Rugg and Tim Curran, 'Event-related Potentials and Recognition Memory', *Trends in Cognitive Sciences*, vol. 11, 2007, pp. 251 – 7.

133쪽. "여러분이 어떤 장소를 알아본다면⋯."

Daniela Montaldi and Andrew R. Mayes, 'The Role of Recollection and Familiarity in the Functional Differentiation of the Medial Temporal Lobes', *Hippocampus*, vol. 20, 2010, pp. 1291 – 314; Rachel A. Diana, Andrew P. Yonelinas and Charan Ranganath, 'Imaging Recollection and Familiarity in the Medial Temporal Lobe: A Three-component Model', *Trends in Cognitive Sciences*, vol. 11, 2007, pp. 379 – 86. 후각주위피질은 낯익은 대상과 연관되는 것은 확실하지만, 낯익은 장면에서 후각주위피질이 행하는 역할은 현재로서는 그렇게 확실하지 않다.

139쪽. "한 실험에서 심해 잠수부들에게⋯."

D. R. Godden and A. D. Baddeley, 'Contextdependent Memory in Two Natural

Environments: On Land and Underwater', *British Journal of Psychology*, vol. 66, 1975, pp. 325-31.

139쪽. "심리학자들은 부호화의 순간에⋯."

Endel Tulving and Donald M. Thomson, 'Encoding Specificity and Retrieval Processes in Episodic Memory', *Psychological Review*, vol. 80, 1973, pp. 352-73.

6. 과거를 둘러싼 다툼

146쪽. "쓸모없는 지푸라기"

Samuel Taylor Coleridge, 'Defects of Wordsworth's Poetry', in James Engell and W. Jackson Bate (eds.), *The Collected Works of Samuel Taylor* Coleridge, vol. 7, Princeton NJ, Princeton University Press, 1983 (original work published 1817), p. 139.

146쪽. "구조가 잡힌 기억 체계"

Darryl Bruce, L. Amber Wilcox-O'Hearn, John A. Robinson, Kimberly Phillips-Grant, Lori Francis and Marilyn C. Smith, 'Fragment Memories Mark the End of Childhood Amnesia', *Memory & Cognition*, vol. 33, 2005.

147쪽. "연구자들은 대부분의 아이들이⋯."

Katherine Nelson and Robyn Fivush, 'Socialization of Memory', in E. Tulving and F. I. M. Craik (eds.), *Oxford Handbook of Memory*, Oxford, Oxford University Press, 2000.

148쪽. "최근은 한 연구는 부모가⋯."

Elaine Reese, Catherine A. Haden and Robyn Fivush, 'Mother-Child Conversations about the Past: Relationships of Style and Memory over Time', *Cognitive Development*, vol. 8, 1993, pp. 403-30; Catherine A. Haden, Rachel A. Haine and Robyn Fivush, 'Developing Narrative Structure in Parent-Child Reminiscing across the Preschool Years', *Developmental Psychology*, vol. 33, 1997, pp. 295-307; Fiona Jack, Shelley MacDonald, Elaine Reese and Harlene Hayne, 'Maternal Reminiscing Style during Early Childhood Predicts the Age of Adolescents' Earliest Memories', *Child Development*, vol. 80, 2009, pp. 496-505. 부모와 아이가 과거에 대해 대화하는 것에는 확연한 문화적 차이가 있다. 예를 들어 다음을 보라. Qi Wang, 'Relations of Maternal Style and Child Self-concept to Autobiographical Memories in Chinese, Chinese Immigrant, and European American 3-Year-Olds', *Child Development*, vol. 77, 2006, pp. 1794-809.

149쪽. "버지니아 울프가 주목했듯이⋯."

Virginia Woolf, 'A Sketch of the Past', in *Moments of Being* (2nd edition), Orlando FL,

Harcourt Brace & Company, 1985, p. 67.

150쪽. "다른 정보 출처와 잘 통합된 양질의….."

Patricia J. Bauer, 'Constructing a Past in Infancy: A Neuro-Developmental Account', *Trends in Cognitive Sciences*, vol. 10, 2006.

152쪽. "애착 연구에서 이런 식으로 과거의 관계를….."

Erik Hesse, 'The Adult Attachment Interview: Protocol, Method of Analysis, and Empirical Studies', in J. Cassidy and P. R. Shaver (eds.), *Handbook of Attachment: Theory, Research, and Clinical Applications* (2nd edition), London, The Guilford Press, 2008, pp. 552–98.

153쪽. "발달심리학자 폴 블룸은….."

Paul Bloom, *Descartes' Baby: How Child Development Explains What Makes Us Human*, London, William Heinemann, 2004.

153쪽. "사실 생물학적 죽음을 완벽하게 이해하는….."

Jesse M. Bering and David F. Bjorklund, 'The Natural Emergence of Reasoning about the Afterlife as a Developmental Regularity', *Developmental Psychology*, vol. 40, 2004, pp. 217–33; Paul L. Harris and Marta Gimenez, 'Children's Acceptance of Conflicting Testimony: The Case of Death', *Journal of Cognition and Culture*, vol. 5, 2005, pp. 143–64.

155쪽. "초기 아동기의 첫 내러티브 구성물은….."

Stephen J. Ceci and Maggie Bruck, 'Suggestibility of the Child Witness: A Historical Review and Synthesis', *Psychological Bulletin*, vol. 113, 1993, pp. 403–39; Charles Fernyhough, 'Images of Childhood', *Financial Times*, 23 May 2009. 이 대목의 초창기 버전은 다음 글로 발표되었다.: Charles Fernyhough, 'Grandad: Back from the Dead', *Guardian*, 3 October 2009.

159쪽. "행복한 사랑은 하나의 이야기….."

Rebecca Solnit, *A Field Guide to Getting Lost*, Edinburgh, Canongate, 2006, p. 135.

159쪽. "형제자매들은 공통된 과거를 누가….."

Dorothy Rowe, *My Dearest Enemy, My Dangerous Friend: Making and Breaking Sibling Bonds*, London, Routledge, 2007, p. xii.

163쪽. "그 애의 기억은 너무도 왜곡되어….."

Terri Apter, *The Sister Knot*, New York, Norton, 2007, p. 225.

165쪽. "누가 '소유'하는가 하는 중요한 질문을⋯."

Jonathan Margolis, 'Confessions of a Celebrity Biographer', *Guardian*, 4 August 2010; Jonathan Heawood, 'A Privacy Law Must Not Muzzle Our Memories', *Guardian*, 28 December 2011.

165쪽. "기억의 소유권을 놓고 다툼이⋯."

Mercedes Sheen, Simon Kemp and David Rubin, 'Twins Dispute Memory Ownership: A New False Memory Phenomenon', *Memory & Cognition*, vol. 29, 2001, pp. 779 – 88; M. Sheen, S. Kemp and D. C. Rubin, 'Disputes over Memory Ownership: What Memories are Disputed?', *Genes, Brain and Behavior*, vol. 5 (suppl. 1), 2006, pp. 9 – 13.

166쪽. "미안하지만 그것은 사실 내게⋯."

As above, p. 9.

167쪽. "항상 화가 나 있는 사람, 절대로 웃지 않는⋯."

A. S. Byatt, 'Introduction', in Harriet Harvey Wood and A. S. Byatt (eds.), *Memory: An Anthology*, London, Chatto & Windus, 2008, p. xiii.

168쪽. "웨이드는 실험에 참가하는 학생들의⋯."

Kimberley A. Wade, Maryanne Garry, J. Don Read and D. Stephen Lindsay, 'A Picture is Worth a Thousand Lies: Using False Photographs to Create False Childhood Memories', *Psychonomic Bulletin & Review*, vol. 9, 2002, pp. 597 – 603.

168쪽. "오정보 효과"

Yoko Okado and Craig E. L. Stark, 'Neural Activity During Encoding Predicts False Memories Created by Misinformation', *Learning & Memory*, vol. 12, 2005, pp. 3 – 11; Elizabeth F. Loftus, 'Planting Misinformation in the Human Mind: A 30-year Investigation of the Malleability of Memory', *Learning & Memory*, vol. 12, 2005, pp. 361 – 6.

169쪽. "사람들은 깨진 유리잔 같은⋯."

As above, p. 361.

170쪽. "최근에 뇌 영상 연구를 통해 우리의 기억이⋯."

Suparna Rajaram, 'Collaboration Both Hurts and Helps Memory: A Cognitive Perspective', *Current Directions in Psychological Science*, vol. 20, pp. 76 – 81; Henry L. Roediger III and Kathleen B. McDermott, 'Remember When?', *Science*, vol. 333, 1 July 2011, pp. 47 – 8; Micah Edelson, Tali Sharot, Raymond J. Dolan and Yadin Dudai, 'Following the Crowd: Brain Substrates of Long-term Memory Conformity', *Science*, vol. 333, 1 July 2011, pp. 108 – 11.

172쪽. "신뢰를 접은 기억"

Giuliana Mazzoni, Alan Scoboria and Lucy Harvey, 'Nonbelieved Memories', *Psychological Science*, vol. 21, 2010, pp. 1334 – 40.

7. 미래를 내다보는 기억

179쪽. "그는 밤기도를 끝내고…."

오트가는 내가 지어낸 허구의 인물로 9세기 수도승이다. 그의 이야기를 만들기 위해 수많은 텍스트들을 참고했는데 몇 가지를 소개하면 다음과 같다. Mary Carruthers, *The Craft of Thought: Meditation, Rhetoric, and the Making of Images, 400–1200*, Cambridge, Cambridge University Press, 1998; Mary Carruthers and Jan M. Ziolkowski, *The Medieval Craft of Memory: An Anthology of Texts and Pictures*, Philadelphia, University of Pennsylvania Press, 2002; Mary Carruthers, *The Book of Memory: A Study of Memory in Medieval Culture* (second edition), Cambridge, Cambridge University Press, 1990.

183쪽. "생갈의 설계도는…."

Carruthers, *The Craft of Thought*. 생갈의 설계도는 다음에서 볼 수 있다. http://www.stgallplan.org/en/index.html.

183쪽. "카라더스의 분석에 의하면 기억술은…."

Carruthers, *The Craft of Thought*; Yadin Dudai and Mary Carruthers, 'The Janus Face of Mnemosyne', *Nature*, vol. 434, 2005, p. 567.

183쪽. "신에 대한 생각을 만드는 기술"

Carruthers, *The Craft of Thought*, p. 2.

183쪽. "열린 공간을 활보하는 기쁨을…."

Carruthers and Ziolkowski, *The Medieval Craft of Memory*, pp. 2 – 3.

184쪽. "중세의 기억술은 보편적인 생각하는 기계였다."

Carruthers, *The Craft of Thought*, p. 4.

186쪽. "기억의 천재 푸네스"

Jorge Luis Borges, 'Funes, His Memory', in *Collected Fictions*, London, Allen Lane, 1998, pp. 131 – 7.

187쪽. "과잉기억 증후군"

Elizabeth S. Parker, Larry Cahill and James L. McGaugh, 'A Case of Unusual Autobiographical Remembering', *Neurocase*, vol. 12, 2006, pp. 35 – 49.

187쪽. "사람들에게 비슷한 주제로 된 단어 목록…."

Daniel L. Schacter, Joan Y. Chiao and Jason P. Mitchell, 'The Seven Sins of Memory: Implications for Self', *Annals of the New York Academy of Sciences*, vol. 1001, 2003, pp. 226 – 39; Henry L. Roediger III and Kathleen B. McDermott, 'Creating False Memories: Remembering Words Not Presented in Lists', *Journal of Experimental Psychology: Learning, Memory, and Cognition*, vol. 21, 1995, pp. 803 – 14; Daniel L. Schacter and Donna Rose Addis, 'The Ghosts of Past and Future', *Nature*, vol. 445, 2007, p. 27.

188쪽. "그들은 호메로스의 단어를 그대로…."

Carruthers, The Craft of Thought, p. 30.

189쪽. "과거에 실제로 일어난 것을 기억하는…."

Schacter and Addis, 'The Ghosts of Past and Future', p. 27.

189쪽. "기억의 잘못들은 우리의 기억 체계가…."

Daniel L. Schacter, *How the Mind Forgets and Remembers: The Seven Sins of Memory*, London, Souvenir Press, 2003.

189쪽. "왜 진화했는지에 대한 단서도…."

Mark L. Howe, 'The Adaptive Nature of Memory and Its Illusions', *Current Directions in Psychological Science*, vol. 20, 2011, pp. 312 – 15.

190쪽. "일화적 기억이 궁극적으로 진화하게…."

Martin A. Conway, 'Episodic Memories', *Neuropsychologia*, vol. 47, 2009, pp. 2305 – 13.

191쪽. "1970년대 말에 스웨덴의 뇌 생리학자…."

D. H. Ingvar, '"Hyperfrontal" Distribution of the Cerebral Grey Matter Flow in Resting Wakefulness: On the Functional Anatomy of the Conscious State', *Acta Neurologica Scandinavica*, vol. 60, 1979, pp. 12 – 25; D. H. Ingvar, 'Memory of the Future: An Essay on the Temporal Organization of Conscious Awareness', *Human Neurobiology*, vol. 4, pp. 127 – 36.

190쪽. "기억에 수반되는 인지 체계와 신경 체계는…."

Daniel L. Schacter, Donna Rose Addis and Randy L. Buckner, 'Remembering the Past to Imagine the Future: The Prospective Brain', *Nature Reviews Neuroscience*, vol. 8, pp. 657 –

61; Stefania de Vito, 'Images of the Future, Drawn from the Past', *The Psychologist*, vol. 23, 2010, pp. 570 - 72; Daniel L. Schacter, Donna Rose Addis and Randy L. Buckner, 'Episodic Simulation of Future Events', *Annals of the New York Academy of Sciences*, vol. 1124, 2008, pp. 39 - 60.

191쪽. "특히 미래를 상상하면⋯."

Randy L. Buckner and Daniel C. Carroll, 'Self-projection and the Brain', *Trends in Cognitive Sciences*, vol. 11, 2007, pp. 49 - 57. 수동적인 사고, 과제 지향적이지 않은 사고를 할 때 핵심적인 기억 체계와 (휴식 상태에 있을 때 활성화되는) '기본 모드 네트워크default mode network'의 활동이 겹치게 나타나는 것에 주목하라.

192쪽. "긍정적인 미래의 사건들은⋯."

Victoria C. Martin, Daniel L. Schacter, Michael C. Corballis and Donna Rose Addis, 'A Role for the Hippocampus in Encoding Simulations of Future Events', *PNAS*, vol. 108, 2011, pp. 13858 - 63.

192쪽. "사실 우리는 대체로 미래를 낙관적으로⋯."

Tali Sharot, *The Optimism Bias: Why We're Wired to Look on the Bright Side*, London, Robinson, 2012.

192쪽. "샥터 연구실의 연구자들은⋯."

Karl K. Szpunar, Donna Rose Addis and Daniel L. Schacter, 'Memory for Emotional Simulations: Remembering a Rosy Future', *Psychological Science*, vol. 23, 2012, pp. 24 - 9.

192쪽. "미래의 예측에도 어려움을 겪는다는⋯."

Demis Hassabis, Dharshan Kumaran, Seralynne D. Vann and Eleanor A. Maguire, 'Patients with Hippocampal Amnesia Cannot Imagine New Experiences', *PNAS*, vol. 104, 2007, pp. 1726 - 31. For further discussion of patient P01, see chapter 12. 환자 P01에 대한 더 많은 논의는 12장을 보라. 기억상실과 미래 관련 사고에 관한 모순되는 연구 결과는 다음을 보라. Larry R. Squire, Anna S. van der Horst, Susan G. R. McDuff, Jennifer C. Frascino, Ramona O. Hopkins and Kristin N. Mauldin, 'Role of the Hippocampus in Remembering the Past and Imagining the Future', *PNAS*, vol. 107, 2010, pp. 19044 - 8. 기억의 구성에서 다른 피질 부위(가령 두정엽)가 행하는 역할을 상세하게 알아보려면 다음을 보라. Marian E. Berryhill, Lisa Phuong, Lauren Picasso, Roberto Cabeza and Ingrid R. Olson, 'Parietal Lobe and Episodic Memory: Bilateral Damage Causes Impaired Free Recall of Autobiographical Memory', *Journal of Neuroscience*, vol. 27, 2007, pp. 14415 - 23.

193쪽. "선도적인 과학 저널 《사이언스》는⋯."

The News Staff, 'Breakthrough of the Year: The Runners-Up', *Science*, vol. 318, 2007, pp. 1844 - 9.

194쪽. "허사비스와 동료들이 '장면 구성'이라고….."

Demis Hassabis and Eleanor A. Maguire, 'The Construction System of the Brain', *Philosophical Transactions of the Royal Society B*, vol. 364, 2009, pp. 1263 – 71; Demis Hassabis and Eleanor A. Maguire, 'Deconstructing Episodic Memory with Construction', *Trends in Cognitive Sciences*, vol. 11, 2007, pp. 299 – 306.

194쪽. "여기서 해마는 '우리의 경험의….."

Roger Highfield, 'Mapping Memories: Eleanor Maguire and Brain Imaging', http://www.wellcome.ac.uk/About-us/75th-anniversary/WTVM052023.htm.

194쪽. "다른 많은 동물 종들이 그렇듯이….."

Joshua Foer, Moonwalking with Einstein: The Art and Science of Remembering Everything, London, Allen Lane, 2011.

195쪽. "기억의 궁전"

Frances A. Yates, *The Art of Memory*, London, Pimlico, 1992 (original work published 1966). 메리 커라더스는 예이츠가 해당 분야에 크게 기여했음을 인정하면서도 중세의 기억술의 창조적이고 조합적인 성격을 충분히 알아보지 못했다고 예이츠를 비판한다(*The Craft of Thought*, p.9). 21쪽 '조슈아 포어'의 각주를 참고하라.

195쪽. "기억은 시간을 오가는 능력임에도 불구하고….."

Hassabis and Maguire, 'Deconstructing Episodic Memory with Construction'; Carruthers, *The Craft of Thought*.

8. 기억한다는 느낌

201쪽. "기억 속에서 줄리아는….."

이 허구의 기억은 다음에서 가져왔다. Demis Hassabis, Dharshan Kumaran and Eleanor A. Maguire, 'Using Imagination to Understand the Neural Basis of Episodic Memory', *Journal of Neuroscience*, vol. 27, 2007, pp. 14365 – 74, Supplementary Table S1.

204쪽. "과학자들은 EEG라고 하는 기법을….."

Martin A. Conway, Christopher W. Pleydell-Pearce, Sharron E. Whitecross and Helen Sharpe, 'Neurophysiological Correlates of Memory for Experienced and Imagined Events', *Neuropsychologia*, vol. 41, 2003, pp. 334 – 40.

206쪽. "상상 팽창"

Maryanne Garry, Charles G. Manning, Elizabeth F. Loftus and Steven J. Sherman,

'Imagination Inflation: Imagining a Childhood Event Inflates Confidence That It Occurred', *Psychonomic Bulletin & Review*, vol. 3, 1996, pp. 208 – 14.

206쪽. "한 실험에서 연구자가 자원자들과 함께⋯."

John G. Seamon, Morgan M. Philbin and Liza G. Harrison, 'Do You Remember Proposing Marriage to the Pepsi Machine? False Recollections from a Campus Walk', *Psychonomic Bulletin & Review*, vol. 13, 2006, pp. 752 – 6.

206쪽. "일어났을 가능성이 없는 사건⋯."

Giuliana Mazzoni and Amina Memon, 'Imagination Can Create False Autobiographical Memories', *Psychological Science*, vol. 14, 2003, pp. 186 – 8.

207쪽. "상상 팽창은 미래를 향한 사고에도⋯."

Karl Szpunar and Daniel L. Schacter, submitted for publication.

207쪽. "이런 아이디어를 과학적으로 시험하기 위해⋯."

Priyali Rajagopal and Nicole Votolato Montgomery, 'I Imagine, I Experience, I Like: The False Experience Effect', *Journal of Consumer Research*, vol. 38, 2011, pp. 578 – 94.

208쪽. "출처 감찰 체계"

Marcia K. Johnson, 'Memory and Reality', *American Psychologist*, 2006, pp. 760 – 71; Karen J. Mitchell and Marcia K. Johnson, 'Source Monitoring 15 Years Later: What Have We Learned from fMRI about the Neural Mechanisms of Source Memory?', *Psychological Bulletin*, vol. 135, 2009, pp. 638 – 77.

210쪽. "오정보 효과를 다룬 한 연구는⋯."

Craig E. L. Stark, Yoko Okado and Elizabeth F. Loftus, 'Imaging the Reconstruction of True and False Memories Using Sensory Reactivation and the Misinformation Paradigms', *Learning & Memory*, vol. 17, 2010, pp. 485 – 8.

210쪽. "케임브리지 대학의 존 시먼스와⋯."

Jon S. Simons, 'Constraints on Cognitive Theory from Neuroimaging Studies of Source Memory', in F. Rosler, C. Ranganath, B. Roder and R. H. Kluwe (eds.), *Neuroimaging of Human Memory: Linking Cognitive Processes to Neural Systems*, Oxford, Oxford University Press, 2009, pp. 405 – 26; Jon S. Simons, Richard N. A. Henson, Sam J. Gilbert and Paul C. Fletcher, 'Separable Forms of Reality Monitoring Supported by Anterior Prefrontal Cortex', *Journal of Cognitive Neuroscience*, vol. 20, 2008, pp. 447 – 57.

212쪽. "기억 전쟁"

Daniel L. Schacter, *Searching for Memory: The Brain, the Mind, and the Past*, New York, Basic Books, 1996, chapter 9.

213쪽. "2007년 초에 한 연구는…."

Elke Geraerts, Jonathan W. Schooler, Harald Merckelbach, Marko Jelicic, Beatrijs J. A. Hauer and Zara Ambadar, 'The Reality of Recovered Memories: Corroborating Continuous and Discontinuous Memories of Childhood Sexual Abuse', *Psychological Science*, vol. 18, 2007, pp. 564 – 8; Richard J. McNally and Elke Geraerts, 'A New Solution to the Recovered Memory Debate', *Perspectives on Psychological Science*, vol. 4, 2009, pp. 126 – 34.

213쪽. "암시 치료를 통해 기억을 되찾았다고 주장하는…."

Elke Geraerts, D. Stephen Lindsay, Harald Merckelbach, Marko Jelicic, Linsey Raymaekers, Michelle M. Arnold and Jonathan W. Schooler, 'Cognitive Mechanisms Underlying Recovered-memory Experiences of Childhood Sexual Abuse', *Psychological Science*, vol. 20, 2009, pp. 92 – 8.

214쪽. "가짜 기억과 진짜 기억의 차이는…."

Salvador Dali, *The Secret Life of Salvador Dali* (translated by Haakon M. Chevalier), New York, Dover, 1993 (original work published 1942), p. 38.

214쪽. "기억과 법"

The British Psychological Society Research Board, *Guidelines on Memory and the Law: Recommendations from the Scientific Study of Human Memory*, Leicester, British Psychological Society, June 2008.

214쪽. "연구자들은 최근 들어 실험실에서 이루어진…."

Daniel M. Bernstein and Elizabeth F. Loftus, 'How to Tell If a Particular Memory is True or False', *Perspectives on Psychological Science*, vol. 4, 2009, pp. 370 – 74; Aldert Vrij, 'Criteria-based Content Analysis: A Qualitative Review of the First 37 Studies', *Psychology, Public Policy, and Law*, vol. 11, 2005, pp. 3 – 41; Martin A. Conway, Alan F. Collins, Susan E. Gathercole and Stephen J. Anderson, 'Recollections of True and False Autobiographical Memories', *Journal of Experimental Psychology: General*, vol. 125, pp. 69 – 95; Elisa Krackow, 'Narratives Distinguish Experienced from Imagined Childhood Events', *American Journal of Psychology*, vol. 123, 2010, pp. 71 – 80.

215쪽. "즉 '이것이 진짜'라는 꼬리표를…."

출처 감찰 모델은 심적 상태에 진짜나 상상의 '꼬리표'를 부착할 필요가 없다. 여러 다른 형식의 정보를 바탕으로 추론하는 과정을 거쳐 실제의 표상인지 상상의 표상인지 구분한다.

216쪽. "결국 조가 흰색 밴을 두려워하는 것은….."

Anthony P. Morrison, 'The Use of Imagery in Cognitive Therapy for Psychosis: A Case Example', *Memory*, vol. 12, 2004, pp. 517 – 24; Mitchell and Johnson, 'Source Monitoring 15 Years Later'.

216쪽. "케임브리지 존 시먼스 실험실의 연구는….."

Marie Buda, Alex Fornito, Zara M. Bergstrom and Jon S. Simons, 'A Specific Brain Structural Basis for Individual Differences in Reality Monitoring', *Journal of Neuroscience*, vol. 31, 2011, pp. 14308 – 13. 이 연구에 참가하여 뇌를 스캔한 사람들은 모두 건강하고 인지적으로 아무 문제가 없어 보이는 일반인들이었다.

9. 이야기로 기억하는 사람

222쪽. "자물쇠로 잠긴 귀중품 보관소"

Catherine Loveday and Martin A. Conway, 'Using SenseCam with an Amnesic Patient: Accessing Inaccessible Everyday Memories', *Memory*, vol. 19, 2011, pp. 697 – 704.

223쪽. "헨리 몰래슨"

Benedict Carey, 'H.M., an Unforgettable Amnesiac, Dies at 82', *The New York Times*, 4 December 2008; Brian Newhouse, 'H.M.'s Brain and the History of Memory', *NPR*, 24 February 2007, http://www.npr.org/templates/story/story.php?storyId=7584970; Brenda Milner, 'Amnesia Following Operation on the Temporal Lobes', in C. W. M. Whitty and O. L. Zangwill (eds.), *Amnesia*, London, Butterworths, 1966.

225쪽. "센스캠"

센스캠 장비는 이제 상업적으로 시판되고 있다(바이콘Vicon 회사가 레뷰Revue라는 제품으로 판매한다). 다음을 보라. http://research.microsoft.com/en-us/um/cambridge/projects/sensecam/.

225쪽. "라이프로깅"

Joshua Foer, *Moonwalking with Einstein: The Art and Science of Remembering Everything*, London, Allen Lane, 2011, chapter 7; Leo Benedictus, 'How I Remember: The Lifelogger', *Guardian*, 14 January 2012.

226쪽. "63세의 B 부인….."

Emma Berry et al., 'The Use of a Wearable Camera, SenseCam, as a Pictorial Diary to Improve Autobiographical Memory in a Patient with Limbic Encephalitis: A Preliminary Report', *Neuropsychological Rehabilitation*, vol. 17, 2007, pp. 582 – 601.

226쪽. "자전적 기억의 대단히 시각적인 속성"

Loveday and Conway, 'Using SenseCam with an Amnesic Patient'.

227쪽. "연구자들은 이제 센스캠 이미지를⋯."

Martin A. Conway and Catherine Loveday, 'Accessing Autobiographical Memories', in John H. Mace (ed.), *The Act of Remembering: Toward an Understanding of How We Recall the Past*, Oxford, Wiley-Blackwell, 2010, pp. 56 - 70.

231쪽. "참가자들은 과학기술 장비가 자신의 삶을⋯."

R. Harper, D. Randall, N. Smythe, C. Evans, L. Heledd and R. Moore, 'The Past is a Different Place: They Do Things Differently There', *Proceedings of DIS08 Design Interactive Systems*, 2008, pp. 271 - 80.

232쪽. "프루스트적 순간"

Loveday and Conway, 'Using SenseCam with an Amnesic Patient', p. 697.

233쪽. "자전적 지식의 구조"

Martin A. Conway, 'Memory and the Self', *Journal of Memory and Language*, vol. 53, 2005, pp. 594 - 628.

233쪽. "인지적 느낌"

Martin A. Conway, 'Autobiographical Memory and Consciousness', in William P. Banks (ed.), *Encyclopedia of Consciousness*, vol. 1, Oxford, Academic Press, 2009, pp. 77 - 82.

234쪽. "80세의 전직 엔지니어를 소개하는 편지를⋯."

Christopher J. A. Moulin, Martin A. Conway, Rebecca G. Thompson, Niamh James and Roy W. Jones, 'Disordered Memory Awareness: Recollective Confabulation in Two Cases of Persistent Deja Vecu', *Neuropsychologia*, vol. 43, 2005, p. 1364.

235쪽. "통례적인 기억의 고장"

Alan S. Brown, 'Getting to Grips with Deja Vu', *The Psychologist*, vol. 17, 2004, p. 694; Alan S. Brown, 'A Review of the Deja Vu Experience', *Psychological Bulletin*, vol. 129, 2003, pp. 394 - 413.

236쪽. "회상의 경험"

Moulin et al., 'Disordered Memory Awareness'.

237쪽. "세타 진동"

Akira R. O'Connor, Colin Lever and Chris J. A. Moulin, 'Novel Insights into False Recollection: A Model of Deja Vecu', *Cognitive Neuropsychiatry*, vol. 15, 2010, pp. 118 – 44.

240쪽. "많은 점에서 작화증은…."

Gianfranco Dalla Barba and Caroline Decaix, 'Do You Remember What You Did on March 13, 1985? A Case Study of Confabulatory Hypermnesia', *Cortex*, vol. 45, 2009, pp. 566 – 74; Paul W. Burgess and Tim Shallice, 'Confabulation and the Control of Recollection', *Memory*, vol. 4, 1996, pp. 359 – 411; Armin Schnider, 'Spontaneous Confabulation and the Adaptation of Thought to Ongoing Reality', *Nature Reviews Neuroscience*, vol. 4, 2003, pp. 662 – 71; Asaf Gilboa, 'Strategic Retrieval, Confabulations, and Delusions: Theory and Data', *Cognitive Neuropsychiatry*, vol. 15, 2010, pp. 145 – 80.

241쪽. "작화증도 자아의 필요에 봉사한다."

Schacter, *How the Mind Forgets and Remembers*; Aikaterini Fotopoulou, 'The Affective Neuropsychology of Confabulation and Delusion', *Cognitive Neuropsychiatry*, vol. 15, 2010, pp. 38 – 63.

247쪽. "별 것 아닌 상황에서도 주눅이 들고…."

Bonnie-Kate Dewar and Fergus Gracey, 'Am Not was: Cognitive-behavioural Therapy for Adjustment and Identity Change Following Herpes Simplex Encephalitis', *Neuropsychological Rehabilitation*, vol. 17, 2007, pp. 602 – 20.

247쪽 "센스캠은 클레어에게 이런 난관에서…."

클레어가 그렇게 말하는 것은 센스캠 이미지가 전형적인 사진처럼 하나의 '단계'를 보여주는 것이 아니라 그녀의 경험을 실제 모습 그대로 보여주기 때문이다. 센스캠은 "실제로 일어났던 것을 훨씬 넓은 시야"로 보게 해주고 "많은 상세한 세부사항들"을 제공한다.

253쪽. "다른 사람들과 함께 어울리는 방법이기도 하다."

Berry *et al.*, 'The Use of a Wearable Camera, SenseCam, as a Pictorial Diary'.

10. 멈추지 않는 공포

261쪽. "감정은 기억에 묘한 일들을 한다."

Alexandre Schaefer and Pierre Philippot, 'Selective Effects of Emotion on the Phenomenal Characteristics of Autobiographical Memories', *Memory*, vol. 13, 2005, pp. 148 – 60.

261쪽. "1899년의 한 심리학 연구는…."

F. W. Colegrove, 'Individual Memories', *American Journal of Psychology*, vol. 10, 1899, pp. 228-55. 한 응답자의 회상이다. "아버지와 A로 가는 중이었어요. 졸업식 때 필요한 '물품들'을 구입하려고 메인 주로 가고 있었는데 가파른 언덕을 넘어 도시로 향할 때 뭔가 이상하다는 기분이 들었습니다. 다들 너무도 슬픈 표정을 하고 있었고 끔찍한 긴장감이 돌았으니까요. 아버지가 마차를 멈추고 고개를 옆으로 기울이며 물었습니다. '대체 무슨 일이오?' 이런 대답이 돌아왔습니다. '링컨이 암살되었다는 소식 못 들었소?' 아버지의 축 처진 손에서 줄이 떨어졌고, 아버지는 하염없이 눈물을 흘리며 그 자리에 가만히 앉아 있었습니다. 집에서 아주 멀리 왔고 해야 할 일이 많아서 얼마 뒤에 기운을 차리고 비통한 마음으로 겨우 볼일을 마쳤습니다"(pp.247-8).

262쪽. "섬광 기억"
Roger Brown and James Kulik, 'Flashbulb Memories', *Cognition*, vol. 5, 1977, pp. 73-99.

262쪽. "영국의 한 연구는 마거릿 대처 총리의 사임이…."
Martin A. Conway et al., 'The Formation of Flashbulb Memories', *Memory & Cognition*, vol. 22, 1994, pp. 326-43.

263쪽. "1986년 챌린저 우주왕복선 폭발 사고가…."
Ulric Neisser and Nicole Harsch, 'Phantom Flashbulbs: False Recollections of Hearing the News about Challenger', in E. Winograd and U. Neisser (eds.), *Affect and Accuracy in Recall: Studies of 'Flashbulb' Memories*, Cambridge, Cambridge University Press, 1992.

264쪽. "9·11 테러 직후 여러 기관의 기억 연구자들이…"
William Hirst et al., 'Long-term Memory for the Terrorist Attack of September 11: Flashbulb Memories, Event Memories, and the Factors That Influence Their Retention', *Journal of Experimental Psychology: General*, vol. 138, 2009, pp. 161-76.

264쪽. "자신감은 대체로 정확성과 함께…."
Ingfei Chen, 'How Accurate are Memories of 9/11?', *Scientific American*, 6 September 2011.

265쪽. "출생이나 사망처럼 개인의 가족사에서…."
David C. Rubin and Marc Kozin, 'Vivid Memories', *Cognition*, vol. 16, 1984, pp. 81-95.

265쪽. "이런 활동으로 아드레날린…."
Rachel Yehuda, Marian Joels and Richard G. M. Morris, 'The Memory Paradox', *Nature Reviews Neuroscience*, vol. 11, 2010, pp. 837-9.

267쪽. "전쟁은 사람들을 죽이고 다치게 하는…."

N. Greenberg, E. Jones, N. Jones, N. T. Fear and S. Wessely, 'The Injured Mind in the UK Armed Forces', *Philosophical Transactions of the Royal Society B*, vol. 366, 2011, p. 261.

267쪽. "미국인의 4분의 3이 살아가면서⋯."

Rachel Yehuda, 'Post-Traumatic Stress Disorder', *New England Journal of Medicine*, vol. 346, 2002, pp. 108 – 14; Naomi Breslau and Ronald C. Kessler, 'The Stressor Criterion in DSM-IV Post-traumatic Stress Disorder: An Empirical Investigation', *Biological Psychiatry*, vol. 50, 2001, pp. 699 – 704.

267쪽. "일례로 심리학자 리처드 맥널리는⋯."

Richard J. McNally, *Remembering Trauma*, Cambridge MA, Harvard University Press, 2003, chapter 3.

268쪽. "PTSD 전문가 레이첼 예후다의 표현에 따르면⋯."

Yehuda et al., 'The Memory Paradox', p. 837.

269쪽. "통제할 수 없는 기억이라는⋯."

McNally, *Remembering Trauma*; Yehuda, 'Post-Traumatic Stress Disorder'.

270쪽. "그는 자신이 베트남이 아니라⋯."

Daniel L. Schacter, *Searching for Memory: The Brain, the Mind, and the Past*, New York, Basic Books, 1996, p. 210.

270쪽. "비자발적 기억"

Dorthe Berntsen, 'Involuntary Memories of Emotional Events: Do Memories of Traumas and Extremely Happy Events Differ?', *Applied Cognitive Psychology*, vol. 15, 2001, pp. 135 – 58.

270쪽. "대규모 전화 조사"

Dorthe Berntsen and David C. Rubin, 'The Reappearance Hypothesis Revisited: Recurrent Involuntary Memories after Traumatic Events and in Everyday Life', *Memory & Cognition*, vol. 36, 2008, pp. 449 – 60, Study 2.

271쪽. "참가자들은 비자발적 기억들을 일기에 적었고⋯."

As above, Study 3.

272쪽. "베트남 전쟁 참전 용사들을 대상으로⋯."

McNally, *Remembering Trauma*, p. 115.

272쪽~273쪽. "나중의 감정 상태라는 여과 장치"

Ingfei Chen, 'A Feeling for the Past', *Scientific American*, January – February 2012, pp. 24 – 31.

273쪽. "최근 임상분석 저널에 실린 한 사례 연구에는…."

M. I. Good, 'The Reconstruction of Early Childhood Trauma: Fantasy, Reality, and Verification', *Journal of the American Psychoanalytic Association*, vol. 42, 1994, pp. 79 – 101.

273쪽. "무기 집중"

Linda J. Levine and Robin S. Edelstein, 'Emotion and Memory Narrowing: A Review and Goalrelevance Approach', *Cognition and Emotion*, vol. 23, 2009, pp. 833 – 75; McNally, *Remembering Trauma*, chapter 2.

274쪽. "PTSD가 보다 일반적인 기억의 결함을…."

McNally, *Remembering Trauma*, chapter 5; Joseph LeDoux, *The Emotional Brain: The Mysterious Underpinnings of Emotional Life*, London, Weidenfeld & Nicolson, 1998.

274쪽. "트라우마가 다른 기억들을 억누르게 하는 것일 가능성"

Michael C. Anderson and Collin Green, 'Suppressing Unwanted Memories by Executive Control', *Nature*, vol. 410, 2001, pp. 366 – 9; Michael C. Anderson et al., 'Neural Systems Underlying the Suppression of Unwanted Memories', Science, vol. 303, 2004, pp. 232 – 5; Michael C. Anderson and Benjamin J. Levy, 'Suppressing Unwanted Memories', *Current Directions in Psychological Science*, vol. 18, 2009, pp. 189 – 94; Ingrid Wickelgren, 'Trying to Forget', *Scientific American*, January – February 2012, pp. 33 – 9.

275쪽. "벌거벗은 사람 사진"

Stephen R. Schmidt, 'Outstanding Memories: The Positive and Negative Effects of Nudes on Memory', *Journal of Experimental Psychology: Learning, Memory, and Cognition*, vol. 28, 2002, pp. 353 – 61.

275쪽. "PTSD 환자들은 비록 해마가 위축되었다던가 하는…."

Rachel Yehuda and Joseph LeDoux, 'Response Variation Following Trauma: A Translational Neuroscience Approach to Understanding PTSD', *Neuron*, vol. 56, 2007, pp. 19 – 32; Mark W. Gilbertson et al., 'Smaller Hippocampal Volume Predicts Pathologic Vulnerability to Psychological Trauma', *Nature Reviews Neuroscience*, vol. 5, 2002, pp. 1242 – 7.

276쪽. "뉴욕 대학의 조지프 르두는…."

LeDoux, *The Emotional Brain*, pp. 200 – 204.

277쪽. "그러나 이런 무의식적인 힘이…."

Richard J. McNally and Elke Geraerts, 'A New Solution to the Recovered Memory Debate', *Perspectives on Psychological Science*, vol. 4, 2009, pp. 126 – 34; Schacter, *Searching for Memory*; McNally, *Remembering Trauma*.

280쪽. "이게 다 무슨 소용이지…."

Bruno Bettelheim, 'Individual and Mass Behavior in Extreme Situations', *Journal of Abnormal and Social Psychology*, vol. 38, 1943, pp. 417 – 52; Bruno Bettelheim, *The Informed Heart: Autonomy in a Mass Age*, Glencoe IL, Free Press, 1960, p. 155; Douwe Draaisma, *Why Life Speeds up as You Get Older: How Memory Shapes Our Past* (translated by Arnold and Erica Pomerans), Cambridge, Cambridge University Press, 2004, pp. 118 – 19.

280쪽. "반복이 기억을 줄이기보다 오히려 강화한다는…."

Schacter, *Searching for Memory*, chapter 9; McNally, *Remembering Trauma*, chapter 6.

281쪽. "해리"

McNally, *Remembering Trauma*, chapter 6.

283쪽. "내내 잊고 있던 효과"

Jonathan W. Schooler, Miriam Bendiksen and Zara Ambadar, 'Taking the Middle Line: Can We Accommodate Both Fabricated and Recovered Memories of Sexual Abuse?', in M. A. Conway (ed.), *Recovered Memories and False Memories*, Oxford, Oxford University Press, 1997; Martin A. Conway, 'Memory and the Self', *Journal of Memory and Language*, vol. 53, pp. 594 – 628; McNally and Geraerts, 'A New Solution to the Recovered Memory Debate'.

284쪽. "마음대로 떠도는 기억의 단편들"

Arthur P. Shimamura, 'Commentary on Clinical and Experimental Approaches to Understanding Repression', in J. Don Read and D. Stephen Lindsay (eds.), *Recollections of Trauma: Scientific Evidence and Clinical Practice*, New York, Plenum Press, 1997.

285쪽. "관련되는 단편들과 느낌들을…."

Schacter, *Searching for Memory*, p. 110.

285쪽. "아동기에는 해마 체계가 아직 성숙하지…."

W. J. Jacobs and Lynn Nadel, 'Stress-induced Recovery of Fears and Phobias', *Psychological Review*, vol. 92, 1985, pp. 512 – 31.

286쪽. "행동 기억"

Lenore C. Terr, 'Forbidden Games: Post-traumatic Child's Play', *Journal of the American*

Academy of Child Psychiatry, vol. 20, 1981, pp. 741 - 60; Lenore C. Terr, 'What Happens to Early Memories of Trauma? A Study of Twenty Children Under Age Five at the Time of Documented Trauma Events', *Journal of the American Academy of Child and Adolescent Psychiatry*, vol. 27, 1988, pp. 96 - 104; McNally, *Remembering Trauma*, pp. 117 - 18.

286쪽. "성적 학대나 납치 등 문서로 기록된 트라우마를⋯."

Ingrid M. Cordon, Margaret-Ellen Pipe, Liat Sayfan, Annika Melinder and Gail S. Goodman, 'Memory for Traumatic Experiences in Early Childhood', *Developmental Review*, vol. 24, 2004, pp. 101 - 32; Terr, 'What Happens to Early Memories of Trauma?'; Lenore Terr, *Unchained Memories: True Stories of Traumatic Memories, Lost and Found*, New York, Basic Books, 1994.

291쪽. "세부사항이 새로 일어난 해석과⋯."

Martin A. Conway, Kevin Meares and Sally Standart, 'Images and Goals', *Memory*, vol. 12, 2004, pp. 525 - 31.

294쪽. "콜린은 EMDR이 이런 변화를 이끌어내는 힘에⋯."

Andrew Parker and Neil Dagnall, 'Effects of Bilateral Eye Movements on Gist Based False Recognition in the DRM Paradigm', *Brain and Cognition*, vol. 63, 2007, pp. 221 - 5; Andrew Parker and Neil Dagnall, 'Effects of Handedness and Saccadic Bilateral Eye Movements on Components of Autobiographical Recollection', *Brain and Cognition*, vol. 73, 2010, pp. 93 - 101; Christian Jarrett, *The Rough Guide to Psychology*, London, Rough Guides, 2011, chapter 25; Scott O. Lilienfeld, 'EMDR Treatment: Less Than Meets the Eye?', http://www.quackwatch.org/01QuackeryRelatedTopics/emdr.html. EMDR은 현재 영국 국립보건임상연구소(NICE)가 PTSD의 치료로 추천하고 있다. NICE의 '임상 가이드라인 26'은 다음을 보라. http://www.nice.org.uk/nicemedia/pdf/CG026publicinfo.pdf.

295쪽. "트라우마를 겪은 마음은⋯."

Shona Illingworth, *The Watch Man/ Balkaniel*, London, Film and Video Umbrella, 2011; Wickelgren, 'Trying to Forget'.

296쪽. "망각은 해결책이 아니다."

Yehuda et al., 'The Memory Paradox', p. 839.

11. 할머니의 기억

304쪽. "아니면 다른 많은 노인들처럼⋯."

Daniel L. Schacter, *Searching for Memory: The Brain, the Mind, and the Past*, New York,

Basic Books, 1996, chapter 10.

308쪽. "나이가 들면 비록 자신의…."
Sarah Crown, 'A Life in Books: Penelope Lively', *Guardian*, 25 July 2009.

309쪽. "오히려 회상 절정은…."
Douwe Draaisma, *Why Life Speeds up as You Get Older: How Memory Shapes Our Past* (translated by Arnold and Erica Pomerans), Cambridge, Cambridge University Press, 2004, chapter 13; Martin A. Conway, 'Memory and the Self', *Journal of Memory and Language*, vol. 53, pp. 594 – 628; Ashok Jansari and Alan J. Parkin, 'Things That Go Bump in Your Life: Explaining the Reminiscence Bump in Autobiographical Memory', *Psychology and Aging*, vol. 11, 1996, pp. 85 – 91; Annette Bohn and Dorthe Berntsen, 'The Reminiscence Bump Reconsidered: Children's Prospective Life Stories Show a Bump in Young Adulthood', *Psychological Science*, vol. 22, 2011, pp. 197 – 202.

310쪽. "노년의 기억에 대한 또 하나의 클리셰는…."
Draaisma, *Why Life Speeds up*, chapter 14; William James, *The Principles of Psychology* (vol. 1), New York, Cosimo, 1890, p. 625; Robert Krulwich, 'Why Does Time Fly by as You Get Older?', NPR, http://www.npr.org/templates/story/story.php?storyId=122322542; Joshua Foer, *Moonwalking with Einstein: The Art and Science of Remembering Everything*, London, Allen Lane, 2011, p. 77. For findings that counter the life-speeding effect, see William J. Friedman and Steve M. J. Janssen, 'Aging and the Speed of Time', *Acta Psychologica*, vol. 134, 2010, pp. 130 – 41.

312쪽. "나이든 사람들이 시간 인식에…."
Teresa McCormack, Gordon D. A. Brown, Elizabeth A. Maylor, Lucy B. N. Richardson and Richard J. Darby, 'Effects of Aging on Absolute Identification of Duration', *Psychology and Aging*, vol. 17, 2002, pp. 363 – 78.

312쪽. "모든 기억들이 흙 밑의 씨앗처럼…."
Hilary Mantel, *Giving up the Ghost*, London, HarperCollins, 2003, p. 19; Hilary Mantel, 'Father Figured', *Daily Telegraph*, 23 April 2005.

313쪽. "노인들은 자신의 기억이 어디에서…."
Trey Hedden and John D. E. Gabrieli, 'Insights into the Ageing Mind: A View from Cognitive Neuroscience', *Nature Reviews Neuroscience*, vol. 5, 2004, pp. 87 – 96; Catriona D. Good, Ingrid S. Johnsrude, John Ashburner, Richard N. A. Henson, Karl J. Friston and Richard S. J. Frackowiak, 'A Voxel-based Morphometric Study of Ageing in 465 Normal Adult Human Brains', *NeuroImage*, vol. 14, 2001, pp. 21 – 36.

314쪽. "유명한 예로 미국의 대통령 로널드 레이건은⋯."
Schacter, *Searching for Memory*, p. 287.

314쪽. "최근에 하버드 대학의 존 시먼스와⋯."
Jon S. Simons, Chad S. Dodson, Deborah Bell and Daniel L. Schacter, 'Specific-and Partial-source Memory: Effects of Aging', *Psychology and Aging*, vol. 19, 2004, pp. 689‒94.

316쪽. "이런 결과는 할머니를 믿고⋯."
Schacter, *Searching for Memory*, p. 288.

316쪽. "영국 연구자들이 살펴본 신뢰를 접은 기억은⋯."
As above; Shahin Hashtroudi, Marcia K. Johnson and Linda D. Chrosniak, 'Aging and Qualitative Characteristics of Memories for Perceived and Imagined Complex Events', *Psychology and Aging*, vol. 5, 1990, pp. 119‒26.

317쪽. "의미적 기억은 노년에도 보존되지만⋯."
Brian Levine, Eva Svoboda, Janine F. Hay, Gordon Winocur and Morris Moscovitch, 'Aging and Autobiographical Memory: Dissociating Episodic from Semantic Retrieval', *Psychology and Aging*, vol. 17, 2002, pp. 677‒89; Jon Simons, 'Can Memory Improve with Age?', *Guardian*, 14 January 2012.

318쪽. "미래의 사건을 풍성하게 상상하는 데도⋯."
Donna Rose Addis, Alana T. Wong, and Daniel L. Schacter, 'Age-related Changes in the Episodic Simulation of Future Events', *Psychological Science*, vol. 19, 2008, pp. 33‒41.

319쪽. "학생들에게 마거릿 대처의 사임을⋯."
Gillian Cohen, Martin A. Conway and Elizabeth A. Maylor, 'Flashbulb Memories in Older Adults', *Psychology and Aging*, vol. 9, 1994, pp. 454‒63.

319쪽. "도르트 번첸은 선구적인 연구에서⋯."
Dorthe Berntsen and Dorthe K. Thomsen, 'Personal Memories for Remote Historical Events: Accuracy and Clarity of Flashbulb Memories Related to World War II', *Journal of Experimental Psychology: General*, vol. 134, 2005, pp. 242‒57.

323쪽. "묘하게도, 나이가 들면 사건의 감정적 질감을⋯."
Johnson, 'Memory and Reality'; Hashtroudi et al., 'Aging and Qualitative Characteristics of Memories for Perceived and Imagined Complex Events'; Hedden and Gabrieli, 'Insights into the Ageing Mind'.

325쪽. "내러티브가 기억에 도움이 되는 구조를 어떻게 제공하는지…."

Levine *et al.*, 'Aging and Autobiographical Memory'; Schacter, *Searching for Memory*, chapter 10. 우리는 물론 평생을 상투적인 기억에 의지한다. 섬광 기억에도 이런 기억이 많고 출생과 같은 중요한 사건들은 물론이다. 나이가 들면 최근에 있었던 사건을 기억하는 능력이 떨어지는데, 이 말은 상대적으로 일관되는 이런 내러티브 기억에 우리가 갈수록 의지하게 된다는 뜻이다.

326쪽. "이렇게나 시간이 오래 흘렀는데도…."

Julian Barnes, *The Sense of an Ending*, London, Jonathan Cape, 2011, p. 120.

327쪽. "이민자 사회에서 태어난 사람에게 핵심적 맥락의…."

Viorica Marian and Ulric Neisser, 'Language-dependent Recall of Autobiographical Memories', *Journal of Experimental Psychology: General*, vol. 129, 2000, pp. 361 – 8; Steen Folke Larsen, Robert W. Schrauf, Pia Fromholt and David C. Rubin, 'Inner Speech and Bilingual Autobiographical Memory: A Polish – Danish Cross-cultural Study', *Memory*, vol. 10, 2002, pp. 45 – 54; Akiko Matsumoto and Claudia J. Stanny, 'Language-dependent Access to Autobiographical Memory in Japanese – English Bilinguals and US Monolinguals', *Memory*, vol. 14, 2006, pp. 378 – 90.

329쪽. "언어 복귀"

K. D. Bot and M. Clyne, 'Language Reversion Revisited', *Studies in Second Language Acquisition*, vol. 11, 1989, pp. 167 – 77; Monika S. Schmid and Merel Keijzer, 'First Language Attrition and Reversion among Older Migrants', *International Journal of the Sociology of Language*, vol. 200, 2009, pp. 83 – 101.

331쪽. "내가 방으로 돌아가자 어머니가 말하기를…."

마사가 어머니의 고향 마을 이름을 기억한다는 것은 알아보는 기억은 나이가 들어도 타격을 받지 않는다는 연구 결과와 일치한다. 다음을 보라. Levine *et al.*, 'Aging and Autobiographical Memory'. 이디시어로 진행한 이 인터뷰는 다음 연구의 바탕이 되었다. Charles Fernyhough, 'Unlocking Martha's Stories', *Guardian*, 26 March 2011.

338쪽. "시간감각의 왜곡을 정정하는"

Susan E. Crawley and Linda Pring, 'When Did Mrs Thatcher Resign? The Effects of Ageing on the Dating of Public Events', *Memory*, vol. 8, 2000, pp. 111 – 21.

340쪽. "의도적 망각"

Rebecca Solnit, *A Field Guide to Getting Lost*, Edinburgh, Canongate, 2006, p. 47.

12. 특별한 부류의 진실

345쪽. "단백질 합성 과정의 수수께끼"

25쪽 '장기적 강화'의 각주를 참고하라.

345쪽. "수면과 같은 요인"

Bjoern Rasch and Jan Born, 'Maintaining Memories by Reactivation', *Current Opinion in Neurobiology*, vol. 17, 2007, pp. 698 – 703; Robert Stickgold, 'Memory in Sleep and Dreams: The Construction of Meaning', in S. Nalbantian, Paul M. Matthews and James L. McClelland (eds.), *The Memory Process: Neuroscientific and Humanistic Perspectives*, Cambridge MA, MIT Press, 2011, pp. 73 – 95; Jessica D. Payne, Robert Stickgold, Kelley Swanberg and Elizabeth A. Kensinger, 'Sleep Preferentially Enhances Memory for Emotional Components of Scenes', *Psychological Science*, vol. 19, 2008, pp. 781 – 8.

346쪽. "뭔가에 대한 여러분의 기억은…."

Joseph LeDoux, article at http://www.edge.org/q2008/q08_1.html; Jonah Lehrer, *Proust was a Neuroscientist*, Edinburgh, Canongate, 2011, chapter 4.

346쪽. "재응고화가 일어나는 뇌는…."

For further discussion, see Oliver Hardt, Einar Orn Einarsson and Karim Nader, 'A Bridge over Troubled Water: Reconsolidation as a Link between Cognitive and Neuroscientific Memory Research Traditions', *Annual Review of Psychology*, vol. 61, 2010, pp. 141 – 67.

347쪽. "장면 구성 실험"

Demis Hassabis, Dharshan Kumaran, Seralynne D. Vann, and Eleanor A. Maguire, 'Patients with Hippocampal Amnesia Cannot Imagine New Experiences', *PNAS*, vol. 104, 2007, pp. 1726 – 31.

348쪽. "데이비드 루빈은 이 같은 균형을…."

David C. Rubin, 'The Basic-systems Model of Episodic Memory', *Perspectives on Psychological Science*, vol. 1, 2006, pp. 277 – 311; Raymond A. Mar, 'The Neural Bases of Social Cognition and Story Comprehension', *Annual Review of Psychology*, vol. 62, 2011, pp. 103 – 34. 사람들이 어떻게 자신의 지식 구조에 맞춰 이야기를 다시 다듬는지 알아본 바틀렛의 연구에 대해서는 23쪽을 보라.

349쪽. "잠깐만요, 안셀마는 그렇게 말하고는…."

Hilary Mantel, *Wolf Hall*, London, Fourth Estate, 2009, p. 414.

350쪽. "역동적인 기억하기의 예"

Keith Oatley, 'Review of *The Emigrants, The Rings of Saturn*, and *Vertigo* by W. G. Sebald', *Literary Review of Canada*, vol. 8, 2000, pp. 19-21.

350쪽. "허구적인 기억이 만들어지는 과정"

Charles Fernyhough, 'Slippery Memories and the Tasks of Fiction', OnFiction, 28 December 2010, http://www.onfiction.ca/2010/12/slippery-memoriesand-tasks-of-fiction. html; Charles Fernyhough, 'The Story of the Self', *Guardian*, 14 January 2012.

351쪽. "내 초창기 기억의 듬성듬성하기는 하지만…."

Hilary Mantel, *Giving up the Ghost*, London, HarperCollins, 2003, p. 18. 20쪽 '회고록은 갈수록 인기가 높아지는 문학 장르'의 각주를 참고하라.

353쪽. "1948년 자신이 살던…."

Robert Fisk, *Pity the Nation: Lebanon at War*, Oxford, Oxford University Press, 1990, chapter 2.

353쪽. "사회 구성원으로서 우리는 휴전기념일…."

Charles B. Stone, Alin Coman, Adam D. Brown, Jonathan Koppel and William Hirst, 'Toward a Science of Silence: The Consequences of Leaving a Memory Unsaid', *Perspectives on Psychological Science*, vol. 7, 2012, pp. 39-53; Tuğçe Kurtiş, Glenn Adams and Michael Yellow Bird, 'Generosity or Genocide? Identity Implications of Silence in American Thanksgiving Commemorations', *Memory*, vol. 18, 2010, pp. 208-24; William Hirst et al., 'Long-term Memory for the Terrorist Attack of September 11: Flashbulb Memories, Event Memories, and the Factors That Influence Their Retention', *Journal of Experimental Psychology: General*, vol. 138, 2009, pp. 161-76; Marianne Hirsch, 'The Generation of Postmemory', *Poetics Today*, vol. 29, 2008, pp. 103-28.

354쪽. "기억의 정치적 차원이 가장 명확하게…."

BPS Research Board, *Memory and the Law*; Elizabeth Loftus, 'Our Changeable Memories: Legal and Practical Implications', *Nature Reviews Neuroscience*, vol. 4, 2003, pp. 231-4; Benjamin Weiser, 'In New Jersey, Rules are Changed on Witness IDs', *The New York Times*, 24 August 2011; Laura Beil, 'The Certainty of Memory Has Its Day in Court', *The New York Times*, 28 November 2011.

354쪽. "엘리자베스 로프터스는 실험에…."

Eryn J. Newman, Shari R. Berkowitz, Kally J. Nelson, Maryanne Garry and Elizabeth F. Loftus, 'Attitudes about Memory Dampening Drugs Depend on Context and Country', *Applied Cognitive Psychology*, vol. 25, 2011, pp. 675-81.

355쪽. "기억 감퇴 시술"

Larry Cahill, Bruce Prins, Michael Weber and James L. McGaugh, 'β-Adrenergic Activation and Memory for Emotional Events', *Nature*, vol. 371, 1994, pp. 702–4; Diancai Cai, Kaycey Pearce, Shanping Chen and David L. Glanzman, 'Protein Kinase M Maintains Long-term Sensitization and Long-term Facilitation in *Aplysia*', *Journal of Neuroscience*, vol. 31, 2011, pp. 6421–31; Daniela Schiller, Marie-H. Monfils, Candace M. Raio, David C. Johnson, Joseph E. LeDoux and Elizabeth A. Phelps, 'Preventing the Return of Fear in Humans Using Reconsolidation Update Mechanisms', *Nature*, vol. 463, 2010, pp. 49–53; Katie Drummond, 'No Fear: Memory Adjustment Pills Get Pentagon Push', *Wired*, 16 December 2011; Adam Kolber, 'Neuroethics: Give Memory-altering Drugs a Chance', *Nature*, vol. 476, 2011, pp. 275–6; Adam Piore, 'Totaling Recall', *Scientific American Mind*, January–February 2012, pp. 40–45.

355쪽. "심부 뇌 자극"

Adrian W. Laxton *et al.*, 'A Phase I Trial of Deep Brain Stimulation of Memory Circuits in Alzheimer's Disease', *Annals of Neurology*, vol. 68, 2010, pp. 521–34.

356쪽. "구글에 의존하면서 우리의 기억이…."

Betsy Sparrow, Jenny Liu and Daniel M. Wegner, 'Google Effects on Memory: Cognitive Consequences of Having Information at Our Fingertips', *Science*, vol. 333, 2011, pp. 776–8.

357쪽. "자신만의 특별한 부류의 진실"

Salman Rushdie, *Midnight's Children*, New York, Avon, 1980, p. 253.

357쪽. "우리의 기억이 다량의 진짜 사실들과…."

Fernyhough, 'The Story of the Self'.

358쪽. "삶이 그 위에 발을 디디고 서 있는…."

Virginia Woolf, 'A Sketch of the Past', in *Moments of Being* (2nd edition), Orlando FL, Harcourt Brace & Company, 1985, p. 64.

359쪽. "우리의 눈처럼 기억도 양쪽을 본다…."

Roger Shattuck, *Proust's Binoculars: A Study of Memory, Time, and Recognition in 'A La Recherche du Temps Perdu'*, Princeton, Princeton University Press, 1983, p. 47.

감사의 말

이 책을 쓰는 과정에서 많은 사람들의 전문지식이 밑거름이 되었다. 책을 구상한 것은 내가 더럼 대학교의 고등학문연구소 연구원으로 있을 때였다. 그때 이후로 많은 사람들이 조언과 정보, 유용한 논의를 제공했다. 테리 앱터, 앨런 배들리, 헬렌 비어, 시마 비어리, 데이비드 베인브리지, 클레어 코너, 스티븐 코너, 마틴 콘웨이, 모 콘스탄디, 베리 데이비스, 크리스틴 다이어, 알렉스 이스턴, 파디아 파키르, 저스틴 피에스, 카테리나 포토풀루, 마리아 조르주, 레트 그리피스, 오마 로버트 해밀턴, 데미스 허사비스, 마커스 하우스먼, 헤이즐 허시혼, 새디 허시혼, 쇼나 일링워스, 사이먼 제임스, 키스 로스, 캐서린 로이드, 엘리자베스 로프터스, 팀 로트, 로버트 맥파레인, 새라 메이틀랜드, 앤드루 메이스, 테레사 매코맥, 앤서니 맥그레거, 케빈 미어스, 크리스 물랭, 폴라 놀란, 셰이머스 놀란, 키스 오틀리, 실비아 오어, 리처드 오스번, 데

릭 페이, 에드워드 플랫, 캐서린 롭슨, 커린 손더스, 소피 스코트, 토비 스코트, 라자 쉐하데, 마크 스미스, 시드 스미스, 샐리 스탠다트, 매런 스탠지, 톰 스토다트, 데이비드 서튼, 존 서튼, 킴 웨이드, 마리나 워너, 팻 워, 수잔 와이스, 레베카 윌렛. 사생활 보호를 위해 이름을 밝히지는 않았지만 자신의 이야기를 기꺼이 싣도록 허락해준 사람들에게 특별히 고마움을 전한다.

여러 사람들이 이런저런 버전의 원고를 읽고 자신의 의견을 개진했다. 크리스천 재럿, 캐서린 러브데이, 엘리자베스 마인스, 카트리오나 모리슨, 대니얼 샥터, 휴고 스피어스, 밸러리 웹, 앤절라 우즈가 그들이다. 존 시먼스는 많은 원고를 읽었을 뿐만 아니라 더없이 귀중한 조언과 논쟁을 제공하여 이 책을 풍부하게 했다. 모든 실수와 누락이 내 잘못임은 당연한 말이다.

에이전트 데이비스 그로스먼은 책의 진행 과정 내내 든든한 힘이 되었다. 프로파일 출판사의 담당 편집자 리사 오언스는 신중하고 통찰력 있는 눈으로 원고를 살폈고 놀랍도록 건설적인 편집을 해주었다. 새라 카로는 일찌감치 이 책의 잠재력을 알아보고는 초기 단계에서 귀중한 조언을 했다. 대니얼 크루, 페니 대니얼, 앤드루 프랭클린, 레베카 그레이, 그 밖의 프로파일 동료들이 중요할 때마다 전문적인 솜씨를 발휘했으며, 샐리 할로웨이는 모범이 되는 교열 담당자였다. 이저벨 버윅, 넬 카드, 해리엇 그린, 클레어 맬컴, 나탈리 로퍼, 줄리아 워드로퍼, 그리고 인생학교The School of Life의 많은 친구들과 동료들에게도 고마움을 전한다.

가장 큰 힘이 되어준 것은 내 가족이다. 리지, 아테나, 아이작, 그들의 사랑과 인내와 지원이 이 책을 가능하게 했다.

찾아보기

기억의 과학

2020년 5월 8일 1판 1쇄 발행
2020년 5월 28일 1판 2쇄 발행

지은이   찰스 퍼니휴
옮긴이   장호연
펴낸이   박래선
펴낸곳   에이도스출판사
출판신고   제406-251002011000004호
주소   경기도 파주시 회동길 363-8, 308호
전화   031-955-9355
팩스   031-955-9356
이메일   eidospub.co@gmail.com
페이스북   facebook.com/eidospublishing
인스타그램 instagram.com/eidos_book
블로그   https://eidospub.blog.me/
표지 디자인 공중정원
본문 디자인 김경주

ISBN   979-11-85415-37-6   03180

이 도서의 국립중앙도서관 출판예정도서목록(CIP)은
서지정보유통지원시스템 홈페이지(http://seoji.nl.go.kr)와
국가자료종합목록 구축시스템(http://kolis-net.nl.go.kr)에서 이용하실 수 있습니다.
(CIP제어번호: CIP2020016112)